高等职业教育财务会计类富媒体智能型·项目化系列教材

企业财务会计

QIYE CAIWU KUAIJI

（第二版）

张　珺　丁增稳　主编

东北财经大学出版社
Dongbei University of Finance & Economics Press
大连

图书在版编目（CIP）数据

企业财务会计/张珺，丁增稳主编．—2 版．—大连：东北财经大学出版社，2023.8
（高等职业教育财务会计类富媒体智能型·项目化系列教材）
ISBN 978-7-5654-4976-5

Ⅰ.企…　Ⅱ.①张…②丁…　Ⅲ.企业管理-财务会计-高等职业教育-教材
Ⅳ.F275.2

中国国家版本馆CIP数据核字（2023）第197204号

东北财经大学出版社出版
（大连市黑石礁尖山街217号　邮政编码　116025）
网　　址：http：//www.dufep.cn
读者信箱：dufep@dufe.edu.cn
大连天骄彩色印刷有限公司印刷　东北财经大学出版社发行

幅面尺寸：185mm×260mm　　字数：494千字　　印张：20.5
2023年8月第2版　　2023年8月第1次印刷

责任编辑：王天华　周　慧　　责任校对：何　群
封面设计：原　皓　　版式设计：原　皓

定价：49.00元

教学支持　售后服务　联系电话：（0411）84710309

如有印装质量问题，请联系营销部：（0411）84710711

第二版前言

2019年4月，教育部、财政部联合印发《关于实施中国特色高水平高职学校和专业建设计划的意见》，提出集中力量建设一批引领改革、支撑发展、中国特色、世界水平的高职学校和专业群。职业教育的教师、教材、教法“三教”改革是落实《国家职业教育改革实施方案》的根本要求和重要抓手，是进一步推动职业教育发展方式由注重规模扩张向质量提升转变的必由之路，是新时代推进中国特色高水平高等职业学校和专业建设计划（简称“双高计划”）建设的重点内容。

在大数据与会计专业的各门课程中，财务会计是重要的一门专业课程，它与现行的企业会计准则和税收制度密切相关。2006年2月15日，财政部发布了《企业会计准则——基本准则》和38项具体会计准则；自2017年1月1日起，财政部陆续修订《企业会计准则第22号——金融工具确认和计量》《企业会计准则第16号——政府补助》《企业会计准则第14号——收入》《企业会计准则第21号——租赁》《企业会计准则第7号——非货币性资产交换》《企业会计准则第12号——债务重组》等相关具体会计准则，同时国家降税减费对增值税税率的影响以及企业财务报表格式的变化，都需要教材内容跟上时代步伐。因此，我们根据财政部颁布的最新企业会计准则和其他相关税收法律制度，结合高等职业教育的最新理念和专业课程标准，广泛采纳了广大读者的意见和建议，在东北财经大学出版社的组织下，修订了本书。同时，本书针对重难点内容制作了90个微课，读者可以通过扫描二维码自主学习，使得教学资源更加丰富，学习更加方便。

本书由青海交通职业技术学院张珺、安徽商贸职业技术学院丁增稳担任主编，负责拟订全书框架结构和写作大纲以及初稿的审定；青海交通职业技术学院杜明静、阿春花，南京城市职业学院张淑静担任副主编；青海交通职业技术学院王炜如参与编写。具体编写分工如下：张淑静编写项目一和项目二，张珺编写项目三至项目五，阿春花编写项目六和项目七，杜明静编写项目八和项目九，王炜如编写项目十，丁增稳编写项目十一至项目十六。本书的编写，得到了安徽商贸职业技术学院、青海交通职业技术学院和南京城市职业学院及其他兄弟院校的大力支持，在此一并表示感谢。

随着我国市场经济的蓬勃发展和企业会计准则国际化进程的加快，会计法律、法规以及制度正在不断变化和创新，我们会对本书进行不断更新。由于作者水平有限，书中难免会有疏漏和不足，敬请广大读者朋友批评指正，以便不断修改完善。

编　者

2023年6月

目 录

项目一

货币资金的核算

【知识目标】

1. 掌握现金的使用范围和收支的规定；
2. 了解银行结算方法的种类及其相关规定；
3. 掌握其他货币资金的核算内容。

【能力目标】

1. 能够正确完成库存现金、银行存款日常收付的账务处理；
2. 能够完成库存现金清查和银行存款的核对，保证账实相符；
3. 能够正确选择其他货币资金进行购物消费，确保资金安全高效。

【素养目标】

具备出纳岗位的诚实守信、廉洁自律的会计职业道德。

引 言

货币资金是指企业在生产经营过程中处于货币形态的资产。货币资金按其存放地点和用途不同，分为库存现金。库存现金是指由出纳员保管的、作为日常零星开支用的现款。银行存款是指企业存放在银行或其他金融机构的货币资金，按照国家有关规定，凡是独立核算的单位都必须在当地银行开设账户。除库存现金、银行存款以外的各种货币资金称为其他货币资金。三项货币资金用途各不相同，随着支付宝、微信、网银等线上支付方式的不断增长，现金交易越来越少，而银行存款通过网银支付得越来越频繁。在采购商品尚未确定的情况下，如企业参加进口博览会、商品交易会等，企业相关人员才使用其他货币资金。

微信公对公转账要注册企业微信账号，公司对公的账户一般有基本账户、一般账户、临时账户和专用账户，微信收款当然也是有对公的，毕竟微信服务的不仅仅是个人，是所有群体，只不过微信对公账户需要开通企业版微信并绑定对公账户才能进行对公收款。

通过支付宝可以向公司账户转账，但支付宝是不支持对公转账的，可以选择别的方式，例如直接转到对方交接人的支付宝账户上。支付宝转账分为转账到卡和转账到支付宝账户。转账到卡不支持转到对公银行账户。

网银支付是银联最为成熟的在线支付功能之一，也是网民在线支付的首选方式，是国内电子商务企业提供在线交易服务不可或缺的功能之一。其特点是银行卡需事先开通网银支付功能，且在支付时完全是在银行网银页面输入银行卡信息并验证支付密码，具有稳定易用、安全可靠的特点。

任务一 库存现金的核算

微课
资产概述和库存现金（一）

一、库存现金的概念

库存现金是指存放在企业会计部门，由出纳员保管，作为日常零星开支用的现款。它是立即就能支付的交换媒介，企业可以随时用其购买所需的物资、支付有关费用、偿还债务，也可以随时存入银行，具有很强的流动性。

微课
资产概述和库存现金（二）

二、现金管理制度

根据国务院2011年修订的《现金管理暂行条例》和2019年修订的《现金管理暂行条例实施细则》的规定，现金管理制度主要包括以下内容：

（一）现金的使用范围

企业可用现金支付的款项有：

（1）职工工资、各种工资性津贴；

（2）个人劳务报酬，包括稿酬和讲课费及其他专门工作报酬；

（3）支付给个人的各种奖金，包括根据国家规定颁发给个人的各种科学技术、文化艺术、体育等各种奖金；

(4) 各种劳保、福利费用以及国家规定的对个人的其他现金支出；

(5) 收购单位向个人收购农副产品和其他物资支付的价款；

(6) 出差人员必须随身携带的差旅费；

(7) 结算起点（1 000元）以下的零星支出；

(8) 确实需要支付现金的其他支出，包括因采购地点不确定、交通不便、抢险救灾以及其他特殊情况，办理转账结算不够方便、必须使用现金的情形。

除以上第（5）(6) 项外，支付现金每人一次不得超过1 000元；超过限额部分，根据提款人的要求在指定的银行转为储蓄存款或以支票、银行本票支付。确需全额支付现金的，经开户银行审核后予以支付。凡不属于国家现金结算范围的支出，一律不准使用现金结算，必须通过银行办理转账结算。

（二）核定库存现金的限额

库存现金的限额是指为了保证企业日常零星开支的需要，允许单位留存现金的最高数额。库存现金的限额是由企业开户银行根据企业的实际需要核定的，一般不得超过本单位3～5天正常零星开支需要量，边远地区和交通不发达地区的企业可以按照多于5天但不超过15天的日常零星开支的需要确定。企业应当严格遵守核定的现金限额，超过限额部分应于当日终了前送存银行。需要增加或减少现金限额的单位，应当向其开户银行提出申请，由开户银行核定。服务行业的找零备用金不属于现金限额的范围。

【小思考1-1】为什么国家对企业库存现金规定库存现金限额？

（三）严禁擅自坐支现金

坐支现金是指企业将自己的现金收入直接用于自己的现金支出的现象。开户单位收入现金应于当日送存开户银行，当日送存确有困难的，由开户银行确定送存时间；开户单位支付现金，可以从本单位库存现金中支付或从开户银行提取，不得从本单位的现金收入中直接支付，即不得“坐支”现金。因特殊情况需要坐支现金的单位，应事先报经有关部门审核批准，并在核定的范围和限额内进行，同时收支的现金必须入账。

（四）现金收支的其他规定

(1) 开户单位从开户银行提取现金时，应当如实填写提取现金的用途，由本单位财会部门负责人签字盖章，并经开户银行审查批准后予以支付。

(2) 因采购地点不确定、交通不便、抢险救灾以及其他特殊情况必须使用现金的单位，应当向开户银行提出书面申请，由本单位财会部门负责人签字盖章，并经开户银行审查批准后予以支付。

(3) 严格执行“四不准”：不准用不符合财务制度规定的凭证顶替库存现金，即不得“白条顶库”；不准编造用途套取现金；不准用银行账户代其他单位或个人存入或支取现金；不准保留账外公款，即不得“公款私存”，不得设置“小金库”等。

(4) 银行对于违反上述规定的单位，可以按照违规金额的一定比例予以处罚。

三、现金的内部控制

（一）现金收、支凭证

企业在对现金核算时，必须以合法的原始凭证为依据，包括现金收入和现金支出的原始凭证，如销售发票副本、支票存根、银行汇单、购货发票、经领导批准的借款单等。所有原始凭证只有经过认真审核无误后，才可据以编制现金收付款凭证。办完现金收支业务的原始凭证和记账凭证，出纳员要在上面加盖“收讫”或“付讫”的戳记，表示款项已经收到或支付。

（二）现金的控制措施

现金的控制措施包括以下几种。

1.建立内部牵制制度

企业内部应当实行钱账分离、相互制约的内部牵制制度，不允许单独一个人自始至终操纵和处理一笔业务的全过程，必须在各独立的部门之间有明确合理的分工。经管现金的出纳员不得兼管收入、费用、债权、债务等账簿的登记及会计稽核和会计档案工作；负责库存现金总账记录的会计人员，则不得兼管现金。填写银行结算凭证的有关印鉴不能集中由出纳员保管，应实行印鉴分管制度。

2.建立审核和签字制度

企业的每笔经济业务都必须根据有关的原始凭证由会计主管或其他指定人员逐笔审核其手续是否完备、数字是否正确、内容是否合理合法。经审核无误签字后，出纳员才能据以收款、付款。

3.建立收据和发票的领用制度

领用的收据和发票必须登记数量和起止编号，由领用人签字。收回收据和发票存根应由主管人员办理签收手续。对空白收据和发票应当定期检查，以防短缺。

4.建立定期核对账目和盘点制度

每日终了，出纳员应当将当日的全部经济业务记入日记账，并结出余额，与实存现金相核对。出纳和会计之间也应定期核对账目，确保账账相符。内部审计人员应实施经常性和突击性的盘点。

（三）现金收入和支出的控制

1.现金收入的控制

（1）所有企业外部交来的款项都应由指定的收款员点收。收款员应逐日逐笔填制收款清单，连同现金和支票送交出纳员，并将收款清单副本送交会计人员。

（2）出纳员收入款项后，应与收款清单相核对，并根据会计人员编制的记账凭证及所附原始凭证，登记库存现金日记账。同时，为了保证现金安全，每天应将现金存入银行，并将银行存款回单送交会计人员记账。

（3）会计人员将收款清单与银行存款回单核对相符后，编制收款凭证和现金存入银行的付款凭证，据以登记库存现金总账。

2.现金支出的控制

（1）企业的所有现金支出都应由业务部门提出付款申请，填制付款的原始凭证经所在部门主管及有关领导批准后，送交会计部门。

（2）会计人员对付款的原始凭证的计算是否正确、手续是否齐全、开支是否合理等进行审核，并据以作出付款的记账凭证，签字后送交出纳员。

（3）出纳员根据审核过的付款凭证付款，并加盖“付讫”章，据以登记库存现金日记账。然后将已付款的付款凭证，连同支票副本或存根送交会计人员。

（4）会计人员根据已付款的付款凭证登记库存现金总账。

（5）期末，出纳员根据库存现金日记账与库存现金进行核对，保证账实相符。

四、账户设置

为了核算现金的收支情况，企业应设置“库存现金”账户，其借方登记现金的收入数，贷方登记现金的支出数，余额在借方，表示现金的实际库存数额。企业内部各部门周转使用的备用金，通过“其他应收款”或单设“备用金”账户核算，不在本账户核算。

五、库存现金的日常核算

企业应当设置库存现金总账和库存现金日记账，分别进行企业库存现金的总分类核算和序时核算。

企业发生现金业务增加时，应借记“库存现金”科目，贷记“银行存款”“主营业务收入”等科目；企业发生现金业务减少时，借记“管理费用”“其他应收款”“银行存款”等科目。

库存现金日记账由出纳人员根据现金收款凭证、现金付款凭证以及银行存款付款凭证，按照业务发生顺序逐日逐笔登记。每日终了，应当在库存现金日记账上计算出当日的现金收入合计数、现金支出合计数和现金结余数，并将库存现金日记账的账面结余数与实际库存现金数相核对，保证账款相符；月度终了，库存现金日记账的余额应当与库存现金总账的余额核对，做到账账相符。

【工作实例1-1】2023年7月15日，东方公司（增值税一般纳税人）发生与现金收支有关的业务如下：

（1）出纳员开出现金支票，提取现金6 000元备用。

（2）采购员王燕出差归来，报销差旅费3 900元（其中增值税专用发票上注明的住宿费进项税额为48元），交回现金100元。

（3）出售下脚料，收到现金226元。

（4）采购员赵伟预支差旅费3 000元，以现金支付。

（5）以现金339元（含税价）购买办公用品，办公用品交付管理部门使用。

会计处理如下：

（1）开出现金支票，提取备用金：

借：库存现金	6 000	
贷：银行存款		6 000

（2）采购员出差归来，报销差旅费：

借：库存现金	100	
管理费用——差旅费	3 852	
应交税费——应交增值税（进项税额）	48	
贷：其他应收款——王燕		4 000

（3）出售下脚料，收到现金：

借：库存现金	226	

贷：主营业务收入 200

应交税费——应交增值税（销项税额） 26

（4）以现金支付采购员赵伟预支差旅费：

借：其他应收款——赵伟 3 000

贷：库存现金 3 000

（5）以现金购买办公用品：

借：管理费用——办公费 300

应交税费——应交增值税（进项税额） 39

贷：库存现金 339

六、库存现金的清查

库存现金清查应注意的问题如下：

（1）库存现金清查是对库存现金的盘点和核对，包括出纳人员每日终了前进行的现金账款核对和清查小组进行的定期和不定期的现金盘点、核对。现金清查一般采用实地盘点法。对于现金清查结果应编制现金盘点报告。

（2）清查小组清查时，出纳人员必须在场，清查的内容主要是检查是否有挪用现金、白条顶库、超限额留存现金等情况，并检查账、款是否相符等。

（3）如果有挪用现金、白条顶库的情况，应及时予以纠正。

（4）对于超限额留存的现金应及时送存银行。

（5）如果账款不符，应先通过“待处理财产损溢”科目核算。

现金清查中如果发现现金短款，应借记“待处理财产损溢”科目，贷记“库存现金”科目。经查属于应由责任人赔偿的部分，借记“其他应收款”科目，贷记“待处理财产损溢”科目；属于无法查明原因的，借记“管理费用”科目，贷记“待处理财产损溢”科目。

现金清查中如果发现现金溢余，应借记“库存现金”科目，贷记“待处理财产损溢”科目。经查属于应支付给有关人员或单位的，借记“待处理财产损溢”科目，贷记“其他应付款”科目；属于无法查明原因的，借记“待处理财产损溢”科目，贷记“营业外收入”科目。

【工作实例1-2】2023年9月30日，东方公司突击检查出纳员保管的库存现金，发现现金溢余120元。会计处理如下：

（1）查明原因前：

借：库存现金 120

贷：待处理财产损溢 120

（2）经核查，原因不明，经批准列入利得时：

借：待处理财产损溢 120

贷：营业外收入 120

【工作实例1-3】2023年9月30日，南方公司突击检查出纳员刘文保管的库存现金，发现现金短缺200元。会计处理如下：

（1）短少现金时：

借：待处理财产损溢 200

贷：库存现金　200

（2）经核查批准，该短款应由出纳员刘文负责赔偿100元，其他列入损失：

借：其他应收款——刘文　100

管理费用　100

贷：待处理财产损溢　200

任务二　银行存款的核算

一、银行结算管理

（一）银行存款账户管理

根据规定，企业要在银行的一个分支机构或其他金融机构开立账户，用以保存货币资金，并办理转账结算业务。开户时，企业要凭证明文件到银行的一个分支机构办理开户手续，并在银行预留有效印章样本。《人民币银行结算账户管理办法》将单位银行结算账户分为基本存款账户、一般存款账户、临时存款账户和专用存款账户。

（1）基本存款账户，是指存款人因办理日常转账结算和现金收付需要开立的银行结算账户。存款人日常经营活动的资金收付及其工资、奖金等现金的支取，应通过基本存款账户办理。单位银行结算账户的存款人只能在银行开立一个基本存款账户。

（2）一般存款账户，是指存款人在基本存款账户以外的银行因借款转存，或与基本存款账户的存款人不在同一地点的附属非独立核算单位开立的账户。存款人可以通过本账户办理转账结算和现金缴存，但不得办理现金结算支取。

（3）临时存款账户，是指存款人因临时经营活动需要并在规定期限内使用而开立的银行结算账户，如设立临时机构、异地临时经营活动、注册验资等。本账户办理转账结算和根据国家现金管理的规定办理现金收付，并根据有关开户证明文件确定的期限或存款人的需要确定其有效期限，最长不得超过2年。

（4）专用存款账户，是指存款人按照法律、行政法规和规章，对其特定用途资金进行专项管理和使用而开立的银行结算账户，如基本建设资金、社会保障基金、财政预算外资金、粮棉油收购资金、证券交易结算资金等。

（二）银行结算原则

结算是指单位对一个时期内商品交易、劳务供应等方面发生的经济收支往来进行核算和了结。会计上的资金结算一般包括现金结算和转账结算。现金结算，即直接以现金进行支付。转账结算，是指通过银行将款项从付款单位账户划转到收款单位账户。在银行办理的货币收付总额中，转账结算占95%以上，是货币结算的主要形式。

银行结算原则是指银行、单位和个人在办理结算过程中所应遵循的准则。其内容包括：（1）恪守信用，履约付款；（2）谁的钱进谁的账，由谁支配；（3）银行不予垫款。

（三）银行结算纪律

企业办理结算，必须遵守国家的法律、法规和《人民币银行结算账户管理办法》的各项规定，遵守结算纪律，不准签发没有资金保证的票据或远期支票，套取银行信用；不准签发、取得和转让没有真实交易和债权债务的票据，套取银行和他人资金；不准无理拒绝付款，任意占用他人资金；不准违反规定开立和使用账户。

（四）银行存款收支控制

为了加强对银行存款的控制，对于银行存款的存、取和转账业务，应进行严格的审批手续，认真审查银行存款收支的合法性和合理性；并建立一套严密的内部控制制度，即企业的出纳人员负责银行存款的收、支业务，签发支票，登记银行存款日记账，会计人员负责银行存款收支业务的审核工作，并负责登记银行存款总账。

二、银行支付结算工具和方式

现金结算已在前面介绍，不再赘述。我国目前使用的转账结算工具主要有“三票一卡”和结算方式。“三票一卡”是指汇票、本票、支票和信用卡；结算方式包括汇兑、托收承付、委托收款、电子支付等。企业在办理支付结算时，必须使用按中国人民银行统一规定印制的票据凭证和统一规定的结算凭证。

（一）支票

1. 支票的基本知识

支票是指出票人签发的，委托办理支票存款业务的银行在见票时无条件支付确定的金额给收款人或者持票人的票据。支票分为现金支票、转账支票和普通支票。支票上印有“现金”字样的为现金支票，现金支票只能用于支取现金。支票上印有“转账”字样的为转账支票，转账支票只能用于转账。支票上未印有“现金”或“转账”字样的为普通支票，普通支票可以用于支取现金，也可以用于转账。在普通支票左上角画两条平行线的为划线支票，划线支票只能用于转账，不得支取现金。单位和个人在同一票据交换区域的各种款项结算，均可以使用支票。签发现金支票和用于支取现金的普通支票，必须符合国家现金管理的规定。

2. 签发支票的有关规定

（1）支票的出票人签发支票的金额不得超过付款时在付款人处实有的存款金额。禁止签发空头支票。

（2）出票人不得签发与其预留银行签章不符的支票。

（3）使用支付密码的，出票人不得签发支付密码错误的支票。

（4）出票人签发空头支票，签章与预留银行签章不符的支票，使用支付密码地区、支付密码错误的支票时，银行应予以退票，并按票面金额处以5%但不低于1 000元的罚款；持票人有权要求出票人赔偿支票金额2%的赔偿金。对屡次签发不符合上述要求支票的，银行应停止其签发支票。

（5）支票的提示付款期限为自出票日起10日，但中国人民银行另有规定的除外。超过提示付款期限提示付款的，持票人开户银行不予受理，付款人不予付款。出票人在付款人处的存款足以支付支票金额时，付款人应当在见票当日足额付款。

3. 会计核算

在会计核算中，收款方和付款方对于支票的核算科目均为“银行存款”科目，即收款方收到支票收账通知时借记“银行存款”科目；付款方收到支票存根和银行进账单回单时贷记“银行存款”科目。

（二）银行本票

1. 银行本票的基本知识

银行本票是指银行签发的，承诺自己在见票时无条件支付确定的金额给收款人或持票人的票据。单位和个人在同一票据交换区域需要支付的各种款项，均可使用银行本票。银行本票可以用于转账，注明“现金”字样的银行本票可以用于支取现金。银行本票分为不定额本票和定额本票两种。定额本票面额为1 000元、5 000元、10 000元和50 000元。

2. 签发银行本票的有关规定

（1）申请人使用银行本票，应向银行填写“银行本票申请书”。申请人或收款人为单位的，不得申请签发现金银行本票。

（2）出票银行受理银行本票申请书，收妥款项后签发银行本票，在本票上签章后交给申请人。申请人应将银行本票交付给本票上记明的收款人。收款人可以将银行本票背书转让给被背书人。

（3）银行本票的提示付款期限自出票日起最长不得超过2个月。在有效付款期内，银行见票付款。持票人超过付款期限提示付款的，银行不予受理。申请人因银行本票超过提示付款期限或其他原因要求退款时，应将银行本票提交到出票银行，并出具单位证明。

3. 会计核算

票据签发人（付款人）在收到银行退回的“银行本票申请书”存根联和不定额银行本票第一联时借记“其他货币资金”科目，贷记“银行存款”科目。

持票人（收款人）向银行提示付款时，应提交银行本票和解讫通知及有关销售凭证，借记“银行存款”科目，贷记“主营业务收入”等科目。

（三）银行汇票

1. 银行汇票的基本知识

银行汇票是指由出票银行签发的，由其在见票时按照实际结算金额无条件支付给收款人或者持票人的票据。银行汇票的出票银行为银行汇票的付款人。单位和个人各种款项的结算，均可使用银行汇票。银行汇票可以用于转账，填明“现金”字样的银行汇票也可以用于支取现金。申请人或者收款人为单位的，不得在“银行汇票申请书”上填明“现金”字样。

2. 签发银行汇票的有关规定

（1）汇款单位（申请人）使用银行汇票，应向出票银行填写“银行汇票申请书”，填明收款人名称、汇票金额、申请人名称、申请日期等事项并签章，签章为其预留银行的签章。

（2）出票银行受理银行汇票申请书，收妥款项后签发银行汇票，并用压数机压印出票金额，将银行汇票和解讫通知一并交给申请人。申请人应将银行汇票和解讫通知一并交付给汇票上记明的收款人。

（3）收款人受理申请人交付的银行汇票时，应在出票金额以内，根据实际需要的款项办理结算，并将实际结算的金额和多余金额准确、清晰地填入银行汇票和解讫通知的有关栏内，到银行办理款项入账手续。

（4）收款人可以将银行汇票背书转让给被背书人。银行汇票的背书转让以不超过出票金额的实际结算金额为准。未填写实际结算金额或实际结算金额超过出票金额的银行汇票，不得背书转让。

（5）银行汇票的提示付款期限为自出票日起1个月，持票人超过付款期限提示付款的，银行将不予受理。持票人向银行提示付款的，必须同时提交银行汇票和解讫通知，缺少任何一联银行不予受理。

3. 会计核算

出票银行受理银行汇票申请书，收妥款项后签发银行汇票，并用压数机压印出票金额，将银行汇票和解讫通知一并交给申请人。申请人将银行汇票和解讫通知一并交付给收款人时，借记“其他货币资金”科目，贷记“银行存款”科目。

持票人向银行提示付款时，应提交银行汇票和解讫通知及有关销售凭证，借记“银行存款”科目，贷记“主营业务收入”等科目。

（四）商业汇票

1. 商业汇票的基本知识

商业汇票是指由出票人签发的，委托付款人在指定日期无条件支付确定的金额给收款人或持票人的票据。商业汇票的付款期限最长不超过6个月。符合条件的商业汇票持票人可以持未到期的商业汇票向银行申请贴现。

2. 商业汇票的签发

商业汇票按照承兑人不同，可以分为商业承兑汇票和银行承兑汇票。

（1）商业承兑汇票是指由付款人签发并承兑，或由收款人签发并由付款人承兑的商业汇票。商业承兑汇票的付款人收到开户银行的付款通知，应在当日通知银行付款。付款人在接到通知后次日起3日内未通知银行付款的，视同付款人承诺付款，银行将于付款人接到通知日的次日起第4日上午开始营业时，将票款划给持票人。银行在办理划款时，付款人存款账户不足支付的，银行应填制付款人未付票款通知书，连同商业承兑汇票邮寄持票人开户银行转交持票人。

（2）银行承兑汇票是指由在承兑银行开户的存款人签发，由承兑银行承兑的商业汇票。企业申请使用银行承兑汇票时，应向其承兑银行按票面金额的万分之五交纳手续费。银行承兑汇票的出票人应于汇票到期前将票款足额缴存其开户银行，承兑银行应在汇票到期日或到期日后的见票当日支付票款。银行承兑汇票的出票人于汇票到期前未能足额缴存票款的，承兑银行除凭票向持票人无条件付款外，对出票人尚未支付的汇票金额按照每天万分之五计收利息。

3. 会计核算

付款人签发并承兑商业汇票时，应借记“原材料”“应交税费——应交增值税（进项税额）”等科目，贷记“应付票据”科目。

持票人向银行提示付款时，应提交银行汇票和解讫通知及有关销售凭证，借记“应收票据”科目，贷记“主营业务收入”“应交税费——应交增值税（销项税额）”等科目。

（五）委托收款

1. 委托收款的基本知识

委托收款是指收款人委托银行向付款人收取款项的结算方式。单位和个人凭已承兑商业汇票、存单等付款人债务凭证办理款项结算时，均可使用委托收款结算方式。委托收款在同城和异地均可使用。委托收款结算方式的划回方式，分为邮寄和电报两种，由收款人选用。

2.委托收款的办理

收款人办理委托收款应向银行提交委托收款凭证和有关债务证明。银行接到寄来的委托收款凭证及债务证明，审查无误后办理付款。其中，以银行为付款人的，银行应在当日将款项主动支付给收款人；以单位为付款人的，银行应及时通知付款人，按照有关办法规定，需要将有关债务证明交给付款人的应交给付款人，并签收。付款人应于接到通知的当日书面通知银行付款，付款人未在接到通知日的次日起3日内通知银行付款的，视同付款人同意付款。

3.会计核算

收款人在办妥委托收款手续时，应借记“应收账款”科目，贷记“主营业务收入”“应交税费——应交增值税（销项税额）”等科目。

付款人通知银行付款时，应借记“原材料”“应交税费——应交增值税（进项税额）”等科目，贷记“银行存款”科目。

（六）托收承付

1.托收承付的基本知识

托收承付是指根据购销合同由收款人发货后委托银行向异地付款人收取款项，由付款人向银行承认付款的结算方式。使用托收承付结算方式的收款单位和付款单位，必须是国有企业、供销合作社以及经营管理较好，并经开户银行审查同意的城乡集体所有制工业企业。办理托收承付结算的款项，必须是商品交易以及因商品交易而产生的劳务供应的款项。代销、寄销、赊销商品的款项，不得办理托收承付结算。收款人办理托收，必须具有商品确已发运的证件及其他有效证件。托收承付结算每笔的金额起点为10 000元。新华书店系统每笔结算的金额起点为1 000元。

2.托收承付的办理

托收承付结算款项的划回方法，分为邮寄和电报两种，由收款人选择使用。收款人按照签订的购销合同发货后，委托银行办理托收。收款人应将托收凭证并附发运证件或其他符合托收承付结算的有关证明和交易单证送交银行。收款人开户银行接到托收凭证及其附件后，应按照托收的条件和托收凭证记载的要求认真审查，必要时还应查验收付款人签订的购销合同。审查时间最长不得超过次日。付款人开户银行收到托收凭证及其附件后，应及时通知付款人付款。承付货款的方式由收付款双方商量选用，并在购销合同中明确规定。

3.会计核算

收款人在办妥托收手续时，应借记“应收账款”科目，贷记“主营业务收入”“应交税费——应交增值税（销项税额）”等科目。

付款人通知银行付款时，应借记“原材料”“应交税费——应交增值税（进项税额）”等科目，贷记“银行存款”科目。

（七）信用卡

1.信用卡的基本知识

信用卡存款是指企业为取得信用卡而存入银行信用卡专户的款项。信用卡是银行卡的一种。

信用卡按使用对象分为单位卡和个人卡。凡在中国境内金融机构开立基本存款账户的单位可申领单位卡。单位卡可申领若干张，持卡人资格由申领单位法定代表人或其委托的代理人书面指定和注销。单位卡账户的资金一律从其基本存款账户转账存入，不得交存现金，不得将销货收入的款项存入其账户。持卡人可持信用卡在特约单位购物、消费，但单位卡不得用于10万元以上的商品交易、劳务供应款的结算，不得支取现金。

信用卡按是否向发卡银行交存备用金分为贷记卡和准贷记卡。贷记卡是指发卡银行给予持卡人一定的信用额度，持卡人可在信用额度内先消费、后还款的信用卡。准贷记卡是指持卡人须先按发卡银行要求交存一定金额的备用金，当备用金账户余额不足支付时，可在发卡银行规定的信用额度内透支的信用卡。准贷记卡的透支期限最长为60天，贷记卡的首月最低还款额不得低于其当月透支余额的10%。

2. 会计核算

付款人根据POS机小票及有关凭证，借记“管理费用”“应交税费”等科目，贷记“银行存款”科目。

特约单位在每日营业终了，应将当日受理的信用卡签购单汇总，计算手续费和净计金额，并填写汇计单和进账单，连同签购单一并送存收单银行办理进账，应借记“银行存款”科目，贷记“主营业务收入”“应交税费——应交增值税（销项税额）”等科目。

（八）国内信用证

1. 信用证的基本知识

国内信用证（简称信用证）是适用于国内贸易的一种支付结算方式，是开户银行依据申请人（购货人）的申请向受益人（销货方）开出的有一定金额、在一定限额内凭信用证规定的单据支付款项的书面承诺。信用证结算方式只适用于国内企业之间商品交易产生的货款结算，并且只能用于转账结算，不得支取现金。

2. 信用证的办理

企业向银行申请开立信用证，应按规定向银行提交开证申请书、信用证申请人承诺书和购销合同。通知行收到信用证申请书及相关材料，应认真审核。审核无误的应填制信用证通知书，连同信用证交付受益人。受益人在交单期或信用证有效期内向开证行交单付款。

3. 会计核算

企业填写“信用证申请书”，将信用证保证金交存银行时，应根据银行盖章退回的“信用证申请书”回单，借记“其他货币资金——信用证保证金”科目，贷记“银行存款”科目。企业接到开证行通知，根据供货单位信用证结算凭证及所附发票账单，借记“材料采购”或“原材料”“库存商品”“应交税费——应交增值税（进项税额）”等科目，贷记“其他货币资金——信用证保证金”科目；将未用完的信用证保证金存款余额转回开户银行时，借记“银行存款”科目，贷记“其他货币资金——信用证保证金”科目。

收款人在收到款项时，应借记“应收账款”科目，贷记“主营业务收入”“应交税费——应交增值税（销项税额）”等科目。

【小思考1-2】在上述结算方式中，哪些结算方式可以背书转让？哪些结算方式适用于异地结算？

三、银行存款的日常核算

企业应当设置银行存款总账和银行存款日记账，分别进行银行存款的总分类核算和序时核算。企业可以按照开户银行和其他金融机构、存款种类等设置银行存款日记账，由出纳人员根据审核无误的银行存款收付款凭证，按照业务的发生顺序逐日逐笔登记。每日终了，应计算银行存款的结余数。银行存款日记账应定期与银行对账单核对，至少每月核对一次。

微课

银行存款

【工作实例1-4】6月6日，东方公司（增值税一般纳税人）发生与银行存款收支有关的业务如下：

（1）出纳员开出现金支票，提取现金6 000元备用。

（2）收回南方公司支付的货款891 000元存入银行。

（3）采购商品一批，增值税专用发票上注明价款250 000元，增值税32 500元，价款通过银行存款支付，商品已经验收入库。

（4）向开户银行申请银行本票一张，面值80 000元，已经办理完成。

（5）本月应支付职工薪酬732 180元，以银行存款支付。

（6）上缴上月的税金51 820元。

会计处理如下：

（1）开出现金支票，提取备用金：

借：库存现金　　6 000

　　贷：银行存款　　6 000

（2）收回南方公司支付的货款：

借：银行存款　　891 000

　　贷：应收账款　　891 000

（3）采购商品一批：

借：库存商品　　250 000

　　应交税费——应交增值税（进项税额）　　32 500

　　贷：银行存款　　282 500

（4）向开户银行申请银行本票一张：

借：其他货币资金　　80 000

　　贷：银行存款　　80 000

（5）支付本月职工薪酬：

借：应付职工薪酬　　732 180

　　贷：银行存款　　732 180

（6）上缴上月的税金时：

借：应交税费　　51 820

　　贷：银行存款　　51 280

四、银行存款的清查

企业应定期或不定期地进行银行存款的清查，即将企业银行存款日记账的账面余额与其开户银行转来的对账单进行核对。若双方余额不一致，除记账错误外，双方还可能存在未达账项。未达账项是指由于企业与银行取得有关凭证的时间不同，而发生的一方已经取得凭证登记入账，另一方由于未取得凭证尚未入账的款项。未达账项具体有以下四种情况：

（1）企业已收款入账，而银行尚未收款入账；

（2）企业已付款入账，而银行尚未付款入账；

（3）银行已收款入账，而企业尚未收款入账；

（4）银行已付款入账，而企业尚未付款入账。

对上述未达账项应编制“银行存款余额调节表”检查核对，如果没有记账错误，调节后的双方余额应相符。银行存款余额调节表只是为了核对账目，并不能作为调整银行存款账面余额的记账依据。对于银行已经入账而企业尚未入账的未达账项，一定要等到结算凭证到达企业后，才能进行账务处理。

【工作实例1-5】某企业9月30日银行存款日记账余额为80 000元，银行对账单余额为87 000元。经逐笔核对，发现以下未达账项：

（1）委托银行收款9 000元，银行已收到A公司货款并已入账，而企业尚未接到收款通知；

（2）本月发生水电费1 800元，银行已从该企业银行存款户中代为付出，而企业尚未接到付款通知，尚未入账；

（3）开出转账支票支付汪军差旅费800元，并已作存款减少入账，但持票人尚未到银行办理转账手续；

（4）企业送存银行B公司转账支票一张计1 000元，并已作增加存款入账，而银行尚未办理转账手续，未予入账。

根据上述资料编制“银行存款余额调节表”见表1-1。

表1-1　银行存款余额调节表　单位：元

项　目	金　额	项　目	金　额
企业银行存款日记账余额	80 000	银行对账单余额	87 000
加：银行已收、企业未收款		加：企业已收、银行未收款	
1.收到A公司货款	9 000	1.B公司转账支票存款	1 000
2.		2.	
减：银行已付、企业未付款		减：企业已付、银行未付款	
1.支付水电费	1 800	1.支付汪军差旅费	800
2.		2.	
调节后存款余额	87 200	调节后存款余额	87 200

如果调节后的银行存款余额仍不相等，则应进一步逐笔核对，发现错账、漏账等，应予以更正。调节后的存款余额即为企业可以动用的实际存款额。

【小思考1-3】什么是企业可动用的实际存款额？

任务三　其他货币资金的核算

一、其他货币资金的内容

其他货币资金是指企业除库存现金、银行存款以外的各种货币资金，主要包括银行汇票存款、银行本票存款、信用卡存款、信用证保证金存款、存出投资款、外埠存款等。

微课

其他货币资金

（一）银行汇票存款

银行汇票存款是指由出票银行签发的，由其在见票时按照实际结算金额无条件支付给收款人或持票人的票据。银行汇票的出票银行为银行汇票的付款人。单位和个人各种款项的结算，均可使用银行汇票。银行汇票可以用于转账，填明“现金”字样的银行汇票也可以用于支取现金。

（二）银行本票存款

银行本票是指银行签发的，承诺自己在见票时无条件支付确定的金额给收款人或持票人的票据。单位和个人在同一票据交换区域需要支付的各种款项，均可使用银行本票。银行本票可以用于转账，注明“现金”字样的银行本票也可以用于支取现金。

（三）信用卡存款

信用卡存款是指企业为取得信用卡而存入银行信用卡专户的款项。信用卡是银行卡的一种。信用卡按照使用对象分为单位卡和个人卡；按照信用等级分为金卡和普通卡；按照是否向发卡银行交存备用金分为贷记卡和准贷记卡。

（四）信用证保证金存款

信用证保证金存款是指采用信用证结算方式的企业为开具信用证而存入银行信用证保证金专户的款项。企业向银行申请开立信用证，应按规定向银行提交开证申请书、信用证申请人承诺书和购销合同。

（五）存出投资款

存出投资款是指企业已存入证券公司但尚未进行投资的资金。

（六）外埠存款

外埠存款是指企业为了到外地进行临时或零星采购，而汇往采购地银行开立采购专户的款项。该账户的存款不计利息、只付不收、付完清户，除了采购人员可以从中提取少量现金外，一律采用转账结算。

二、账户设置

为了反映和监督其他货币资金的收支和结存情况，企业应当设置“其他货币资金”科目，借方登记其他货币资金的增加数，贷方登记其他货币资金的减少数，期末余额在借方，反映企业实际持有的其他货币资金。本科目应按其他货币资金的种类设置明细科目。除存出投资款以外的其他货币资金核算基本相同，下面仅以银行汇票存款介绍其他货币资金的核算。

三、其他货币资金的日常业务处理

企业取得除“存出投资款”外的其他货币资金时，借记“其他货币资金——××”科目，贷记“银行存款”科目；企业使用其他货币资金支付款项时，借记“材料采购”“原材料”“管理费用”等科目，贷记“其他货币资金——××”科目。如有余款或退回款项时，借记“银行存款”科目，贷记“其他货币资金——××”科目。

企业因销售产品而收到其他货币资金时，根据进账单及销货发票等有关凭证，借记“银行存款”科目，贷记“主营业务收入”等科目。

【工作实例1-6】某企业采用银行汇票结算方式采购商品物资，有关业务如下：

（1）5月10日，向银行提交“银行汇票申请书”并将款项300 000元交存开户银行，要求银行办理银行汇票并已取得汇票。

（2）企业持银行汇票去异地采购材料，取得的增值税专用发票上注明材料价款260 000元，增值税33 800元。

（3）企业收到银行转来的银行汇票多余款收账通知，银行汇票多余款项6 200元已退回企业开户银行。

会计处理如下：

（1）企业收到银行盖章退回的申请书存根联时：

借：其他货币资金——银行汇票存款　　300 000
　　贷：银行存款　　300 000

（2）企业取得增值税专用发票及有关凭证时：

借：材料采购　　260 000
　　应交税费——应交增值税（进项税额）　　33 800
　　贷：其他货币资金——银行汇票存款　　293 800

（3）企业收到银行汇票多余款收账通知时：

借：银行存款　　6 200
　　贷：其他货币资金——银行汇票存款　　6 200

【学中做1-1】沿用【工作实例1-6】的资料，假定企业采用银行本票结算方式采购商品物资，其他条件不变，请编制相应的会计分录，并比较两者的异同。

【工作实例1-7】3月18日企业从银行存款账户划转200 000元到国元证券江城交易所账户。3月22日购入上市公司股票40 000股，每股价格4.50元，企业将其划分为交易性金融资产。

会计处理如下：

（1）企业向证券公司划出投资款时：

借：其他货币资金——存出投资款　　200 000
　　贷：银行存款　　200 000

（2）购买股票、债券时：

借：交易性金融资产——成本　　180 000
　　贷：其他货币资金——存出投资款　　180 000

四、其他货币资金的清查

企业应该开展其他货币资金的清查工作。对于外埠存款，应查明采购专户银行对账单的结余额与企业账面结存额是否相符，是否有挪用公款等非法行为发生。对于银行汇票存款和银行本票存款，也应定期核对，以防银行汇票和银行本票的丢失，并查明其付款的有效期限，防止逾期不能办理结算业务。对于信用卡存款应核实其余额，防止存款余额过低发生透支，并检查其具体用途，防止公款私用行为的发生。

项目小结

货币资金是指企业生产经营过程中处于货币形态的资产，包括库存现金、银行存款和其他货币资金。

库存现金是指存放于企业财会部门、由出纳人员经管的货币。库存现金是企业流动性最强的资产，企业应当严格遵守国家有关现金管理制度，正确进行现金收支的核算，监督现金使用的合法性和合理性。

银行存款是指企业存放在开户银行或其他金融机构账户的货币资金。企业应加强银行存款管理与控制。银行存款的收付应严格执行银行结算制度的规定。企业应定期或不定期地进行银行存款的清查，如果账实不符应及时查明原因。

其他货币资金是指企业除库存现金、银行存款以外的各种货币资金，主要包括银行汇票存款、银行本票存款、信用卡存款、信用证保证金存款、存出投资款、外埠存款等。企业应根据业务内容选择恰当的结算方法。

复习思考题

1. 企业可以用现金支付的业务有哪些？
2. 现金管理制度包括哪些内容？
3. “银行存款”账户包括哪些内容？企业发放工资、交纳税款应使用什么账户？
4. 在清查库存现金时应注意什么问题？
5. 银行存款日记账余额和银行对账单核对结果不相符的原因有哪些？
6. 什么是未达账项？它有哪些表现形式？
7. 如何确定未达账项？
8. 其他货币资金与银行存款的专用存款户有什么区别？
9. 其他货币资金核算一般包括哪些步骤？
10. 企业销售商品收到购买企业移交的银行汇票时，应如何进行账务处理？

项目二

存货的核算

【知识目标】
1. 熟悉存货的范围；
2. 掌握存货不同计价方法的特点及使用范围；
3. 掌握存货在实际成本法下不同发出方法的影响；
4. 掌握存货在计划成本法下的会计核算方法。

【能力目标】
1. 能够正确确定存货的入账价值；
2. 能够按实际成本法进行存货的收发核算及存货期末计价；
3. 能够按计划成本法进行存货的收发核算及存货期末计价；
4. 能够正确核算周转材料和委托加工物资，提供其他存货的会计信息；
5. 能够运用正确的方法清查存货，及时处理盘盈盘亏事项。

【素养目标】
1. 能够根据单位要求和存货特点，正确选择存货的计价方法；
2. 能够核实家底，盘活存货资产，发挥更大效用。

引 言

海澜之家2017年年报中存货金额达到84.9亿元，占资产总额的三分之一，2018年三季报中更是高达97.34亿元。对于一家年收入180亿元左右的企业，存货差不多是收入的一半左右，让人感觉诧异。

如此高比例的存货是服装零售类企业的行规吗？从行业情况看，并非如此，比如“七匹狼”的存货是资产总额的10%左右，不足营业收入的三分之一；“森马服饰”的存货占资产总额的17%，还不到营业收入的20%。如此高额的存货引起了上海证券交易所的注意，在2017年年报披露之后，公司收到了上交所的问询函。也正是通过问询函的回复，让公众有机会了解到了海澜之家库存背后的真相。

上交所主要关注的问题是公司的存货跌价准备计提比例。根据企业会计准则的要求，需要对存在减值的存货计提跌价准备，从而确保财务报表的质量。海澜之家存货以库存商品及委托代销商品为主，其中库存商品期末账面余额为39.44亿元、计提跌价准备1.68亿元；委托代销商品期末账面余额为42.41亿元、计提跌价准备2 693.89万元。可以计算出库存商品的跌价准备率为4.26%，而委托代销商品的跌价准备率只有0.6%。两者的计提比例相差6倍，令人摸不着头脑。

海澜之家财务报告指出，“库存商品”指存放在公司总部仓库的“海澜之家”“爱居兔”及其他连锁经营品牌的商品。公司将“库存商品”发到门店后，就成为存货分类里的“委托代销商品”。公司规定：海澜之家品牌库龄3年以上的全额计提跌价准备，爱居兔品牌2年以上的全额计提跌价准备，海一家品牌1年以上就全额计提跌价准备。

公司的存货跌价准备到底应该计提多少？或许同行的计提比例可以作为参考，无论是存货的金额还是跌价准备的计提比例，海澜之家都与行业平均水准有较大的差距。

任务一　存货的确认和计量

一、存货的概念和分类

（一）存货的概念

存货是指企业在日常活动中持有以备出售的产成品或商品、处在生产过程中的在产品、在生产过程或提供劳务过程中耗用的材料和物料等，包括各类材料、在产品、半成品、产成品、商品以及包装物、低值易耗品等。为了正确地进行存货的核算与管理，提供有用的会计信息，应对存货进行科学的分类，以便按照不同的类别采用不同的会计核算方法。

（二）存货的分类

1. 存货按其经济内容分类

（1）原材料。原材料是指企业在生产过程中经加工改变其形态或性质并构成产品主要实体的各种原料及主要材料、辅助材料、外购半成品（外购件）、修理用备件、包装材料、燃料等。

（2）在产品。在产品是指企业正在制造、尚未完工的生产物，包括正在各个生产工序加工的产品、已完工但尚未检验或虽已检验但尚未办理入库手续的产品。

（3）半成品。半成品是指经过一定生产过程并已检验合格交付半成品仓库保管，但尚未制造完工成为产成品，仍需进一步加工的中间产品。

（4）库存商品。库存商品是指企业已经完成全部生产过程并验收入库，可以按照合同规定的条件销售给购货单位，或者从外部购买的准备出售的商品，包括库存产成品、外购商品、存放在门市部准备出售的商品、发出展览的商品以及寄存在外的商品等。此外，接受来料加工制造的代制品和为外单位加工修理的代修品，在制造或修理完成后验收入库的，也视同库存商品。

（5）周转材料。周转材料是指企业能够多次使用、逐渐转移其价值但仍保持原有形态不确认为固定资产的材料，包括包装物、低值易耗品，以及建筑工程使用的钢模板、木模板、脚手架等。

企业为建造固定资产等各项工程而储备的各种材料、企业的特种储备以及按国家指令专项储备的资产，不符合存货的定义，因此不能作为企业的存货进行核算。

2. 存货按其存放地点分类

（1）库存存货。库存存货是指已验收合格并入库的各种存货。

（2）在途存货。在途存货是指货款已经支付、正在运输途中的存货，以及已经运达企业但尚未验收入库的存货等。

（3）加工中存货。加工中存货是指本企业正在加工中的存货和委托其他单位加工的存货。

（4）委托代销存货。委托代销存货是指本企业委托其他单位代销的存货。

二、存货的确认条件

某个项目要确认为存货，首先要符合存货的定义，然后还应符合存货确认的两个条件：

（一）与该存货有关的经济利益很可能流入企业

存货作为一项重要的流动资产，对其确认，关键是判断该存货是否很可能给企业带来经济利益或所包含的经济利益是否很可能流入企业。通常，存货的所有权是存货包含的经济利益很可能流入企业的一个重要标志。例如，根据销售合同售出并取得现金或收取现金的权利，对于所有权已经转移的存货，因其所包含的经济利益已不能流入企业，因而不再作为企业的存货进行会计处理，即使该存货尚未运离企业。对于受托代销商品，在代销商品售出之前，所有权属于委托方，因而应作为委托方的存货处理。总之，企业在判断与存货相关的经济利益能否流入企业时，主要结合该项存货所有权的归属进行分析确定。

（二）该存货的成本能够可靠计量

成本是否能够可靠计量是资产确认的另一个基本条件。如果存货成本不能可靠计量，则不能确认为一项存货。例如，企业签订的购货合同，由于并未实际发生购货交易，不能可靠地确定其交易成本，因此就不能将合同内容确认为企业购买的存货。对于约定未来购入的商品，不作为企业的存货处理。

三、存货初始成本的计量

存货应当按照成本进行初始计量。这里的“成本”包括采购成本、加工成本和其他成本。

（一）存货的采购成本

存货的采购成本包括购买价款、相关税费、运输费、装卸费、保险费以及其他可归属于存货采购成本的费用。其中，存货的购买价款是指企业购入的材料或商品的发票账单上列明的价款，但不包括按规定可以抵扣的增值税税额。存货的相关税费是指企业购买存货发生的进口关税、消费税、资源税和不能抵扣的增值税进项税额以及相应的教育费附加等应计入存货采购成本的税费。其他可归属于存货采购成本的费用是指采购成本中除上述各项以外的可归属于存货采购的费用，如在存货采购过程中发生的仓储费、包装费、运输途中的合理损耗、入库前的挑选整理费用等。运输途中的合理损耗，是指商品在运输过程中，因商品性质、自然条件及技术设备等因素，所发生的自然的或不可避免的损耗。

【学中做2-1】企业购入100千克材料，单价10元，运杂费50元。入库时发生短少2千克，属于运输途中的合理损耗，则该批材料的实际成本为多少元？

商品流通企业在采购商品过程中发生的运输费、装卸费、保险费以及其他可归属于存货采购成本的费用等进货费用，应当计入存货采购成本，也可以先进行归集，期末根据所购商品的存销情况进行分摊。已售商品的进货费用，计入当期损益；未售商品的进货费用，计入期末存货成本。企业采购商品的进货费用金额较小的，可以在发生时直接计入当期损益。

（二）存货的加工成本

存货的加工成本是指在存货的加工过程中所发生的追加费用，包括直接人工以及按照一定方法分配的制造费用。直接人工是指企业在生产产品过程中发生的直接从事产品生产人员的职工薪酬。制造费用是指企业为生产产品和提供劳务而发生的各项间接费用。企业应当根据制造费用的性质，合理地选择制造费用分配方法。在同一生产过程中，同时生产两种或两种以上的产品，并且每种产品的加工成本不能直接区分的，其加工成本应当按照合理的方法在各种产品之间进行分配。

（三）存货的其他成本

存货的其他成本是指除采购成本、加工成本以外的，使存货达到目前场所和状态所发生的其他支出。例如，为特定客户设计产品所发生的设计费用、应计入存货成本的借款费用等。但是企业设计产品发生的设计费用通常计入当期损益。

企业发生的下列费用不计入存货成本，应当在发生时直接确认为当期损益：

（1）非正常消耗的直接材料、直接人工和制造费用；

（2）仓储费用（不包括在生产过程中，为达到下一个生产阶段所必需的费用）；

（3）不能归属于存货达到目前场所和状态的其他支出。

任务二 原材料的核算

企业原材料可以按实际成本，也可以按计划成本进行日常核算。如果采用计划成本核算，会计期末应调整为实际成本。规模较小、存货品种简单、采购业务不多的企业，一般选用按实际成本进行核算。

一、原材料按实际成本核算

微课

实际成本法下原材料的核算

原材料按实际成本核算，是指企业对原材料的收入、发出和结存，无论是明细分类核算还是总分类核算，全部按实际成本计价。

（一）账户设置

在实际成本核算法下，一般应设置“在途物资”“原材料”等科目进行核算。

1.“在途物资”科目

本科目核算企业采用实际成本（或进价）进行材料、商品等物资的日常核算、货款已付尚未验收入库的在途物资的采购成本。企业购入材料、商品，按应计入材料商品采购成本的金额，借记本科目，按实际支付或应支付的金额，贷记“银行存款”“应付票据”“应付账款”等科目。所购材料、商品到达验收入库，借记“原材料”“库存商品”等科目，贷记本科目。期末借方余额反映企业在途材料、商品等物资的采购成本。该科目可按供应单位和物资品种进行明细核算。

2.“原材料”科目

本科目核算企业采购的各种材料，包括原料及主要材料、辅助材料、外购半成品（外购件）、修理用备件（备品配件）、包装材料、燃料等的实际成本。企业购入材料并验收入库，借记本科目，贷记“在途物资”科目；企业生产经营领用材料，借记“生产成本”“制造费用”“销售费用”“管理费用”等科目，贷记本科目。期末借方余额反映企业库存材料的实际成本。该科目可按材料的保管地点（仓库）、材料的类别、品种和规格等进行明细核算。

（二）外购原材料的账务处理

由于支付方式不同，外购存货入库的时间与付款的时间可能一致，也可能不一致，在会计处理上也有所不同。

1.货款已经支付或已开出、承兑商业汇票，同时存货已验收入库

对于发票账单与外购存货同时到达的采购业务，企业在支付货款或已开出、承兑商业汇票，存货验收入库后，应根据发票账单等结算凭证确定的存货实际成本，借记“原材料”“库存商品”科目，根据取得的增值税专用发票上注明的增值税税额，借记“应交税费——应交增值税（进项税额）”科目，按实际支付的款项或应付票据面值，贷记“银行存款”“应付票据”等科目。

【工作实例2-1】甲公司3月5日购进A材料一批，增值税专用发票上注明的价款为6 600元，增值税858元。全部款项已用转账支票付讫，材料已验收入库。会计分录如下：

借：原材料——A材料 6 600

应交税费——应交增值税（进项税额） 858

贷：银行存款 7 458

2.货款已经支付或已开出、承兑商业汇票，存货尚未到达或尚未验收入库

对于已经支付货款或已开出、承兑商业汇票，但存货尚未到达或尚未验收入库的采购业务，应根据发票账单等凭证，借记“在途物资”“应交税费——应交增值税（进项税额）”科目，贷记“银行存款”“应付票据”等科目。待存货验收入库时，借记“原材料”“库存商品”科目，贷记“在途物资”科目。

【工作实例2-2】乙公司购进B材料一批，有关资料如下：

（1）4月18日，取得的增值税专用发票上注明的价款为48 000元，增值税为6 240元；运费200元，增值税18元。价款采用汇兑方式支付，材料尚未到达。

（2）4月23日，收到购入的B材料。

会计处理如下：

（1）4月18日，采用汇兑方式支付价税款时：

借：在途物资——B材料 48 200

应交税费——应交增值税（进项税额） 6 258

贷：银行存款 54 458

（2）4月23日，收到材料时：

借：原材料——B材料 48 000

贷：在途物资——B材料 48 000

3.货款尚未支付，存货已经验收入库

在这种情况下，如果发票账单已到，按发票账单所记载的有关金额记账；如果发票账单未到，无法确定存货的实际成本时，月末应按暂估价值记账，下月初再用红字冲回，收到发票账单后再按照实际金额记账。

【工作实例2-3】甲公司3月31日收到某公司发来的B材料1 000千克，并已验收入库。至月末仍未收到发票及结算凭证，企业按实际成本估价为5 000元。

会计处理如下：

（1）3月31日估价入账时：

借：原材料——B材料 5 000

贷：应付账款——暂估应付账款 5 000

（2）4月1日，用红字分录转回时：

借：原材料——B材料 [5 000]

贷：应付账款——暂估应付账款 [5 000]

4.货款已经预付，存货尚未验收入库

采用预付货款的方式采购存货，应在预付存货价款时，按照实际预付金额，借记“预付账款”科目，贷记“银行存款”科目；已经预付货款的存货验收入库时，根据发票账单等结算凭证确定的存货实际成本，借记“原材料”“库存商品”“应交税费——应交增值税（进项税额）”科目，贷记“预付账款”科目；按补付金额，借记“预付账款”科目，贷记“银行存款”科目；按退回多付的款项，借记“银行存款”科目，贷记“预付账款”

科目。

【工作实例2-4】根据与信达公司签订的购销合同，有关业务如下：

（1）4月16日，甲公司为购买D材料向信达公司预付60 000元货款，价款已经汇出。

（2）5月20日，收到信达公司发来的材料，并已验收入库。发票账单等有关凭证上注明的价款为80 000元，增值税为10 400元，对方代垫运费400元，增值税36元。

（3）5月23日，所欠价款以银行存款支付完毕。

会计处理如下：

（1）4月16日，预付货款时：

借：预付账款——信达公司	60 000	
贷：银行存款		60 000

（2）5月20日，材料入库时：

借：原材料——D材料	80 400	
应交税费——应交增值税（进项税额）	10 436	
贷：预付账款——信达公司		90 836

（3）5月23日，补付货款时：

借：预付账款——信达公司	30 836	
贷：银行存款		30 836

5. 存货在购买过程中发生溢缺的会计处理

若购入物资发生溢余、短缺、毁损，先通过“待处理财产损溢”科目核算，同时冲减物资的采购成本。对发生的存货溢缺，应及时查明原因，分别情况处理：

（1）属于定额内的损耗、毁损，恢复冲减的采购成本，按实际入库数量计算单位成本。

（2）属于供货单位、外部运输单位责任或由保险公司赔偿的，应根据索赔金额，借记“应付账款”“其他应收款”科目，贷记“待处理财产损溢”科目。

（3）属于意外灾害造成的，按扣除残料价值、保险公司赔偿后的净损失，借记“营业外支出”科目，贷记“待处理财产损溢”科目。

【工作实例2-5】甲公司购买E材料一批，有关资料如下：

（1）8月10日，购买E材料1 000千克，单价7元，价款7 000元，增值税910元；对方代垫运杂费300元，增值税27元，价款以银行存款支付，材料尚未达到。

（2）8月20日，收到E材料，实收990千克，短少10千克。经查明，短少材料属于运输途中的合理损耗。

会计处理如下：

（1）8月10日，购买E材料时：

借：在途物资——E材料	7 300	
应交税费——应交增值税（进项税额）	937	
贷：银行存款		8 237

（2）8月20日，验收E材料时：

借：原材料——E材料	7 300	
贷：在途物资——E材料		7 300

【学中做2-2】沿用【工作实例2-5】的资料，如果短少100千克，经核查，属于运输

部门责任，应如何处理？

（三）原材料发出的账务处理

1. 发出存货成本的计算

在实际成本法下，由于各种存货是分次购入或分批生产形成的，同一项存货的单价或单位成本往往不同，要确定发出存货的成本，就要选择一定的计价方法。

微课

存货成本的确定

在实际成本核算方式下，企业可以采用的发出存货计价方法包括先进先出法、月末一次加权平均法、移动加权平均法和个别计价法等。对于不能替代使用的存货、为特定项目专门购入或制造的存货以及提供劳务的成本，通常应当采用个别计价法确定发出存货的成本。

（1）先进先出法

先进先出法是假定"先购进的存货先出售或发出"，并根据这种假定的存货流转次序确定发出存货成本的一种方法。具体做法是：收入存货时，逐笔登记收入存货的数量、单价和金额；发出存货时，按照先进先出的原则逐笔登记存货的发出成本和结存金额。

【工作实例2-6】某企业3月1日结存A材料1 000千克，单价6元。3月6日和18日分别购进A材料500千克和800千克，每千克单价分别为9元和10元；3月10日和22日分别发出A材料700千克和500千克。企业采用先进先出法核算，发出和结存材料的成本计算见表2-1。

表2-1 原材料明细账

编号：××： 品名：A材料 规格：×× 计量单位：元、千克

××年		凭证号码	摘要	收入			付出			结存		
月	日			数量	单价	金额	数量	单价	金额	数量	单价	金额
3	1		上月结存							1 000	6	6 000
	6	×	购进	500	9	4 500				1 000 500	6 9	6 000 4 500
	10	×	发出				700	6	4 200	300 500	6 9	1 800 4 500
	18	×	购进	800	10	8 000				300 500 800	6 9 10	1 800 4 500 8 000
	22	×	发出				300 200	6 9	1 800 1 800	300 800	9 10	2 700 8 000
	31		本月合计	1 300		12 500	1 200		7 800	1 100		10 700

先进先出法可以随时结转发出成本，但成本计算工作比较烦琐，如果存货收发业务较多，平时工作量大。采用先进先出法，使结存存货的成本接近当前的物价水平，发出存货成本与当前的存货的市价有一定的差异。在物价上涨时期，会高估企业当期利润和期末存

货价值。这种方法在食品经营企业中使用广泛。

（2）月末一次加权平均法

月末一次加权平均法是按每一种商品的数量和金额，计算每种商品的平均单价，再乘以每种商品的销售数量或库存数量，计算出商品销售成本和库存商品金额的一种方法。其计算公式如下：

$$加权平均单价=\frac{月初库存存货的实际成本+\sum(本月某批进货的实际成本\times本月该批进货的数量)}{月初库存存货的数量+本月各批进货数量之和}$$

$$本月发出存货成本=本月发出存货数量\times加权平均单价$$

$$月末库存存货成本=月末库存存货数量\times加权平均单价$$

在计算加权平均单价时，计算到小数点后的数值时，如果能够除尽，先计算哪一项都没有问题。如不能除尽，为了避免尾数的影响，一般可以先按加权平均单价计算月末库存存货成本，然后再计算发出存货成本。

【工作实例2-7】沿用【工作实例2-6】的资料，采用月末一次加权平均法计算，过程见表2-2。

表2-2 原材料明细账

编号：××　　品名：A材料　　规格：××　　计量单位：元、千克

××年		凭证号码	摘要	收入			付出			结存		
月	日			数量	单价	金额	数量	单价	金额	数量	单价	金额
3	1		上月结存							1 000	6	6 000
	6	×	购进	500	9	4 500				1 500		
	10	×	发出				700			800		
	18	×	购进	800	10	8 000				1 600		
	22	×	发出				500			1 100		
	31		本月合计	1 300		12 500	1 200		9 652.15	1 100	8.0435	8 847.85

根据上述资料计算：

$$加权平均单价=\frac{6\,000+4\,500+8\,000}{1\,000+500+800}=8.0435（元）$$

期末库存商品结存金额 = 1 100 × 8.0435 = 8 847.85（元）

本月发出存货的实际成本 = 6 000 + 12 500 − 8 847.85 = 9 652.15（元）

【小思考2-1】比较先进先出法和月末一次加权平均法下的存货明细账，看看它们在登记上有什么不同？

采用月末一次加权平均法，只在月末计算一次加权平均单价，计算工作量小，会计处理比较简单。在市场价格波动时，计算的单位成本平均化，对存货成本的分摊较为折中。但是，这种方法平时无法从账面上提供发出和结存存货的单价及金额，不利于加强对存货的管理。这种方法适用于经营品种少或前后进价相差幅度较大的商品。

（3）移动加权平均法

移动加权平均法是指以每次进货的成本加上原有库存存货的成本，除以每次进货数量加上原有库存存货的数量，据以计算加权平均单位成本，作为在下次进货前各次发出存货成本依据的一种方法。其计算公式如下：

$$移动加权平均单价=\frac{原有库存存货的实际成本+本次进货的实际成本}{原有库存存货数量+本次进货数量}$$

$$本月发出存货成本=\sum(本次发出存货数量\times本次发货前存货的单位成本)$$

$$本月月末库存存货成本=月末库存存货数量\times本月月末存货单位成本$$

【工作实例2-8】根据【工作实例2-6】的资料，采用移动加权平均法计算，过程见表2-3。

表2-3　原材料明细账

编号：××：　品名：A材料　规格：××　计量单位：元、千克

××年		凭证号码	摘　要	收　入			付　出			结　存		
月	日			数量	单价	金额	数量	单价	金额	数量	单价	金额
3	1		上月结存							1 000	6	6 000
	6	×	购进	500	9	4 500				1 500	7	10 500
	10	×	发出				700	7	4 900	800	7	5 600
	18	×	购进	800	10	8 000				1 600	8.50	13 600
	22	×	发出				500	8.50	4 250	1 100	8.50	9 350
	31		本月合计	1 300		12 500	1 200		9 150	1 100	8.50	9 350

根据上述资料计算：

（1）3月6日移动加权平均单价 =（6 000 + 4 500）÷（1 000 + 500）= 7（元/千克）

3月10日发出材料的实际成本 = 700 × 7 = 4 900（元）

3月10日结存材料的实际成本 = 800 × 7 = 5 600（元）

（2）3月18日移动加权平均单价 =（5 600 + 8 000）÷（800 + 800）= 8.50（元/千克）

3月22日发出材料的实际成本 = 500 × 8.50 = 4 250（元）

3月22日结存材料的实际成本 = 1 100 × 8.50 = 9 350（元）

（3）本月发出材料的实际成本 = 4 900 + 4 250 = 9 150（元）

【小思考2-2】比较移动加权平均法和月末一次加权平均法下的存货明细账，看看它们在登记上有什么不同？

（4）个别计价法

个别计价法是指每次发出存货的实际成本按其购入时的实际成本分别计价的一种方法。也就是说，采用这种方法是假定存货的实际成本流转与实物流转相一致，按照各种存货，逐一辨认各批发出存货和期末存货所属的购进批别或生产批别，分别按其购入或生产时所确定的单位成本作为计算各批发出存货和期末存货成本。

采用个别计价法，计算发出存货的成本和期末存货的成本比较合理、准确，但这种方

法的应用前提是需要对发出存货和结存存货的批次进行具体辨认，所以实际操作的工作量大。它通常适用于计量大宗商品以及需要单独记录其价值的贵重商品，如汽车、机床、珠宝首饰、艺术品等。

发出存货实际成本的确定，可以由企业根据各类存货的实际流转方式、企业管理要求、存货性质等实际情况，从上述先进先出法、加权平均法和个别计价法等方法中选择。为了保证年度内存货成本计算的一致性，每家企业在一个会计年度内一般只能采用一种方法，不得随意变更。如需变更，应在会计报表附注中予以说明。

2.发出存货的账务处理

企业各生产单位、销售部门及有关部门领用的材料或商品具有种类多、业务频繁等特点。为了简化核算，可以在月末根据“领料单”、“限额领料单”或“发货单”中有关领用或销售部门加以归类汇总，据以编制记账凭证、登记入账。

企业生产经营领用原材料，按实际成本，借记“生产成本”“制造费用”“销售费用”“管理费用”“合同履约成本”“研发支出”“在建工程”等科目，贷记“原材料”科目。

【工作实例2-9】某工业企业5月“发料凭证汇总表”记录：基本生产车间为生产领用A材料230 000元，车间一般耗用3 000元，企业行政部门一般耗用7 000元。会计分录为：

借：生产成本	230 000	
制造费用	3 000	
管理费用	7 000	
贷：原材料——A材料		240 000

（四）投资者投入原材料

投资者投入的存货的成本，应当按照投资合同或协议约定的价值确定，但合同或协议约定的价值不公允的除外。企业收到投资者投入的存货时，应借记“原材料”“库存商品”科目，根据取得的增值税专用发票上注明的增值税税额，借记“应交税费——应交增值税（进项税额）”科目，按以上两项金额合计数在注册资本中所占的份额，贷记“实收资本”（或“股本”）科目，按其差额，贷记“资本公积”科目。

【工作实例2-10】企业接受某公司投入的A材料，双方协议按成本计价。该批材料的成本和计税价格均为40 000元，增值税为5 200元。投资成本占本企业注册资本400 000元的8%。会计分录为：

借：原材料——A材料	40 000	
应交税费——应交增值税（进项税额）	5 200	
贷：实收资本		32 000
资本公积——资本溢价		13 200

微课

计划成本法下原材料的核算

二、原材料按计划成本核算

企业会计准则规定，企业的存货如采用计划成本核算，会计期末应将计划成本调整为实际成本。

计划成本核算法是指存货的日常收发及结存，无论总分类核算还是明细分类核算，均按照计划成本进行的方法。其特点是：平时对原材料的收发均采用计划成本核算，即对“原材料”明细账和总账均按计划成本登记；原材料的实际成本与计划成本的差异通过“材料成本差异”科目核算。月末，通过分配材料成本差异，将发出材料的计划成本调整为实际成本。计划成本除有特殊情况应当调整外，在年度内一般不作变动。

（一）账户设置

为了按计划成本对存货进行核算，企业应设置“材料采购”、“原材料”和“材料成本差异”科目。

1.“材料采购”科目

“材料采购”科目用于核算企业采用计划成本进行日常核算而购入材料的采购成本。企业支付材料价款和运杂费等，按应计入材料采购成本的金额，借记本科目，按实际支付或应支付的金额，贷记“银行存款”“库存现金”“其他货币资金”“应付票据”“预付账款”等科目。涉及增值税进项税额时，还应进行相应的处理。期末，对于已经付款或开出、承兑商业汇票的收料凭证，应按实际成本和计划成本分别汇总，按计划成本，借记“原材料”“周转材料”等科目，贷记本科目；按实际成本大于计划成本的差异，借记“材料成本差异”科目，贷记本科目；实际成本小于计划成本的差异做相反的会计分录。本科目期末借方余额，表示企业在途材料的实际成本。该科目可按供应单位和材料品种进行明细核算。

2.“原材料”科目

“原材料”科目用于核算库存各种材料的收发与结存的计划成本。借方核算入库材料的计划成本，贷方登记发出材料的计划成本，期末借方余额，反映企业库存材料的计划成本。

3.“材料成本差异”科目

“材料成本差异”科目用于核算企业采用计划成本进行日常核算的实际成本与计划成本的差额。入库材料发生的实际成本大于计划成本的差额（超支差异），借记“材料成本差异”科目，贷记“材料采购”科目；实际成本小于计划成本的差额（节约差异）做相反的会计分录。结转发出材料应负担的超支差异，借记“生产成本”“制造费用”“管理费用”“委托加工物资”等科目，贷记本科目。如果应负担的是节约差异，做反方向会计分录。材料成本差异月末借方余额，反映企业库存材料的超支差异；如为贷方差异，反映库存材料的节约差异。该科目可按材料类别或品种进行明细核算。

（二）、购入材料的账务处理

在计划成本法下，购入的原材料先要通过“材料采购”科目进行核算，材料实际成本与计划成本的差异通过“材料成本差异”科目核算。

【工作实例 2-11】新华公司对原材料采用计划成本进行核算，月初结存A材料1 000千克，计划单价100元/千克，计划总成本为100 000元，成本差异为超支3 120元，材料成本差异逐笔结转。4月份发生业务如下：

（1）4月6日，购进A材料3 200千克，增值税专用发票上注明的价款为300 000元，增值税为39 000元。价款以银行存款支付，材料已验收入库。

（2）4月10日，购进A材料800千克，增值税专用发票上注明的价款为80 000元，增值税为10 400元；另支付运费2 300元，增值税207元。价款均以银行汇票支付。材料未到。

（3）4月18日，采用商业承兑汇票支付购进的520千克A材料的货款50 000元，增值税6 500元，材料未到。

（4）4月24日，收到4月18日购进的A材料，实收518千克，短少2千克，属于合理损耗。

（5）4月28日，采用托收承付结算方式购入A材料一批，材料已验收入库，发票账单未到，月末按计划成本估价20 000元入账。

会计处理如下：

（1）4月6日，购进A材料时：

借：材料采购　300 000
　　应交税费——应交增值税（进项税额）　39 000
　　贷：银行存款　339 000

同时：

借：原材料——A材料　320 000
　　贷：材料采购　300 000
　　　　材料成本差异——A材料　20 000

（2）4月10日，购进A材料时：

借：材料采购　82 300
　　应交税费——应交增值税（进项税额）　10 607
　　贷：其他货币资金——银行汇票存款　92 907

（3）4月18日，购进A材料时：

借：材料采购　50 000
　　应交税费——应交增值税（进项税额）　6 500
　　贷：应付票据　56 500

（4）4月24日，收到A材料时：

借：原材料——A材料　52 000
　　贷：材料采购　50 000
　　　　材料成本差异——A材料　2 000

【小思考2-3】如果企业短少的原材料不属于合理损耗范围，而是属于运输单位责任，应如何处理？

（5）4月28日，估价20 000元入账时：

借：原材料　20 000
　　贷：应付账款——暂估应付账款　20 000

下月初用红字冲回：

借：原材料　20 000
　　贷：应付账款——暂估应付账款　20 000

（三）材料发出的核算

月末，企业应根据领料单等原始凭证编制“发料凭证汇总表”，根据材料的用途，借记“生产成本”“制造费用”“管理费用”“销售费用”“委托加工物资”等科目，贷记“原材料”科目。

【工作实例2-12】新华公司4月“发料凭证汇总表”列示发出A材料如下：产品生产领用260 000元，车间领用10 000元，管理部门领用20 000元。编制会计分录为：

借：生产成本 260 000

制造费用 10 000

管理费用 20 000

贷：原材料 290 000

（四）月末分摊材料成本差异的核算

由于在计划成本法下，存货发出是按计划成本计算的，不符合历史成本的要求，所以按照会计制度的规定，企业应计算材料成本差异率，并分摊发出材料应负担的材料成本差异，将发出材料的计划成本还原成实际成本。发出材料应负担的成本差异应当按期（月）分摊，不得在季末或年末一次计算。年度终了，应对材料成本差异率进行核实调整。

$$\text{材料成本差异率}=\frac{\text{月初结存材料成本差异}+\text{本期收入材料成本差异}}{\text{月初结存材料计划成本}+\text{本期收入材料计划成本}}\times 100\%$$

本期发出材料应负担的成本差异＝本期发出材料计划成本×材料成本差异率

本期发出材料的实际成本＝本期发出材料计划成本＋发出材料应负担的成本差异

本期结存材料的实际成本＝本期结存材料计划成本＋结存材料应负担的成本差异

【工作实例2-13】沿用【工作实例2-11】和【工作实例2-12】的资料，新华公司月初“原材料”科目计划成本为100 000元，“材料成本差异”科目的借方余额为3 120元。本月入库材料的计划成本为372 000元，发出材料290 000元。则：

A材料成本差异率＝（3 120－22 000）÷（100 000＋372 000）×100%＝－4%

发出材料应负担的成本差异＝290 000×（－4%）＝－11 600（元）

月末结存材料应负担的成本差异＝（100 000＋372 000－290 000）×（－4%）

＝－7 280（元）

编制会计分录为（或编制反方向会计分录）：

借：生产成本 [10 400]

制造费用 [400]

管理费用 [800]

贷：材料成本差异 [11 600]

（五）存货明细分类核算

按计划成本进行材料核算的企业，应设置原材料明细账、材料采购明细账和材料成本差异明细账。

1.原材料明细账

按计划成本计价的原材料明细账的设置与按实际成本计价的存货明细账设置基本相同，所不同的是，由于原材料的收发都按固定的计划成本计价，因而这种材料明细账只记收入、发出和结存的数量，不记金额。月末，根据结存数量乘以计划单价就可以计算出结存材料的金额。原材料明细账见表2-4。

表2-4 原材料明细账

材料类别：原料及主要材料　　　　材料名称：A材料

计划单价：100元/千克　　　　计量单位：千克

××年		凭证		摘要	收入数量	发出数量	结存		稽核
月	日	字	号				数量	金额	
4	1	略	略	月初结存			1 000	100 000	
	6	略	略	购入	3 200		4 200		
	24	略	略	购入	520		4 720		
	30	略	略	发出		2 900	1 820	182 000	

2. 材料采购明细账

材料采购明细账一般采用平行登记法序时逐笔登记。同一次采购应在同一行进行登记，借以同时反映实际成本和计划成本。

3. 材料成本差异明细账

材料成本差异明细账用来反映各种材料的成本差异和差异率，为调整发出材料成本提供依据。材料成本差异明细账一般采用多栏式的专用账页，见表2-5。

表2-5 材料成本差异明细账

材料类别：原料及主要材料　　　　材料名称：A材料

××年		凭证		摘要	收入			差异率	发出		结存		
月	日	字	号		计划成本	借方差异	贷方差异		计划成本	贷方差异	计划成本	借方差异	贷方差异
4	1			月初余额							100 000	3 120	
	30			购入材料	372 000		22 000				472 000		18 880
	30			分摊差异				−4%	290 000	11 600	182 000		7 280

任务三　其他存货的核算

一、其他存货的概念和内容

（一）周转材料的概念和内容

1. 周转材料的概念

周转材料是指企业能够多次使用、不符合固定资产定义，逐渐转移其价值但仍保持原有形态的材料物品，包括包装物、低值易耗品，以及建造承包商使用的钢模板、木模板、脚手架等。

2. 包装物

包装物是指为了包装本企业产品和商品而储备的各种包装容器，如桶、箱、瓶、坛、袋等。其范围包括：

（1）生产过程中用于包装产品作为产品组成部分的包装物；

（2）随同产品出售不单独计价的包装物；

（3）随同产品出售单独计价的包装物；

（4）出租或出借给购买单位使用的包装物。

企业的各种包装材料，如纸、绳、铁丝、铁皮等，应在“原材料”科目核算；用于储存和保管产品、材料而不对外出售的包装物，应按其价值的大小和使用年限的长短，分别在“固定资产”或“周转材料”或单设的“低值易耗品”科目核算。计划上单独列作企业商品产品的自制包装物，应作为“库存商品”科目处理。

3. 低值易耗品

低值易耗品是指单位价值较低，使用年限较短，不能作为固定资产的各种用具、设备。其具体包括：

（1）一般工具，是指为了生产各种不同产品所共同使用的工具，如刀具、量具、模具、装配工具等。

（2）专用工具，是指为制造某种产品所用的专门工具，如专用模型、专用工卡具等。

（3）替换设备，是指容易磨损或为制造不同产品需要替换使用的各种设备，如轧钢材用的轧辊等。

（4）管理用具，是指在管理工作中使用的各种家具用具和办公用具，如桌、椅、柜、计算器。

（5）劳动保护用品，是指为了保证安全生产而发给工人使用的工作服、工作鞋、手套、眼镜、防毒面具和其他防护用品。

4. 账户设置

为了核算企业周转材料的计划成本或实际成本，企业应设置“周转材料”科目，该科目下设“包装物”“低值易耗品”进行明细核算。如果企业的包装物、低值易耗品较多，也可以单独设置“包装物”“低值易耗品”科目。

5. 摊销方法

企业领用的周转材料的成本，应当采用一次转销法、分次摊销法摊销。

（1）一次转销法。一次转销法是指在领用周转材料时，将其全部价值一次性计入成本、费用的摊销方法。

（2）分次摊销法。分次摊销法是指根据周转材料的账面价值和预计使用期限，将其价值分次摊入成本、费用的摊销方法。

（3）五五摊销法。五五摊销法实际上是分次摊销法的一种，也称两次摊销法，是指周转材料在领用时先摊销其价值的一半，在报废时再摊销其价值的另一半的方法。其账务处理与分次摊销法基本相同，只是摊销的次数为两次。

（二）委托加工物资的概念和内容

委托加工物资是指企业委托外单位加工的材料或周转材料等。委托加工的成本包括：实际耗用的原材料或者半成品成本、加工费、往返运杂费及按规定应计入成本的税金。

加工物资收回后直接用于销售的，其所负担的消费税应计入加工物资成本；如果收回的加工物资用于连续生产，其所负担的消费税应记入“应交税费——应交消费税”科目的借方，按规定用以抵扣加工的消费品销售后所负担的消费税。

为了反映和监督委托加工物资的增减变动及其结存情况，企业应设置“委托加工物资”科目。该科目核算企业委托外单位加工的各种材料、商品等物资的实际成本，借方登记委托加工物资耗用的原材料或者半成品实际成本、加工费、运输费、装卸费等费用以及按规定应计入成本的税金，贷方登记加工完成验收入库的物资的实际成本和剩余物资的实际成本，期末余额在借方，反映企业尚未完工的委托加工物资的实际成本。该科目可按加工合同、委托加工单位以及加工物资的品种等进行明细核算。

（三）库存商品的概念及内容

库存商品是指企业已完成全部生产过程并已验收入库、合乎标准规格和技术条件，可以按照合同规定的条件送交订货单位，或可以作为商品对外销售的产品以及外购或委托加工完成验收入库用于销售的各种商品。

库存商品具体包括库存产成品、外购商品、存放在门市部准备出售的商品、发出展览的商品以及寄存在外的商品、接受来料加工制造的代制品和为外单位加工修理的代修品等。

已完成销售手续、但购买单位在月末未提走的产品，不应作为企业的库存商品，而应作为代管商品处理，单独设置代管商品备查簿进行登记。

库存商品可以采用实际成本核算，也可以采用计划成本核算，其方法与原材料类似。采用计划成本时，库存商品的实际成本与计划成本之间的差异，可单独设置“产品成本差异”科目核算。

为了反映和监督库存商品的增减变动及结存情况，企业应当设置“库存商品”账户，借方反映登记验收入库的库存商品成本，贷方登记发出的库存商品成本，期末余额在借方，反映各种尚未销售的库存商品的实际成本或计划成本。

二、其他存货的核算

（一）周转材料的核算

1. 周转材料取得的核算

对于外购并验收入库的周转材料，比照“原材料”科目的相关规定进行处理。

2. 出租或出借包装物押金和租金的核算

为了保证及时返还和承担妥善保管包装物的经管责任，企业出租或出借包装物时，一般要向客户收取一定数额的押金，即存入保证金，归还包装物时将押金退还给客户。收取押金时，借记“库存现金”“银行存款”等科目，贷记“其他应付款”科目；退还押金时，编制相反的会计分录。

出租包装物是企业（专门经营包装物租赁的企业除外）的一项其他业务活动。出租期间，企业按约定收取的包装物租金应计入其他业务收入，借记“库存现金”“银行存款”“其他应收款”等科目，贷记“其他业务收入”科目。

3. 出租或出借包装物发生的其他费用核算

出租或出借包装物发生的其他费用包括两个方面：一是包装物的摊销费用；二是包装物的维修费用。

（1）出租或出借包装物的摊销

采用一次转销法的，领用时应按其账面价值，借记“管理费用”“生产成本”“制造费用”“其他业务成本”等科目，贷记“周转材料”科目。

采用分次摊销法的，周转材料应设置“在库”、“在用”和“摊销”进行明细核算。领用时应按其账面价值，借记“周转材料——在用”科目，贷记“周转材料——在库”科目；摊销时，借记“管理费用”“其他业务成本”“制造费用”“销售费用”等科目，贷记“周转材料——摊销”科目。周转材料报废时，应补提当期摊销额；按收回报废周转材料的残料价值，借记“原材料”科目，贷记“管理费用”“生产成本”“制造费用”“销售费用”等科目。同时，转销全部已提摊销额，借记“周转材料——摊销”科目，贷记“周转材料——在用”科目。

采用五五摊销法的，其账务处理与分次摊销法基本相同，只是摊销的次数为两次。

（2）出租或出借包装物的维修费用

企业确认应由其负担的包装物维修费用等支出时，借记“其他业务成本”（出租包装物）、“销售费用”（出借包装物）科目，贷记“库存现金”“银行存款”“原材料”“应付职工薪酬”等科目。

【工作实例2-14】甲公司对周转材料（低值易耗品）摊销采用五五摊销法，发生的与周转材料有关的经济业务如下：

（1）2月4日，购入办公家具10件，总价值4 000元，增值税520元。价款已用银行存款支付，家具已交付行政部门使用。

（2）8月10日，报废旧办公家具一批，账面价值1 500元。

会计处理如下：

（1）购入办公家具时：

借：周转材料——在库（办公家具）	4 000	
应交税费——应交增值税（进项税额）	520	
贷：银行存款		4 520

（2）领用办公家具时：

借：周转材料——在用（办公家具）	4 000	
贷：周转材料——在库（办公家具）		4 000
借：管理费用	2 000	
贷：周转材料——摊销（办公家具）		2 000

（3）报废旧办公家具时：

借：管理费用	1 500	
贷：周转材料——摊销（办公家具）		1 500
同时：		
借：周转材料——摊销（办公家具）	3 000	
贷：周转材料——在用（办公家具）		3 000

【学中做2-3】企业销售商品一批，售价38 000元，增值税4 940元，账面成本22 000元。领用包装物若干，成本2 400元。该包装物随同商品出售不单独计价。

请完成下列任务：

（1）编制取得销售商品收入和结转销售成本的会计分录。

（2）编制领用包装物的会计分录。

（3）假定领用包装物作价4 000元，随同商品出售，应如何处理？

【工作实例2-15】甲公司将一批包装箱出租，该包装物估计使用2年，发生的相关经济业务如下：

（1）3月1日，将包装物出租，账面成本48 000元。

（2）3月1日，收到包装物押金60 000元。

（3）3月31日，对包装物价值进行分次摊销。

（4）3月31日，确认包装物租金收入3 800元，增值税494元，款未收到。

（5）4月5日，收到包装物租金4 294元存入银行。

会计处理如下：

（1）出租包装物发出时：

借：周转材料——包装物（出租包装物）	48 000	
贷：周转材料——包装物（在库）		48 000

（2）收到押金时：

借：银行存款	60 000	
贷：其他应付款		60 000

（3）对包装物价值进行分次摊销时：

借：其他业务成本	2 000	
贷：周转材料——包装物（摊销）		2 000

（4）确认租金收入时：

借：其他应收款	4 294	
贷：银行存款		3 800
应交税费——应交增值税（销项税额）		494

（5）收到租金时：

借：银行存款	4 294	
贷：其他应收款		4 294

（二）委托加工物资的核算

委托加工业务，在会计处理上主要包括发出物资、支付有关费用、支付税金和收回加工物资等四个环节。

企业发出加工物资时，借记“委托加工物资”科目，贷记“原材料”科目；支付加工费、往返运杂费时，借记“委托加工物资”“应交税费——应交增值税（进项税额）”科目，贷记“银行存款”等科目；支付消费税时，借记“委托加工物资”（收回后直接用于销售的）、“应交税费——应交消费税”（收回后用于连续生产应税消费品的）科目，贷记“银行存款”“应付账款”等科目；加工完成后，按照确定的实际成本，借记“周转材料”“库存商品”科目，贷记“委托加工物资”科目。

【工作实例2-16】东方公司委托丙公司加工一批商品（属于应税消费品），加工后直接用于销售，两公司均为增值税一般纳税人。有关经济业务如下：

（1）2月10日，根据委托加工协议，发出材料一批，实际成本为20 000元。

（2）2月12日，以现金支付运费300元，增值税27元。

（3）2月28日，以银行存款支付加工费7 000元，增值税910元。

（4）3月10日，支付委托加工物资消费税3 000元。

（5）3月18日，收回委托加工的商品，东方公司办理验收入库手续。

会计处理如下：

（1）发出委托加工物资时：

借：委托加工物资——丙公司　　20 000

　　贷：原材料　　20 000

（2）支付运费时：

借：委托加工物资——丙公司　　300

　　应交税费——应交增值税（进项税额）　　27

　　贷：库存现金　　327

（3）支付加工费时：

借：委托加工物资——丙公司　　7 000

　　应交税费——应交增值税（进项税额）　　910

　　贷：银行存款　　7 910

（4）支付消费税时：

借：委托加工物资——丙公司　　3 000

　　贷：银行存款　　3 000

（5）收回委托加工商品时：

借：库存商品　　30 300

　　贷：委托加工物资——丙公司　　30 300

【小思考2-4】如果将收回的物资用于连续生产应税消费品，那么委托加工物资的实际成本为多少？其账务处理有什么变化？

（三）库存商品的核算

微课

库存商品核算

1. 商品验收入库

对于库存商品采用实际成本核算的企业，当库存商品生产完成并验收入库时，应按实际成本，借记“库存商品”科目，贷记“生产成本——基本生产成本”科目。

【工作实例2-17】丽达公司“产品入库单”见表2-6。8月完工验收入库甲产品20 000件，实际单位成本为10元；乙产品30 000件，实际单位成本为30元。

表2-6　　产品入库单

2023年8月31日　　凭证编号：168

用途：　　产成品库：1#仓库

产品名称	型号规格	计量单位	数量	单位成本（元）	总成本（元）
甲产品		件	20 000	10	200 000
乙产品		件	30 000	30	900 000

保管员：武卫　　仓库负责人：于立志　　复核：王慧

依据产品入库单，做如下账务处理：

借：库存商品——甲产品　　200 000

　　　　　　——乙产品　　900 000

　贷：生产成本——基本生产成本——甲产品　　200 000

　　　　　　　——基本生产成本——乙产品　　900 000

2. 发出商品

企业销售产成品按规定确认收入的同时，应计算、结转与收入相关的产成品成本。产成品销售成本的计算和结转，通常是在期末进行的。采用实际成本进行产成品日常核算的，应根据本期销售产品数量及其相应的单位生产成本（按先进先出法、加权平均法或个别计价法计算）计算确定本期产品销售成本总额，借记“主营业务成本”科目，贷记“库存商品”科目。

【工作实例2-18】丽达公司月末汇总的发出商品中，本月销售甲产品15 000件，乙产品28 000件。编制结转销售成本的会计分录如下：

借：主营业务成本　　990 000

　贷：库存商品——甲产品　　150 000

　　　　　　　——乙产品　　840 000

商品流通企业发出商品的核算，除采用上述方法外，通常采用毛利率法和售价金额核算法。

（1）毛利率法

毛利率法是指根据本期销售净额乘以上期实际（或本期计划）毛利率匡算本期销售毛利，并据以计算发出存货和期末结存存货成本的一种方法。该方法常见于商业流通的批发企业。其计算公式如下：

$$销售净额=主营业务收入-销售折扣与折让$$

$$毛利率=销售毛利÷销售净额\times 100\%$$

$$销售成本=销售净额\times(1-毛利率)$$

$$期末存货成本=期初存货成本+本期购货成本-本期销售成本$$

【工作实例2-19】某商业企业10月初库存商品20万元，本月购进60万元，本月销售92万元，销售折让2万元。上月毛利率为30%，则10月份销售成本和期末结存商品的成本各为多少？

销售净额 = 920 000 − 20 000 = 900 000（元）

销售成本 = 900 000 ×（1 − 30%）= 630 000（元）

期末存货成本 = 200 000 + 600 000 − 630 000 = 170 000（元）

这一方法是商品流通企业，尤其是商业批发企业常用的计算本期商品销售成本和期末库存商品成本的方法。由于商品流通批发企业经营商品的品种繁多，如果分品种计算商品成本，工作量将大大增加，而且一般来讲，批发企业同类商品的毛利率大致相同，采用这种存货计价方法既能减少工作量，也能满足对存货管理的需要。

（2）售价金额核算法

售价金额核算法是指平时商品的购进、加工收回、销售均按售价记账，售价与进价的差额通过“商品进销差价”科目核算，期末计算进销差价率和本期已销商品应分摊的进销差价，并据以调整本期销售成本的一种方法。其计算公式如下：

$$商品进销差价率 = \frac{月初库存商品进销差价 + 本期购入商品进销差价}{月初库存商品售价 + 本期购入商品售价} \times 100\%$$

本期已销商品应分摊的进销差价 = 本期商品销售收入 × 商品进销差价率

本期销售商品的实际成本 = 本期商品销售收入 − 本期已销商品应分摊的进销差价

期末结存商品的实际成本 = 期初库存商品的售价金额 ×（1 − 商品进销差价率）

企业购入商品采用售价金额核算的，按验收入库商品的售价，借记“库存商品”科目，按商品进价，贷记“银行存款”“在途物资”“委托加工物资”等科目，按商品售价与进价之间的差额，贷记“商品进销差价”科目。

对外销售发出商品时，按售价金额结转销售成本，借记“主营业务成本”科目，贷记“库存商品”科目。期末分摊已销商品进销差价时，借记“商品进销差价”科目，贷记“主营业务成本”科目。

对于从事商业零售业务的企业（如百货商场、超市等），由于经营的商品种类、规格等繁多，而且要求按商品零售价格标价，采用其他成本计算方法均较困难，因此广泛采用这一方法。

【工作实例 2-20】欧尚超市采用售价金额核算法，本年度10月有关资料如下：期初存货售价100 000元，商品进销差价32 000元；本期购入存货售价360 000元，商品进销差价106 000元；本期销售收入为400 000元。则10月销售成本和期末结存商品的成本各为多少？

商品进销差价率 =（32 000 + 106 000）÷（100 000 + 360 000）× 100% = 30%

本期已销商品应分摊的进销差价 = 400 000 × 30% = 120 000（元）

本期销售商品的实际成本 = 400 000 − 120 000 = 280 000（元）

期末结存商品的实际成本 =（100 000 + 360 000 − 400 000）×（1 − 30%）= 42 000（元）

【学中做 2-4】请你按售价金额核算法为欧尚超市进行账务处理。

任务四 存货清查和减值的核算

一、存货清查的核算

（一）账户设置

为了反映和监督企业在财产清查中查明的各种存货盘盈、盘亏和毁损情况，企业应当设置“待处理财产损溢”科目，借方登记存货的盘亏、毁损金额及盘盈的转销金额，贷方登记存货的盘盈金额及盘亏、毁损的转销金额。企业清查的各种存货损溢，应在期末结账前处理完毕，期末处理后，“待处理财产损溢”科目应无余额。

（二）存货盘盈的会计处理

发生盘盈的存货经查明是由于收发计量或核算上的误差等原因造成的，应及时办理存货入账的手续，调整存货账的实存数，按盘盈存货的实际成本记入“待处理财产损溢”科目，期末再冲减管理费用。

【工作实例2-21】A公司在财产清查中盘盈乙材料10千克，单价5元，经查属于材料收发计量方面的差错。

会计处理如下：

（1）在未查明原因时：

借：原材料——乙材料	50	
贷：待处理财产损溢		50

（2）在查明原因时：

借：待处理财产损溢	50	
贷：管理费用		50

（三）存货盘亏毁损的会计处理

发生盘亏或毁损的存货，应按其实际成本转入“待处理财产损溢”科目。期末再根据造成盘亏或毁损的原因，分情况进行处理：

（1）属于自然损耗、管理不善导致定额内损耗的，应记入“管理费用”科目。

（2）对于入库的残料，应记入“原材料”科目。

（3）对于应由保险公司和过失人赔偿的，应记入“其他应收款”科目。

（4）属于非常损失的，扣除赔偿和残值后的部分，应列入“营业外支出”科目。

如果在期末结账前尚未查明原因尚未处理的，在对外提供财务会计报告时，也应按上述规定处理完毕，待查明原因后进行调整。如果有关部门批准处理的金额与已处理的存货盘盈、盘亏或毁损的金额不一致，应当调整当期会计报表相关项目的年初数。

【知识链接】

非正常损失对增值税的影响

按照《增值税暂行条例》的规定：非正常损失，是指因管理不善造成货物被盗、丢失、霉烂变质，以及因违反法律法规造成货物或者不动产被依法没收、销毁、拆除的情形。下列项目的进项税额不得从销项税额中抵扣：

（1）非正常损失的购进货物以及相关的加工修理修配劳务和交通运输服务；

（2）非正常损失的在产品、产成品所耗用的购进货物（不包括固定资产）、加工修理修配劳务和交通运输服务。

【工作实例2-22】A公司在财产清查中发现毁损丙材料400千克，单价10元，增值税520元。经查属于保管员的过失导致的，按规定由其个人赔偿2 000元，其余列入当期损益。

会计处理如下：

（1）在未查明原因时：

借：待处理财产损溢	4 520	
贷：原材料		4 000
应交税费——应交增值税（进项税额转出）		520

（2）在查明原因时：

借：其他应收款	2 000	
管理费用	2 520	
贷：待处理财产损溢		4 520

二、存货减值的核算

（一）存货跌价准备的计提与转回

微课

存货减值与清查

会计期末，存货应当按照成本与可变现净值孰低计量。其中，“成本”是指存货的历史成本，即按前面所介绍的以历史成本为基础的发出存货计价方法（如先进先出法等）计算的期末存货的实际成本。如果企业在存货成本的日常核算中采用简化核算方法（如计划成本法），则成本为经调整后的实际成本。“可变现净值”是指在日常活动中，存货的估计售价减去估计将要发生的成本、估计的销售费用以及相关税费后的金额。可变现净值的特征表现为存货的预计未来净现金流量，而不是存货的售价或合同价。

当存货成本低于可变现净值时，期末存货按成本计价；当成本高于可变现净值时，期末存货按可变现净值计价。如果成本高于可变现净值，表明存货可能发生损失，按照谨慎性原则应在存货销售之前确认这一损失，计入当期损益，并相应减少存货的账面价值。以前减记存货价值的影响因素已经消失的，减记的金额应当予以恢复，并在已计提的存货跌价准备金额内转回，转回的金额计入当期损益。

【知识链接】

存货减值迹象的判定

存货存在下列情况之一的，表明存货的可变现净值低于成本：

（1）该存货的市场价格持续下跌，并且在可预见的未来无回升的希望；

（2）企业使用该项原材料生产的产品的成本大于产品的销售价格；

（3）企业因产品更新换代，原有库存原材料已不适应新产品的需要，而该原材料的市场价格又低于其账面成本；

（4）因企业所提供的商品或劳务过时或消费者偏好改变，而使市场的需求发生变化，导致市场价格逐渐下跌；

（5）其他足以证明该项存货实质上已经发生减值的情形。

存货存在下列情形之一的，表明存货的可变现净值为零：

（1）已霉烂变质的存货；

（2）已过期且无转让价值的存货；

（3）生产中已不再需要并且已无使用价值和转让价值的存货；

（4）其他足以证明已无使用价值和转让价值的存货。

（二）可变现净值的确定

1.影响存货可变现净值的因素

企业确定存货的可变现净值，应当以取得的确凿证据为基础，并且考虑持有存货的目的、资产负债表日后事项的影响等因素。

（1）在对可变现净值加以确定时，应当以取得的确凿证据为基础。存货可变现净值的确凿证据，是指对确定存货的可变现净值有直接影响的客观证明，如产成品或商品的市场销售价格、与产成品或商品相同或类似商品的市场销售价格、销货方提供的有关资料和生产成本资料等。

（2）应考虑持有存货的目的。由于企业持有存货的目的不同，确定存货的可变现净值的计算方法也不同。比如用于直接出售的存货和用于继续加工的存货，在计算可变现净值时明显存在差异。

（3）资产负债表日后事项的影响。如果企业在资产负债表日后发生诉讼、重大灾害，都可能对存货的可变现净值产生影响。

2. 可变现净值的确定

（1）产成品、商品和用于出售的材料等直接用于出售的商品存货在正常生产经营过程中，应当以该存货的估计售价减去估计的销售费用和相关税费后的金额为基础，确定其可变现净值。

（2）需要经过加工的材料存货，在正常生产经营过程中，应当以所生产的产成品的估计售价减去至完工时估计将要发生的成本、估计的销售费用和相关税费后的金额为基础，确定其可变现净值。

（3）为执行销售合同或者劳务合同而持有的存货，其可变现净值应当以合同价格为基础计算。

（4）期末，同一项存货中一部分有合同价格约定、其他部分不存在合同价格的，应当分别确定其可变现净值，并与其相对应的成本进行比较，分别确定存货跌价准备的计提或转回的金额。

【工作实例2-23】某企业对期末存货采用成本与可变现净值孰低法计价。2023年8月31日原材料的实际成本为20万元，预计进一步加工所需费用为8万元，预计销售费用及税金为4万元。该材料加工完成后的产品预计销售价格为30万元。

2023年8月31日该项存货可变现净值 = 30 - 8 - 4 = 18（万元）

资产负债表日应计提的存货跌价准备 = 20 - 18 = 2（万元）

（三）计提存货跌价准备的方法

（1）按单个存货项目计提存货跌价准备，即将每个存货项目的成本与其可变现净值逐一进行比较，按较低者计量存货成本，并且按成本高于可变现净值的差额，计提存货跌价准备。

（2）按存货类别计提存货跌价准备。对于数量繁多、单价较低的存货，可以按照存货类别计提存货跌价准备，即按存货类别的成本总额与其可变现净值的总额进行比较，每个存货类别均取较低者确定存货价值。

（3）合并计提存货跌价准备。具有类似目的或最终用途，并在同一地区生产和销售的系列产品，且难以与其他项目分开计量的存货，可以合并计提存货跌价准备。

【工作实例2-24】某企业有甲、乙两大类材料A、B、C、D四种存货，各种存货分别按三种计算方法确定期末存货的成本，期末存货成本与可变现净值比较见表2-7。

表2-7 期末存货成本与可变现净值比较 单位：元

项　目	成　本	可变现净值	单项比较法	分类比较法	总额比较法
甲类存货	10 000	9 600		9 600	
A存货	4 000	3 200	3 200		
B存货	6 000	6 400	6 000		
乙类存货	20 000	20 800		20 000	
C存货	8 000	9 200	8 000		
D存货	12 000	11 600	11 600		
总计	30 000	30 400	28 800	29 600	30 000

由表2-7可知，单项比较法确定的期末存货成本最低，为28 800元；分类比较法次之，为29 600元；总额比较法最高，为30 000元。相应地，计提的存货跌价准备分别为1 200元、400元和0。

（四）存货跌价准备的账务处理

企业应当定期或者至少于每年年度终了时对存货进行全面清查，如存货成本高于可变现净值，按其差额计提存货跌价准备。如果以前减记存货价值的影响因素已经消失，减记的金额应当予以恢复，并在原先计提的存货跌价准备的金额内转回，转回的金额计入当期损益。在资产负债表中，存货项目按照存货历史成本减去存货跌价准备的净额反映。

企业应设置“存货跌价准备”科目核算企业确认或转回的存货跌价准备。资产负债表日，存货发生减值的，按存货可变现净值低于成本的差额，借记“资产减值损失”科目，贷记本科目。已计提跌价准备的存货价值以后又得到恢复，应在原已计提的存货跌价准备金额内，按恢复增加的金额，借记本科目，贷记“资产减值损失”科目。发出存货结转存货跌价准备的，借记本科目，贷记“主营业务成本”“生产成本”等科目。期末贷方余额，反映企业已计提但尚未转销的存货跌价准备。该科目可按存货项目或类别进行明细核算。

【工作实例2-25】甲公司采用“成本与可变现净值孰低法”进行存货计价。有关资料如下：

（1）2022年6月30日，A材料的账面成本为280 000元，可变现净值为270 000元。

（2）2022年12月31日，A材料的账面成本为300 000元，可变现净值为294 000元。

（3）2023年6月30日，A材料的账面成本为290 000元，可变现净值为298 000元。

会计处理如下：

（1）2022年6月30日，计提存货跌价准备10 000元：

借：资产减值损失　　10 000

　　贷：存货跌价准备——A材料　　10 000

（2）2022年12月31日，A材料的价值有所恢复，应计提的存货跌价准备为6 000元（300 000－294 000），则当期应冲减已计提的存货跌价准备4 000元（10 000－6 000）。

借：存货跌价准备——A材料　　4 000

　　贷：资产减值损失　　4 000

（3）2023年6月30日，企业应冲减的存货跌价准备为8 000元（290 000－298 000），但是对该材料已计提的存货跌价准备只有6 000元，则当期应转回的存货跌价准备为6 000元。

借：存货跌价准备——A材料　　6 000

　　贷：资产减值损失　　6 000

【学中做2-5】如果2023年12月31日A材料的可变现净值分别为270 000元、301 000元和288 000元，请你计算资产负债表日的存货跌价准备，并编制相应的会计分录。

项目小结

存货是指企业在日常活动中持有以备出售的产成品或商品、处在生产过程中的在产品、在生产过程或提供劳务过程中耗用的材料和物料等，包括各类材料、在产品、半成品、产成品、商品以及包装物、低值易耗品等。

存货应当按照实际成本计量。存货成本包括采购成本、加工成本和其他成本。

存货的初始计量可以按实际成本核算，也可以按计划成本核算或其他方式核算，会计期末应调整为实际成本。

企业应当采用先进先出法、加权平均法或者个别计价法确定发出存货的实际成本。

期末，存货应当按照成本与可变现净值孰低计量。当成本高于可变现净值时计提存货跌价准备；以前减记存货价值的影响因素已经消失的，减记的金额应当予以恢复，并在原先计提的存货跌价准备的金额内转回，转回的金额计入当期损益。

发生盘盈、盘亏或毁损的存货，应按其实际成本转入“待处理财产损溢”科目。期末结账前分别情况处理完毕。

复习思考题

1. 存货计价的实际成本和计划成本可以在一家企业内同时应用吗？

2. 在实际成本计价下，购入的商品物资是否必须通过“在途物资”科目核算？

3. “在途物资”科目和“材料采购”科目有什么不同？

4. 企业在委托加工物资过程中所发生的增值税和消费税，在什么情况下应计入委托加工物资成本？

5. 包装物采用分次摊销法需要设置哪些明细科目？

6. 哪些包装物通过“周转材料”科目进行核算？

7. 企业转回存货跌价准备有什么规定？

8. 什么是非正常损失？存货发生非正常损失后，其价格中包含的增值税应如何处理？

9. 可变现净值与售价是不是一回事？

10. 存货领用或销售时，该存货计提的跌价准备怎么办？

项目三
金融资产的核算

【知识目标】

1. 了解金融资产的分类及各自核算内容；
2. 熟悉应收票据、应收账款、预付账款及其他应收款的概念；
3. 掌握交易性金融资产的计量属性及核算内容；
4. 掌握债权投资的初始确认、计息及转让的会计处理；
5. 掌握其他债权投资的初始确认、计息及转让的会计处理；
6. 掌握其他权益工具投资的初始确认、计息及转让的会计处理。

【能力目标】

1. 能够区分应收票据、应收账款、预付账款及其他应收款的核算范围；
2. 能够根据企业会计准则正确估计信用减值损失，并予以核算；
3. 能够正确核算交易性金融资产，提供交易性金融资产的公允价值信息；
4. 能够区分债权投资、其他债权投资和其他权益工具投资，并能够提供相关金融资产信息。

【素养目标】

1. 培养学生应收款项管理的意识，降低应收款项管理成本和损失；
2. 比较历史成本计量属性和公允价值计量属性对会计报表的影响，正确运用会计计量属性；
3. 认识会计职业判断在会计计量中的重要地位，培养客观公正的职业道德。

引　言

2019年在格力电器的第3季度会计报表上，有两个从半年报开始就突然变化的项目引人注目。一是应收票据变成了零，二是突然出现了“应收款项融资”435.58亿元。美的集团的第3季报中，应收票据136.75亿元，全部为银行承兑票据，应收款项融资仅有27.02亿元。根据新企业会计准则的要求，用作金融工具的应收票据才要计入应收款项融资。从两家公司的账务处理方式可以推断，格力电器的银行票据全部用作金融工具融资；美的集团的银行票据绝大多数会持有至到期转为银行存款。

2018年6月，财政部修订了财务报表格式，将应收账款和应收票据两个项目合并。虽然会计报表格式几乎每年都在改，但这次修改却遭到了众多财务工作者的质疑。2019年4月30日，财政部发布新的报表格式，不仅将两者重新分开，还增加了一个新项目：应收款项融资。应收账款和应收票据的分分合合，就是基于这个背景：2017年5月16日，中国人民银行官方网站发布《小微企业应收账款融资专项行动工作方案（2017—2019年）》，表态支持小微企业应收账款融资。如果应收账款融资常态化，那它就和应收票据是一回事了，所以财政部将其合并；但是我国的经济环境还没有完全达到，反而产生了很多弊端，财政部又将其拆分；为了方便核算应收款融资，增加了应收款项融资项目。上市公司2019年半年报数据显示，A股共有170家上市公司的应收款项融资项目有余额，基本上都是由应收票据构成的，应收账款的融资尚需进一步研究。

会计准则给予上市公司财务人员越来越多的“自主权”，但是依赖报表数据简单地对上市公司经营情况作出快速判断的难度却越来越大，这对投资者的财务知识的考验也就越来越大。

任务一　金融资产的认知

一、金融资产的内容

（一）金融工具的概念

金融工具是指能引起一家企业产生一项金融资产，也能引起一家企业产生一项金融负债或权益工具的合约。金融工具按其发展进程分为基本金融工具和衍生金融工具。

基本金融工具是金融工具中的母类工具，也就是一般金融市场中的非衍生金融工具，包括货币、债券、可转换债券、股票等。

衍生金融工具是由基本金融工具衍生出来的金融工具，基本内容包括期货、期权、互换和远期。其他内容大都来源上述四种基本内容的组合和派生，如远期和外汇合同组合就产生了远期外汇合同。在实际工作中，只有以基本金融工具为交易对象的远期合同、期货合同、互换合同和期权合同才属于衍生金融工具。

（二）金融资产的概念

金融资产，是指企业持有的现金、其他方的权益工具以及符合下列条件之一的资产：

（1）从其他方收取现金或其他金融资产的合同权利。例如，银行存款、应收账款、应收票据和贷款等均属于金融资产。再如，预付账款不是金融资产，因其产生的未来经济利益是商品或服务，不是收取现金或其他金融资产的权利。

（2）在潜在有利条件下，与其他方交换金融资产或金融负债的合同权利。例如，企业持有的看涨期权或看跌期权等。

（3）将来须用或可用企业自身权益工具进行结算的非衍生工具合同，且企业根据该合同将收到可变数量的自身权益工具。

（4）将来须用或可用企业自身权益工具进行结算的衍生工具合同，但以固定数量的自身权益工具交换固定金额的现金或其他金融资产的衍生工具合同除外。

本项目不涉及以下金融资产的会计处理：（1）长期股权投资（即企业对外能够形成控制、共同控制和重大影响的股权投资）；（2）货币资金（即库存现金、银行存款、其他货币资金等）。这些金融资产在其他项目中单独介绍。

二、金融资产的分类

（一）金融资产的一般分类

微课

金融资产的分类与重分类

企业会计准则规定，企业应当根据其管理金融资产的业务模式和金融资产的合同现金流量特征，对金融资产进行合理的分类。金融资产一般划分为三类：

（1）以摊余成本计量的金融资产；

（2）以公允价值计量且其变动计入其他综合收益的金融资产；

（3）以公允价值计量且其变动计入当期损益的金融资产。

上述分类一经确定，不应随意变更。

其中：

（1）企业管理金融资产的业务模式，是指企业如何管理其金融资产以产生现金流量。业务模式决定企业所管理金融资产现金流量的来源是收取合同现金流量、出售金融资产还是两者兼有。一家企业可能会采用多个业务模式管理其金融资产。

（2）金融资产的合同现金流量特征，是指金融工具合同约定的、反映相关金融资产经济特征的现金流量属性。企业分类为以摊余成本计量的金融资产和以公允价值计量且其变动计入其他综合收益的金融资产，其合同现金流量仅为对本金和以未偿付本金金额为基础的利息的支付。

（二）金融资产的具体分类

1. 以摊余成本计量的金融资产

金融资产同时符合下列条件的，应当分类为以摊余成本计量的金融资产：

（1）企业管理该金融资产的业务模式是以收取合同现金流量为目标。

（2）该金融资产的合同条款规定，在特定日期产生的现金流量，仅为对本金和以未偿付本金金额为基础的利息的支付。

例如，企业取得的债券投资，在没有其他特殊安排的情况下，债券投资的合同现金流量一般仅为对本金和以未偿付本金金额为基础的利息支付的要求。企业一般应当设置“银行存款”“贷款”“应收账款”“债权投资”等账户核算分类为以摊余成本计量的金融资产。

2. 以公允价值计量且其变动计入其他综合收益的金融资产

金融资产同时符合下列条件的，应当分类为以公允价值计量且其变动计入其他综合收益的金融资产：

（1）企业管理该金融资产的业务模式既以收取合同现金流量为目标，又以出售该金融资产为目标。

（2）该金融资产的合同条款规定，在特定日期产生的现金流量，仅为对本金和以未偿付本金金额为基础的利息的支付。

企业应当设置“其他债权投资”“其他权益工具投资”账户核算分类为以公允价值计量且其变动计入其他综合收益的金融资产。

微课
以公允价值计量且其变动计入当期损益的金融资产

3. 以公允价值计量且其变动计入当期损益的金融资产

按照上述（1）和（2）分类为以摊余成本计量的金融资产和以公允价值计量且其变动计入其他综合收益的金融资产之外的金融资产，企业应当将其分类为以公允价值计量且其变动计入当期损益的金融资产。企业应当设置“交易性金融资产”账户核算以公允价值计量且其变动计入当期损益的金融资产。企业持有的直接指定为以公允价值计量且其变动计入当期损益的金融资产，也在“交易性金融资产”账户核算。

微课
以摊余成本计量的金融资产的取得

三、金融资产的计量

（一）初始计量

企业初始确认金融资产，应当按照公允价值计量。对于以公允价值计量且其变动计入当期损益的金融资产，相关交易费用计入当期损益；对于其他类金融资产，相关交易费用计入初始确认金额。

（二）后续计量

微课
以摊余成本计量的金融资产的后续计量及处置

金融资产的后续计量与金融资产的分类密切相关。企业应当对不同类别的金融资产，分别以摊余成本、以公允价值计量且其变动计入其他综合收益或以公允价值计量且其变动计入当期损益进行后续计量。

四、金融资产的重分类及计量

（一）金融资产重分类的原则

企业改变管理金融资产的业务模式时，应当按照规定对所有影响的相关金融资产进行重分类。金融资产可以在以摊余成本计量的金融资产、以公允价值计量且其变动计入其他综合收益的金融资产和以公允价值计量且其变动计入当期损益的金融资产之间进行重分类。企业管理金融资产业务模式的变更是一种极其少见的情形。

企业对金融资产进行重分类，应当自重分类日起采用未来适用法进行相关会计处理，不得对以前已经确认的利得、损失（包括减值损失或利得）或利息进行追溯调整。重分类日，是指导致企业对金融资产进行重分类的业务模式发生变更后的首个报告期间的第一天。例如，甲上市公司决定于2023年2月15日改变某金融资产的业务模式，则重分类日为2023年4月1日；乙上市公司决定于2023年11月15日改变某金融资产的业务模式，则重分类日为2024年1月1日（即下一个季度会计期间的期初）。

（二）金融资产重分类的计量

1. 以摊余成本计量的金融资产的重分类

（1）企业将一项以摊余成本计量的金融资产重分类为以公允价值计量且其变动计入当期损益的金融资产的，应当按照该资产在重分类日的公允价值进行计量，原账面价值与公允价值之间的差额计入当期损益。

（2）企业将一项以摊余成本计量的金融资产重分类为以公允价值计量且其变动计入其他综合收益的金融资产的，应当按照该金融资产在重分类日的公允价值进行计量，原账面价值与公允价值之间的差额计入其他综合收益。该金融资产重分类不影响其实际利率和预期信用损失的计量。

2. 以公允价值计量且其变动计入其他综合收益的金融资产的重分类

（1）企业将一项以公允价值计量且其变动计入其他综合收益的金融资产重分类为以摊余成本计量的金融资产的，应当将之前计入其他综合收益的累计利得或损失转出，调整该金融资产在重分类日的公允价值，并以调整后的金额作为新的账面价值，即视同该金融资产一直以摊余成本计量。该金融资产重分类不影响其实际利率和预期信用损失的计量。

（2）企业将一项以公允价值计量且其变动计入其他综合收益的金融资产重分类为以公允价值计量且其变动计入当期损益的金融资产的，应当继续以公允价值计量该金融资产。同时，企业应当将之前计入其他综合收益的累计利得或损失从其他综合收益转入当期损益。

3. 以公允价值计量且其变动计入当期损益的金融资产的重分类

（1）企业将一项以公允价值计量且其变动计入当期损益的金融资产重分类为以摊余成本计量的金融资产的，应当以其在重分类日的公允价值作为新的账面余额。

（2）企业将一项以公允价值计量且其变动计入当期损益的金融资产重分类为以公允价值计量且其变动计入其他综合收益的金融资产的，应当继续以公允价值计量该金融资产。

对以公允价值计量且其变动计入当期损益的金融资产进行重分类的，企业应当根据该金融资产在重分类日的公允价值确定其实际利率。同时，企业应当自重分类日起对该金融资产适用金融资产减值的相关规定，并将重分类日视为初始确认日。

任务二　交易性金融资产的核算

一、交易性金融资产的内容

交易性金融资产是指以公允价值计量且其变动计入当期损益的金融资产。它是企业为了近期内出售而持有的金融资产，如企业以赚取差价为目的从二级市场购入的股票、债券、基金等。由于交易性金融资产在短期内频繁地购买和出售，使企业闲置的资金能获得较高的投资回报，因此该项资产具有很强的流动性，在资产负债表中列示为流动资产。

二、科目设置

为了核算以公允价值计量且其变动计入当期损益的金融资产的取得、收取现金股利或利息、处置等业务，企业应设置“交易性金融资产”、“公允价值变动损益”和“投资收益”等科目。

“交易性金融资产”科目，用来核算企业分类为以公允价值计量且其变动计入当期损益的金融资产。该科目借方登记交易性金融资产的取得成本、期末其公允价值高于账面余额的差额等；贷方登记期末其公允价值低于账面余额的差额，以及企业出售交易性金融资产时结转的成本和公允价值变动损益。期末余额在借方，表示企业实际持有的交易性金融资产的公允价值。企业应当按照交易性金融资产的类别和品种，分别设置“成本”“公允价值变动”等明细科目进行核算。

“公允价值变动损益”科目，用来核算企业交易性金融资产等公允价值变动而形成的应计入当期损益的利得和损失。该科目贷方登记期末企业持有的交易性金融资产的公允价值高于账面余额的差额；借方登记期末企业持有的交易性金融资产的公允价值低于账面余额的差额。期末结转到本年利润后，应无余额。

“投资收益”科目，用来核算企业持有交易性金融资产期间取得的投资收益以及出售交易性金融资产等实现的投资收益或投资损失。该科目贷方登记企业出售交易性金融资产等实现的投资收益；借方登记企业出售交易性金融资产等发生的投资损失。期末结转本年利润后，应无余额。

三、取得交易性金融资产

企业取得交易性金融资产时，应当按照该金融资产取得时的公允价值入账。交易性金融资产的公允价值，应当以市场交易价格为基础确定。

取得交易性金融资产所支付价款中包含已宣告但尚未发放的现金股利或已到付息期但尚未领取的债券利息的，应单独确认为应收项目，记入“应收股利”或“应收利息”科目。

取得交易性金融资产所发生的相关交易费用应在发生时计入当期损益，冲减投资收益。发生交易费用取得增值税专用发票的，进项税额经认证后可从当月销项税额中扣除。

【工作实例3-1】2月20日，甲公司从证券交易所购入上市公司股票50 000股，将其划分为交易性金融资产。该股票在购买日的公允价值为1 500 000元。另支付相关交易费用500元，取得的增值税专用发票上注明的增值税税额为30元。会计处理如下：

借：交易性金融资产——成本	1 500 000	
应交税费——应交增值税（进项税额）	30	
投资收益	500	
贷：其他货币资金——存出投资款		1 500 530

【工作实例3-2】2023年2月1日，甲公司从证券交易所购入A公司股票，并将其划分为交易性金融资产。该股票在购买日的公允价值为800 000元，其中包含已宣告但尚未发放的现金股利5 000元。另支付相关交易费用250元，取得的增值税专用发票上注明的增值税税额为15元。会计处理如下：

借：交易性金融资产——成本	795 000	
应收股利	5 000	
贷：其他货币资金——存出投资款		800 000

借：应交税费——应交增值税（进项税额）　15

　　投资收益　250

　　贷：其他货币资金——存出投资款　265

四、持有期间收到的股利和利息

企业持有交易性金融资产期间收到的，属于取得交易性金融资产时已宣告但尚未发放的现金股利或已到付息期但尚未领取的债券利息的，应作为垫付资金的收回处理，借记“银行存款”科目，贷记“应收股利”或“应收利息”科目。

企业持有交易性金融资产期间对于被投资单位宣告发放的现金股利或已到付息期但尚未领取的债券利息，应确认为应收股利或应收利息，并计入投资收益。

【工作实例3-3】A公司以其他货币资金购入丙公司发行的公司债券，企业将其划分为交易性金融资产。有关业务如下：

（1）该债券已于2023年1月1日发行，面值300 000元，票面利率4%，债券利息每半年支付一次。

（2）2023年7月1日，A公司支付价款320 000元，其中包含已到付息期但尚未收到的债券利息6 000元，另支付交易费用400元。

（3）2023年7月5日，A公司收到该笔债券利息6 000元。

（4）2023年12月31日，A公司应计债券利息6 000元。

（5）2024年1月2日收到利息6 000元。

会计处理如下：

（1）2023年7月1日，购入丙公司债券时：

借：交易性金融资产——成本　314 000

　　应收利息　6 000

　　投资收益　400

　　贷：其他货币资金——存出投资款　320 400

（2）2023年7月5日，收到购买价款中包含的已宣告发放的债券利息时：

借：其他货币资金——存出投资款　6 000

　　贷：应收利息　6 000

（3）2023年12月31日，确认债券投资的利息收入时：

借：应收利息　6 000

　　贷：投资收益　6 000

（4）2024年1月2日，收到债券利息时：

借：其他货币资金——存出投资款　6 000

　　贷：应收利息　6 000

五、交易性金融资产的期末计量

资产负债表日，交易性金融资产应当按照公允价值计量，公允价值与账面余额之间的差额计入当期损益（公允价值变动损益）。

【工作实例3-4】沿用【工作实例3-2】的资料。假定6月30日，甲公司持有的A公司股票公允价值为750 000元；12月31日持有的A公司股票公允价值为850 000元。

会计处理如下：

（1）6月30日，确认公允价值变动损益时：

借：公允价值变动损益　　45 000

　　贷：交易性金融资产——公允价值变动　　45 000

（2）12月31日，确认公允价值变动损益时：

借：交易性金融资产——公允价值变动　　100 000

　　贷：公允价值变动损益　　100 000

六、出售交易性金融资产

出售交易性金融资产时，应当将该金融资产出售时的公允价值与其账面余额之间的差额确认为投资收益。

【工作实例3-5】2023年7月1日，B公司将其短期持有的X公司的股票出售。该股票在取得时的成本为200 000元，公允价值变动（贷方）为2 000元，出售收入为236 000元。会计处理如下：

借：其他货币资金——存出投资款　　236 000

　　交易性金融资产——公允价值变动　　2 000

　　贷：交易性金融资产——成本　　200 000

　　　　投资收益　　38 000

七、转让金融资产应交增值税

按照增值税法的规定，企业转让金融商品需要按金融商品的卖出价扣除买入价（不需要扣除已宣告但尚未发放的现金股利和已到付息期但尚未领取的利息）后的余额作为销售额计算增值税，即转让金融商品按盈亏相抵后的余额为销售额。

如果企业购买金融商品比较频繁，金融商品的买入价可以选择按照加权平均法或者移动加权平均法进行核算，选择后36个月内不得变更。金融商品转让，不得开具增值税专用发票。

期末，转让金融商品出现的正差（即产生转让收益），则将差额换算为不含税销售额再乘以税率计算应纳税额，按计算的金额借记“投资收益”等科目，贷记“应交税费——转让金融商品应交增值税”科目。若相抵后出现负差，可结转下一纳税期与下期转让金融商品销售额相抵，借记“应交税费——转让金融商品应交增值税”科目，贷记“投资收益”等科目。但年末仍出现负差的，不得转入下一个会计年度。

【工作实例3-6】沿用【工作实例3-5】的资料，计算该项业务转让金融商品应交增值税。

$$\text{转让金融商品应交增值税} = \frac{236\,000 - 200\,000}{1 + 6\%} \times 6\% = 2\,037.74\text{（元）}$$

会计处理如下：

借：投资收益　　2 037.74

　　贷：应交税费——转让金融商品应交增值税　　2 037.74

【小思考3-1】为什么上例中，计算转让金融商品应交增值税不使用“投资收益”金额38 000元作为计算依据？

任务三　应收及预付款项的核算

一、应收款项的内容

应收款项是指企业在日常生产经营过程中发生的各项债权，包括应收账款、应收票据、应收股利、应收利息和其他应收款。

应收票据是指企业因销售商品、提供劳务等收到的商业汇票，包括银行承兑汇票和商业承兑汇票。

应收账款是指企业因销售商品、提供劳务等经营活动，应向购货单位或接受劳务单位收取的款项，主要包括企业销售商品或提供劳务等向有关债务人收取的价款及代购货单位垫付的包装费、运杂费等。

应收股利是指企业应收取的现金股利或应收取其他单位分配的利润。

应收利息是指企业根据合同或协议的规定应向债务人收取的利息，包括应收交易性金融资产的利息、分期付息到期还本的债权投资利息等。

其他应收款是指企业除应收票据、应收账款、预付账款、应收股利、应收利息以外的其他各种应收及暂付款项。其主要内容包括应收的各种赔款、罚款；应收的出租包装物的租金；应向职工收取的代付款项；备用金；存出保证金；预付账款转入；其他各种应收、暂付款。

二、科目设置

（一）“应收票据”科目

为了反映和监督应收票据取得、票款收回等情况，企业应当设置“应收票据”科目，该科目借方登记取得的应收票据的面值，贷方登记到期收回票款或到期前向银行贴现的应收票据的票面金额，期末余额在借方，反映企业持有的商业汇票的票面金额。“应收票据”科目可按照开出、承兑商业汇票的单位进行明细核算，并设置“应收票据备查簿”，逐笔登记商业汇票的种类、号数、出票日、票面金额、交易合同号、付款人、承兑人、背书人的姓名或单位名称、到期日、背书转让日、贴现日、贴现率、贴现净额、收回金额以及退票情况等资料。

（二）“应收账款”科目

为了反映和监督应收账款的增减变化及其结存情况，企业应当设置“应收账款”科目，该科目借方登记应收账款的增加，贷方登记应收账款的收回及确认的坏账损失，期末余额一般在借方，反映企业尚未收回的应收账款；如果期末余额在贷方，一般为企业预收的账款。

不单独设置“预收账款”科目的企业，发生的预收款项也在本科目核算。

（三）“应收股利”科目

为了反映和监督应收股利的增减变化及其结存情况，企业应当设置“应收股利”科目，该科目借方登记应收的现金股利或利润的增加，贷方登记收到的现金股利或利润，期末余额一般在借方，反映企业尚未收到的现金股利或利润。

（四）“应收利息”科目

为了反映和监督应收利息的增减变化及其结存情况，企业应当设置“应收利息”科目，该科目借方登记应收利息的增加，贷方登记收到的利息，期末余额一般在借方，反映企业尚未收到的利息。

微课

其他应收款

（五）“其他应收款”科目

为了反映和监督其他应收款的增减变化及其结存情况，企业应当设置“其他应收款”科目，该科目借方登记其他应收款的增加，贷方登记其他应收款的收回，期末余额一般在借方，反映企业尚未收回的其他应收款项。“其他应收款”科目一般按对方单位或个人设置明细科目进行核算。

三、应收票据的核算

微课

应收票据

（一）取得应收票据

企业因销售商品、提供劳务等而收到的开出并承兑的商业汇票，借记“应收票据”科目，贷记“主营业务收入”“应交税费——应交增值税（销项税额）”等科目。企业收到付款人因抵偿所欠购货款而签发的商业汇票时，借记“应收票据”科目，贷记“应收账款”科目。

（二）背书转让应收票据

企业将持有的商业汇票背书转让以取得所需物资，按应计入取得物资成本的金额，借记“原材料”“库存商品”“应交税费——应交增值税（进项税额）”等科目，贷记“应收票据”科目，如有差额，借记或贷记“银行存款”等科目。

（三）应收票据贴现

贴现是指企业以未到期票据向银行融通资金，银行按票据的应收金额扣除一定期间的利息后的余额付给企业的融资行为。

1.应收票据贴现额的计算

应收票据贴现额的计算公式如下：

贴现息 = 票据到期值 × 贴现率 × 贴现期

贴现额 = 票据到期值 − 贴现息

公式中，贴现率由银行和企业协商确定。如果属于不带息票据，票据到期值就是面值。我国的票据一般均为不带息票据。贴现期通常是指从贴现日至票据到期日前1日的时期。计算时以实际日历天数计算到期日及利息，到期日那天不计息，称为“算头不算尾”。

【工作实例3–7】企业收到一张6个月的不带息商业汇票，面值180 000元，出票日为3月18日，到期日为9月18日。企业准备于6月1日持往银行贴现，贴现率为7.2%。会计处理如下：

（1）计算贴现期。贴现期为109天（6月30天，7月31天，8月31天，9月18天共计110天。按“算头不算尾”办法计算贴现期为109天）。

（2）计算贴现息及贴现额：

贴现息 = 票据到期值 × 贴现率 × 贴现期 = 180 000 × 7.2% × 109 ÷ 360 = 3 924（元）

贴现额 = 票据到期值 − 贴现息 = 180 000 − 3 924 = 176 076（元）

2.应收票据贴现的账务处理

企业将未到期的商业汇票向银行贴现，应按实际收到的金额，借记“银行存款”科目，按贴现息部分，借记“财务费用”科目，按商业汇票面值，贷记“应收票据”科目。

【学中做3-1】请根据【工作实例3-7】的计算结果，编制应收票据贴现的会计分录。

（四）应收票据到期收回

商业汇票到期，应分别以下情况处理：

（1）商业汇票到期，应按实际收到的金额，借记“银行存款”科目，按商业汇票的票面金额，贷记“应收票据”科目。

（2）因付款人无力支付票款，收到银行退回的商业承兑汇票、委托收款凭证、未付票据款通知书、拒绝付款证明等，按应收票据的票面金额，借记“应收账款”科目，贷记“应收票据”科目。

【工作实例3-8】某企业本年发生的与应收票据有关的业务如下：

（1）3月10日，销售商品一批，开出的增值税专用发票上注明价款为85 000元，增值税为11 050元，收到对方开来的银行承兑汇票，面值为96 050元。

（2）4月15日，收到乙公司签发并承兑的商业汇票一张，面值50 000元，用于抵偿以前欠本企业的货款。

（3）4月22日，从甲公司购入材料一批，取得的增值税专用发票上注明价款为50 000元，增值税为6 500元。企业将其持有的乙公司签发的面值50 000元的商业汇票背书转让给甲公司，同时以银行存款补付差额。材料已验收入库。

（4）6月10日，企业持有的面值为96 050元的银行承兑汇票到期，收回票款。

会计处理如下：

（1）3月10日，销售商品，收到商业汇票时：

借：应收票据	96 050	
贷：主营业务收入		85 000
应交税费——应交增值税（销项税额）		11 050

（2）4月15日，收到乙公司抵债的商业汇票时：

借：应收票据	50 000	
贷：应收账款		50 000

（3）4月22日，商业汇票背书转让时：

借：原材料	50 000	
应交税费——应交增值税（进项税额）	6 500	
贷：应收票据		50 000
银行存款		6 500

（4）6月10日，银行承兑汇票到期收回票款时：

借：银行存款	96 050	
贷：应收票据		96 050

【小思考3-2】如果企业到期无法收回票款，会计上应如何处理？

四、应收账款的核算

微课

应收账款

（一）应收账款的计量

应收账款的计量是指确认应收账款的入账金额。在通常情况下，应收账款应按买卖双方成交时的实际金额计价入账。但是在商业活动中由于存在商业折扣、现金折扣、销货退回与折让等，会使交易价格发生变动，从而影响应收账款价值的确定。

1. 商业折扣

商业折扣是指企业为了鼓励客户多购商品而在商品标价上给予的优惠。商业折扣采用百分数表示。由于商业折扣一般在交易发生时已确定，它影响实际的销售价格，因此，应收账款应按扣除商业折扣后的金额入账。

2. 现金折扣

现金折扣是指企业为了鼓励债务人在规定的期限内及早付款，而向债务人提供的债务扣除。现金折扣通常用“折扣率/付款期限”来表示。如：“2/10、1/20、n/30”表示：如果客户在10天内付款，企业按售价给予客户2%的折扣；如果客户超过10天，在20天内付款，企业按售价给予客户1%的折扣；如果客户超过20天，在信用期内付款（信用期为30天），企业将不给予折扣。

现金折扣属于可变对价，企业需要对现金折扣进行估计，按照期望值或最可能发生额确定可变对价的最佳估计数。

（二）应收账款的账务处理

【工作实例3-9】某企业属于增值税一般纳税人。5月发生的与应收账款有关的业务如下：

（1）4日，销售一批商品给甲公司，增值税专用发票上注明价款为60 000元，增值税为7 800元，代垫运费545元（含税，税率为9%）。货款尚未收到。

（2）8日，销售一批商品给乙公司，按价目表标明的价格计算的金额为180 000元，由于成批购进，企业决定给予购货方10%的商业折扣。

（3）11日，销售一批商品给丙公司，增值税专用发票上注明价款为80 000元，增值税为10 400元。双方签订的交易合同中规定了现金折扣条款：2/10、n/30。假定计算现金折扣时不考虑增值税。企业估计有90%的可能会在5月21日前收到价款。

（4）15日，企业收到甲公司支付的购货款。

（5）21日，企业收到丙公司支付的购货款。

（6）假定，丙公司于5月31日支付价款，会计上如何处理？

会计处理如下：

（1）4日赊销商品时：

借：应收账款 68 345

　　贷：主营业务收入 60 000

　　　　应交税费——应交增值税（销项税额） 7 800

　　　　银行存款 545

（2）8日赊销商品时：

借：应收账款　　183 060

　　贷：主营业务收入　　162 000

　　　　应交税费——应交增值税（销项税额）　　21 060

（3）11日赊销商品时：

借：应收账款　　88 800

　　贷：主营业务收入　　78 400

　　　　应交税费——应交增值税（销项税额）　　10 400

（4）15日收到销售货款时：

借：银行存款　　68 345

　　贷：应收账款　　68 345

（5）21日收到销售货款时：

借：银行存款　　88 800

　　贷：应收账款　　88 800

（6）如果付款人在10天以后付款，则收款企业不提供现金折扣：

借：银行存款　　90 400

　　贷：应收账款　　88 800

　　　　主营业务收入　　1 600

五、应收股利的核算

【工作实例3-10】某企业持有A公司股票50 000股，且作为以公允价值计量且其变动计入当期损益的金融资产进行管理与核算。5月10日，A公司宣告发放现金股利0.1元/股。5月15日收到现金股利。假定不考虑相关税费。

会计处理如下：

（1）A公司宣告发放现金股利时：

借：应收股利　　5 000

　　贷：投资收益　　5 000

（2）收到现金股利时：

借：其他货币资金　　5 000

　　贷：应收股利　　5 000

六、应收利息的核算

【工作实例3-11】某企业持有B公司的债券，面值600 000元，票面年利率7.2%，每半年付息一次。6月30日确认利息21 600元，7月3日收到利息并存入银行。

会计处理如下：

（1）确认债券利息时：

借：应收利息　　21 600

　　贷：投资收益　　21 600

（2）收到债券利息时：

借：银行存款 21 600

　　贷：应收利息 21 600

七、其他应收款的核算

【工作实例3-12】某企业发生的与其他应收款有关的业务如下：

（1）企业期末在财产清查中发现存货盘亏，按保险合同的规定应由保险公司赔偿20 000元。

（2）企业为职工垫付的应由职工负担的水电费5 000元，从职工工资中扣回。

（3）企业租入包装物一批，以银行存款支付押金6 000元。

会计处理如下：

（1）确认应收保险公司赔偿款时：

借：其他应收款 20 000

　　贷：待处理财产损溢——待处理流动资产损溢 20 000

（2）从职工薪酬中扣除水电费时：

借：应付职工薪酬 5 000

　　贷：其他应收款 5 000

（3）支付租入包装物押金时：

借：其他应收款 6 000

　　贷：银行存款 6 000

八、应收款项减值的核算

微课

应收款项减值

（一）应收款项发生减值判断

企业应在资产负债表日对应收款项的账面价值进行减值测试，有确凿证据表明应收款项发生减值的，应当对该应收款项计提坏账准备，确认当期减值损失。应收款项的减值损失也称为坏账损失。

企业对应收款项进行减值测试，应根据本单位的实际情况分为单项金额重大和非重大的应收款项分别进行。对于单项金额重大的应收款项，应当单独进行减值测试。有客观证据表明其发生了减值的，应当根据其未来现金流量现值低于其账面价值的差额，确认减值损失，计提坏账准备。对于单项金额非重大的应收款项以及单独测试后未发生减值的单项金额重大的应收款项，应当采用组合方式进行减值测试，分析判断是否发生减值。

（二）应收款项减值的账务处理

为了反映企业坏账准备的计提、转销等情况，企业应设置“坏账准备”科目。该科目贷方登记当期计提的坏账准备金额以及已确认再次收回所转回的坏账准备金额，借方登记当期冲销的坏账准备金额以及实际发生坏账损失的金额。期末余额一般在贷方，表示企业已经提取但尚未转销的坏账准备。

企业计提坏账准备时，借记“信用减值损失”科目，贷记“坏账准备”科目；冲销多提的坏账准备时，借记“坏账准备”科目，贷记“信用减值损失”科目；实际发生坏账损失时，借记“坏账准备”科目，贷记“应收账款”等科目；已确认的坏账再次收回时，借记“应收账款”科目，贷记“坏账准备”科目，同时，借记“银行存款”科目，贷记“应收账款”等科目。

计提坏账准备的计算公式如下：

$$\begin{array}{c}当期期末应计提\\的坏账准备金额\end{array}=\begin{array}{c}当期按应收款项一定比例\\计算的应提坏账准备金额\end{array}+(-)\begin{array}{c}“坏账准备”科目的\\借方（或贷方）余额\end{array}$$

【小思考3-3】按照现行会计制度，企业对所有应收款项均需要计提减值准备吗？

【工作实例3-13】某企业采用应收账款余额百分比法计提坏账准备，计提比例为1%。有关资料如下：

（1）2021年12月31日，应收账款期末余额为1 000 000元。

（2）2022年2月，应收账款实际发生损失4 000元，确认为坏账损失。

（3）2022年12月31日，应收账款期末余额为1 300 000元。

（4）2023年3月，已确认为坏账的应收账款又收回2 000元。

（5）2023年12月31日，应收账款期末余额为1 400 000元。

会计处理如下：

（1）2021年12月31日，首次计提坏账准备金额 = 1 000 000 × 1% = 10 000（元）。

借：信用减值损失　　10 000

　　贷：坏账准备　　10 000

（2）2022年2月，发生坏账损失：

借：坏账准备　　4 000

　　贷：应收账款　　4 000

（3）2022年12月31日，计提坏账准备：

年末未调整前“坏账准备”科目余额 = 10 000 − 4 000 = 6 000（元）（贷方余额）

当期应提取的坏账准备金额 = 1 300 000 × 1% − 6 000 = 7 000（元）

借：信用减值损失　　7 000

　　贷：坏账准备　　7 000

（4）2023年3月，收回已确认的坏账：

借：应收账款　　2 000

　　贷：坏账准备　　2 000

同时，

借：银行存款　　2 000

　　贷：应收账款　　2 000

（5）2023年12月31日，计提坏账准备：

年末未调整前“坏账准备”科目余额 = 13 000 + 2 000 = 15 000（元）（贷方余额）

当期应提取的坏账准备金额 = 1 400 000 × 1% − 15 000 = − 1 000（元）

借：坏账准备　　1 000

　　贷：信用减值损失　　1 000

任务四 债权投资及其他债权投资的核算

一、债权投资及其他债权投资会计科目设置

为了核算企业拥有的债权投资和其他债权投资，应设置“债权投资”“债权投资减值准备”“其他债权投资”“其他债权投资减值准备”科目。

1.“债权投资”科目

为了核算企业拥有的债权投资，企业应设置“债权投资”科目，并设置“成本”“利息调整”“应计利息”（适用于一次到期还本付息债券）3个二级科目。

“债权投资——成本”科目，核算债权投资的面值。

“债权投资——利息调整”科目，核算债权投资取得时发生的溢价或折价，以及溢价或折价的摊销。

“债权投资——应计利息”科目，核算债权投资持有期间应计的一次到期还本付息的债券利息。若为分期付息，到期还本债券，债券利息则需通过“应收利息”科目核算，不在本科目核算。

2.“债权投资减值准备”科目

为了核算企业债权投资的减值损失，企业应设置“债权投资减值准备”科目，反映资产负债表日债权投资的账面价值小于预计未来现金流量现值的差额。

3.“其他债权投资”科目

为了核算企业拥有的其他债权投资，企业应设置“其他债权投资”科目，并设置“成本”“利息调整”“应计利息”“公允价值变动”4个二级科目。

“其他债权投资——成本”科目，核算其他债权投资的面值。

“其他债权投资——利息调整”科目，核算其他债权投资取得时发生的相关费用、溢价或折价，以及溢价或折价的摊销。

“其他债权投资——应计利息”科目，核算其他债权投资持有期间应计的一次到期还本付息的债券利息。若为分期付息到期还本债券，债券利息则需通过“应收利息”科目核算，不在本科目核算。

“其他债权投资——公允价值变动”科目，核算其他债权投资在资产负债表日的公允价值与其账面余额之间的差额。

4.“其他债权投资减值准备”科目

为了核算企业其他债权投资的减值损失，企业应设置“其他债权投资减值准备”科目，反映资产负债表日其他债权投资的投资成本小于公允价值的差额。

二、债权投资的计量

债权投资的计量包括初始计量和后续计量。

（一）初始计量

债权投资初始确认时，应当按公允价值计量，相关交易费用计入初始确认金额。实际

支付的价款中包含已到付息期但尚未领取的债券利息，应当单独确认为应收利息。其中，债券的公允价值，应当以市场交易价格为基础确定。交易费用是指可直接归属于购买、发行或处置金融工具的增量费用，包括支付给代理机构、咨询公司、券商、证券交易所、政府有关部门等的手续费、佣金、相关税费以及其他必要支出，不包括债券溢价、折价、融资费用、内部管理成本和持有成本等与交易不直接相关的费用。

（二）后续计量

按照金融资产的分类，债权投资应当以摊余成本进行后续计量，其他债权投资以公允价值计量。

1. 摊余成本

金融资产的摊余成本，是指该金融资产的初始确认金额经下列调整后的结果：

（1）扣除已收回的本金；

（2）加上或减去采用实际利率法将该初始确认金额与到期日金额之间的差额进行摊销形成的累计摊销额；

（3）扣除已计提的累计信用减值准备。

期末摊余成本的计算公式如下：

$$\text{期末摊余成本}=\text{期初摊余成本}+\text{本期确认的投资收益}-\text{本期实际收到的利息}-\text{已计提的累计信用减值准备}$$

2. 实际利率

实际利率是指将金融资产在预期存续期间或适用的更短期间内的未来现金流量，折现为该金融资产当前账面价值所使用的利率。在确定实际利率时，应当在考虑金融资产所有合同条款的基础上预计未来现金流量，但不应当考虑未来信用损失。实际利率应当在取得债权投资时确定，在该债权投资预期存续期间或适用的更短期间内保持不变。实际利率与票面利率差别较小的，也可按票面利率计算利息收入。

3. 实际利率法

实际利率法是指计算金融资产的摊余成本以及将利息收入分摊计入各会计期间的方法。利息收入的计算公式如下：

$$\text{利息收入}=\text{期初摊余成本}\times\text{实际利率}$$

三、债权投资的账务处理

企业取得的债权投资，应按该投资的面值，借记“债权投资——成本”科目，按支付的价款中包含的已到付息期但尚未领取的利息，借记“应收利息”科目，按实际支付的金额，贷记“银行存款”科目，按其差额，借记或贷记“债权投资——利息调整”科目。

按债券面值和票面利率计算的利息收入，借记“应收利息”或“债权投资——应计利息”科目；按摊余成本和实际利率计算的利息收入，贷记“投资收益”科目；两者的差额调整“债权投资——利息调整”科目。

出售债权投资，应按实际收到的金额，借记“银行存款”等科目，按其账面余额，贷记“债权投资——成本”“债权投资——利息调整”“债权投资——应计利息”科目，按其差额，贷记或借记“投资收益”科目。已计提减值准备的，还应同时结转减值准备。

【工作实例3-14】2023年1月1日，甲公司支付价款101 900元从活跃市场上购入某公司3年期债券，面值100 000元，票面利率6%，到期一次还本付息。甲公司在购买该债券时，按摊余成本进行后续计量。购入该债券时的市场利率为5%。

根据以上数据，会计处理如下：

（1）编制债权投资利息调整计算表，见表3-1。

表3-1 债权投资利息调整计算表

单位：元

日期	期初摊余成本（A）	实际利息（B）（按5%计算）	现金流入（C）	期末摊余成本（D=A+B-C）
2023年	101 900	5 095	—	106 995
2024年	106 995	5 350	—	112 345
2025年	112 345	5 655*	118 000	0

注：*倒挤差额。

（2）编制相关会计分录。

①2023年1月1日购入债券时：

借：债权投资——成本 100 000
　　　　　——利息调整 1 900
　贷：银行存款 101 900

②2023年12月31日确认利息收入时：

借：债权投资——应计利息 6 000
　贷：投资收益 5 095
　　债权投资——利息调整 905

③2024年12月31日确认利息收入时：

借：债权投资——应计利息 6 000
　贷：投资收益 5 350
　　债权投资——利息调整 650

④2025年12月31日确认利息收入时：

借：债权投资——应计利息 6 000
　贷：投资收益 5 655
　　债权投资——利息调整 345

⑤2026年1月1日收到债券本息时：

借：银行存款 118 000
　贷：债权投资——成本 100 000
　　　　　　——应计利息 18 000

【工作实例3-15】2023年7月1日，乙公司支付价款568 536元从活跃市场上购入某公司3年期债券，面值600 000元，票面利率6%，每半年付息一次、到期还本。乙公司在购买该债券时，准备持有至到期。购入该债券时的市场利率为8%。

根据以上数据，会计处理如下：

（1）编制债权投资利息调整计算表（见表3-2）。

表3-2　债权投资利息调整计算表　单位：元

日期	期初摊余成本（A）	实际利息（B）（按4%计算）	现金流入（C）	期末摊余成本（D = A + B − C）
2023-12-31	568 536	22 741	18 000	573 277
2024-06-30	573 277	22 931	18 000	578 208
2024-12-31	578 208	23 128	18 000	583 336
2025-06-30	583 336	23 333	18 000	588 669
2025-12-31	588 669	23 547	18 000	594 216
2026-06-30	594 216	23 784	18 000	600 000
合计	—	139 464	108 000	—

（2）编制相关会计分录。

①2023年7月1日购入债券时：

借：债权投资——成本　600 000

　　贷：债权投资——利息调整　31 464

　　　　银行存款　568 536

②2023年12月31日确认利息收入时：

借：应收利息　18 000

　　债权投资——利息调整　4 741

　　贷：投资收益　22 741

2024年1月1日收到利息收入时：

借：银行存款　18 000

　　贷：应收利息　18 000

③2024年6月30日确认利息收入时：

借：应收利息　18 000

　　债权投资——利息调整　4 931

　　贷：投资收益　22 931

2024年7月1日收到利息收入时：

借：银行存款　18 000

　　贷：应收利息　18 000

④2024年12月31日确认利息收入时：

借：应收利息　18 000

　　债权投资——利息调整　5 128

贷：投资收益 23 128

2025年1月1日收到利息收入时：

借：银行存款 18 000

贷：应收利息 18 000

【学中做3-2】请你按照表3-2的资料，比照上面的会计分录，完成该企业未来2年的会计分录。

四、其他债权投资的账务处理

企业取得的其他债权投资，应按该投资的面值，借记“其他债权投资——成本”科目，按支付的价款中包含的已到付息期但尚未领取的利息，借记“应收利息”科目，按实际支付的金额，贷记“银行存款”科目，按其差额，借记或贷记“其他债权投资——利息调整”科目。

资产负债表日，其他债权投资按票面利率计算确定的应收未收利息，借记“应收利息”或“其他债权投资——应计利息”科目，按其他债权投资的摊余成本和实际利率计算确定的利息收入，贷记“投资收益”科目，按其差额，借记或贷记“其他债权投资——利息调整”科目。

资产负债表日，其他债权投资应当以公允价值进行后续计量，公允价值变动记入“其他综合收益”科目。资产负债表日其他债权投资的公允价值高于其账面余额的差额，借记“其他债权投资——公允价值变动”科目，贷记“其他综合收益”科目；公允价值低于其账面余额的差额做相反的会计分录。

出售其他债权投资时，应按实际收到的金额，借记“银行存款”等科目，按其账面金额，贷记“其他债权投资——成本、公允价值变动、利息调整、应计利息”科目，按应从所有者权益中转出的公允价值累计变动额，借记或贷记“其他综合收益”科目，按其差额，贷记或借记“投资收益”科目。

【工作实例3-16】大宇公司进行其他债权投资业务如下：

（1）2021年1月1日，以100万元从二级市场上购入甲公司发行的5年期、面值125万元、票面利率为4.72%的公司债券，于每年年末支付本年度债券利息59 000元，本金到期一次性偿还。初始确认时，企业将其划分为其他债权投资。

（2）2021年12月31日，甲公司债券的公允价值为120万元（不含利息）。

（3）2022年12月31日，甲公司债券的公允价值为130万元（不含利息）。

（4）2023年12月31日，甲公司债券的公允价值为125万元（不含利息）。

（5）2024年12月31日，甲公司债券的公允价值为120万元（不含利息）。

（6）2025年1月18日，将持有的甲公司债券全部出售，取得价款126万元。

会计处理如下：

（1）计算实际利率（假定不考虑所得税、减值等因素）。

$5.9\times(1+r)^{-1}+5.9\times(1+r)^{-2}+5.9\times(1+r)^{-3}+5.9\times(1+r)^{-4}+5.9\times(1+r)^{-5}=100$

采用插值法，计算得出 $r=10\%$。

（2）编制其他债权投资利息调整及公允价值变动计算表（见表3-3）。

表3-3　其他债权投资利息调整及公允价值变动计算表　单位：万元

日期	现金流入（A）	实际利息收入（B＝期初×10%）	已收回本金（C＝A－B）	摊余成本余额（D＝期初D－C）	公允价值（E）	公允价值变动额（F＝E－D－期初G）	公允价值变动累计金额（G＝期初G＋F）
2021-01-01				100.0	100	0	0
2021-12-31	5.9	10	-4.1	104.1	120	15.9	15.9
2022-12-31	5.9	10.4	-4.5	108.6	130	5.5	21.4
2023-12-31	5.9	10.9	-5.0	113.6	125	-10	11.4
2024-12-31	5.9	11.3	-5.4	119.0	120	-10.4	1.0
合计	23.6	42.6	-19	—	—	—	—

（3）编制会计分录如下：

①2021年1月1日购入债券时：

借：其他债权投资——成本　1 250 000
　　贷：银行存款　1 000 000
　　　　其他债权投资——利息调整　250 000

②2021年12月31日确认债券利息收入、公允价值变动、收到债券利息时：

借：应收利息　59 000
　　其他债权投资——利息调整　41 000
　　贷：投资收益　100 000
借：银行存款　59 000
　　贷：应收利息　59 000
借：其他债权投资——公允价值变动　159 000
　　贷：其他综合收益　159 000

③2022年12月31日确认债券利息收入、公允价值变动、收到债券利息时：

借：应收利息　59 000
　　其他债权投资——利息调整　45 000
　　贷：投资收益　104 000
借：银行存款　59 000
　　贷：应收利息　59 000
借：其他债权投资——公允价值变动　55 000
　　贷：其他综合收益　55 000

④2023年12月31日确认债券利息收入、公允价值变动、收到债券利息时：

借：应收利息　59 000
　　其他债权投资——利息调整　50 000
　　贷：投资收益　109 000
借：银行存款　59 000

贷：应收利息 59 000

借：其他综合收益 100 000

贷：其他债权投资——公允价值变动 100 000

⑤2024年12月31日确认债券利息收入、公允价值变动、收到债券利息时：

借：应收利息 59 000

其他债权投资——利息调整 54 000

贷：投资收益 113 000

借：银行存款 59 000

贷：应收利息 59 000

借：其他综合收益 104 000

贷：其他债权投资——公允价值变动 104 000

⑥2025年1月18日出售该债券时：

借：银行存款 1 260 000

其他综合收益 10 000

其他债权投资——利息调整 60 000

贷：其他债权投资——成本 1 250 000

投资收益 80 000

任务五　其他权益工具投资的核算

一、其他权益工具投资的初始计量

其他权益工具投资按公允价值进行初始计量，发生的交易费用也计入初始确认金额。企业取得其他权益工具投资所支付的价款中包含已宣告但尚未发放的现金股利，应当单独确认为“应收股利”项目，持有期间取得的现金股利应当确认为投资收益。

二、其他权益工具投资的后续计量

资产负债表日其他权益工具投资应当以公允价值进行后续计量，公允价值变动计入所有者权益，在该金融资产终止确认时，将“其他综合收益”转出，计入当期损益。

指定为以公允价值计量且其变动计入其他综合收益的非交易性权益工具投资，除了获得的股利（明确代表投资成本部分收回的股利除外）计入当期损益外，其他相关的利得和损失（包括汇兑损益）均应当计入其他综合收益，且后续不得转入当期损益。当其终止确认时，之前计入其他综合收益的累计利得或损失应当从其他综合收益中转出，计入留存收益。

三、会计科目设置

为了核算企业取得的其他权益工具投资，企业应设置“其他权益工具投资”科目，反映资产负债表日企业指定为以公允价值计量且其变动计入其他综合收益的非交易性权益工具投资。该科目下设“成本”“公允价值变动”2个二级科目。

“其他权益工具投资——成本”科目核算企业取得的其他权益工具投资的初始投资成本。

“其他权益工具投资——公允价值变动”科目核算资产负债表日其他权益工具投资的公允价值与账面价值之间的差额。

四、其他权益工具投资的账务处理

企业按取得的其他权益工具投资的初始成本，借记“其他权益工具投资——成本”科目，按支付的价款中包含的已宣告尚未发放的现金股利，借记“应收股利”科目，按实际支付的金额，贷记“银行存款”科目。

资产负债表日其他权益工具投资应当以公允价值进行计量，公允价值变动记入“其他综合收益”科目。资产负债表日其他权益工具投资的公允价值高于其账面余额的差额，借记“其他权益工具投资——公允价值变动”科目，贷记“其他综合收益”科目；公允价值低于其账面余额的差额做相反的会计分录。

出售其他权益工具投资时，应按实际收到的金额，借记“银行存款”等科目，按其账面余额，贷记“其他权益工具投资——成本”“其他权益工具投资——公允价值变动”科目，按其差额，借记或贷记“盈余公积”“利润分配——未分配利润”科目。同时，按应从所有者权益中转出的公允价值累计变动额，借记或贷记“其他综合收益”科目，贷记或借记“盈余公积”“利润分配——未分配利润”科目。

【工作实例3-17】A公司发生的其他权益工具投资相关业务如下：

（1）2022年6月6日，购买B公司发行的股票10万股，成交价为每股25.2元，其中包含已宣告但尚未发放的现金股利每股0.2元，另付交易费用6万元，占B公司表决权资本的1%。A公司将其指定为以公允价值计量且其变动计入其他综合收益的非交易性权益工具投资。

（2）2022年6月10日，收到上述现金股利。

（3）2022年12月31日，该股票每股市价为28元。

（4）2023年4月3日，B公司宣告发放现金股利每股0.3元。

（5）2023年4月30日，A公司收到现金股利。

（6）2023年12月31日，该股票每股市价为26元，假定判断为暂时性下跌。

（7）2024年2月6日，A公司出售B公司全部股票，取得价款279.8万元。

假定不考虑其他因素，A公司的账务处理如下：

（1）2022年6月6日，购入股票时：

借：其他权益工具投资——成本	2 560 000	
应收股利	20 000	
贷：银行存款		2 580 000

（2）2022年6月10日，收到现金股利时：

借：银行存款	20 000	
贷：应收股利		20 000

（3）2022年12月31日，确认股票价格变动时：

借：其他权益工具投资——公允价值变动 240 000

贷：其他综合收益 240 000

（4）2023年4月3日，确认应收股利时：

借：应收股利 30 000

贷：投资收益 30 000

（5）2023年4月30日，收到现金股利时：

借：银行存款 30 000

贷：应收股利 30 000

（6）2023年12月31日，确认股票价格变动时：

借：其他综合收益 200 000

贷：其他权益工具投资——公允价值变动 200 000

（7）2024年2月6日，出售股票时：

借：银行存款 2 798 000

贷：其他权益工具投资——成本 2 560 000

——公允价值变动 40 000

盈余公积 19 800

利润分配——未分配利润 178 200

同时：

借：其他综合收益 40 000

贷：盈余公积 4 000

利润分配——未分配利润 36 000

项目小结

企业应当根据其管理金融资产的业务模式和金融资产的合同现金流量特征，对金融资产进行合理的分类。金融资产一般划分为三类：（1）以摊余成本计量的金融资产；（2）以公允价值计量且其变动计入其他综合收益的金融资产；（3）以公允价值计量且其变动计入当期损益的金融资产。上述分类一经确定，不应随意变更。

为了核算以公允价值计量且其变动计入当期损益的金融资产的取得、收取现金股利或利息、处置等业务，企业应设置“交易性金融资产”、“公允价值变动损益”和“投资收益”等科目。

应收款项是指企业在日常生产经营过程中发生的各项债权，包括应收账款、应收票据、应收股利、应收利息和其他应收款。有确凿证据表明应收款项发生减值的，应当对该应收款项计提坏账准备，确认当期减值损失。

企业初始确认的债权投资、其他债权投资和其他权益工具投资，应当按照公允价值计量，相关交易费用计入初始确认金额。对于以公允价值计量且其变动计入当期损益的金融资产，相关交易费用计入当期损益。

企业应当对不同类别的金融资产，分别以摊余成本、以公允价值计量且其变动计入其他综合收益或以公允价值计量且其变动计入当期损益进行后续计量。

复习思考题

1. 金融资产包括哪些内容？怎样理解金融资产的含义？
2. 交易性金融资产核算应包括哪些内容？
3. 在取得交易性金融资产、债权投资、其他债权投资和其他权益工具投资时，发生的交易费用应如何处理？
4. 应收款项确认减值损失应具备哪些条件？
5. 企业是如何计算和提取坏账准备的？
6. “债权投资”科目下设哪些明细科目？各明细科目的核算内容是什么？
7. “其他债权投资”科目下设哪些明细科目？各明细科目的核算内容是什么？
8. “其他权益工具投资”科目下设哪些明细科目？各明细科目的核算内容是什么？
9. 哪些金融资产需要进行减值损失的核算？
10. 比较交易性金融资产、债权投资、其他债权投资和其他权益工具投资的会计处理，请总结它们的区别与联系。

项目四

长期股权投资的核算

【知识目标】

1. 熟悉长期股权投资的概念及特征；
2. 掌握长期股权投资后续计量方法及其各自适用范围。

【能力目标】

1. 能够区分不同方式下长期股权投资初始投资成本的确定方法；
2. 能够区分长期股权投资的成本法和权益法的账务处理差别，正确提供核算信息；
3. 能够完成长期股权投资处置及减值的账务处理。

【素养目标】

1. 具有长期股权投资核算能力，充分发挥长期股权投资提升企业盈利水平的作用；
2. 学会股权控制的手段和技巧，为企业管理提供管理智慧。

引 言

长期股权投资也属于金融资产，由于性质特殊，核算比较复杂，在会计上单列。

长期股权投资是指投资方对被投资单位实施控制、重大影响的权益性投资，以及对其合营企业的权益性投资。它是由企业控股合并及其他方式取得的。在控股合并情况下，同一控制下的企业合并形成的长期股权投资，合并双方均采用账面价值进行核算，其原因在于从最终控制方的角度来看，该类企业合并在一定程度上并不会造成构成企业集团整体的经济利益流入或流出，最终控制方在合并前后实际控制的经济资源并没有发生变化。有关交易事项不能作为出售或购买来处理，只是集团公司内部资产、股权结构的重新组合而已。

非同一控制下的企业合并形成的及其他方式取得的长期股权投资，交易双方称为购买方和被购买方，因此双方均采用公允价值进行核算。

长期股权投资在持有期间，根据投资企业对被投资企业的影响程度及是否存在活跃市场、公允价值能否可靠计量等因素进行划分，应分别采用成本法或权益法进行后续计量。一般而言，投资方能够对被投资单位实施控制的长期股权投资应当采用成本法核算，投资方能够对被投资单位实施共同控制或重大影响的长期股权投资应当采用权益法核算。

在成本法下，除非再追加投资或撤资，投资企业不调整“长期股权投资”账户的金额。在权益法下，投资企业的“长期股权投资”账户应根据投资企业享有被投资企业所有者权益份额的变动对其账面价值进行调整。

由于股权投资风险较大，如果产生资产减值就应计提长期股权投资减值准备，其资产减值损失一经确认，在以后会计期间不得转回。

任务一　长期股权投资的确认

一、长期股权投资的概念

长期股权投资是指投资方对被投资单位实施控制、重大影响的权益性投资，以及对其合营企业的权益性投资。其包括以下具体内容：

微课

长期股权投资概述

（1）投资企业能够对被投资单位实施控制的权益性投资，即对子公司投资。控制是指投资方拥有对被投资方的权力，通过参与被投资方的相关活动而享有可变回报，并且有能力运用对被投资方的权力影响其回报金额。

（2）投资企业与其他合营方同时对被投资单位实施共同控制的权益性投资，即对合营企业投资。共同控制是指按照合同约定，对某项经济活动所共有的控制，仅在与该项经济活动相关的重要财务和经营决策需要分享控制权的投资方一致同意时存在。

（3）投资企业对被投资单位施加重大影响的权益性投资，即对联营企业投资。重大影响是指对一家企业的财务和经营政策有参与决策的权力，但并不能够控制或者与其他方一起共同控制这些政策的制定。

二、企业合并

企业合并是指将两家或两家以上单独的企业合并形成一个报告主体的交易或事项。企业合并可以不同标准分类。

（一）以合并方式为基础对企业合并的分类

以合并方式为基础，企业合并包括控股合并、吸收合并和新设合并三种。

1.控股合并

控股合并是指企业通过收购其他企业的股份或相互交换股票取得对方股份，达到对其他企业进行控制的一种合并形式。也就是说，一家企业通过购买另一家企业的股份，使被购买股份的企业成为它的附属公司或子公司，它自己则成为这些子公司的控股公司，又称为“母公司”。例如，A公司购买B公司60%的股份，A公司就成了B公司的母公司，B公司则是A公司的子公司。在控股合并中，控股企业和被控股企业仍继续存在并经营，且相互组成一家集团公司。

2.吸收合并

吸收合并，又称兼并，是指两家或两家以上的企业合并形成一家单一的企业，其中一家企业保留法人资格，其他企业的法人资格随着合并而消失。例如，A公司兼并B公司，兼并后A公司仍然存在，拥有了原A、B公司的资产，承担了原A、B公司相应的负债，而B公司宣告解散。

3.新设合并

新设合并，又称“创立合并”，是指两家或两家以上的企业协议合并组成一家新的企业，原参与合并的企业在合并后均注销其法人资格。例如，A公司和B公司合并，成立一家C公司，其中A公司和B公司分别以其全部资产换取新成立C公司的股份，A公司和B公司随即宣告解散。

（二）以是否在同一控制下进行企业合并为基础对企业合并的分类

以是否在同一控制下进行企业合并为基础，企业合并分为同一控制下的企业合并和非同一控制下的企业合并。

1.同一控制下的企业合并

参与合并的企业在合并前后均受同一方或相同的多方最终控制，且该控制并非暂时性的，为同一控制下的企业合并。对于同一控制下的企业合并，在合并日取得对其他参与合并企业控制权的一方为合并方，参与合并的其他企业为被合并方。同一控制下的企业合并常常表现为母子公司之间、同一母公司下的各子公司之间的合并。

2.非同一控制下的企业合并

参与合并的各方在合并前后不受同一方或相同的多方最终控制的，为非同一控制下的企业合并。非同一控制下的企业合并，在购买日取得对其他参与合并企业控制权的一方为购买方，参与合并的其他企业为被购买方。

三、科目设置

为了核算企业的长期股权投资，企业应设置“长期股权投资”和“长期股权投资减值准备”等科目。

“长期股权投资”科目核算企业持有的长期股权投资。该科目借方登记长期股权投资取得时的成本以及采用权益法核算时按被投资企业实现的净利润、发生的其他综合收益和资本公积计算的应分享的份额，贷方登记收回长期股权投资的价值或采用权益法核算时按被投资企业宣告分派现金股利或利润、发生亏损、其他综合收益和资本公积计算应减少的份额。

“长期股权投资减值准备”科目核算企业计提的长期股权投资减值准备。该科目贷方登记在资产负债表日发生的长期股权投资减值准备金额，借方登记处置长期股权投资而结转的减值准备金额。期末贷方余额，反映企业已计提但尚未转销的长期股权投资减值准备。该科目可按被投资单位进行明细核算。

任务二　长期股权投资的初始计量

长期股权投资在取得时，应按初始投资成本入账。长期股权投资的初始投资成本，应分别企业合并和非企业合并两种情况确定。

一、企业合并形成的长期股权投资

（一）同一控制下的企业合并形成的长期股权投资

同一控制下的企业合并形成的长期股权投资，投资双方在会计上称为“合并方”和“被合并方”。

微课

成本法核算的账务处理——长期股权投资的取得

1. 初始投资成本的确定

（1）同一控制下的企业合并形成的长期股权投资，合并方以支付现金、转让非现金资产或承担债务方式作为合并对价的，应当在合并日按照取得被合并方所有者权益账面价值的份额，作为长期股权投资的初始投资成本。长期股权投资初始投资成本与支付的现金、转让的非现金资产及所承担债务账面价值之间的差额，应当调整资本公积；资本公积不足冲减的，应调整留存收益。

（2）合并方以发行权益性证券作为合并对价的，应当在合并日按照取得被合并方所有者权益账面价值的份额作为长期股权投资的初始投资成本，按照发行股份的面值总额作为股本，长期股权投资初始投资成本与所发行股份面值总额之间的差额应当调整资本公积；资本公积不足冲减的，应调整留存收益。

（3）在同一控制下的企业合并中所形成的长期股权投资，实际支付的价款或对价中包含的已宣告但尚未发放的现金股利或利润应作为“应收股利”处理。

（4）在同一控制下企业合并过程中发生的审计、法律服务、评估咨询等中介费用以及其他相关管理费用，应当于发生时计入当期管理费用。

2. 账务处理

同一控制下企业合并形成的长期股权投资，应在合并日按取得被合并方所有者权益账面价值的份额，借记“长期股权投资”科目，按享有被投资企业已宣告但尚未发放的现金股利或利润，借记“应收股利”科目，按支付的合并对价的账面价值，贷记有关资产或有关负债科目，按其差额，贷记“资本公积——资本溢价”或“资本公积——股本溢价”科目；如为借方差额，借记“资本公积——资本溢价”“资本公积——股本溢价”科目；资本公积（资本溢价或股本溢价）不足冲减的，借记“盈余公积”“利润分配——未分配利润”科目。上述业务如以发行权益性证券方式进行，应按发行权益性证券的面值总额，贷记“股本”科目。

【工作实例4-1】2023年1月1日，泰山公司向同一集团内的泰安公司发行800万股普通股（每股面值1元，市价3.5元），取得泰安公司100%的股权，并于当日起能够对泰安公司实施控制。合并后泰安公司仍保持其独立的法人资格继续经营。两公司在企业合并前采用的会计政策相同。合并日，两公司的所有者权益的构成见表4-1。

表4-1 合并日合并双方净资产账面价值

单位：元

会计科目	泰山公司账面价值	泰安公司账面价值
股本	30 000 000	10 000 000
资本公积	18 000 000	4 000 000
盈余公积	15 000 000	5 000 000
未分配利润	22 000 000	3 000 000
合计	85 000 000	22 000 000

由于泰山公司发行的股票面值为800万元，比泰安公司股本1 000万元少200万元，这200万元就转为泰山公司的资本公积，同时，将泰安公司的400万元资本公积、500万元盈余公积和300万元未分配利润一并转为泰山公司的资本公积。泰山公司编制的会计分录如下：

借：长期股权投资　　22 000 000
　　贷：股本　　8 000 000
　　　　资本公积——股本溢价　　14 000 000

【工作实例4-2】沿用【工作实例4-1】的资料，假定2023年1月1日，泰山公司发行1 300万股普通股（每股面值1元，市价3.5元），取得泰安公司100%的股权，其他条件不变。则泰山公司在合并日编制的会计分录如下：

借：长期股权投资　　22 000 000
　　贷：股本　　13 000 000
　　　　资本公积——股本溢价　　9 000 000

【学中做4-1】沿用【工作实例4-1】的资料，假定2023年1月1日，泰山公司发行1 500万股普通股，其他条件不变，编制泰山公司在合并日的会计分录；假设泰山公司发行2 000万股普通股，其他条件不变，编制泰山公司在合并日的会计分录。

【工作实例4-3】东方公司与南方公司属于同一集团公司的两家企业。2023年6月30日，东方公司以无形资产专利权（原价为2 500万元，累计摊销500万元，公允价值为2 100万元）和银行存款600万元为对价，取得了南方公司60%的股权。合并时，南方公司净资产账面价值为4 000万元，公允价值为5 000万元。

由于合并双方在合并前后均受同一方控制，所以为同一控制下的企业合并。合并日，东方公司编制的会计分录如下：

借：长期股权投资	24 000 000	
累计摊销	5 000 000	
资本公积——资本溢价	2 000 000	
贷：无形资产——专利权		25 000 000
银行存款		6 000 000

【小思考4-1】在【工作实例4-3】中，东方公司在确认长期股权投资的初始投资成本时为什么不使用公允价值进行计量？转让的无形资产为什么不产生损益？

（二）非同一控制下的企业合并形成的长期股权投资

非同一控制下的企业合并，是将合并行为看作一方购买另一方的交易，因此，投资双方在会计上称为“购买方”和“被购买方”。

1.初始投资成本的确定

在非同一控制下的企业合并中，购买方为了取得对被购买方的控制权而放弃的资产、发生或承担的负债、发行的权益性证券等均应按其在购买日的公允价值计量。购买方确定的合并成本包括购买方因合并而支付对价的公允价值之和以及为进行企业合并发生的各项直接相关费用。具体来说：

（1）一次交换交易实现的企业合并，合并成本为购买方在购买日为取得对被购买方的控制权而付出的资产、发生或承担的负债以及发行的权益性证券的公允价值。

（2）通过多次交换交易分步实现的企业合并，合并成本为每一单项交易成本之和。

（3）购买方为进行企业合并发生的各项直接相关费用，也应当计入企业合并成本。该直接相关费用不包括为企业合并发行的债券或承担其他债务支付的手续费、佣金等，也不包括企业合并中发行权益性证券发生的手续费、佣金等费用。

（4）在非同一控制下的企业合并中形成的长期股权投资，实际支付的价款或对价中包含的已宣告但尚未发放的现金股利或利润，应作为“应收股利”处理。

（5）在非同一控制下企业合并过程中发生的审计、法律服务、评估咨询等中介费用以及其他相关管理费用，应当于发生时计入当期管理费用。

2.账务处理

非同一控制下企业合并形成的长期股权投资，应在购买日按企业合并成本，借记“长期股权投资”科目，按享有被投资企业已宣告但尚未发放的现金股利或利润，借记“应收股利”科目，按支付的合并对价的账面价值，贷记有关资产或借记有关负债科目，按发生的直接相关费用，贷记“银行存款”等科目，按其差额，借记或贷记“资产处置损益”等科目。非同一控制下企业合并涉及以库存商品等作为合并对价的，应按库存商品的公允价值，贷记“主营业务收入”科目，并同时结转销售成本。涉及增值税的，按增值税会计处理的相关规定进行相应的处理。

【工作实例4-4】2023年4月1日，华联公司以大型设备和部分银行存款购买了联华公司的60%的股权（购买日，华联公司支付的资产账面价值和公允价值见表4-2）。合并中，华联公司聘请注册会计师进行资产评估和咨询，另支付相关费用40万元。在本次合并前，华联公司与联华公司不存在任何关联方关系。

表4-2 购买日华联公司支付的资产账面价值和公允价值 单位：元

项 目	账面价值	公允价值
固定资产	10 000 000 （成本15 000 000，累计折旧5 000 000）	12 000 000
银行存款	16 000 000	16 000 000
合计	26 000 000	28 000 000

则华联公司在合并日编制的会计分录如下：

借：长期股权投资　　28 000 000
　　累计折旧　　5 000 000
　　管理费用　　400 000
　　贷：固定资产　　15 000 000
　　　　银行存款　　16 400 000
　　　　资产处置损益　　2 000 000

二、非企业合并形成的长期股权投资

除企业合并形成的长期股权投资以外，其他方式取得的长期股权投资应当按照下列规定确定其初始投资成本。

（一）以支付现金取得的长期股权投资

以支付现金取得的长期股权投资应当按照实际支付的购买价款作为初始投资成本。初始投资成本包括与取得长期股权投资直接相关的费用、税金及其他必要支出。企业取得长期股权投资实际支付的价款或对价中包含的已宣告但尚未发放的现金股利或利润应作为应收项目处理。

【工作实例4-5】3月1日，东方公司自公开市场中买入A公司20%的股份，实际支付价款600万元，其中包含已到期但尚未支付的现金股利20万元。另外，在购买过程中支付手续费等相关费用2万元。东方公司根据有关凭证，编制会计分录如下：

借：长期股权投资　　5 820 000
　　应收股利　　200 000
　　贷：银行存款　　6 020 000

（二）以发行权益性证券取得的长期股权投资

以发行权益性证券取得的长期股权投资，应当按照发行权益性证券的公允价值，作为初始投资成本。为发行权益性证券支付的手续费、佣金等费用自权益性证券的溢价发行收入中扣除，溢价收入不足冲减的，应冲减盈余公积和未分配利润。

【工作实例4-6】4月10日，华瑞公司通过增发200万股普通股（每股面值1元）取得杉杉公司30%的股权，合并日股票的公允价值为800万元。为增发该部分股票，华瑞公司支付了15万元的佣金和手续费。华瑞公司根据有关凭证，编制会计分录如下：

借：长期股权投资　　8 000 000
　　贷：股本　　2 000 000
　　　　资本公积——股本溢价　　6 000 000

借：资本公积——股本溢价　　150 000

　　贷：银行存款　　150 000

（三）投资者投入的长期股权投资

投资者投入的长期股权投资是指投资者将其持有的对第三方的投资作为出资投入企业形成的长期股权投资。对于接受投资的企业，原则上应当按照投资合同或协议约定的价值作为初始投资成本。例外的情况是，如果投资各方在投资合同或协议中约定的价值明显高于或低于该项投资的公允价值，应以公允价值作为长期股权投资的初始投资成本。

（四）其他方式取得的长期股权投资

企业通过非货币性资产交换、债务重组等方式取得的长期股权投资，其初始投资成本应当参照本书非货币性资产交换和债务重组等章节的有关规定处理。

任务三　长期股权投资的后续计量

长期股权投资在持有期间，根据投资企业对被投资企业的影响程度及是否存在活跃市场、公允价值能否可靠计量等因素进行划分，应分别采用成本法或权益法进行后续计量。

微课

长期股权投资核算方法

一、长期股权投资核算的成本法

（一）成本法的概念和适用范围

成本法是指按投资成本计价的方法。投资方能够对被投资单位实施控制的长期股权投资应当采用成本法核算。

控制是指投资方拥有对被投资方的权力，通过参与被投资方的相关活动而享有可变回报，并且有能力运用对被投资方的权力影响其回报金额。

控制的定义包含三项基本要素：①拥有对被投资方的权力；②通过参与被投资方的相关活动而享有可变回报；③有能力运用对被投资方的权力影响其回报金额。

在判断投资方是否能够控制被投资方时，如果投资方具备以上所有的要素，则会计上认定投资方能够控制被投资方。投资企业对子公司的长期股权投资，纳入合并财务报表的合并范围，在日常核算中，应当采用成本法，但编制合并财务报表时按照权益法进行调整。

（二）成本法的核算

1.取得长期股权投资

企业取得长期股权投资时，按控股合并进行会计处理，可以参看本项目的长期股权投资的初始计量部分相关内容，在此不再赘述。

2.长期股权投资持有期间被投资单位宣告发放现金股利或利润

长期股权投资持有期间被投资单位宣告发放现金股利或利润时，企业按应享有的部分确认为投资收益，借记“应收股利”科目，贷记“投资收益”科目。投资企业在确认从被投资单位应分得的现金股利或利润后，应当考虑长期股权投资是否发生减值。如果发生减值，应当确认资产减值损失。

微课

成本法核算的账务处理——长期股权投资的后续计量

3. 长期股权投资减值的核算

资产负债表日长期股权投资存在可能发生减值的迹象时，其可收回金额低于账面价值的，应当将该长期股权投资的账面价值减记至可收回金额，减记的金额确认为减值损失，计入当期损益，同时计提相应的资产减值准备。企业按应减记的金额，借记“资产减值损失”科目，贷记“长期股权投资减值准备”科目。

长期股权投资减值准备一经确认，在以后会计期间不得转回。

4. 长期股权投资的处置

处置长期股权投资时，按实际取得的价款与长期股权投资账面价值的差额确认为投资损益，并应同时结转已计提的长期股权投资减值准备。其会计处理是：企业处置长期股权投资时，应按实际收到的金额借记“银行存款”等科目，按原已计提的减值准备，借记“长期股权投资减值准备”科目，按该项长期股权投资的账面余额贷记“长期股权投资”科目，按尚未领取的现金股利或利润贷记“应收股利”科目，按其差额贷记或借记“投资收益”科目。

【工作实例4-7】华亿公司对长江公司的投资业务如下：

（1）2021年3月2日，华亿公司以银行存款购入长江公司60%的股份100万股，每股价格6.20元，其中包含已到期但尚未支付的现金股利每股0.20元。华亿公司准备长期持有，采用成本法进行核算。

（2）2021年3月10日，收到长江公司发放的现金股利20万元。

（3）2021年，长江公司实现净利润400万元。

（4）2022年4月15日，长江公司宣告发放2021年的现金股利160万元，并于4月16日发放。

（5）2022年，长江公司发生亏损100万元。

（6）2023年4月15日，公司将持有的长江公司的股份全部出售，取得价款585万元存入银行。

会计处理如下：

（1）2021年3月2日取得投资时：

借：长期股权投资——长江公司	6 000 000	
应收股利	200 000	
贷：银行存款		6 200 000

（2）2021年3月10日从长江公司分回股利时：

借：银行存款	200 000	
贷：应收股利		200 000

（3）2021年长江公司实现净利润400万元，本公司不进行账务处理。

（4）2022年从长江公司分回股利时：

借：应收股利	960 000	
贷：投资收益		960 000
借：银行存款	960 000	
贷：应收股利		960 000

(5) 2022年长江公司发生亏损100万元，本公司不进行账务处理。

(6) 2023年4月15日，出售长江公司的股份时：

借：银行存款　　5 850 000

　　投资收益　　150 000

　　贷：长期股权投资——长江公司　　6 000 000

二、长期股权投资核算的权益法

(一) 权益法的概念和适用范围

权益法是指投资以初始投资成本计量后，在投资持有期间根据投资企业享有被投资单位所有者权益份额的变动对投资的账面价值进行调整的方法。企业对被投资单位具有共同控制或者重大影响时，长期股权投资应当采用权益法核算。

(二) 科目设置

长期股权投资采用权益法核算的，需要在“长期股权投资”科目下设置“投资成本”、“损益调整”、“其他综合收益”和“其他权益变动”4个二级科目进行明细核算。

“长期股权投资——投资成本”科目，核算初始投资成本及对初始投资成本的调整。

“长期股权投资——损益调整”科目，核算投资企业因被投资单位实现的净利润、发生的净亏损、宣告分派的现金股利等而调整的份额。

“长期股权投资——其他综合收益”科目，核算投资企业根据被投资单位其他综合收益变动应享有的份额。

“长期股权投资——其他权益变动”科目，核算投资企业根据被投资单位除净损益、其他综合收益变动以及利润分配以外的所有者权益变动计算应享有的份额。

(三) 权益法的核算

1. 初始投资成本的调整

微课

权益法下长期股权投资的取得

长期股权投资的初始投资成本大于投资时应享有被投资单位可辨认净资产公允价值份额的，该部分差额系投资企业在购入该项投资过程中通过购买作价体现出的与所取得股权份额相对应的商誉，无须调整已确认的初始投资成本。

长期股权投资的初始投资成本小于投资时应享有被投资单位可辨认净资产公允价值份额的，该部分差额可以看作被投资单位的股东给予投资企业的让步，或者出于其他方面的考虑，被投资单位的原有股东无偿赠予投资企业的价值，因而应确认为当期损益（营业外收入），同时调整长期股权投资的成本。

【工作实例4-8】2021年1月2日，A公司以银行存款400万元购入B公司30%的股份，并对B公司施加重大影响，采用权益法核算。初始投资时发生相关税费3万元。取得投资时被投资单位所有者权益公允价值为1 000万元（假定该时点被投资单位各项可辨认资产、负债的公允价值与其账面价值相同）。在取得投资时，A公司进行的账务处理如下：

(1) 由于取得投资时点上的被投资单位净资产公允价值为1 000万元，A公司按持股比例30%计算确定应享有300万元，初始投资成本403万元大于应享有被投资单位净资产公允价值份额300万元，不需调整已确认的初始投资成本。

借：长期股权投资——投资成本　　4 030 000

　　贷：银行存款　　4 030 000

（2）假定，本例中取得投资时点上的被投资单位净资产公允价值为1 500万元，A公司按持股比例30%计算确定应享有450万元，则初始投资成本与应享有被投资单位净资产公允价值份额之间的差额47万元应计入取得投资当期的损益，即：

借：长期股权投资——投资成本　　4 500 000

　　贷：银行存款　　4 030 000

　　　　营业外收入　　470 000

2. 投资损益的确认

（1）根据被投资单位实现的净利润计算应享有的份额，确认投资收益，调增长期股权投资的账面价值，借记“长期股权投资——损益调整”科目，贷记“投资收益”科目。

（2）被投资单位发生净亏损，应当确认为投资损失，并冲减长期股权投资的账面价值，借记“投资收益”科目，贷记“长期股权投资——损益调整”科目。权益法下，投资企业在确认应分担被投资企业发生的损失时，原则上应以“长期股权投资”科目的账面价值减记至零为限，投资企业负有承担额外损失的除外。

（3）被投资单位宣告发放现金股利或利润时，企业计算应分得的部分，确认为应收股利，同时冲减长期股权投资的账面价值。收到被投资单位宣告发放的股票股利，不进行账务处理，但应在备查簿中登记。

【工作实例4-9】沿用【工作实例4-8】的资料，B公司2021年实现净利润200万元。2022年4月12日宣告分派现金股利120万元。2022年4月13日A公司收到现金股利。A公司应作如下会计处理。

（1）确认A公司实现的投资收益时：

借：长期股权投资——损益调整　　600 000

　　贷：投资收益　　600 000

（2）B公司宣告分派现金股利时：

借：应收股利　　360 000

　　贷：长期股权投资——损益调整　　360 000

（3）A公司收到现金股利时：

借：银行存款　　360 000

　　贷：应收股利　　360 000

【知识链接】

在确认投资收益时，对被投资单位净利润的调整

在确认应享有或应分担被投资单位的净利润或净亏损时，如果取得投资时被投资单位各项资产、负债的公允价值与其账面价值不同，投资企业在计算确认投资收益时，一是不能完全以被投资单位自身核算的净利润与持股比例计算确定；二是需要在被投资单位实现净利润的基础上经过适当调整后确定。具体主要表现在：

（1）以取得投资时被投资单位存货的公允价值为基础计算的营业成本对被投资单位净利润的影响。

（2）以取得投资时被投资单位固定资产和无形资产的公允价值为基础计提的折旧额或摊销额对被投资单位净利润的影响。

【工作实例4-10】2023年1月2日，甲公司以银行存款200万元购入乙公司30%的股份，并对乙公司施加重大影响，采用权益法核算。取得投资时，乙公司可辨认净资产公允价值为6 000万元，除表4-3列示项目外，其他资产、负债的公允价值与账面价值相同。

表4-3　存货和固定资产会计数据　金额单位：万元

项目	账面原价	已提折旧	公允价值	原预计使用年限	现预计使用年限
存货	200		300		
固定资产	1 000	200	1 200	20	16

假定乙公司2023年实现净利润400万元，其中在甲公司取得投资时的账面存货200万元有60%对外出售。甲公司和乙公司对存货的会计处理方法相同。

调整后的净利润＝400－（300－200）×60%－（1 200÷16－1 000÷20）

＝315（万元）

甲公司应享有的份额＝315×30%＝94.5（万元）

甲公司编制的会计分录如下：

借：长期股权投资——损益调整　945 000

　贷：投资收益　945 000

【小思考4-2】甲公司在确认投资收益时，为什么扣除而不是调增多计的营业成本和多计的固定资产折旧？

3. 长期股权投资持有期间被投资单位其他综合收益的变动

投资企业在持有长期股权投资期间，应当按照应享有或应分担的被投资单位实现其他综合收益的份额，调整长期股权投资的账面价值，同时增加或减少其他综合收益。

【工作实例4-11】沿用【工作实例4-8】的资料，B公司2023年6月增加其他综合收益10万元。A公司按照持股比例应确认的其他综合收益为3万元。A公司应作如下会计处理：

借：长期股权投资——其他综合收益　30 000

　贷：其他综合收益　30 000

4. 长期股权投资持有期间被投资单位所有者权益的其他变动

在持股比例不变的情况下，投资企业对于被投资单位除净损益、其他综合收益和利润分配外所有者权益的其他变动，企业按持股比例计算应享有或承担的份额，调整长期股权投资的账面价值，同时增加或减少资本公积（其他资本公积）。

5. 长期股权投资减值的核算

资产负债表日如果长期股权投资发生减值，按减记的金额确认为减值损失，计入当期损益，同时计提相应的资产减值准备。企业按应减记的金额，借记“资产减值损失”科目，贷记“长期股权投资减值准备”科目。长期股权投资减值损失一经确认，在以后会计期间不得转回。

微课

权益法下长期股权投资的持有和处置

6. 长期股权投资的处置

处置长期股权投资时，按实际取得的价款与长期股权投资账面价值的差额确认投资损益，采用与被投资单位直接处置相关资产或负债相同的基础，按相应比例结转原计入“其他综合收益”和“资本公积——其他资本公积”科目中的相关金额。如果对长期股权投资计提了减值准备，还应同时结转已计提的长期股权投资减值准备。

其会计处理步骤是：

第一步，企业应按实际收到的金额，借记“银行存款”等科目，按原已计提的减值准备借记“长期股权投资减值准备”科目，按该长期股权投资的账面余额贷记“长期股权投资”科目，按尚未领取的现金股利或利润贷记“应收股利”科目，按其差额贷记或借记“投资收益”科目。

第二步，应当采用与被投资单位直接处置相关资产或负债相同的基础，按结转的长期股权投资的投资成本比例结转原记入“其他综合收益”科目中的相关金额，借记或贷记“其他综合收益”科目，贷记或借记“投资收益”科目。

第三步，还应按结转的长期股权投资的投资成本比例结转原记入“资本公积——其他资本公积”科目中的金额，借记或贷记“资本公积——其他资本公积”科目，贷记或借记“投资收益”科目。

【工作实例4–12】沿用【工作实例4–8】、【工作实例4–9】和【工作实例4–11】的资料。假定2023年8月15日，A公司出售所持有的B公司全部股票，取得价款450万元。A公司应作如下会计处理：

借：银行存款	4 500 000	
贷：长期股权投资——投资成本		4 030 000
——损益调整		240 000
——其他综合收益		30 000
投资收益		200 000

同时，

借：其他综合收益	30 000	
贷：投资收益		30 000

【小思考4–3】在成本法和权益法下，处置长期股权投资的会计处理有何区别？

项目小结

长期股权投资包括企业持有的对其子公司、合营企业及联营企业的权益性投资。

长期股权投资在取得时，应按初始投资成本入账。长期股权投资的初始投资成本，应分为企业合并和非企业合并两种情况确定。

长期股权投资的后续计量应当分别使用成本法和权益法。

在成本法下，长期股权投资应当按照初始投资成本计价。长期股权投资持有期间被投资单位宣告发放现金股利或利润时，企业按应享有的部分确认为投资收益。

在权益法下，投资企业在确认应享有被投资单位净损益的份额时，应当以取得投资时被投资单位各项可辨认资产、负债等的公允价值为基础，对被投资单位的净利润进行调整后确认。

投资方应当关注长期股权投资的账面价值是否大于应享有被投资单位所有者权益账面价值的份额等类似情况。出现类似情况时，投资方应当对长期股权投资进行减值测试，可收回金额低于长期股权投资账面价值的，应当计提减值准备。

复习思考题

1. 同一控制下的企业合并与非同一控制下的企业合并形成的长期股权投资初始投资成本的确定有何区别？

2. 同一控制下的企业合并取得的长期股权投资支付的价款中包含的已宣告发放但尚未领取的现金股利应如何进行处理？

3. 在长期股权投资核算的成本法下，什么情况需要确认投资收益？

4. 在长期股权投资核算的权益法下，哪些情形影响投资收益？

5. 在权益法下，为什么投资企业在确认应享有被投资单位净损益的份额时，应当以取得投资时被投资单位各项可辨认资产、负债等的公允价值为基础，对被投资单位的净利润进行调整后确认？

项目五

固定资产的核算

【知识目标】

1. 熟悉固定资产的概念和分类；
2. 掌握固定资产的取得、计提折旧、清理的会计核算方法；
3. 掌握固定资产账面价值的构成。

【能力目标】

1. 能够区分不同途径取得固定资产的账务处理；
2. 能够正确运用固定资产折旧方法计提折旧，确保成本费用正确；
3. 能够熟悉固定资产后续支出的范围，正确维护保养固定资产，提升资产利用率；
4. 能够认识固定资产处置的作用，盘活存量资产。

【素养目标】

1. 充分认识企业固定资产为企业创造价值的重要性；
2. 准确反映企业固定资产的真实价值，确保资产更新换代，提升资产盈利水平；
3. 正确运用固定资产折旧政策，采用恰当的方法完成折旧的计提。

引言

固定资产是指为生产商品、提供劳务、出租或经营管理而持有的，使用寿命超过一个会计年度的有形资产。企业取得固定资产的途径较多，但无论哪一种取得途径，固定资产的成本都是指购建或取得某项固定资产并使其达到预定可使用状态前所发生的一切合理、必要的支出。

固定资产在使用过程中，会发生有形损耗和无形损耗，这种因损耗而减少的价值称为固定资产折旧。固定资产折旧是指在固定资产的使用寿命内，按照确定的方法对应计折旧额进行的系统分摊。要计算固定资产折旧，必须充分认识影响折旧的因素，它们是固定资产原价、预计净残值、固定资产减值准备和固定资产的使用寿命。这四个因素的组合形成了年限平均法、工作量法、双倍余额递减法和年限平均法。企业管理者应该根据企业的生命周期正确选择折旧方法，满足企业税收管理、盈余管理等方面的需要。

企业处置固定资产，可能是经营方向发生改变，也可能是由于产能过剩，还可能是需要报废等，这些都是企业盘活存量资产、提高经营质量的必要手段。如果企业将固定资产划分为持有待售资产，在资产出售时发生的净损益通过“资产处置损益”科目核算。如果固定资产发生报废、毁损等，此时处置固定资产而发生的净损益列入“营业外收入”或“营业外支出”科目。

任务一　固定资产的确认和计量

一、固定资产的概念和特征

固定资产是指同时具有以下特征的有形资产：①为生产商品、提供劳务、出租或经营管理而持有的；②使用寿命超过一个会计年度。使用寿命是指企业使用固定资产的预计期间，或者该固定资产所能生产产品或提供劳务的数量。

微课

固定资产认知（一）

从这一定义可以看出，某一资产项目要作为企业的固定资产，应具备以下两个特征：

第一，企业持有固定资产的目的，是生产商品、提供劳务、出租或经营管理，而不像商品是为了对外出售。这一特征是固定资产区别于商品等流动资产的重要标志。

微课

固定资产认知（二）

第二，企业使用固定资产的期限较长，使用寿命一般超过一个会计年度。这一特征表明企业固定资产的收益期超过一年，能在一年以上的时间里为企业创造经济利益。

二、固定资产的确认

（一）固定资产的确认条件

固定资产在同时满足以下两个条件时，才能予以确认。

1. 与该固定资产有关的经济利益很可能流入企业

在实务工作中，确认固定资产时，首先需要判断该项固定资产所包含的经济利益是否很可能流入企业。实务中，主要是通过判断与该固定资产所有权相关的风险和报酬是否转移到了企业来确定。凡是所有权已属于企业，无论企业是否收到或拥有该固定资产，均可作为企业的固定资产。

2. 该固定资产的成本能够可靠计量

成本能够可靠地计量，是资产确认的一项基本条件。固定资产作为企业资产的重要组成部分，要予以确认，其为取得该固定资产而发生的支出也必须能够可靠地计量。如果固定资产的成本能够可靠地计量，并同时满足其他确认条件，就可以加以确认；否则，企业不应加以确认。

（二）固定资产确认条件的具体运用

在固定资产的确认过程中，有的资产使用不能直接为企业带来经济利益，而是有助于企业从相关资产获得经济利益，或者将减少企业未来经济利益的流出，例如企业购置的环保设备和安全设备等。对于这类设备，企业也应将其确认为固定资产。

企业拥有的备品备件和维修设备通常确认为存货，但某些备品备件和维修设备需要与相关固定资产组合发挥效用的，例如民用航空运输企业的高价周转件，应当确认为固定资产。

对于构成固定资产的各个组成部分，如果各自具有不同的使用寿命或者以不同的方式为企业提供经济利益，从而适用于不同的折旧率或者折旧方法，此时，该各组成部分实际上是以独立的方式为企业提供经济利益，因此，企业应当将其各组成部分单独确认为固定资产。

企业在确定固定资产成本时，有时需要根据所获得的最新资料，对固定资产的成本进行合理的估计。比如，企业对于已达到预定可使用状态的固定资产，在尚未办理竣工决算前，需要根据工程预算、工程造价或者工程实际发生的成本等资料，按估计价值确定固定资产的成本，待办理竣工决算后，再按实际成本调整原来的暂估价值。

工业企业持有的工具、模具、管理用具、玻璃器皿等资产，施工企业持有的模板、挡板、架料等周转材料，以及地质勘探企业持有的管材等资产，尽管这类资产具有固定资产的某些特征，如使用年限在一年以上，也能够带来经济利益，但由于数量多、单价低，考虑到成本效益原则，在实务中通常确认为存货。

三、固定资产的分类

企业的固定资产种类繁多、规格不一，为加强管理，便于组织会计核算，有必要对其进行科学、合理的分类。根据不同的管理需要和核算要求以及不同的分类标准，可以对固定资产进行不同的分类，主要有以下几种分类方法：

（一）按固定资产的经济用途分类

固定资产按经济用途分类，可分为生产经营用固定资产和非生产经营用固定资产。

（1）生产经营用固定资产是指直接服务于企业生产、经营过程的各种固定资产，如生产经营用的房屋、建筑物、机器、设备、器具、工具等。

（2）非生产经营用固定资产是指不直接服务于生产、经营过程的各种固定资产，如职工宿舍等使用的房屋、设备和其他固定资产等。

固定资产按照经济用途分类，可以归类反映和监督企业生产经营用固定资产和非生产经营用固定资产之间，以及生产经营用各类固定资产之间的组成和变化情况，借以考核和分析企业固定资产的利用情况，促使企业合理地配备固定资产，充分发挥其效用。

（二）按固定资产的使用情况分类

固定资产按使用情况分类，可分为使用中的固定资产、未使用的固定资产和不需用的固定资产。

（1）使用中的固定资产是指正在使用中的经营性和非经营性固定资产。由于季节性经营或大修理等原因，暂时停止使用的固定资产仍属于企业使用中的固定资产。企业出租给其他单位使用的固定资产和内部替换使用的固定资产也属于使用中的固定资产。

（2）未使用的固定资产是指已经完工或已经购建的尚未交付使用的新增固定资产以及因进行改建、扩建等原因暂停使用的固定资产。

（3）不需用的固定资产是指本企业多余或不适用的，需要调配处理的固定资产。

固定资产按照使用情况分类，有利于反映固定资产的使用情况及比例关系，便于分析固定资产的利用效率，挖掘固定资产的使用潜力，促使企业合理地使用固定资产。

（三）按固定资产的经济用途和使用情况等综合分类

固定资产按经济用途和使用情况等综合分类，可划分为6大类：

（1）生产经营用固定资产。

（2）非生产经营用固定资产。

（3）租出固定资产（指在经营租赁方式下出租给外单位使用的固定资产）。

（4）不需用固定资产。

（5）未使用固定资产。

（6）土地（指过去已经评估单独入账的土地。因征地而支付的补偿费，应计入与土地有关的房屋、建筑物的价值内，不单独作为土地价值入账。企业取得的土地使用权，应作为无形资产管理，不作为固定资产管理）。

【小思考5-1】企业为什么要对固定资产进行综合分类？

总之，由于企业的经营性质不同、经营规模各异，对固定资产的分类不可能完全一致。但在实际工作中，为了便于核算与管理，企业大多采用综合分类的方法作为编制固定资产目录，进行固定资产核算的依据。企业应编制固定资产目录，对每一项固定资产进行编号，并标注在固定资产实物上。在编制固定资产会计凭证、登记账簿时，也应填列编号，以便查对。

四、固定资产的成本构成

固定资产的成本是指企业购建某项固定资产并使其达到预定可使用状态前所发生的一切合理、必要的支出。这些支出包括：直接发生的价款、运费、包装费和安装成本等，也包括间接发生的费用，如应承担的借款利息、外币借款折算差额以及应分摊的其他间接费用。

对于特殊行业的特定固定资产，确定其初始入账成本时还应考虑弃置费用。

五、会计科目设置

为了反映和监督固定资产的取得、计提折旧和处置等情况，企业一般需要设置“固定资产”“累计折旧”“在建工程”“工程物资”“固定资产清理”等科目。企业固定资产、在建工程、工程物资发生减值的，还应当设置“固定资产减值准备”“在建工程减值准备”“工程物资减值准备”等科目进行核算。

（一）“固定资产”科目

“固定资产”科目核算固定资产的原价，借方登记增加的固定资产原价，贷方登记减少的固定资产原价，期末借方余额反映期末固定资产的账面原价。企业应当设置“固定资产登记簿”和“固定资产卡片”，按固定资产类别、使用部门和每项固定资产进行明细核算。

（二）“累计折旧”科目

“累计折旧”科目属于“固定资产”的调整科目，核算固定资产的累计折旧，贷方登记计提的固定资产折旧，借方登记处置固定资产转出的累计折旧，期末贷方余额，反映企业固定资产的累计折旧额。

（三）“在建工程”科目

“在建工程”科目核算基建、更新改造等在建工程发生的支出，借方登记各项在建工程的实际支出，贷方登记完工工程转出的成本，期末借方余额，反映企业尚未达到预定可使用状态的在建工程的成本。

（四）“工程物资”科目

“工程物资”科目核算为在建工程而准备的各种物资的实际成本，借方登记购入工程物资的成本，贷方登记领用工程物资的成本，期末借方余额，反映企业为在建工程准备的各种物资的成本。

（五）“固定资产清理”科目

“固定资产清理”科目核算因出售、报废、毁损、对外投资、非货币性资产交换、债务重组等原因转入清理的固定资产价值以及在清理过程中发生的清理费用或清理收益。该科目借方登记转出的固定资产账面价值、清理过程中应支付的相关税费及其他费用，贷方登记出售固定资产取得的价款、残料价值和变价收入。期末借方余额，反映企业尚未清理完毕的固定资产清理净损失，期末如为贷方余额，则反映企业尚未清理完毕的固定资产清理净收益。固定资产清理完成，其借方登记转出的清理净收益，贷方登记转出的清理净损失，清理净损益结转后，“固定资产清理”科目无余额。企业应当按照被清理的固定资产项目设置明细账，进行明细核算。

任务二 固定资产的初始计量

企业取得固定资产的主要方式包括外购、自行建造、融资租入、接受投资、接受捐赠、债务重组、非货币性资产交换等。固定资产来源不同，其初始计量的方法也不同。

一、外购固定资产

企业外购固定资产的成本包括购买价款、相关税费、使固定资产达到预定可使用状态前所发生的可归属于该项资产的其他支出，如场地整理费、运输费、装卸费、安装费和专业人员服务费等。

微课

外购固定资产核算（一）

（一）购入不需要安装的固定资产

购入不需要安装的固定资产，应借记“固定资产”“应交税费——应交增值税（进项税额）”等科目，贷记“银行存款”等科目。

微课

外购固定资产核算（二）

【工作实例5-1】2023年9月15日，甲公司购入一台机器人，取得的增值税专用发票上注明的价款为430 000元，增值税为55 900元；另支付运费1 200元，增值税为108元；款项均以银行存款支付。编制会计分录为：

借：固定资产	431 200	
应交税费——应交增值税（进项税额）	56 008	
贷：银行存款		487 208

（二）购入需要安装的固定资产

购入需要安装的固定资产，应在购入的固定资产取得成本的基础上加上安装调试成本等，作为购入固定资产的成本。会计上先通过“在建工程”科目核算，待安装完毕达到预定可使用状态时，再由“在建工程”科目转入“固定资产”科目。

企业购入固定资产时，按实际支付的购买价款、运输费、装卸费和其他相关税费等，借记“在建工程”“应交税费——应交增值税（进项税额）”等科目，贷记“银行存款”等科目；支付安装费用时，借记“在建工程”科目，贷记“银行存款”等科目；安装完毕达到预定可使用状态时，按其实际成本，借记“固定资产”科目，贷记“在建工程”科目。

【工作实例5-2】甲公司购入一台需要安装的生产设备，有关资料如下：

（1）增值税专用发票上注明的设备买价为800 000元，增值税为104 000元。价税款以银行存款支付。设备运到后交付安装。

（2）以银行存款支付运杂费10 000元，增值税为900元。

（3）以银行存款支付安装费30 000元。

（4）应付安装人员工资60 000元。

会计处理如下：

（1）购入设备时：

借：在建工程	800 000	
应交税费——应交增值税（进项税额）	104 000	
贷：银行存款		904 000

（2）支付运杂费时：

借：在建工程	10 000	
应交税费——应交增值税（进项税额）	900	
贷：银行存款		10 900

（3）支付安装费时：

借：在建工程	30 000	

贷：银行存款 30 000

（4）应付安装人员工资：

借：在建工程 60 000

贷：应付职工薪酬 60 000

（5）设备安装完毕交付使用时：

借：固定资产 900 000

贷：在建工程 900 000

（三）购入多项没有单独标价的固定资产

以一笔款项购入多项没有单独标价的固定资产，应当按照各项固定资产的公允价值比例对总成本进行分配，分别确定各项固定资产的成本。

【工作实例5-3】甲公司向乙公司一次购入三台不同型号具有不同生产能力的设备A、B、C，有关资料如下：

（1）增值税专用发票上注明的价款为460万元，增值税税额为59.8万元；运输费3万元，增值税税额为0.27万元；A设备需要安装，B、C设备不需要安装。全部价税款通过银行存款支付。设备已经运抵企业，交付安装或使用。

（2）三台设备的公允价值分别为200万元、180万元和120万元。

（3）以银行存款支付A设备安装费6万元，增值税税额为0.54万元。

（4）A设备已经安装完毕，达到预定可使用状态。

会计处理如下：

（1）确定应计入固定资产成本的金额，包括运输费。

应计入固定资产的成本 = 460 + 3 = 463（万元）

（2）确定A、B、C设备的价值分配比例。

A设备应分配的固定资产价值比例 = 200 ÷（200 + 180 + 120）× 100% = 40%

B设备应分配的固定资产价值比例 = 180 ÷（200 + 180 + 120）× 100% = 36%

C设备应分配的固定资产价值比例 = 120 ÷（200 + 180 + 120）× 100% = 24%

（3）确定A、B、C设备各自的成本。

A设备应分配的固定资产成本 = 463 × 40% = 185.20（万元）

B设备应分配的固定资产成本 = 463 × 36% = 166.68（万元）

C设备应分配的固定资产成本 = 463 × 24% = 111.12（万元）

（4）编制购置固定资产的分录：

借：在建工程 1 852 000

固定资产——B设备 1 666 800

——C设备 1 111 200

应交税费——应交增值税（进项税额） 600 700

贷：银行存款 5 230 700

（5）支付A设备的安装费：

借：在建工程 60 000

应交税费——应交增值税（进项税额） 5 400

贷：银行存款 65 400

（6）A设备已经安装完毕，达到预定可使用状态时：

借：固定资产——A设备　　　　1 912 000

　　贷：在建工程　　　　1 912 000

二、自行建造固定资产

企业自行建造固定资产，应按建造该项资产达到预定可使用状态前所发生的必要支出，作为固定资产的成本入账。其中，“建造该项资产达到预定可使用状态前所发生的必要支出”包括工程所用物资的成本、人工成本、缴纳的相关税费、应予以资本化的借款费用以及应分摊的间接费用等。企业为在建工程准备的各种物资，应按实际支付的购买价款、运输费、保险费等相关费用，作为实际成本，并按各种专项物资的种类进行明细核算。

微课

自行建造固定资产核算（一）

自建固定资产应先通过“在建工程”科目核算。

企业自建固定资产，主要有自营和出包两种方式，由于采用的建设方式不同，其会计处理也不同。企业的自营工程应当按照直接材料、直接人工、直接机械施工费等计量；采用出包方式的企业，按照应支付的工程价款等计量；设备安装工程，按照所安装设备的价值、工程安装费用、工程试运行等所发生的支出等确定工程成本。

微课

自行建造固定资产核算（二）

（一）自营工程

自营工程是指企业自行组织工程采购，自行组织施工人员施工的建筑工程和安装工程。工程项目较多且工程支出较大的企业，应当按照工程项目的性质分别核算各工程项目的成本。

企业为工程购入工程物资时，按照实际支付的买价、运输费、保险费等相关税费作为实际成本，借记“工程物资”“应交税费——应交增值税（进项税额）”等科目，按实际支付的价款，贷记“银行存款”等科目。

领用工程物资、原材料或库存商品时，应按其实际成本转入所建工程成本，借记“在建工程”科目，贷记“工程物资”“原材料”“库存商品”等科目。自营工程发生职工薪酬、辅助生产成本时，借记“在建工程”科目，贷记“银行存款”“应付职工薪酬”“生产成本”等科目。

自营工程达到预定可使用状态时，以其实际成本作为固定资产的入账价值，借记“固定资产”科目，贷记“在建工程”科目。盘盈、盘亏、报废、毁损的工程物资，减去保险公司、过失人赔偿部分后的差额，计入当期损益。

所建造的固定资产已达到预定可使用状态，但尚未办理竣工决算的，应当自达到预定可使用状态之日起，根据工程预算、造价或者工程实际成本等，按暂估价值转入固定资产，并按有关计提固定资产折旧的规定，计提固定资产折旧。待办理竣工决算手续后再调整原来的暂估价值，但不需要调整原已计提的折旧额。

【工作实例5-4】某企业采用自营方式建造厂房一幢，有关业务如下：

（1）购入为工程准备的各种物资400万元，增值税52万元，全部用于工程建设。

（2）厂房建造工程领用本企业生产的水泥一批，实际成本为80万元。

（3）工程人员应计工资12万元。

（4）工程期间应由工程负担的长期借款利息为37万元。

（5）以银行存款支付其他费用6万元。

（6）年末，工程完工并达到预定可使用状态。

会计处理如下：

（1）购入工程物资时：

借：工程物资　　4 000 000

　　应交税费——应交增值税（进项税额）　　520 000

　　贷：银行存款　　4 520 000

工程领用工程物资时：

借：在建工程　　4 000 000

　　贷：工程物资　　4 000 000

（2）工程领用本企业生产的水泥时：

借：在建工程　　800 000

　　贷：库存商品　　800 000

（3）分配工程人员工资时：

借：在建工程　　120 000

　　贷：应付职工薪酬　　120 000

（4）工程期间应由工程负担的长期借款利息：

借：在建工程　　370 000

　　贷：应付利息　　370 000

（5）支付工程发生的其他费用时：

借：在建工程　　60 000

　　贷：银行存款　　60 000

（6）工程完工转入固定资产时：

借：固定资产　　5 350 000

　　贷：在建工程　　5 350 000

（二）出包工程

出包工程是指企业通过招标等方式将工程项目发包给建造承包商，由建造承包商组织施工的建筑工程和安装工程。企业采用出包方式进行的固定资产工程，其工程的具体支出由建造承包商核算，在这种方式下，“在建工程”科目主要是企业与建造承包商办理工程价款的结算科目。企业支付给建造承包商的工程价款作为工程成本，通过“在建工程”科目核算。企业按合理估计的发包工程进度和合同规定向建造承包商结算的进度款，借记“在建工程”“应交税费——应交增值税（进项税额）”科目，贷记“银行存款”等科目；工程达到预定可使用状态时，按其成本，借记“固定资产”科目，贷记“在建工程”科目。

【工作实例5-5】某企业将一幢厂房的建造工程出包给丙公司承建，有关资料如下：

（1）按合理估计的发包工程进度和合同规定，工程开工时向丙公司预付工程款400 000元，增值税税额为36 000元，价税款以银行存款支付。

（2）工程完工后，收到丙公司有关工程结算单据，补付工程款260 000元，增值税税额为23 400元。

(3) 工程达到预定可使用状态，已交付使用。

会计处理如下：

(1) 按合理估计的发包工程进度和合同规定向丙公司预付工程款时：

借：在建工程　400 000
　　应交税费——应交增值税（进项税额）　36 000
　　贷：银行存款　436 000

(2) 补付工程款时：

借：在建工程　260 000
　　应交税费——应交增值税（进项税额）　23 400
　　贷：银行存款　283 400

(3) 工程完工并达到预定可使用状态时：

借：固定资产　660 000
　　贷：在建工程　660 000

三、投资者投入固定资产

投资者投入的固定资产，按照投资合同或协议约定的价值，作为固定资产的入账价值(但投资合同或协议约定的价值不公允的除外)，借记“固定资产”“应交税费——应交增值税（进项税额）”科目，贷记“实收资本（或股本）”等科目。

【工作实例5-6】某公司成立时收到投资人作为资本投入的不需要安装的生产设备一台，合同约定该设备的价值为600 000元，假定合同约定的固定资产价值与公允价值相符，增值税78 000元。会计处理如下：

借：固定资产　600 000
　　应交税费——应交增值税（进项税额）　78 000
　　贷：实收资本　678 000

任务三　固定资产的后续计量

一、固定资产折旧的概念

固定资产折旧是指在固定资产的使用寿命内，按照确定的方法对应计折旧额进行的系统分摊。其中：应计折旧额是指应当计提折旧的固定资产的原价扣除其预计净残值后的金额。已计提减值准备的固定资产还应当扣除已计提的固定资产减值准备累计金额。

预计净残值是指假定固定资产预计使用寿命已满并处于使用寿命终了时的预期状态，企业目前从该项资产处置中获得的扣除预计处置费用后的金额。

企业应当根据固定资产的性质和使用情况，合理确定固定资产的使用寿命和预计净残值。固定资产的使用寿命、预计净残值一经确定，不得随意变更。上述事项在报经股东大会或董事会、经理（厂长）会议或类似机构批准后，作为计提折旧的依据，并按照法律、行政法规等的规定报送有关各方备案。

二、影响折旧的因素

影响折旧的因素主要有以下几个方面：

（1）固定资产原价，是指固定资产的历史成本。

（2）预计净残值，是指假定固定资产预计使用寿命已满并处于寿命终了时的预期状态，企业目前从该项资产处置中获得的扣除预计处置费用后的金额。

（3）固定资产减值准备，是指固定资产已计提的固定资产减值准备累计金额。

（4）固定资产的使用寿命，是指企业使用固定资产的预计期间，或者该固定资产所能生产产品或提供劳务的数量。

【知识链接】

固定资产使用寿命的判断

企业在确定固定资产使用寿命时，应当考虑下列因素：

（1）该项资产的预计生产能力或实物产量；

（2）该项资产的预计有形损耗，如设备使用中发生的磨损、房屋建筑物受到的自然侵蚀等；

（3）该项资产的预计无形损耗，如因新技术的出现而使现有的资产技术水平相对陈旧、市场需求变化使产品过时等；

（4）法律或者类似规定对该项资产使用的限制。

企业应在考虑上述因素的基础上，结合不同固定资产的性质、消耗方式、所处环境等因素，对固定资产使用寿命作出职业判断。

三、固定资产的折旧范围

除以下情况外，企业应当对所有固定资产计提折旧：

（1）已提足折旧仍继续使用的固定资产。

（2）单独计价入账的土地。

在确定计提折旧的范围时，还应注意以下几点：

（1）固定资产应当按月计提折旧，当月增加的固定资产，当月不计提折旧，从下月起计提折旧；当月减少的固定资产，当月仍计提折旧，从下月起不计提折旧。

（2）固定资产提足折旧后，不论能否继续使用，均不再计提折旧；提前报废的固定资产，也不再补提折旧。所谓提足折旧，是指已经提足该项固定资产的应计折旧额。

（3）已达到预定可使用状态但尚未办理竣工决算的固定资产，应当按照估计价值确定其成本，并计提折旧；待办理竣工决算后，再按实际成本调整原来的暂估价值，但不需要调整原已计提的折旧额。

（4）处于更新改造过程停止使用的固定资产，应将其账面价值转入在建工程，不再计提折旧。更新改造项目达到预定可使用状态转为固定资产后，再按照重新确定的折旧方法和该项固定资产尚可使用寿命计提折旧。

（5）因进行大修理而停用的固定资产，应当照提折旧，计提的折旧额应计入相关资产成本或当期损益。

四、固定资产折旧的计算

企业应当根据与固定资产有关的经济利益的预期实现方式，合理选择固定资产折旧方法。固定资产折旧方法包括年限平均法、工作量法、双倍余额递减法和年数总和法等。

年限平均法和工作量法均属于直线法范畴，固定资产年折旧额会随着其使用年限的延长或工作量的增加而减少。双倍余额递减法和年数总和法是常见的加速折旧法，其特点是固定资产使用前期提取的折旧多，使用后期提取的折旧逐年减少。为了保持固定资产折旧方法的相对稳定性，固定资产折旧方法一经确定，不得随意变更。

微课

加速折旧法

（一）年限平均法

年限平均法是根据固定资产的应计折旧总额和规定的折旧年限来平均计算折旧的方法。其特点是将固定资产的应计折旧额均衡地分摊到固定资产预计使用寿命内，采用这种方法计算的每期折旧额都是相等的。

微课

年限平均法

固定资产折旧率包括个别折旧率、分类折旧率和综合折旧率。现行制度规定按分类折旧率计提折旧。分类折旧率是指把性质、结构类似，使用年限大致相同的固定资产归为一类，分类计算的平均折旧率。年限平均法的计算公式如下：

$$\text{年折旧率}=\frac{1-\text{预计净残值率}}{\text{预计使用寿命(年)}}\times 100\%$$

$$\text{月折旧率}=\text{年折旧率}\div 12$$

$$\text{月折旧额}=\text{固定资产原价}\times\text{月折旧率}$$

【工作实例 5-7】甲公司有一幢厂房，原价为5 000 000元，预计可使用20年，预计净残值率为4%。该厂房的折旧率和折旧额的计算如下：

年折旧率 =（1 − 4%）÷ 20 × 100% = 4.8%

月折旧率 = 4.8% ÷ 12 = 0.4%

月折旧额 = 5 000 000 × 0.4% = 20 000（元）

采用年限平均法计算比较简单，但是当固定资产在各个使用期间的损耗程度不同时，将应计折旧总额平均分摊到各期显然不合理。因此，这种方法适用于固定资产在各个使用期间的损耗较均衡的情况。

（二）工作量法

工作量法是根据固定资产的应计折旧额和预计使用寿命内的工作量（如行驶里程、工作小时等）来计算折旧的方法。工作量法的基本计算公式如下：

微课

工作量法

$$\text{单位工作量折旧额}=\frac{\text{固定资产原价}\times(1-\text{预计净残值率})}{\text{预计总工作量}}$$

$$\text{某项固定资产月折旧额}=\text{该项固定资产当月工作量}\times\text{单位工作量折旧额}$$

【工作实例 5-8】某企业的一辆运货卡车的原价为600 000元，预计总行驶里程为800 000千米，预计净残值率为5%，本月行驶12 000千米。该辆卡车的月折旧额计算如下：

单位里程折旧额 = 600 000 ×（1 − 5%）÷ 800 000 = 0.7125（元/千米）

本月折旧额 = 12 000 × 0.7125 = 8 550（元）

采用工作量法，固定资产的折旧额与其损耗程度相符，所以费用分摊较为合理。但是，这种方法只注重固定资产的使用程度，忽略了其自然侵蚀的影响。这种方法适用于固定资产在各个使用期间的损耗程度较均衡的情况。

微课

双倍余额递减法

（三）双倍余额递减法

双倍余额递减法是指在不考虑固定资产预计净残值的情况下，根据每期期初固定资产原价减去累计折旧后的金额和双倍的直线折旧率计算固定资产折旧的方法。同时，在固定资产使用寿命到期前两年内，将固定资产账面净值扣除预计净残值后的余值平均摊销。采用这种方法时，折旧率是固定不变的，而折旧额逐年递减。其计算公式如下：

$$年折旧率 = \frac{2}{预计使用寿命(年)} \times 100\%$$

$$月折旧率 = 年折旧率 \div 12$$

$$月折旧额 = 每月月初固定资产账面净值 \times 月折旧率$$

【工作实例5-9】某企业一项固定资产的原价为1 000 000元，预计使用年限为5年，预计净残值为50 000元。按双倍余额递减法计提折旧，每年的折旧额计算如下：

年折旧率 = 2 ÷ 5 × 100% = 40%

第1年应计提的折旧额 = 1 000 000 × 40% = 400 000（元）

第2年应计提的折旧额 =（1 000 000 − 400 000）× 40% = 240 000（元）

第3年应计提的折旧额 =（1 000 000 − 400 000 − 240 000）× 40% = 144 000（元）

从第4年起改用年限平均法（直线法）计提折旧，即：

第4年、第5年应计提的折旧额 = [（1 000 000 − 400 000 − 240 000 − 144 000）− 50 000] ÷ 2
= 83 000（元）

计算的各年折旧额见表5-1。

表5-1 双倍余额递减法下固定资产折旧计算表

金额单位：元

年份	账面余额	账面净值-预计净残值	年折旧率	年摊销率	年折旧额	累计折旧
1	1 000 000	—	40%	—	400 000	400 000
2	600 000	—	40%	—	240 000	640 000
3	360 000	—	40%	—	144 000	784 000
4	216 000	166 000	—	50%	83 000	867 000
5	133 000		—	50%	83 000	950 000

注：每年各月折旧额根据年折旧额除以12来计算。

【小思考5-2】双倍余额递减法是指在不考虑固定资产预计净残值的情况下进行计算折旧的，为什么在第4年、第5年计算折旧时又考虑预计净残值呢？

（四）年数总和法

微课

年数总和法

年数总和法是指将固定资产的原价减去预计净残值后的余额，乘以一个逐年递减的分数来计算每年折旧额的方法。这个分数的分子代表固定资产尚可使用寿命，分母代表预计使用寿命逐年数字总和。这种方法下，折旧率是逐年递减的，而计提折旧的基数是固定不变的。其计算公式如下：

$$年折旧率 = \frac{尚可使用年限}{预计使用寿命的年限总和} \times 100\%$$

$$月折旧率 = 年折旧率 \div 12$$

$$月折旧额 = （固定资产原价 - 预计净残值）\times 月折旧率$$

【工作实例5-10】某企业一项固定资产的原价为30万元，预计使用年限为5年，预计净残值为30 000元。则每年折旧的计算见表5-2。

表5-2　年数总和法下固定资产折旧计算表　金额单位：元

年份	原价－净残值	尚可使用年限	折旧率	年折旧额	累计折旧
1	270 000	5	5/15	90 000	90 000
2	270 000	4	4/15	72 000	162 000
3	270 000	3	3/15	54 000	216 000
4	270 000	2	2/15	36 000	252 000
5	270 000	1	1/15	18 000	270 000

注：每年各月折旧额根据当年折旧额除以12来计算。

（五）固定资产的使用寿命、预计净残值和折旧方法的复核

企业至少应于每年年度终了，对固定资产的使用寿命、预计净残值和折旧方法进行复核。在固定资产使用过程中，由于经济环境、技术环境以及其他环境等客观情况的改变，原有的固定资产预计使用寿命、预计净残值和折旧方法已经不能恰当地反映其实际情况，使用寿命预计数与原先估计数有差异的，应当调整固定资产使用寿命；预计净残值预计数与原先估计数有差异的，应当调整预计净残值；与固定资产有关的经济利益预期实现方式有重大改变的，应当改变固定资产折旧方法。

五、固定资产折旧的会计处理

企业每月计提的折旧额应按照固定资产的用途和使用部门，分别记入不同的成本、费用账户。企业自行建造固定资产过程中使用的固定资产，其计提的折旧应记入“在建工程”科目；基本生产车间所使用的固定资产，其计提的折旧应记入“制造费用”科目；管理部门所使用的固定资产，其计提的折旧应记入“管理费用”科目；销售部门所使用的固定资产，其计提的折旧应记入“销售费用”科目；经营租出的固定资产，其计提的折旧额应记入“其他业务成本”科目；提供劳务的固定资产，其计提的折旧额应记入“合同履约成本”科目；闲置不用的固定资产，其计提的折旧额应记入“管理费用”科目。

【工作实例5-11】某企业采用年限平均法对固定资产计提折旧。2023年8月固定资产

折旧如下：一车间760 000元，二车间640 000元，厂部500 000元，销售部200 000元，在建工程480 000元。会计处理如下：

借：制造费用——一车间	760 000	
——二车间	640 000	
管理费用	500 000	
销售费用	200 000	
在建工程	480 000	
贷：累计折旧		2 580 000

六、固定资产后续支出的核算

（一）固定资产后续支出的概念和内容

微课

固定资产后续支出核算

固定资产的后续支出是指固定资产在使用过程中发生的更新改造支出、修理费用等。固定资产的更新改造支出、修理费用等后续支出，满足固定资产确认条件的，应当计入固定资产成本，如有被替换的部分，应同时将被替换部分的账面价值从该固定资产原账面价值中扣除；不满足固定资产确认条件的后续支出，应当在发生时计入当期损益，即固定资产的后续支出应予以费用化。

（二）固定资产后续支出的会计处理

1. 资本化的后续支出

固定资产发生的可资本化的后续支出，通过“在建工程”科目核算。固定资产发生可资本化的后续支出后，企业应将该固定资产的原价、已计提的累计折旧和减值准备转销，将固定资产的账面价值转入“在建工程”科目，借记“在建工程”“累计折旧”“固定资产减值准备”等科目，贷记“固定资产”科目，同时对该项固定资产停止计提折旧。发生可资本化后续支出时，借记“在建工程”“应交税费——应交增值税（进项税额）”科目，贷记“银行存款”“应付职工薪酬”“原材料”等科目。发生后续支出的固定资产达到预定可使用状态时，借记“固定资产”科目，贷记“在建工程”科目，并按重新确定的使用寿命、预计净残值和折旧方法计提折旧。

【工作实例5-12】某企业准备对一条生产线进行改建。有关业务资料如下：

（1）该生产线原价480 000元，预计净残值率4%，预计使用6年，已使用2年，采用年限平均法计提折旧。

（2）因生产需要，2023年1月2日决定对该生产线进行改扩建，历时5个月。

（3）改建过程中，以银行存款支付改扩建支出83 600元，应付工人工资140 000元，领用生产用材料50 000元。

（4）2023年5月31日改扩建完成。该生产线改扩建达到预定可使用状态后，大大提高了生产能力，预计尚可使用4年。假定改扩建后的生产线预计净残值率和折旧方法不变。

会计处理如下：

（1）2023年1月2日，生产线转入改扩建时：

该生产线已计提折旧额 = 480 000 ×（1 − 4%）÷ 6 × 2 = 153 600（元）

借：在建工程　326 400

　　累计折旧　153 600

　　贷：固定资产　480 000

（2）2023年1月2日至5月31日，发生改扩建支出时：

借：在建工程　273 600

　　贷：银行存款　83 600

　　　　原材料　50 000

　　　　应付职工薪酬　140 000

（3）2023年5月31日，改扩建工程达到预定可使用状态时：

借：固定资产——新生产线　600 000

　　贷：在建工程　600 000

（4）2023年6月1日，转为固定资产后，按重新确定的使用寿命、预计净残值率和折旧方法计提折旧。

应计折旧额 = 600 000 ×（1 - 4%）= 576 000（元）

月折旧额 = 576 000 ÷（4 × 12）= 12 000（元）

借：制造费用　12 000

　　贷：累计折旧　12 000

2. 费用化的后续支出

固定资产的日常维护支出只是确保固定资产的正常工作状况，通常不满足资本化支出的确认条件，应在发生时费用化处理，计入当期损益。企业发生的固定资产修理费用等后续支出，应根据发生的部门，分别记入“管理费用”“销售费用”“应交税费——应交增值税（进项税额）”等科目，贷记“银行存款”等科目。

【工作实例5-13】2023年8月17日，甲公司对厂部现有的一台生产设备进行修理，修理过程中发生的材料费为10 000元，应支付的维修人员工资为2 000元。会计处理如下：

借：管理费用　12 000

　　贷：原材料　10 000

　　　　应付职工薪酬　2 000

任务四　固定资产处置的核算

微课

固定资产的处置

企业在生产经营中，可能将不适用或不需用的固定资产对外出售转让，或因磨损、技术进步、自然灾害等使固定资产发生报废或毁损，或由于企业经营需要对外进行资产置换或抵债等。上述事项发生时，应按规定程序办理有关手续，办理固定资产清理，同时结转固定资产的账面价值，计算有关的清理损益等。

固定资产处置包括固定资产的出售、报废、毁损、对外投资、非货币性资产交换、债务重组等。固定资产满足下列条件之一的，应当予以终止确认：①该固定资产处于处置状态；②该固定资产预期通过使用或处置不能产生经济利益。

一、会计科目设置

“固定资产清理”科目借方登记固定资产转入清理的净值和清理过程中发生的费用；贷方登记出售固定资产取得的价款、残料价值和变价收入。其贷方余额表示清理后的净收益；借方余额表示清理后的净损失。清理完毕后的净损益转入“资产处置损益”“营业外收入”“营业外支出”等科目。

“资产处置损益”科目，用来核算企业出售划分为持有待售的非流动资产（金融工具、长期股权投资和投资性房地产除外）或处置组时确认的利得或损失，以及处置未划分为持有待售的固定资产、在建工程、生产性生物资产及无形资产而产生的处置利得或损失。其借方登记处置损失，贷方登记处置利得，期末转入“本年利润”科目，结转后无余额。

二、固定资产出售的会计处理

出售固定资产包括以下几个环节：

（一）固定资产转入清理

企业因出售而转出的固定资产，按固定资产的账面价值，借记“固定资产清理”科目，按已计提的累计折旧，借记“累计折旧”科目，按已计提的减值准备，借记“固定资产减值准备”科目，按其账面原价，贷记“固定资产”科目。

（二）发生清理费用

清理过程中应支付的相关税费及其他费用，借记“固定资产清理”“应交税费——应交增值税（进项税额）”科目，贷记“银行存款”等科目。

（三）收回出售固定资产的价款

收回出售固定资产的价款时，借记“银行存款”等科目，贷记“固定资产清理”“应交税费——应交增值税（销项税额）”等科目。

（四）清理净损益的处理

出售固定资产清理完毕发生的净损益列入“资产处置损益”科目。

【工作实例5-14】甲公司将一座办公楼出售，原价为2 000 000元，已提折旧800 000元，出售价格为2 398 000元（含税，增值税税率为9%），以银行存款支付清理费用30 000元。会计处理如下：

（1）将固定资产转入清理时：

借：固定资产清理	1 200 000	
累计折旧	800 000	
贷：固定资产		2 000 000

（2）支付清理费：

借：固定资产清理	30 000	
贷：银行存款		30 000

（3）取得出售价款：

借：银行存款	2 398 000	
贷：固定资产清理		2 200 000
应交税费——应交增值税（销项税额）		198 000

（4）结转固定资产清理净损益：

借：固定资产清理　　970 000

　　贷：资产处置损益　　970 000

三、固定资产报废和毁损的会计处理

固定资产报废和毁损的核算一般包括以下几个环节：

（一）固定资产转入清理

企业因报废或毁损而转出的固定资产，按固定资产的账面价值，借记“固定资产清理”科目，按已计提的累计折旧，借记“累计折旧”科目，按已计提的减值准备，借记“固定资产减值准备”科目，按其账面原价，贷记“固定资产”科目。

（二）发生清理费用

固定资产清理过程中应支付的相关税费及其他费用，借记“固定资产清理”科目，贷记“银行存款”等科目。

（三）收回残料价值和变价收入或应收保险赔偿

收回残料价值和变价收入或保险赔偿等，借记“银行存款”“原材料”“其他应收款”等科目，贷记“固定资产清理”“应交税费——应交增值税（销项税额）”等科目。

（四）清理净损益的处理

报废、毁损固定资产清理完成后，如果发生净损失，应记入“营业外支出”科目；如发生净收益，应记入“营业外收入”科目。

【工作实例5-15】甲公司一项固定资产毁损，原价为540 000元，累计折旧384 750元，以银行存款支付清理费用2 000元，残料价值3 000元，未计提减值准备，应收保险公司赔款2 600元。假定固定资产采用年限平均法计提折旧。会计处理如下：

（1）将固定资产转入清理时：

借：固定资产清理　　155 250

　　累计折旧　　384 750

　　贷：固定资产　　540 000

（2）支付清理费：

借：固定资产清理　　2 000

　　贷：银行存款　　2 000

（3）收回残料入库：

借：原材料　　3 000

　　贷：固定资产清理　　3 000

（4）应收保险公司赔款：

借：其他应收款　　2 600

　　贷：固定资产清理　　2 600

（5）结转固定资产清理净损益：

借：营业外支出　　151 650

　　贷：固定资产清理　　151 650

四、其他方式减少的固定资产

其他方式减少的固定资产，如以固定资产清偿债务、投资转出固定资产、非货币性资产交易换出固定资产等，将分别在以后的项目中予以介绍。

任务五 固定资产的清查和减值的核算

微课

固定资产减值与清查

企业应定期或者至少于每年年末对固定资产进行清查盘点，以保证固定资产核算的真实性，充分挖掘企业现有固定资产的潜力。在固定资产清查过程中，如果发现盘盈、盘亏的固定资产，应填制固定资产盘盈盘亏报告表。清查固定资产的损溢，应及时查明原因，并按照规定程序报批处理。

一、固定资产盘盈

企业在财产清查中盘盈的固定资产，作为前期差错处理。企业在财产清查中盘盈的固定资产，在按管理权限报经批准处理前应先通过“以前年度损益调整”科目核算。

【小思考5-3】为什么会计准则中将固定资产盘盈作为前期差错处理？

盘盈固定资产的入账价值，应按以下顺序确定：如果同类或类似固定资产存在活跃市场，以同类或类似固定资产的市场价格，减去按该项资产的新旧程度估计的价值损耗后的余额，作为入账价值；如果同类或类似固定资产不存在活跃市场，以该项固定资产的预计未来现金流量的现值，作为入账价值。

【工作实例5-16】企业在财产清查中，发现一台账外设备，同类设备的市场价格为500 000元，估计8成新（假定与其计税基础不存在差异）。企业适用的所得税税率为25%，企业按净利润的10%计提法定盈余公积。会计处理如下：

（1）盘盈固定资产时：

借：固定资产 400 000

　　贷：以前年度损益调整 400 000

（2）确定应交纳的所得税时：

借：以前年度损益调整 100 000

　　贷：应交税费——应交所得税 100 000

（3）结转法定盈余公积时：

借：以前年度损益调整 30 000

　　贷：盈余公积 30 000

（4）结转以前年度损益调整时：

借：以前年度损益调整 270 000

　　贷：利润分配——未分配利润 270 000

二、固定资产盘亏

企业在财产清查中盘亏固定资产，按盘亏固定资产的账面价值，转入“待处理财产损溢”科目，按管理权限报经批准后处理时，分别列入“其他应收款”“营业外支出”等科目。

【工作实例 5-17】企业在财产清查中发现盘亏设备一台，有关资料如下：

（1）盘亏的固定资产账面原价为 80 000 元，已提折旧 28 800 元，已提减值准备 1 600 元。

（2）经查，上述固定资产盘亏属于管理不善造成的，应收保险公司赔偿 10 000 元，其余列入损失。

会计处理如下：

（1）盘亏固定资产时：

借：待处理财产损溢	49 600	
累计折旧	28 800	
固定资产减值准备	1 600	
贷：固定资产		80 000

（2）经批准处理时：

借：其他应收款	10 000	
营业外支出	39 600	
贷：待处理财产损溢		49 600

三、固定资产减值

固定资产在资产负债表日存在可能发生减值的迹象时，其可收回金额低于账面价值的，企业应当将该固定资产的账面价值减记至可收回金额，减记的金额确认为减值损失，计入当期损益，同时计提相应的资产减值准备，借记“资产减值损失”科目，贷记“固定资产减值准备”科目。固定资产减值损失一经确认，在以后会计期间不得转回。

项目小结

固定资产是指为生产商品、提供劳务、出租或经营管理而持有的，使用寿命超过一个会计年度的有形资产。

固定资产应当按照成本进行初始计量。固定资产的成本是指企业购建某项固定资产并使其达到预定可使用状态前所发生的一切合理、必要的支出。

固定资产折旧是指在固定资产的使用寿命内，按照确定的方法对应计折旧额进行的系统分摊。影响固定资产折旧的因素有历史成本、使用寿命、预计净残值和累计计提的减值准备。固定资产折旧方法包括年限平均法、工作量法、双倍余额递减法和年数总和法等。

固定资产的后续支出是指固定资产在使用过程中发生的更新改造支出、修理费用等。固定资产的后续支出，满足固定资产确认条件的，应当计入固定资产成本；不满足条件的，应当在发生时计入当期损益。

固定资产处置应通过“固定资产清理”科目核算。对于发生的清理净损益应分别列入“资产处置损益”“营业外收入”“营业外支出”等科目。

清查固定资产的损溢，应及时查明原因，并按照规定程序报批处理。

固定资产在资产负债表日发生减值的，应计提固定资产减值准备。固定资产减值损失一经确认，在以后会计期间不得转回。

复习思考题

1. 固定资产的确认应具备哪些条件？
2. 固定资产的成本包括哪些内容？请列出外购固定资产的成本内容。
3. 对于同一项固定资产，它的各部分折旧年限、折旧方法是否一定相同？
4. 融资租入的固定资产，在取得时为什么采用现值确认固定资产价值？
5. 什么是加速折旧法？它具体包括哪些方法？加速折旧法有什么特点？
6. 在年数总和法下，每年各月的折旧额一定相等吗？
7. 如何判断企业发生的固定资产后续支出是费用化，还是资本化？
8. 现行会计制度对固定资产维修有什么规定？
9. 出售固定资产发生的净损益应该记入什么科目？为什么？
10. “固定资产清理”科目期末是否一定有余额？为什么？

项目六

无形资产及其他资产的核算

【知识目标】

1. 熟悉无形资产的概念及核算内容；
2. 掌握无形资产的摊销方法；
3. 掌握无形资产取得、内部开发、摊销及处置的账务处理；
4. 掌握使用权资产成本组成及账务处理。

【能力目标】

1. 能够区分不同类型无形资产的确认和计量方法；
2. 能够正确选择无形资产摊销方法，合理处置无形资产，发挥无形资产最大效用；
3. 能够充分认识内部研发支出的重要性，加大企业研发投入，提高企业创造力；
4. 能够正确运用租赁准则，合理租赁资产，降低企业风险，提高营运能力。

【素养目标】

1. 认识企业无形资产的重要性，保护和利用无形资产为企业创造价值；
2. 积极开发无形资产，提高企业创造力，为中国制造向中国创造贡献力量。

引 言

“金杯银杯，不如老百姓的口碑”，可以看出作为无形资产的商标权是何等重要。

2018年10月，中国人民大学中国商标品牌研究院发布了《2017沪深上市公司商标品牌价值排行榜》（以下简称“《排行榜》”）。凭借行业领先的品牌收益和广受认可的品牌强度，格力以535.83亿元的商标品牌价值位列《排行榜》总榜第16位，居家电行业分榜首位。

中国标准化研究院顾客满意度测评中心联合清华大学中国企业研究中心、中标兴质科技（北京）有限公司共同发布了2018年11类家电产品顾客满意度调查结果，调查内容涵盖品牌形象、预期质量、感知质量、感知价值、满意度和忠诚度等六个方面，格力电器再次获得空调行业用户满意度测评第一名，这已是格力第七次蝉联该榜首。在品牌建设与管理方面，格力也为家电行业树立了标杆。从凸显“制冷强大”的“格力电器，创造良机”到表明质量为王的“好空调，格力造”，从强调“科技领先”的“格力，掌握核心科技”到注重“责任担当”的“格力让天空更蓝大地更绿”，如今格力实力“代言”中国造，不断致力于“让世界爱上中国造”。通过与时俱进的品牌规划、卓有成效的品牌推广、严密周详的品牌维护，格力将品牌打造成了“中国造”闪亮的名片之一。

目前，格力已在全球214个国家和地区进行商标注册，其自主品牌产品远销世界160多个国家和地区，近5年，格力自主品牌海外销售占比持续上升。

任务一　无形资产的核算

一、无形资产的概念

微课

无形资产概述

无形资产是指企业拥有或者控制的、没有实物形态的可辨认非货币性资产。从无形资产的定义中我们可以看出无形资产具有以下特征：

（一）不具备实物形态

无形资产是不具备实物形态的资产，这是区别于固定资产、存货等有形资产最为显著的标志。

（二）具有可辨认性

具有可辨认性，也就是说，无形资产能够从企业中分离或者划分出来，并能单独或者与相关合同、资产或负债一起，用于出售、转移、授予许可、租赁或者交换；或者源自合同性权利或其他法定权利，无论这些权利是否可以从企业或其他权利和义务中转移或者分离。

若某项资产无法与企业自身分离，不具有可辨认性，则不能作为无形资产，如商誉。

（三）属于非货币性资产

非货币性资产是指除企业持有的货币资金和将以固定或可确定的金额收取的资产以外的其他资产，因而无形资产属于非货币性资产，且能够在多个会计期间为企业带来经济利益。无形资产的使用年限在一年以上，其价值将在各个受益期间逐渐摊销。

二、无形资产的内容

无形资产主要包括专利权、非专利技术、商标权、著作权、土地使用权、特许权等。

(一) 专利权

专利权是指国家专利主管机关依法授予发明创造专利申请人对其发明创造在法定期限内所享有的专有权利，包括发明专利权、实用新型专利权和外观设计专利权。企业持有专利可以降低成本，或者提高产品质量，或者将其转让出去能获得转让收入。

企业外购的专利权，应按实际支付的价款作为专利权的成本。企业自行开发并按法律程序申请取得的专利权，其直接相关费用可以作为专利权的成本。

(二) 非专利技术

非专利技术即专有技术，或技术秘密、技术诀窍，是指先进的、未公开的、未申请专利、可以带来经济效益的技术及诀窍。其主要内容包括：一是工业专有技术；二是商业（贸易）专有技术，即具有保密性质的市场情报、原材料价格情报以及用户、竞争对象的情况和有关知识；三是管理专有技术，即生产组织的经营方式、管理方式、培训职工方法等保密知识。非专利技术并不是专利法的保护对象，专有技术所有人依靠自我保密的方式来维持其独占权，可以用于转让和投资。如果是企业自己研究开发的，应将符合无形资产准则规定的开发支出资本化条件的确认为无形资产。对于从外部购入的非专利技术，应将实际发生的支出予以资本化，作为无形资产入账。

非专利技术和专利权的不同点在于非专利技术不受法律的保护。

【小思考6-1】为什么非专利技术不受法律的保护？

(三) 商标权

商标权是指企业专门在某种指定的商品上使用特定的名称、图案和标记的权利。企业的商标权在法律上受到保护，其他企业不得使用同样的商标。商标是一家企业的标志，是联系企业和消费者的纽带，一个好的商标的价值是非常大的，甚至它的经济价值远远超过了该企业的有形资产，可以为企业带来巨大的超额利益，一个商标的实际价值是企业在长期的生产经营中创造的，因此它的价值是显而易见的。

【小思考6-2】企业自创的商标经过注册登记，是否可以作为无形资产？企业支付的广告费用是否计入商标权的成本？

(四) 著作权

著作权又称版权，是指制作者对其创作的文学、科学和艺术作品依法享有的某种特殊权利。著作权包括精神权利（人身权利）和经济权利（财产权利）。前者指作品署名、发表作品、确认作者身份、保护作品的完整性、修改已经发表的作品等各项权利，包括发表权、署名权、修改权和保护作品完整权。后者指以出版、表演、广播、展览、录制唱片、摄制影片等方式使用作品以及因授权他人使用作品而获得经济利益的权利。一般情况下只有从外部购入的著作权才作为无形资产处理。

(五) 土地使用权

土地使用权是指经过国家允许，企业在一定期间对国有土地享有开发、利用、经营的权利。土地属于国家和集体所有，任何社会组织或个人都不能以任何理由侵占、买卖土地。企业取得土地的使用权通常是有偿的，企业为获得土地使用权而发生的支出应予以资本化，计入无形资产成本。

（六）特许权

特许权也称专营权，是指在某一地区经营或销售某种特定商品的权利或是一家企业接受另一家企业使用其商标、商号、技术秘密等的权利。特许权的形成往往有两种方式：一种方式是由政府授权，准许企业在某一地点享有某种特权；另一种方式是企业间依据签订的合同，有限期或无限期地使用另一企业的某些权利，如烟草专卖权、连锁店分店、商标使用权等。

三、无形资产的确认

无形资产在满足以下两个条件时，企业才能加以确认。

（一）与该无形资产有关的经济利益很可能流入企业

如果某一无形资产产生的经济利益预期不能流入企业，就不能确认为企业的无形资产。如果某一无形资产产生的经济利益很可能流入企业，并同时满足无形资产确认的其他条件，则企业应将其确认为无形资产。例如，企业外购一项专利权从而拥有法定所有权，使得企业的相关权利受到法律的保护，此时，表明企业能够控制该项无形资产所产生的经济利益。

【小思考6-3】企业拥有的高素质的管理队伍是否可以确认为无形资产？

（二）该无形资产的成本能够可靠地计量

成本能够可靠地计量是资产确认的一项基本条件。对于无形资产来说。这个条件显得十分重要。比如说企业在自创商誉、品牌、报刊名等过程中发生的支出难以计量，因而不能将其作为企业的无形资产予以确认。

某个项目要确认为无形资产，首先必须符合无形资产的定义，其次还要符合以上两个条件。

四、无形资产取得的核算

微课

无形资产的取得

虽然无形资产的取得途径较多，但是取得无形资产都应按照成本计量。不同途径取得的无形资产的成本构成并不完全相同。

（一）外购的无形资产

外购无形资产的成本，包括购买价款、相关税费以及直接归属于使该项资产达到预定用途所发生的其他支出。按取得时实际支付的款项，借记“无形资产”“应交税费——应交增值税（进项税额）”等科目，贷记“银行存款”等科目。取得增值税普通发票的，按照发票上注明的价税合计金额作为无形资产的成本，其进项税额不可抵扣。

【工作实例6-1】某企业以银行存款购进一项专有技术。取得的增值税专用发票上注明的价款为300 000元，增值税为18 000元。会计处理如下：

借：无形资产——专有技术	300 000	
应交税费——应交增值税（进项税额）	18 000	
贷：银行存款		318 000

（二）投资者投入的无形资产

投资者投入无形资产的成本，应当按照投资合同或协议约定的价值确定，但是合同或协议约定价值不公允的除外。

【工作实例6-2】海蓝公司接受某公司的一项专利技术投资，该公司记录的该项专利技术的账面剩余价值是10万元，投资双方经过确认以后价值是80 000元，增值税为4 800元。会计处理如下：

借：无形资产——专利技术　　80 000

　　应交税费——应交增值税（进项税额）　　4 800

　　贷：实收资本　　84 800

（三）取得土地使用权

企业取得土地使用权，通常应当按照取得时所支付的价款及相关税费确认为无形资产。但属于投资性房地产的土地使用权，应当按照投资性房地产进行会计处理。

土地使用权用于自行开发建造厂房等地上建筑物时，土地使用权的账面价值不与地上建筑物合并计算其成本，而仍作为无形资产进行核算，土地使用权与地上建筑物分别进行摊销和计提折旧。

【工作实例6-3】海蓝公司（非房地产开发企业）2023年1月以1 000万元的价格购入一项土地使用权，准备在当年4月建造生产厂房。会计处理如下：

借：无形资产——土地使用权　　10 000 000

　　贷：银行存款　　10 000 000

【小思考6-4】如果海蓝公司属于房地产开发企业，取得该土地使用权的目的是建造商品房，则如何进行会计处理？

五、内部研究开发形成的无形资产

（一）研究与开发阶段的区分

对于企业自行进行的研究开发项目，应当区分研究阶段和开发阶段分别进行核算。

研究阶段是探索性的，为进一步开发活动进行资料及相关方面的准备，已进行的研究活动将来是否会转入开发、开发后是否会形成无形资产等均具有较大的不确定性。

相对于研究阶段而言，开发阶段应当是已完成研究阶段的工作，在很大程度上具备了形成一项新产品或新技术的基本条件，可以将研究成果等应用于某项计划或设计，以生产出新的或具有实质性改进的材料、装置、产品等。

（二）研究与开发阶段支出的确认

1.研究阶段支出

内部研究开发项目在研究阶段发生的支出，应当于发生时全部费用化，计入当期损益。

2.开发阶段支出

如果企业能够证明开发阶段的支出符合无形资产的定义及相关确认条件，则可将其确认为无形资产。具体来讲，企业内部研究开发项目开发阶段的支出，同时满足下列条件的才能确认为无形资产成本，否则应当计入当期损益：

（1）完成该无形资产以使其能够使用或出售，在技术上具有可行性。

（2）具有完成该无形资产并使用或出售的意图。

（3）能够带来经济利益的流入。

（4）有能力完成无形资产开发、使用或出售。

（5）归属于该无形资产开发阶段的支出能够可靠地计量。

3. 无法区分的阶段支出

如果无法区分研究阶段和开发阶段的支出，应当在发生时予以费用化，全部计入当期损益。

（三）内部开发的无形资产的成本

内部开发活动形成的无形资产，其成本由可直接归属于该无形资产的创造、生产并使该无形资产能够以管理层预定的方式运作的所有必要支出组成。可直接归属成本包括：开发该无形资产时耗费的材料、劳务成本、注册费、在开发该无形资产过程中使用的其他无形资产的摊销、资本化的利息支出等。在开发无形资产过程中发生的、除上述可直接归属成本以外的其他销售费用、管理费用等间接费用，以及在无形资产达到预定可使用用途前发生的可辨认的无效和初始运作损失、为运行无形资产发生的培训支出等，不构成无形资产的开发成本。

值得强调的是，内部开发形成的无形资产的成本包括在满足资本化条件的时点至无形资产达到预定用途前发生的支出总和，对于同一项无形资产在开发过程中达到资本化条件之前已经费用化计入当期损益的支出不再进行调整。

（四）内部开发费用的会计处理

对于自行开发形成的无形资产，企业应当设置“研发支出”科目进行核算。该科目用来核算企业在进行研究与开发无形资产过程中发生的各项支出，按照研究开发项目分别“费用化支出”与“资本化支出”进行明细核算。

企业自行开发无形资产发生的研发支出不满足资本化条件的，借记“研发支出——费用化支出”科目；满足资本化条件的，借记“研发支出——资本化支出”科目，贷记“原材料”“银行存款”“应付职工薪酬”等科目。

研究开发项目达到预定用途形成无形资产的，应按“研发支出——资本化支出”科目的余额，借记“无形资产”科目，贷记“研发支出——资本化支出”科目。

期末，应将不符合资本化条件的研发支出转入当期管理费用，借记“管理费用”科目，贷记“研发支出——费用化支出”科目；应将符合资本化条件但尚未完成的开发费用继续保留在“研发支出”科目中，待开发项目达到预定用途形成无形资产时，再将其发生的实际成本转入无形资产。

【工作实例6-4】海蓝公司研发成功了一项专利，并在2023年1月取得了专利权，在研究该专利权的时候共发生费用220 000元，其中包含开发人员工资180 000元，消耗材料40 000元。发生开发支出180 000元，其中包含开发人员工资150 000元，消耗材料30 000元。开发支出满足相关条件可进行资本化，确认为无形资产的成本。

会计处理如下：

（1）研究过程中的相关费用：

借：研发支出——费用化支出	220 000	
贷：银行存款		220 000

（2）开发阶段的支出：

借：研发支出——资本化支出　　180 000

　　贷：应付职工薪酬　　150 000

　　　　原材料　　30 000

（3）期末，将研发支出转入当期损益：

借：管理费用　　220 000

　　贷：研发支出——费用化支出　　220 000

（4）开发项目达到预定用途形成无形资产时：

借：无形资产——专利权　　180 000

　　贷：研发支出——资本化支出　　180 000

六、无形资产的摊销

（一）估计无形资产的使用寿命

企业应当于取得无形资产时分析判断其使用寿命。无形资产的使用寿命如为有限的，应当估计该使用寿命的年限或者构成使用寿命的产量等类似计量单位数量；无法预见无形资产为企业带来经济利益期限的，应当将其视为使用寿命不确定的无形资产。使用寿命有限的无形资产应进行摊销，使用寿命不确定的无形资产不应摊销。

1. 合同或法律规定的使用寿命

企业持有的无形资产通常来源于合同性权利或者其他法定权利，其使用寿命不应超过合同或法律规定的使用年限。但如果企业使用资产的预期期限短于合同或法律明确的使用年限，应按照预期使用年限来确定其使用寿命。

2. 其他受益寿命

合同或法律没有规定使用寿命的，企业应当综合各方面因素判断以确定。

3. 使用寿命不确定

无形资产能为企业带来经济利益的期限，经过上述方法仍无法合理确定的，将其作为使用寿命不确定的无形资产。

（二）无形资产成本的摊销

无形资产的应摊销金额为其成本扣除预计残值后的金额，已计提减值准备的无形资产还应扣除已计提的无形资产减值准备累计金额。使用寿命有限的无形资产的残值应当视为零。但下列情况除外：

（1）有第三方承诺在无形资产使用寿命结束时购买该无形资产；

（2）可以根据活跃市场得到预计残值信息，并且该市场在无形资产使用寿命结束时很可能存在。

企业摊销无形资产应当自无形资产可供使用时起，至不再作为无形资产确认时止。

【小思考6-5】企业会计准则中对固定资产的折旧年限区间和无形资产的摊销年限区间在规定上有什么区别？

无形资产的摊销方法包括直线法、生产总量法等。企业选择的无形资产摊销方法应当反映与该项无形资产有关的经济利益的预期实现方式，无法可靠确定预期实现方式的，应采用直线法摊销。企业应当按月对无形资产进行摊销。无形资产的摊销额一般应当计入当期损益，并记入“累计摊销”科目。

（1）对于企业自用的无形资产，其摊销金额应计入管理费用，借记“管理费用”科目，贷记“累计摊销”科目。

（2）对于出租的无形资产，其摊销金额应计入其他业务成本，借记“其他业务成本”科目，贷记“累计摊销”科目。

（3）某项无形资产包含的经济利益通过所生产的产品或其他资产实现的，其摊销金额应当计入相关资产成本，列入“制造费用”“研发支出”等科目。

【工作实例6-5】海蓝公司于2023年5月购入一项专利权，增值税专用发票上注明价款600 000元，增值税36 000元，购买价税款已通过银行存款支付。估计该项专利可使用15年，合同规定其使用年限是10年。假定该项专利权用于产品生产，净残值为零，采用直线法摊销。则该企业的会计处理如下：

（1）取得无形资产时：

借：无形资产——专利权　　600 000

　　应交税费——应交增值税（进项税额）　　36 000

　　贷：银行存款　　636 000

（2）按月摊销时：

借：制造费用（600 000÷10÷12）　　5 000

　　贷：累计摊销　　5 000

【工作实例6-6】海蓝公司于2023年2月购入一项商标权，增值税专用发票上注明价款240 000元，增值税14 400元，购买价税款已通过银行存款支付。该商标权估计可使用8年，法律规定其使用年限是10年。假定该项商标权的净残值为零，采用直线法摊销。会计处理如下：

（1）取得无形资产时：

借：无形资产——商标权　　240 000

　　应交税费——应交增值税（进项税额）　　14 400

　　贷：银行存款　　254 400

（2）按月摊销时：

借：管理费用（240 000÷8÷12）　　2 500

　　贷：累计摊销　　2 500

【小思考6-6】为什么【工作实例6-6】中无形资产的摊销年限为8年，而不是10年？

七、无形资产的转让、减值和报废

微课

无形资产的后续计量与处置

（一）无形资产转让

无形资产转让有两种形式：一是转让无形资产的使用权，即出租；二是转让无形资产的所有权，即出售。

1.转让无形资产使用权

无形资产使用权的转让现属于增值税的纳税范围，专利技术和非专利技术使用权的转让在符合法律规定的条件下可以给予免税，其他无形资产使用权的转让要按6%的税率进行纳税。企业因出租无形资产属于现代服务业形成的租金收入和发生的相关费用，分别确认为其他业务收入和其他业务成本。

【工作实例6-7】海蓝公司将一项专利权使用权转让给A企业，合同规定每月租金为6 360元（含增值税），转让的专利权每月的摊销费用为2 000元。

会计处理如下：

借：银行存款	6 360	
贷：其他业务收入		6 000
应交税费——应交增值税（销项税额）		360
借：其他业务成本	2 000	
贷：累计摊销		2 000

2.转让无形资产所有权

无形资产转出也会涉及增值税的核算。技术开发、专利技术的转让是免税的，此外的商标权和著作权的转让需按6%的增值税税率进行纳税。销售土地使用权需按9%的增值税税率进行纳税。企业出售无形资产，应当将取得的价款与该无形资产账面价值、应交增值税的差额计入当期损益（资产处置损益）。

【工作实例6-8】海蓝公司购买一项专利权，支付的费用是400 000元，预计有效使用年限是10年，该项无形资产的残值为零，该公司在购买5年后将其所有权转让给某企业。增值税专用发票上注明的价款为250 000元，增值税税率为6%。会计处理如下：

借：银行存款	250 000	
累计摊销	200 000	
贷：无形资产		400 000
应交税费——应交增值税（销项税额）		15 000
资产处置损益		35 000

【学中做6-1】丙公司为增值税一般纳税人，现将一项土地使用权出售，取得收入218万元（含增值税）。该项土地使用权账面成本100万元，累计摊销30万元。请编制会计分录。

（二）无形资产减值

1.无形资产减值金额的确定

无形资产在期末存在可能发生减值的迹象时，其可收回金额低于账面价值的，企业应当将该无形资产的账面价值减记至可收回金额，将减记的金额确认为减值损失，计入当期损益，同时计提相应的资产减值准备。

2.无形资产减值的会计处理

无形资产存在减值迹象的，企业应当设置“无形资产减值准备”科目核算。企业按应减记的金额，借记“资产减值损失”科目，计提的无形资产减值准备，贷记“无形资产减值准备”科目。无形资产减值损失一经确认，在以后会计期间不得转回。

（三）无形资产报废

如果某项无形资产预期不能为企业带来经济利益，应当将该无形资产的账面价值予以转销，其账面价值转作当期损益（营业外支出）。

【工作实例6-9】沿用【工作实例6-8】的资料，假定海蓝公司购买的专利权，在购买5年后以其生产的产品已经没有市场，预期不能为企业带来经济利益。故将其报废。

会计处理如下：

借：营业外支出　　200 000

　　累计摊销　　200 000

　　贷：无形资产　　400 000

任务二　其他资产的核算

其他资产是指除流动资产、长期性投资、固定资产、无形资产等以外的资产，如长期应收款、使用权资产和长期待摊费用等。

一、长期应收款的核算

长期应收款是指融资租赁产生的应收款项和采用递延方式分期收款、实质上具有融资性质的销售商品和提供劳务等经营活动产生的应收款项。下面以融资租赁产生的应收款项为例作简要说明。

生产商或经销商作为出租人的融资租赁，在租赁期开始日，该出租人应当按照租赁资产公允价值与租赁收款额按市场利率折现的现值两者孰低确认销售收入，并按照租赁资产账面价值扣除未担保余值的现值后的余额结转销售成本。生产商或经销商出租人为取得融资租赁发生的成本，应当在租赁期开始日计入当期损益。

【工作实例6-10】2022年12月28日，A公司与B公司签订了一份租赁合同将自己生产的设备出租，租赁期3年，自2023年1月1日至2025年12月31日，每年年末支付租金900 000元，租赁时的市场利率为8%。出租资产的账面成本200万元，公允价值240万元。

长期应收款＝900 000×3＝2 700 000（元）

租赁收款额的现值＝900 000×（P/A，8%，3）＝900 000×2.577＝2 319 300（元）

租赁收款额的现值2 319 300元低于租赁资产公允价值2 400 000元，按孰低原则确认收入2 319 300元。

（1）2023年1月1日，确认商品销售收入和销售成本时：

借：长期应收款　　2 700 000

　　贷：主营业务收入　　2 319 300

　　　　未实现融资收益　　380 700

借：银行存款　　312 000

　　贷：应交税费——应交增值税（销项税额）　　312 000

借：主营业务成本　　2 000 000

　　贷：库存商品　　2 000 000

（2）2023年12月31日收到租金时：

借：银行存款　　900 000

　　贷：长期应收款　　900 000

（3）2023年12月31日按实际利率分摊未实现融资收益时：

借：未实现融资收益（2 319 300 × 8%）　　185 544

　　贷：财务费用　　185 544

二、使用权资产的核算

使用权资产是指承租人可在租赁期内使用租赁资产的权利。使用权资产应当按照成本进行初始计量。初始成本包括：

（1）租赁负债的初始计量金额。租赁负债应当按照租赁期开始日尚未支付的租赁付款额的现值进行初始计量。

（2）已经发生的租赁付款额。

（3）初始直接费用。初始直接费用，是指为达成租赁所发生的增量成本，通常有印花税、佣金、律师费、差旅费、谈判费等。

（4）预计成本。承租人为拆卸及移除租赁资产、复原租赁资产所在场地或将租赁资产恢复至租赁条款约定状态预计将发生的成本。

企业确认使用权资产时，借记“使用权资产”（或“在建工程”）科目；按租赁期开始日尚未支付的租赁付款额的现值，贷记“租赁负债”科目；按租赁期开始日或之前支付的租赁付款额和初始直接费用，贷记“银行存款”等科目。

【工作实例6–11】沿用【工作实例6–10】的资料，B公司租入使用权资产的会计处理如下：

租赁付款额的现值 = 900 000 ×（P/A，8%，3）= 900 000 × 2.577 = 2 319 300（元）

由于本例中，使用权资产成本除了租赁付款额的现值外，没有其他项目，因此使用权资产成本等于租赁付款额的现值。

（1）2023年1月1日确认使用权资产时：

借：使用权资产　　2 319 300

　　贷：租赁负债　　2 319 300

借：应交税费——应交增值税（销项税额）　　312 000

　　贷：银行存款　　312 000

（2）按月计提使用权资产折旧时（按年限平均法）：

借：制造费用　　64 425

　　贷：使用权资产累计折旧　　64 425

（3）2023年12月31日按实际利率计算利息费用时：

借：财务费用（2 319 300 × 8%）　　185 544

　　贷：租赁负债　　185 544

（4）2023年12月31日支付租金时：

借：租赁负债　　900 000

　　贷：银行存款　　900 000

三、长期待摊费用的核算

长期待摊费用是指企业已经发生但应由本期和以后各期负担的分摊期限在一年以上的

各项费用，如以经营租赁方式租入的固定资产发生的改良支出等。长期待摊费用本身没有价值，不可转让，不能为企业带来经济效益，因此在核算长期待摊费用的时候，不得随意增加费用的项目，不得将计入当期损益的费用计入长期待摊费用。

企业应通过“长期待摊费用”科目，核算长期待摊费用的发生、摊销和结存等情况。该科目借方登记发生的长期待摊费用，贷方登记摊销的长期待摊费用，期末借方余额，反映企业尚未摊销完毕的长期待摊费用。

企业发生长期待摊费用时，借记“长期待摊费用”科目，确认可抵扣的增值税进项税额时，借记“应交税费——应交增值税（进项税额）”科目，贷记“原材料”“银行存款”“应付职工薪酬”等科目；摊销长期待摊费用时，借记“管理费用”“销售费用”等科目，贷记“长期待摊费用”科目。

【工作实例6-12】海蓝公司于2023年4月2日租入一座建筑物，并将其改良为物流中心，租赁期5年。在改良的过程中领用原材料51 700元，发生工人的工资费用85 000元，以银行存款支付其他费用40 000元，增值税5 200元。改良工程于6月底完成，7月初正式交付仓储部门使用。会计分录如下：

（1）领用材料时：

借：长期待摊费用	51 700	
贷：原材料		51 700

（2）确认工程人员薪酬时：

借：长期待摊费用	85 000	
贷：应付职工薪酬		85 000

（3）支付其他费用时：

借：长期待摊费用	40 000	
应交税费——应交增值税（进项税额）	5 200	
贷：银行存款		45 200

（4）按月摊销时（按剩余57个月摊销）：

借：制造费用	3 100	
贷：长期待摊费用		3 100

项目小结

无形资产是指企业拥有或者控制的、没有实物形态的可辨认非货币性资产。无形资产主要包括专利权、非专利技术、商标权、著作权、土地使用权、特许权等。

无形资产应按照成本计量。不同途径取得的无形资产，其成本构成不完全相同。

企业应当于取得无形资产时分析判断其使用寿命。无形资产的使用寿命如为有限的应进行摊销，使用寿命不确定的无形资产不应摊销。

无形资产在资产负债表日存在可能发生减值的迹象时，应当计提资产减值准备。

企业让渡无形资产使用权形成的租金收入和发生的相关费用，分别确认为其他业务收入和其他业务成本。企业出售无形资产，应当将取得的价款与该无形资产账面价值的差额计入当期损益（资产处置损益）。

其他资产是指除流动资产、长期性投资、固定资产、无形资产等以外的资产，如长期应收款、使用权资产和长期待摊费用等。

复习思考题

1. 无形资产有哪些特征？与固定资产有何不同？
2. 无形资产应如何进行初始计量？
3. 无形资产的使用寿命是如何划分的？
4. 无形资产的摊销方法是什么？
5. 如果会计上无法分清研究阶段支出和开发阶段支出，应如何处理？
6. 企业自行研究开发无形资产应如何确定无形资产成本？
7. “研发支出——资本化支出”是否一定成为无形资产的成本？
8. 转让无形资产所有权和转让无形资产使用权在会计处理上有什么区别？
9. 无形资产报废应该怎么办？
10. 企业对于取得的土地使用权应该如何核算？
11. 什么是使用权资产？其成本构成包括哪些内容？
12. 长期待摊费用的核算范围是什么？

项目七

投资性房地产的核算

【知识目标】

1. 熟悉投资性房地产的概念及核算内容；
2. 掌握投资性房地产取得的核算方法；
3. 掌握投资性房地产按成本模式进行后续计量的会计处理；
4. 掌握投资性房地产按公允价值模式进行后续计量的会计处理；
5. 熟悉投资性房地产转换和处置的会计处理。

【能力目标】

1. 能够区分不同类型投资性房地产的确认和计量方法；
2. 正确选择投资性房地产后续计量方法，提供投资性房地产真实的会计信息；
3. 能够熟悉投资性房地产转换的会计处理。

【素养目标】

1. 认识企业投资性房地产的重要性，实现资产保值增值；
2. 正确认识投资性房地产的投资属性和居住属性，节约资源，实现百姓安居乐业的梦想。

引 言

从数据上看，我们发现过去20年中国房价的增长率波动很大、周期性很强，且大部分时间为正。房价走势表现为整体的阶梯性振荡上行。回顾过去的房价，大家可能都会产生一种后悔的感觉：当初房价那么便宜，我为什么没买房？原因是当时大部分人都低估了自己未来收入的增长率，没有预料到中国经济会持续三四十年高速增长。中国房价增长率波动大、周期性强并不奇怪，因为中国的经济增长周期性也很强。

驱动房地产需求的第一主因是城镇化。2018年我国城镇化率约为65.22%，日本的城镇化率超过90%，欧美国家的城镇化率也超过80%，假定我们的城镇化率目标是75%，那么还有2亿多人口将进入城镇，加上城镇常住居民中2亿尚无城镇户口的人口，总计会有4亿人口对商品房有需求。第二个驱动因素是居民收入的快速增长所带来的改善性需求。过去20年我国人均收入翻了9倍，随着收入上升，购买力越来越强，住房的改善性需求大幅提高。第三个驱动因素是投资性需求。1998—2018年间，中国老百姓的储蓄存款总额从5万亿元人民币增长到120.3万亿元人民币。这么多存款放在银行，收益率也不高，投资性需求一定会大幅提高。

中国房地产市场起步才20多年，对比欧美日国家及地区的数据，我们有理由相信，中国房地产行业未来发展前景还是相当好的。未来，我认为房地产行业的集中度会进一步提高，开发商的经营模式也将从“拿地—建房—出售—回笼”的高周转模式转向“开发+自持+运营、租售并举”的运营商模式。

通过这个案例，你认为中国的投资性房地产的走势如何？

任务一　投资性房地产的确认和计量

一、投资性房地产的定义及特征

投资性房地产是指为赚取租金或资本增值，或者两者兼有而持有的房地产。投资性房地产主要包括已出租的土地使用权、持有并准备增值后转让的土地使用权和已出租的建筑物。投资性房地产应当能够单独计量和出售。

微课

投资性房地产概述

投资性房地产具有以下特征：

（1）投资性房地产是一种经营活动。投资性房地产的主要形式是出租建筑物、出租土地使用权，这实质上属于一种让渡资产使用权的行为。房地产租金就是让渡资产使用权取得的使用费收入，是企业为完成其经营目标所从事的经营性活动以及与之相关的其他活动形成的经济利益总流入。投资性房地产的另一种形式是持有并准备增值后转让的土地使用权，尽管其增值收益通常与市场供求、经济发展等因素相关，但目的是增值后转让以赚取增值收益，也是企业为完成其经营目标所从事的经营活动以及与之相关的其他活动形成的经济利益总流入。

（2）投资性房地产在用途、状态、目的等方面区别于作为生产经营场所的房地产和用于销售的房地产。企业持有的房地产除了用作自身管理、生产经营活动场所和对外销售之外，出现了将房地产用于赚取租金或增值收益的活动，甚至成为个别企业的主营业务。这就需要将投资性房地产单独作为一项资产核算和反映，与自用的厂房、办公楼等房地产和作为存货（已建完工商品房）的房地产加以区别，从而更加清晰地反映企业所持有房地产的构成情况和盈利能力。

二、投资性房地产的范围

（一）属于投资性房地产的项目

1.已出租的土地使用权

已出租的土地使用权是指企业通过出让或转让方式取得并以经营租赁方式出租的土地使用权。企业计划用于出租但尚未出租的土地使用权，不属于此类。对于以经营租赁方式租入土地使用权再转租给其他单位的，不能确认为投资性房地产。

2.持有并准备增值后转让的土地使用权

持有并准备增值后转让的土地使用权是指企业通过出让或转让方式取得并准备增值后转让的土地使用权。但是，按照国家有关规定认定的闲置土地不属于持有并准备增值的土地使用权。

3.已出租的建筑物

已出租的建筑物是指企业拥有产权并以经营租赁方式出租的房屋等建筑物，包括自行建造或开发活动完成后用于出租的建筑物。已出租的建筑物一般应为自租赁协议规定的租赁期开始日起经营租出的建筑物，不包括融资租赁的建筑物。

企业在判断和确认已出租的建筑物时，应当把握以下要点：

（1）用于出租的建筑物是指企业拥有产权的建筑物，企业以经营租赁方式租入再转租的建筑物不属于投资性房地产。

（2）已出租的建筑物是企业已经与其他方签订了租赁协议，约定以经营租赁方式出租的建筑物。

（3）企业将建筑物出租，按租赁协议向承租人提供的相关辅助服务在整个协议中不重大的，应当将该建筑物确认为投资性房地产。

（二）不属于投资性房地产的项目

下列房地产不属于投资性房地产：

（1）自用房地产，即为生产商品、提供劳务或者经营管理而持有的房地产，包括自用建筑物（固定资产）和自用土地使用权（无形资产）。

（2）作为存货的房地产，通常是指房地产开发企业在正常经营过程中销售的或为销售而正在开发的商品房和土地。

如果某项房地产部分用于赚取租金或资本增值、部分自用（即用于生产商品、提供劳务或经营管理），能够单独计量和出售的、用于赚取租金或资本增值的部分，应当确认为投资性房地产；不能够单独计量和出售的、用于赚取租金或资本增值的部分，不确认为投资性房地产。该项房地产自用的部分，以及不能够单独计量和出售的、用于赚取租金或资本增值的部分，应当确认为固定资产或无形资产。

三、投资性房地产的确认

投资性房地产只有在符合定义，并同时满足下列条件时，才能予以确认：

（1）与该投资性房地产有关的经济利益很可能流入企业。

（2）该投资性房地产的成本能够可靠地计量。

四、投资性房地产的初始计量

投资性房地产应当按照其取得的成本进行初始计量。下面将分别以外购与自行建造两种情况说明。

微课

投资性房地产的初始计量

（一）外购的投资性房地产

企业外购的房地产，只有在购入的同时开始对外出租或用于资本增值，才能作为投资性房地产加以确认。企业购入房地产，自用一段时间之后再改为出租或用于资本增值的，应当先将外购的房地产确认为固定资产或无形资产，自租赁期开始日或用于资本增值之日起，才能确认为投资性房地产。

企业外购投资性房地产时，应当按照取得时的实际成本进行初始计量，其成本主要包括购买价款、相关税费和可直接归属于该资产的其他支出。

（二）自行建造的投资性房地产

企业自行建造的房地产，只有在自行建造活动完成（即达到预定可使用状态）的同时开始对外出租或用于资本增值，才能将自行建造的房地产确认为投资性房地产。自行建造投资性房地产的成本，由建造该项房地产达到预定可使用状态前发生的必要支出构成，包括土地开发费、建筑成本、安装成本、应予资本化的借款费用、支付的其他费用和分摊的间接费用等。

五、投资性房地产的后续支出

（一）资本化的后续支出

企业为了提高投资性房地产的使用效能，往往需要对投资性房地产进行改建、扩建而使其更加坚固耐用，或者通过装修而改善其室内装潢。这些支出如果满足资本化确认条件，应当计入投资性房地产的成本。

（二）费用化的后续支出

与投资性房地产相关的后续支出，不满足资本化确认条件的，如企业对投资性房地产进行日常维护所发生的支出，应当在发生时计入当期损益（其他业务成本）。

任务二　投资性房地产的日常核算

一、投资性房地产的初始计量

（一）外购的投资性房地产

企业应当在购入投资性房地产时，借记“投资性房地产”“应交税费——应交增值税

（进项税额）”等科目，贷记“银行存款”等科目。

【工作实例7-1】6月10日，甲公司购入写字楼并直接出租给乙公司，租期5年。购入写字楼支付价税款566.8万元（其中价款520万元，增值税46.8万元）。会计处理如下：

借：投资性房地产	5 200 000	
应交税费——应交增值税（进项税额）	468 000	
贷：银行存款		5 668 000

（二）自行建造投资性房地产

自行建造投资性房地产的成本，由建造该项房地产达到预定可使用状态前发生的必要支出构成，包括土地开发费、建筑成本、安装成本、应予资本化的借款费用、支付的其他费用和分摊的间接费用等。建造完工后，应按照确定的成本，借记“投资性房地产”科目，贷记“在建工程”或“开发产品”科目（房地产开发企业）。

【工作实例7-2】2022年8月，甲公司购入一块使用期限为50年的土地，并开始在这块土地上自行建造两栋厂房，各占土地面积一半。2023年5月，甲公司预计厂房即将完工，与乙公司签订了经营租赁合同，将其中的一栋厂房租赁给乙公司使用。租赁合同约定，该厂房于完工时起租。2023年9月1日，两栋厂房同时完工。该块土地使用权的成本为9 000 000元；两栋厂房的实际造价均为14 000 000元，能够单独出售。假设甲公司采用成本模式进行后续计量。会计处理如下：

土地使用权中的对应部分转换为投资性房地产 = 9 000 000 ÷ 2 = 4 500 000（元）

借：固定资产	14 000 000	
投资性房地产	14 000 000	
贷：在建工程		28 000 000
借：投资性房地产	4 500 000	
累计摊销	195 000	
贷：无形资产——土地使用权（9 000 000 ÷ 2）		4 500 000
投资性房地产累计摊销（9 000 000 ÷ 600 × 13）		195 000

【小思考7-1】假定两栋厂房造价分别为：出租的厂房1 000万元，自用的厂房1 500万元，应如何对投资性房地产进行确认？

二、投资性房地产的后续计量

投资性房地产的后续计量有成本和公允价值两种模式，通常应当采用成本模式计量，满足特定条件时也可以采用公允价值模式计量。但是，同一企业只能采用一种模式对所有投资性房地产进行后续计量，不得同时采用两种计量模式。

微课

成本计量模式下投资性房地产的后续计量

（一）采用成本模式计量的投资性房地产

企业通常应当采用成本模式对投资性房地产进行后续计量。采用成本模式进行后续计量的投资性房地产，应当遵循以下会计处理规定：

（1）按照固定资产或无形资产的有关规定，按期（月）计提折旧或摊销，借记“其他业务成本”等科目，贷记“投资性房地产累计折旧”或“投资性房地产累计摊销”科目。

（2）取得的租金收入，借记“银行存款”等科目，贷记“其他业务收入”等科目。

（3）投资性房地产存在减值迹象的，适用资产减值的有关规定。经减值测试后确定发生减值的，应当计提减值准备，借记“资产减值损失”科目，贷记“投资性房地产减值准备”科目。已经计提减值准备的投资性房地产，其减值损失在以后的会计期间不得转回。

【工作实例7-3】甲公司将一栋写字楼出租给乙公司使用，确认为投资性房地产，采用成本模式进行后续计量，假设这栋办公楼的成本为3 600万元，按照年限平均法计提折旧，使用寿命为20年，预计净残值为零。经营租赁合同约定，乙公司每月等额支付甲公司租金24万元（不含增值税，增值税税率为9%）。

会计处理如下：

（1）每月计提折旧：

每月计提的折旧 = 36 000 000 ÷ 20 ÷ 12 = 150 000（元）

借：其他业务成本　　150 000

　　贷：投资性房地产累计折旧　　150 000

（2）每月确认租金收入：

借：银行存款（或其他应收款）　　261 600

　　贷：其他业务收入　　240 000

　　　　应交税费——应交增值税（销项税额）　　21 600

（二）采用公允价值模式计量的投资性房地产

只有在存在确凿证据表明投资性房地产的公允价值能够持续可靠取得的情况下，企业才可以采用公允价值模式对投资性房地产进行后续计量。企业一旦选择采用公允价值计量模式，就应当对其所有投资性房地产均采用公允价值模式进行后续计量。

微课

公允价值计量模式下投资性房地产的后续计量

采用公允价值模式进行后续计量的投资性房地产，应当遵循以下会计处理规定：

（1）不对投资性房地产计提折旧或摊销。

（2）资产负债表日，企业以投资性房地产的公允价值为基础调整其账面价值，公允价值与原账面价值之间的差额记入“公允价值变动损益”科目。

（3）取得的租金收入，列入“其他业务收入”等科目。

【工作实例7-4】2023年8月1日，甲公司将完工的写字楼直接出租，写字楼的工程造价为3 000万元。甲公司采用公允价值模式对该项出租的房地产进行后续计量。2023年12月31日，该写字楼的公允价值为3 400万元。会计处理如下：

（1）2023年8月1日，写字楼完工并起租时：

借：投资性房地产——成本　　30 000 000

　　贷：固定资产　　30 000 000

（2）2023年12月31日，按照公允价值调整账面价值，公允价值与原账面价值之间的差额计入当期损益：

借：投资性房地产——公允价值变动　　4 000 000

　　贷：公允价值变动损益　　4 000 000

（三）投资性房地产后续计量模式的变更

为保证会计信息的可比性，企业对投资性房地产的计量模式一经确定，不得随意变更。只有在房地产市场比较成熟、能够满足采用公允价值模式条件的情况下，才允许企业对投资性房地产从成本模式计量变更为公允价值模式计量。

成本模式转为公允价值模式的，应当作为会计政策变更处理，将计量模式变更时公允价值与账面价值的差额，调整期初留存收益。企业变更投资性房地产计量模式，应当按照计量模式变更日投资性房地产的公允价值，借记“投资性房地产——成本”科目，按照已计提的折旧或摊销，借记“投资性房地产累计折旧（摊销）”科目，原已计提减值准备的，借记“投资性房地产减值准备”科目，按照原账面余额，贷记“投资性房地产”科目，按照公允价值与其账面价值之间的差额，贷记或借记“利润分配——未分配利润”“盈余公积”等科目。

已采用公允价值模式计量的投资性房地产，不得从公允价值模式转为成本模式。

三、投资性房地产的后续支出

（一）资本化的后续支出

采用成本模式计量的，投资性房地产进入改扩建或装修阶段后，应当将其账面价值转入改扩建工程，借记“投资性房地产——在建”“投资性房地产累计折旧”科目，贷记“投资性房地产”科目。发生资本化支出时，借记“投资性房地产——在建”科目，贷记“银行存款”“应付职工薪酬”等科目。改扩建工程完成后，借记“投资性房地产”科目，贷记“投资性房地产——在建”科目。

采用公允价值模式计量的，投资性房地产进入改扩建或装修阶段后，应当将其账面价值转入改扩建工程，借记“投资性房地产——在建”科目，贷记“投资性房地产——成本”“投资性房地产——公允价值变动”等科目。改扩建工程完成后，借记“投资性房地产——成本”等科目，贷记“投资性房地产——在建”科目。

（二）费用化的后续支出

企业对投资性房地产进行日常维护所发生的支出，应当借记“其他业务成本”科目，贷记“银行存款”“应付职工薪酬”等科目。

任务三　投资性房地产的转换和处置

一、房地产的转换

（一）房地产的转换形式及转换日

房地产的转换是指房地产用途的变更。企业有确凿证据表明房地产用途发生改变，满足下列条件之一的，应当将投资性房地产转换为其他资产或者将其他资产转换为投资性房地产：

（1）投资性房地产开始自用，即将投资性房地产转为自用房地产。在这种情况下，转换日为房地产达到自用状态，企业开始将其用于生产商品、提供劳务或者经营管理的日期。

（2）作为存货的房地产改为出租，通常是指房地产开发企业将其持有的开发产品以经营租赁的方式出租，存货相应地转换为投资性房地产。在这种情况下，转换日为房地产的租赁期开始日。租赁期开始日，是指承租人有权行使其使用租赁资产权利的日期。

（3）自用建筑物停止自用，改为出租，即企业将原本用于生产商品、提供劳务或者经营管理的房地产改用于出租，固定资产相应地转换为投资性房地产。在这种情况下，转换日为租赁期开始日。

（4）自用土地使用权停止自用，改用于赚取租金或资本增值，即企业将原本用于生产商品、提供劳务或者经营管理的土地使用权改用于赚取租金或资本增值，该土地使用权相应地转换为投资性房地产。在这种情况下，转换日为自用土地使用权停止自用后，确定用于赚取租金或资本增值的日期。

（5）房地产开发企业将用于经营出租的房地产重新开发用于对外销售，从投资性房地产转为存货。在这种情况下，转换日为租赁期满，企业董事会或类似机构作出书面决议明确表明将其重新开发用于对外销售的日期。

以上所指确凿证据包括两个方面：一是企业董事会或类似机构应当就改变房地产用途形成正式的书面决议；二是房地产因用途改变而发生实际状态上的改变，如从自用状态改为出租状态。

（二）房地产转换的会计处理

1.成本模式下的转换

（1）投资性房地产转换为自用房地产。企业将采用成本模式计量的投资性房地产转换为自用房地产时，应当按该项投资性房地产在转换日的账面余额、累计折旧、减值准备等，分别转入"固定资产""累计折旧""固定资产减值准备"等科目，按其账面余额，借记"固定资产"或"无形资产"科目，贷记"投资性房地产"科目，按已计提的折旧或摊销，借记"投资性房地产累计折旧"或"投资性房地产累计摊销"科目，贷记"累计折旧"或"累计摊销"科目，原已计提减值准备的，借记"投资性房地产减值准备"科目，贷记"固定资产减值准备"或"无形资产减值准备"科目。

【工作实例7-5】2023年7月31日，租赁期满，甲公司将出租在外的厂房收回，公司董事会就将该厂房用于本公司生产产品形成了书面决议，自2023年8月1日开始用于本公司生产产品。该项房地产在转换前采用成本模式计量，截至2023年7月31日，账面价值为3 600万元，其中，原价6 000万元，累计已提折旧2 400万元。会计处理如下：

借：固定资产	60 000 000	
投资性房地产累计折旧	24 000 000	
贷：投资性房地产		60 000 000
累计折旧		24 000 000

（2）自用房地产转换为投资性房地产。企业将自用土地使用权或建筑物转换为采用成本模式计量的投资性房地产时，应当按该项建筑物或土地使用权在转换日的原价、累计折旧、减值准备等，分别转入"投资性房地产"、"投资性房地产累计折旧"或"投资性房地产累计摊销"、"投资性房地产减值准备"科目，按其账面余额，借记"投资性房地产"科

目，贷记“固定资产”或“无形资产”科目，按已计提的折旧或摊销，借记“累计折旧”或“累计摊销”科目，贷记“投资性房地产累计折旧（摊销）”科目，原已计提减值准备的，借记“固定资产减值准备”或“无形资产减值准备”科目，贷记“投资性房地产减值准备”科目。

【工作实例7-6】甲公司拥有一栋本公司总部办公使用的办公楼，公司董事会就将该栋办公楼用于出租形成了书面决议。2023年3月8日，甲公司与乙公司签订了经营租赁协议，将这栋办公楼整体出租给乙公司使用，租赁期开始日为2023年4月1日，租期为5年。2023年4月1日，这栋办公楼的账面余额为5 000万元，已计提折旧1 500万元。会计处理如下：

借：投资性房地产	50 000 000	
累计折旧	15 000 000	
贷：固定资产		50 000 000
投资性房地产累计折旧		15 000 000

（3）作为存货的房地产转换为投资性房地产。企业将作为存货的房地产转换为采用成本模式计量的投资性房地产时，应当按该项存货在转换日的账面价值，借记“投资性房地产”科目，原已计提跌价准备的，借记“存货跌价准备”科目，按其账面余额，贷记“开发产品”等科目。

【工作实例7-7】C公司是房地产开发企业，2023年4月10日，C公司董事会就将其开发的一栋写字楼不再出售改为出租形成了书面决议。C公司遂与租入方签订了租赁协议，将此写字楼整体出租给乙公司使用，租赁期开始日为2023年5月1日，租赁期为5年。2023年5月1日，该写字楼的账面余额为50 000万元，未计提存货跌价准备，转换后采用成本模式进行后续计量。会计处理如下：

借：投资性房地产	500 000 000	
贷：开发产品		500 000 000

【小思考7-2】如果企业将原出租的投资性房地产改为存货，会计上应如何处理？

2.公允价值模式下的转换

（1）投资性房地产转换为自用房地产。企业将采用公允价值模式计量的投资性房地产转换为自用房地产时，应当以其转换当日的公允价值作为自用房地产的账面价值，公允价值与原账面价值的差额计入当期损益。转换日，按该项投资性房地产的公允价值，借记“固定资产”或“无形资产”科目，按该项投资性房地产的成本，贷记“投资性房地产——成本”科目，按该项投资性房地产的累计公允价值变动，贷记或借记“投资性房地产——公允价值变动”科目，按其差额，贷记或借记“公允价值变动损益”科目。

【工作实例7-8】2023年9月1日，租赁期满，甲公司将出租的写字楼收回，公司董事会就将该写字楼作为办公楼用于本公司的行政管理形成了书面决议。2023年9月1日，该写字楼正式开始自用，相应地由投资性房地产转换为自用房地产，当日的公允价值为4 200万元。该项房地产在转换前采用公允价值模式计量，原账面价值为4 000万元，其中，成本为3 000万元，公允价值变动借方余额1 000万元。会计处理如下：

借：固定资产	42 000 000	

贷：投资性房地产——成本　　30 000 000

——公允价值变动　　10 000 000

公允价值变动损益　　2 000 000

（2）投资性房地产转换为存货。企业将采用公允价值模式计量的投资性房地产转换为存货时，应当以其转换当日的公允价值作为存货的账面价值，公允价值与原账面价值的差额计入当期损益。

转换日，按该项投资性房地产的公允价值，借记“开发产品”等科目，按该项投资性房地产的成本，贷记“投资性房地产——成本”科目；按该项投资性房地产的累计公允价值变动，贷记或借记“投资性房地产——公允价值变动”科目；按其差额，贷记或借记“公允价值变动损益”科目。

（3）自用房地产转换为投资性房地产。企业将自用土地使用权或建筑物转换为采用公允价值模式计量的投资性房地产时，应当按该项土地使用权或建筑物在转换日的公允价值，借记“投资性房地产——成本”科目，按已计提的累计摊销或累计折旧，借记“累计摊销”或“累计折旧”科目，原已计提减值准备的，借记“无形资产减值准备”“固定资产减值准备”科目，按其账面余额，贷记“无形资产”或“固定资产”科目；同时，转换日的公允价值小于账面价值的，按其差额，借记“公允价值变动损益”科目，转换日的公允价值大于账面价值的，按其差额，贷记“其他综合收益”科目。待该项投资性房地产处置时，因转换记入“其他综合收益”科目的部分应转入当期损益。

【小思考7-3】为什么转换日的公允价值大于账面价值的差额列入“其他综合收益”，而转换日的公允价值小于账面价值的差额列入“公允价值变动损益”？

【工作实例7-9】2023年8月，甲公司打算搬迁至新建办公楼，由于原办公楼处于商业繁华地段，甲公司准备将其出租，以赚取租金收入，已经公司董事会批准形成书面决议。2023年12月底，甲公司完成了搬迁工作，原办公楼停止自用。2024年1月1日，甲公司与乙公司签订了租赁协议，租赁期为3年。假设甲公司对出租的该办公楼采用公允价值模式计量，2024年1月1日，该办公楼的公允价值为2 500万元，其原价为2 600万元，已提折旧800万元。会计处理如下：

借：投资性房地产——成本　　25 000 000

累计折旧　　8 000 000

贷：固定资产　　26 000 000

公允价值变动损益　　7 000 000

（4）作为存货的房地产转换为投资性房地产。企业将作为存货的房地产转换为采用公允价值模式计量的投资性房地产时，应当按该项房地产在转换日的公允价值，借记“投资性房地产——成本”科目，原已计提跌价准备的，借记“存货跌价准备”科目，按其账面余额，贷记“开发产品”等科目；同时，转换日的公允价值小于账面价值的，按其差额，借记“公允价值变动损益”科目，转换日的公允价值大于账面价值的，按其差额，贷记“其他综合收益”科目。待该项投资性房地产处置时，因转换记入“其他综合收益”科目的部分应转入当期损益。

【工作实例7-10】2023年4月15日，甲房地产开发公司董事会形成书面决议，将其开发的一栋写字楼用于出租。甲公司遂与乙公司签订了租赁协议，租赁期开始日为2023年5

月1日，租赁期为5年。2023年5月1日，该写字楼的账面余额为4 000万元，公允价值为4 300万元。会计处理如下：

借：投资性房地产——成本　　43 000 000

　贷：开发产品　　40 000 000

　　其他综合收益　　3 000 000

二、投资性房地产的处置

当投资性房地产被处置，或者永久退出使用且预计不能从其处置中取得经济利益时，应当终止确认该项投资性房地产。企业出售、转让、报废投资性房地产或者发生投资性房地产毁损，应当将处置收入扣除其账面价值和相关税费后的金额计入当期损益。此外，企业因其他原因，如非货币性资产交换等而减少投资性房地产的，也属于投资性房地产的处置。

（一）成本模式计量的投资性房地产的处置

处置采用成本模式计量的投资性房地产时，应当按实际收到的金额，借记“银行存款”等科目，贷记“其他业务收入”“应交税费——应交增值税（销项税额）”等科目；按该项投资性房地产的账面价值，借记“其他业务成本”科目，按其账面余额，贷记“投资性房地产”科目，按照已计提的折旧或摊销，借记“投资性房地产累计折旧（摊销）”科目，原已计提减值准备的，借记“投资性房地产减值准备”科目。

【工作实例7-11】甲公司将其出租的一栋写字楼确认为投资性房地产，采用成本模式计量。租赁期届满后，甲公司将该栋写字楼出售给乙公司，合同价款为2 180万元（含增值税），乙公司已用银行存款付清。出售时，该栋写字楼的成本为1 600万元，已计提折旧300万元，假设不考虑相关税费。会计处理如下：

借：银行存款　　21 800 000

　贷：其他业务收入　　20 000 000

　　应交税费——应交增值税（销项税额）　　1 800 000

借：其他业务成本　　13 000 000

　投资性房地产累计折旧　　3 000 000

　贷：投资性房地产——写字楼　　16 000 000

（二）公允价值模式计量的投资性房地产的处置

处置采用公允价值模式计量的投资性房地产时，应当按实际收到的金额，借记“银行存款”等科目，贷记“其他业务收入”“应交税费——应交增值税（销项税额）”等科目；按该项投资性房地产的账面余额，借记“其他业务成本”科目，按其成本，贷记“投资性房地产——成本”科目，按其累计公允价值变动，贷记或借记“投资性房地产——公允价值变动”科目。同时结转投资性房地产累计公允价值变动。若存在原转换日计入其他综合收益的金额，也一并结转。

【工作实例7-12】A公司将其出租的一栋写字楼确认为投资性房地产，采用公允价值模式进行后续计量。租赁期届满后，A公司将该栋写字楼出售给B公司，合同价款为4 360万元（含增值税），B公司已用银行存款付清。出售时，该栋写字楼的成本为3 000万元，公允价值变动借方余额800万元，假设不考虑相关税费。会计处理如下：

（1）收取处置收入：

借：银行存款	43 600 000	
贷：其他业务收入		40 000 000
应交税费——应交增值税（销项税额）		3 600 000

（2）结转处置成本：

借：其他业务成本	38 000 000	
贷：投资性房地产——成本		30 000 000
——公允价值变动		8 000 000

项目小结

投资性房地产是指为赚取租金或资本增值，或者两者兼有而持有的房地产。投资性房地产主要包括已出租的土地使用权、持有并准备增值后转让的土地使用权和已出租的建筑物。

投资性房地产应当按照其取得的成本进行初始计量。

投资性房地产的后续计量有成本和公允价值两种模式，通常应当采用成本模式计量，满足特定条件时也可以采用公允价值模式计量。但是，同一企业只能采用一种模式对其所有投资性房地产进行后续计量；已采用公允价值模式计量的投资性房地产，不得从公允价值模式转为成本模式。

房地产的转换是指房地产用途的变更，其会计处理分为成本模式下的转换和公允价值模式下的转换两种。

当投资性房地产被处置，或者永久退出使用且预计不能从其处置中取得经济利益时，应当终止确认该项投资性房地产。企业出售、转让、报废投资性房地产或者发生投资性房地产毁损的，应当将处置收入扣除其账面价值和相关税费后的金额计入当期损益。

复习思考题

1.投资性房地产包括哪些项目？
2.固定资产、无形资产与投资性房地产有何区别？
3.对于外购的投资性房地产，其初始计量包括哪些内容？
4.投资性房地产的后续计量有哪些模式？
5.投资性房地产采用公允价值模式进行后续计量应具备哪些条件？
6.投资性房地产转换能否将公允价值模式计量变为成本模式计量？
7.投资性房地产的处置收入和处置成本应该记入什么科目？
8.投资性房地产发生的后续支出应该如何处理？

项目八

非货币性资产交换的核算

【知识目标】

1. 熟悉非货币性资产交换的概念及判断标准；
2. 区分货币性资产交换和非货币性资产交换；
3. 掌握非货币性资产交换按成本模式进行后续计量的会计处理；
4. 掌握非货币性资产交换按公允价值模式进行后续计量的会计处理。

【能力目标】

1. 能够运用会计准则正确判断非货币性资产交换，正确组织会计核算；
2. 能够正确选择非货币性资产交换的后续计量方法，提供非货币性资产交换的会计信息。

【素养目标】

1. 能够认识非货币性资产交换在市场经济中的地位，并正确运用；
2. 充分运用非货币性资产交换会计准则，发挥资产最大效用，提升企业经济效益。

引　言

2005年7月14日至2006年7月12日，加拿大小伙凯尔·麦克唐纳以一枚红色大曲别针为资本，经过十几次“物物交换”，最终不仅实现了换房子的梦想，而且还与兰登书屋公司签订了出书协议，并把电影拍摄权卖给了好莱坞梦工厂。

他成功换物的主要流程如下：一个红色曲别针→一支鱼尾形圆珠笔→一件骷髅头把手饰品→一台野营微波炉→一台旧的家用型发电机→一个有纪念意义的啤酒桶＋一张欠单（要装满啤酒）→一辆雪橇摩托车→一个免费度假安排→一辆旧的两用货车→一份录音棚的合同书（50小时录音、50小时混音制作）→美国凤凰城免费租用一年的双层公寓→与著名摇滚歌星艾丽斯·库珀一起喝下午茶→电视演员科尔宾·伯恩森在新片中提供的一个演员角色→一套房子。

从梦想的开始，麦克唐纳就充分吸引了大众的眼球，第一次交易与第六次交易都是另一方以对其好奇或欣赏的态度与他换取自己不需要的东西。或许，在所有交易中，名声使麦克唐纳的交易越发顺利，或者说异常顺利，但是其中使他迅速令人接受的是他的方式是“物物交换”，在这场交换，更确切地说是游戏中，人们的心情是轻松的，更重要的是，在物物交换过程中，双方都得到了自己想要的东西。

任务一　非货币性资产交换的确认和计量

一、非货币性资产交换的相关概念

（一）货币性资产和非货币性资产的概念

货币性资产，是指企业持有的货币资金和收取固定或可确定金额的货币资金的权利。

非货币性资产，是指货币性资产以外的资产。

货币性资产是相对于非货币性资产而言的。两者区分的主要依据是资产在将来为企业带来的经济利益，即货币金额是否是固定的，或可确定的。如果资产在将来为企业带来的经济利益是固定或可确定的，则该资产属于货币性资产；反之，如果资产在将来为企业带来的经济利益是不固定或不可确定的，则该资产确认为非货币性资产。

（二）非货币性资产交换的概念

非货币性资产交换是指企业主要以固定资产、无形资产、投资性房地产和长期股权投资等非货币性资产进行的交换，该交换不涉及或只涉及少量的货币性资产（即补价）。

（三）非货币性资产交换的特征

非货币性资产交换是一种非经常性的特殊交易行为，它仅包括企业之间以非货币性资产形式进行的互惠转让，即企业取得一项非货币性资产，必须付出自己拥有的非货币性资产作为代价。企业与所有者或所有者以外方面的非货币性资产非互惠转让，如以非货币性资产作为股利发放给股东，或政府无偿提供非货币性资产给企业等，或在企业合并、债务重组中取得的非货币性资产，或企业以发行股票形式取得的非货币性资产，均不属于本项目所讲的非货币性资产交换的范围。此外，企业以存货换取存货、固定资产、无形资产以及长期股权投资等非货币性资产，应该按照收入准则核算，不属于本项目核算的内容。

二、货币性资产交换与非货币性资产交换的主要区别

（一）交换中是否有现金的流入或流出

在货币性资产交换中，有货币性资产的流入或流出，或者能在预定的期间内流入或流出现金。而非货币性资产交换不涉及现金的流入或流出，或者只涉及少量的现金流入或流出。

（二）换入资产及换出资产的计量基础是否相同

货币性资产交换所换入资产的成本计量，是以所放弃的货币性资产金额为基础的，而非货币性资产交换因不涉及或只涉及少量的货币性资产，因此，换入资产成本的计量基础以及对换出资产损益的计量基础与货币性资产交换不同，需要运用不同的计量标准。

（三）货币性资产交换与非货币性资产交换的划分标准不同

认定涉及“少量”货币性资产的交换为非货币性资产交换，通常看补价占整个交换金额的比例来判断是否属于非货币性资产交换，会计准则给出了25%的参考比例，即收到补价的企业，其收到的补价占换出资产公允价值的比例小于25%的，或支付补价的企业，其支付的补价占换出资产公允价值加上支付的补价之和的比例小于25%的，则认定所涉及的补价为“少量”，该交换视为非货币性资产交换。高于25%（含25%）的，视为货币性资产交换，按收入准则进行会计处理。

【工作实例8-1】甲公司以一台闲置的机器换取乙公司的一辆小汽车。该机器的账面价值为20万元，公允价值为13万元；小汽车的账面价值为21万元，公允价值为16万元。甲公司支付了补价3万元。则补价所占比重计算如下：

$$\text{收到补价的企业补价所占比重}=\frac{\text{收到的货币性资产}}{\text{换出资产公允价值}}=\frac{3}{16}\times 100\%=18.75\%$$

$$\text{支付补价的企业补价所占比重}=\frac{\text{支付的货币性资产}}{\text{换出资产公允价值}+\text{支付的补价}}=\frac{3}{13+3}\times 100\%=18.75\%$$

计算结果表明，此笔业务属于非货币性资产交换。

三、非货币性资产交换的确认和计量

（一）非货币性资产交换的确认和计量原则

非货币性资产交换同时满足下列条件的，应当以公允价值和应支付的相关税费作为换入资产的成本，公允价值与换出资产账面金额的差额计入当期损益：

（1）该项交换具有商业实质；

（2）换入资产或换出资产的公允价值能够可靠计量。

换入资产和换出资产公允价值均能够可靠计量的，应当以换出资产公允价值作为确定换入资产成本的基础，但有确凿证据表明换入资产的公允价值更加可靠的除外。

但有下列情形之一时，非货币性资产应当以换出资产的账面金额和应支付的相关税费作为换入资产的成本，不确认换出资产的当期损益：

（1）该项交换不具有商业实质；

（2）换入资产和换出资产的公允价值都无法可靠计量。

因此，在确定换入资产成本的计量基础和交换所产生损益的确认原则时，需要判断该项交换是否具有商业实质，以及换入资产或换出资产的公允价值能否可靠地计量。

（二）商业实质的判断

认定某项非货币性资产交换具有商业实质，必须满足下列条件之一：

一是换入资产的未来现金流量在风险、时间分布和金额方面与换出资产显著不同。具体表现在：

（1）未来现金流量的风险、金额相同，时间分布不同。

（2）未来现金流量的时间分布、金额相同，风险不同。

（3）未来现金流量的风险、时间分布相同，金额不同。

二是使用换入资产所产生的预计未来现金流量现值与继续使用换出资产不同，且其差额与换入资产和换出资产的公允价值相比是重大的。

企业如果难以判断某项非货币性资产交换是否满足第一项条件，则应当考虑第二项条件。在确认非货币性资产交换是否具有商业实质时，企业应当关注交易各方之间是否存在关联方关系。

任务二　账面价值计量模式下的非货币性资产交换的核算

非货币性资产交换不具有商业实质，或者虽然具有商业实质但换入资产和换出资产的公允价值均不能可靠计量的，应当以账面价值为基础计量。对于换入资产，企业应当以换出资产的账面价值和应支付的相关税费作为换入资产的成本，无论是否支付补价，均不确认损益。如果涉及增值税，属于可以抵扣的进项税额的，则在确定换入资产入账价值总额时减去；属于销项税额的，则在确定换入资产入账价值总额时加上。

企业在按照账面价值和应支付的相关税费作为换入资产成本的情况下，也应区分是否发生补价。

一、不涉及补价情况下的会计处理

如果不涉及补价，以换出资产的账面价值加上应支付的相关税费，作为换入资产的入账价值，不涉及损益。换入资产入账价值的计算公式如下：

$$\text{换入资产入账价值}=\text{换出资产账面价值}+\text{应支付的相关税费}-\text{可抵扣的增值税进项税额}$$

【工作实例8-2】假设东方、南方公司均为增值税一般纳税人。东方公司以专利权换入南方公司的机器，假设该交换不具有商业实质。有关资料如下：

（1）东方公司换出的专利权的账面价值为500 000元，累计摊销为80 000元，计税价值为450 000元，增值税为27 000元。

（2）南方公司换出的机器的账面成本为550 000元，累计折旧为50 000元，计税价值为410 000元，增值税为53 300元。

（1）东方公司的会计处理如下：

换入资产的入账价值 =（500 000 − 80 000）+ 27 000 − 53 300 = 393 700（元）

会计分录为：

借：固定资产	393 700	
累计摊销	80 000	
应交税费——应交增值税（进项税额）	53 300	
贷：无形资产		500 000
应交税费——应交增值税（销项税额）		27 000

（2）南方公司的会计处理如下：

换入资产的入账价值 =（550 000 − 50 000）+ 53 300 − 27 000 = 526 300（元）

会计分录为：

借：固定资产清理	500 000	
累计折旧	50 000	
贷：固定资产		550 000
借：无形资产	526 300	
应交税费——应交增值税（进项税额）	27 000	
贷：固定资产清理		500 000
应交税费——应交增值税（销项税额）		53 300

【小思考8-1】在上例的会计处理中，为什么没有出现损益类账户？

二、涉及补价情况下的会计处理

如果涉及补价，分为支付补价和收到补价两种情况：

（一）支付补价方

支付补价方以换出资产的账面价值加上补价和应支付的相关税费，作为换入资产的入账价值，不确认损益。

换入资产入账价值 = 换出资产账面价值 + 支付的补价 + 应支付的相关税费 − 可抵扣的增值税进项税额

（二）收到补价方

收到补价方以换出资产的账面价值减去收到补价的公允价值，加上应支付的相关税费，作为换入资产的入账价值，不确认损益。

换入资产入账价值 = 换出资产账面价值 − 收到的补价 + 应支付的相关税费 − 可抵扣的增值税进项税额

【工作实例8-3】假设黄山公司、泰山公司均为增值税一般纳税人，双方适用的增值税税率均为9%。黄山公司以一栋仓库交换泰山公司拥有的长期股权投资，假设该交换不具有商业实质。有关资料如下：

（1）黄山公司的仓库的账面原值为350万元，已提折旧235万元，税务机关核定的房地产公允价值为120万元。

（2）泰山公司换出的长期股权投资账面价值为105万元。

（3）双方商定，在交换中泰山公司补付黄山公司货币资金10万元。

黄山公司和泰山公司的会计处理如下：

（1）黄山公司的会计处理如下：

①判断是否属于非货币性资产交换：

补价所占比重 = 10 ÷ 120 × 100% = 8.33% < 25%，属于非货币性资产交换。

②换入资产的入账价值 =（350 − 235）+ 120 × 9% − 10 = 115.8（万元）

③会计分录为：

借：固定资产清理	1 150 000	
累计折旧	2 350 000	
贷：固定资产		3 500 000
借：银行存款	100 000	
贷：固定资产清理		100 000
借：长期股权投资	1 158 000	
贷：固定资产清理		1 050 000
应交税费——应交增值税（销项税额）		108 000

（2）泰山公司的会计处理如下：

①判断是否属于非货币性资产交换：

补价所占比重 = 10 ÷ 120 × 100% = 8.33%<25%，属于非货币性资产交换。

②换入资产的入账价值 = 105 − 120 × 9% + 10 = 104.2（万元）

③会计分录为：

借：固定资产	1 042 000	
应交税费——应交增值税（进项税额）	108 000	
贷：长期股权投资		1 050 000
银行存款		100 000

【学中做8-1】在上例的会计处理中，如果黄山公司以银行存款支付仓库清理费用6 000元。请你重新编制黄山公司非货币性资产交换的会计分录。

三、涉及多项非货币性资产交换的会计处理

（一）不涉及补价情况下的会计处理

非货币性资产交换有时涉及多项资产，例如，企业以一项非货币性资产同时换入另一企业的多项非货币性资产，或同时以多项非货币性资产换入另一企业的一项非货币性资产，或以多项非货币性资产同时换入多项非货币性资产。

对于同时换入的多项资产，按照各项换入资产的公允价值的相对比例，将换出资产的账面价值总额分摊至各项换入资产，加上应支付的相关税费，作为各项换入资产的初始计量金额。换入资产的公允价值不能够可靠计量的，可以按照各项换入资产的原账面价值的相对比例或其他合理的比例对换出资产的账面价值进行分摊。

【工作实例8-4】甲公司和乙公司均为增值税一般纳税人，货物的增值税税率为13%，无形资产的增值税税率为6%。甲公司因经营战略发生较大调整，原生产用设备已不符合生产新产品的需要，经协商，与乙公司的生产用设备和专利权进行交换。有关资料如下：

（1）甲公司换出设备的账面原价为800万元，已提折旧500万元，计税价格为240万元。

（2）乙公司生产用设备的账面原价为400万元，已提折旧240万元，计税价格为130万元；专利权的账面价值为180万元，累计摊销为70万元，计税价格为100万元。

（3）甲公司和乙公司交换的物品不改变用途，假定该项交换不具有商业实质。

甲公司与乙公司的会计处理分别如下。

（1）甲公司的会计处理如下：

甲公司换入资产入账价值总额 = 800 − 500 + 240 × 13% − 130 × 13% − 100 × 6%

= 308.3（万元）

甲公司换入设备的入账价值 = 308.3 × 160 ÷（160 + 110）= 182.70（万元）

甲公司换入专利权的入账价值 = 308.3 × 110 ÷（160 + 110）= 125.60（万元）

会计分录为：

借：固定资产清理	3 000 000	
累计折旧	5 000 000	
贷：固定资产		8 000 000
借：固定资产	1 827 000	
无形资产	1 256 000	
应交税费——应交增值税（进项税额）	229 000	
贷：固定资产清理		3 000 000
应交税费——应交增值税（销项税额）		312 000

（2）乙公司的会计处理如下：

乙公司换入设备入账价值总额 =（400 −240）+（180−70）−240×13%+130×13%+100×6%

= 261.7（万元）

会计分录为：

借：固定资产清理	1 600 000	
累计折旧	2 400 000	
贷：固定资产		4 000 000
借：固定资产	2 617 000	
累计摊销	700 000	
应交税费——应交增值税（进项税额）	312 000	
贷：固定资产清理		1 600 000
应交税费——应交增值税（销项税额）		229 000
无形资产		1 800 000

（二）涉及补价情况下的会计处理

对于同时换入的多项资产，按照各项换入资产的公允价值的相对比例，将换出资产的账面价值总额加上支付补价的公允价值或减去收到补价的公允价值分摊至各项换入资产，加上应支付的相关税费，作为各项换入资产的初始计量金额。换入资产的公允价值不能够可靠计量的，可以按照各项换入资产的原账面价值的相对比例或其他合理的比例对换出资产的账面价值进行分摊。

【工作实例8-5】苏客餐饮公司和顺达运输公司均为增值税一般纳税人，其适用的增值税基本税率均为13%，建筑业的增值税税率为9%。为适应业务发展的需要，经协商，苏客餐饮公司决定以生产经营中的餐厅和一台食品加工机换入顺达运输公司的一辆丰田汽车和一辆奔驰汽车。有关资料如下：

（1）苏客餐饮公司餐厅的账面原值为80万元，在交换日的累计折旧为40万元，计税价值为75万元；食品加工机的账面原值为100万元，在交换日的累计折旧为40万元，计税价值为30万元。

（2）顺达运输公司奔驰汽车的账面原值为160万元，在交换日的累计折旧为70万元，计税价值为50万元；丰田汽车的账面原值为80万元，在交换日的累计折旧为10万元，计税价值为60万元。

（3）苏客餐饮公司另外向顺达运输公司支付银行存款10万元。

假设该项交换不具有商业实质，且公允价值不能可靠计量。

（1）苏客餐饮公司的会计处理如下：

换入资产的入账价值为 = （80 − 40）+（100 − 40）+（75 × 9% + 30 × 13%）−（50 + 60）× 13% + 10

= 106.35（万元）

奔驰汽车应分配的价值 = 106.35 × 90 ÷（90 + 70）= 59.82（万元）

丰田汽车应分配的价值 = 106.35 × 70 ÷（90 + 70）= 46.53（万元）

会计分录为：

借：固定资产清理	1 000 000	
累计折旧	800 000	
贷：固定资产——餐厅		800 000
——食品加工机		1 000 000
借：固定资产——丰田汽车	465 300	
——奔驰汽车	598 200	
应交税费——应交增值税（进项税额）	143 000	
贷：固定资产清理		1 000 000
应交税费——应交增值税（销项税额）		106 500
银行存款		100 000

（2）顺达运输公司的会计处理如下：

换入资产的入账价值 = （160 − 70）+（80 − 10）−（75 × 9% + 30 × 13%）+（50 + 60）× 13% − 10

= 153.65（万元）

餐厅应分配的价值 = 153.65 × 40 ÷（40 + 60）= 61.46（万元）

食品加工机应分配的价值 = 153.65 × 60 ÷（40 + 60）= 92.19（万元）

会计分录为：

借：固定资产清理	1 600 000	
累计折旧	800 000	
贷：固定资产——丰田汽车		800 000
——奔驰汽车		1 600 000
借：固定资产——餐厅	614 600	
——食品加工机	921 900	
应交税费——应交增值税（进项税额）	106 500	
银行存款	100 000	
贷：固定资产清理		1 600 000
应交税费——应交增值税（销项税额）		143 000

任务三　公允价值计量模式下的非货币性资产交换的核算

一、以公允价值模式计量的非货币性资产交换的会计处理原则

以公允价值计量的非货币性资产交换的会计处理，视换出资产的类别不同而有所区别：

（1）换出资产为固定资产、无形资产的，应当视同固定资产、无形资产处置处理，换出资产公允价值与换出资产账面价值的差额计入资产处置损益。

（2）换出资产为投资性房地产的，应当视同销售投资性房地产处理，按照公允价值确认销售收入，同时结转销售成本，销售收入与销售成本之间的差额即换出资产公允价值与换出资产账面价值的差额，在利润表中作为营业利润的构成部分予以列示。

（3）换出资产为其他权益工具投资、长期股权投资的，应当视同投资处置处理，换出资产公允价值与换出资产账面价值的差额计入投资收益。

非货币性资产交换涉及应缴纳的增值税等的，按照相关税收规定计算确定。

二、单项非货币性资产交换的核算

（一）不涉及补价情况下的会计处理

不涉及补价的，应当以换出资产的公允价值和应支付的相关税费作为换入资产的成本，换出资产公允价值与其账面价值之间的差额，确认为当期损益，即：

$$\text{换入资产入账价值} = \text{换出资产公允价值} + \text{应支付的相关税费} - \text{可抵扣的增值税进项税额}$$

有确凿证据表明换入资产的公允价值更加可靠的，对于换入资产，应当以换入资产的公允价值和应支付的相关税费作为换入资产的初始计量金额；对于换出资产，应当在终止确认时，将换入资产的公允价值与换出资产账面价值之间的差额计入当期损益。

【工作实例8-6】假设甲、乙公司均为增值税一般纳税人。甲公司以专利权换入乙公

司的机器，假设该交换具有商业实质。有关资料如下：

（1）甲公司换出的专利权的账面成本为500 000元，累计摊销为80 000元，公允价值为450 000元，增值税为27 000元。

（2）乙公司换出的机器的账面成本为550 000元，累计折旧为50 000元，公允价值为410 000元，增值税为53 300元。

会计处理如下：

（1）甲公司的会计处理如下：

换入资产的入账价值 = 450 000 + 27 000 − 53 300 = 423 700（元）

会计分录为：

借：固定资产	423 700	
累计摊销	80 000	
应交税费——应交增值税（进项税额）	53 300	
贷：无形资产		500 000
应交税费——应交增值税（销项税额）		27 000
资产处置损益		30 000

（2）乙公司的会计处理如下：

换入资产的入账价值 = 410 000 + 53 300 − 27 000 = 436 300（元）

会计分录为：

借：固定资产清理	500 000	
累计折旧	50 000	
贷：固定资产		550 000
借：无形资产	436 300	
应交税费——应交增值税（进项税额）	27 000	
贷：固定资产清理		410 000
应交税费——应交增值税（销项税额）		53 300
借：资产处置损益	90 000	
贷：固定资产清理		90 000

【小思考8–2】在非货币性资产交换过程中，甲、乙两企业为换入资产支付运输费的增值税为什么不影响换入资产的成本？

【工作实例8–7】长江公司和黄河公司均为增值税一般纳税人，本月发生非货币性资产交换如下：

（1）合同规定：长江公司以生产经营过程中使用的车床交换黄河公司的其他权益工具投资。

（2）长江公司换出的车床账面原值为100 000元，在交换日的累计折旧为50 000元，公允价值为75 000元，增值税为9 750元；另以银行存款支付车床清理费3 000元。

（3）黄河公司换出的其他权益工具投资账面价值为60 000元，在交换日的公允价值为84 000元。

（4）假设双方交换具有商业实质且公允价值是可靠计量的，则采用公允价值计量。

会计处理如下：

（1）长江公司的会计处理如下：

换入资产的入账价值 = 75 000 + 9 750 = 84 750（元）

应当计入当期的损益 = 75 000 –（100 000 – 50 000）– 3 000 = 22 000（元）

会计分录为：

借：固定资产清理　　50 000

　　累计折旧　　50 000

　　贷：固定资产——车床　　100 000

借：固定资产清理　　3 000

　　贷：银行存款　　3 000

借：长期股权投资　　84 750

　　贷：固定资产清理　　75 000

　　　　应交税费——应交增值税（销项税额）　　9 750

借：固定资产清理　　22 000

　　贷：资产处置损益　　22 000

（2）黄河公司的会计处理如下：

换入资产的入账价值 = 84 000 – 75 000 × 13% = 74 250（元）

应当计入当期的损益 = 84 000 – 60 000 = 24 000（元）

会计分录为：

借：固定资产——车床　　74 250

　　应交税费——应交增值税（进项税额）　　9 750

　　贷：长期股权投资　　60 000

　　　　投资收益　　24 000

【学中做 8-2】在上例中，如果长江公司为换入长期股权投资支付相关费用945元。请编制长江公司非货币性资产交换的会计分录。

（二）涉及补价情况下的会计处理

如果涉及补价，分为支付补价和收到补价两种情况：

1. 支付补价方

支付补价方以换出资产的公允价值加上补价和应支付的相关税费，作为换入资产的入账价值，换出资产公允价值与其账面价值的差额计入当期损益。

$$\text{换入资产入账价值} = \text{换出资产的公允价值} + \text{支付的补价} + \text{应支付的相关税费} - \text{可抵扣的增值税进项税额}$$

2. 收到补价方

收到补价方以换出资产的公允价值减去补价加上应支付的相关税费，作为换入资产的入账价值，换出资产公允价值与其账面价值的差额计入当期损益。

$$\text{换入资产入账价值} = \text{换出资产的公允价值} - \text{收到的补价} + \text{应支付的相关税费} - \text{可抵扣的增值税进项税额}$$

【工作实例 8-8】华山股份有限公司与黄山股份有限公司均为增值税一般纳税人。双方商定，华山股份有限公司用一辆福特小汽车交换黄山股份有限公司的一套机器设备。假设双方交换具有商业实质且公允价值是可靠计量的，采用公允价值计量。有关资料如下：

（1）福特汽车的账面原值为150 000元，在交换日的累计折旧为15 000元，公允价值为160 000元，增值税为20 800元。

（2）机器设备的账面原值为200 000元，在交换日的累计折旧为64 000元，公允价值为170 000元，增值税为22 100元。

（3）华山股份有限公司另外向黄山股份有限公司支付银行存款10 000元。

（4）在交换过程中，华山股份有限公司发生清理费用2 100元，黄山股份有限公司发生清理费用3 200元。

会计处理如下：

（1）华山股份有限公司的会计处理如下：

因为支付的货币性资产占换出资产公允价值与支付的货币性资产之和的比例为：10 000÷（10 000 + 160 000）× 100% = 5.88%，低于25%，所以此交换属于非货币性资产交换。

换入资产的入账价值 = 160 000 + 160 000 × 13% − 170 000 × 13% + 2 100 + 10 000
= 170 800（元）

应当计入当期的损益 = 160 000 −（150 000 − 15 000）= 25 000（元）

会计分录为：

借：固定资产清理 135 000
　　累计折旧 15 000
　　贷：固定资产——福特汽车 150 000

借：固定资产清理 2 100
　　贷：银行存款 2 100

借：固定资产——机器设备 170 800
　　应交税费——应交增值税（进项税额） 22 100
　　贷：银行存款 10 000
　　　　固定资产清理 162 100
　　　　应交税费——应交增值税（销项税额） 20 800

借：固定资产清理 25 000
　　贷：资产处置损益 25 000

（2）黄山股份有限公司的会计处理如下：

因收到的货币性资产占换出资产公允价值的比例为：10 000 ÷ 170 000 × 100% = 5.88%，低于25%。故此笔交换是非货币性资产交换。

换入资产的入账价值 = 170 000 + 170 000 × 13% − 160 000 × 13% − 10 000 + 3 200
= 164 500（元）

应当计入当期的损益 = 170 000 −（200 000 − 64 000）= 34 000（元）

会计分录为：

借：固定资产清理 136 000
　　累计折旧 64 000

贷：固定资产——机器设备　200 000

借：固定资产清理　3 200

贷：银行存款　3 200

借：固定资产——福特汽车　164 500

应交税费——应交增值税（进项税额）　20 800

银行存款　10 000

贷：固定资产清理　173 200

应交税费——应交增值税（销项税额）　22 100

借：固定资产清理　34 000

贷：资产处置损益　34 000

【学中做8-3】在上例中，如果黄山股份有限公司以银行存款支付机器设备的运输费用1 600元。请你为黄山股份有限公司编制非货币性资产交换的会计分录。

三、涉及多项非货币性资产交换的会计处理

（一）涉及多项非货币性资产交换的会计处理原则

以公允价值为基础计量的非货币性资产交换，同时换入或换出多项资产的，应当按照下列规定进行处理：

（1）对于同时换入的多项资产，按照换入的金融资产以外的各项换入资产公允价值相对比例，将换出资产公允价值总额（涉及补价的，加上支付补价的公允价值或减去收到补价的公允价值）扣除换入金融资产公允价值后的净额进行分摊，以分摊至各项换入资产的金额，加上应支付的相关税费，作为各项换入资产的成本进行初始计量。

有确凿证据表明换入资产的公允价值更加可靠的，以各项换入资产的公允价值和应支付的相关税费作为各项换入资产的初始计量金额。

（2）对于同时换出的多项资产，将各项换出资产的公允价值与其账面价值之间的差额，在各项换出资产终止确认时计入当期损益。

有确凿证据表明换入资产的公允价值更加可靠的，按照各项换出资产的公允价值的相对比例，将换入资产的公允价值总额（涉及补价的，减去支付补价的公允价值或加上收到补价的公允价值）分摊至各项换出资产，分摊至各项换出资产的金额与各项换出资产账面价值之间的差额，在各项换出资产终止确认时计入当期损益。

（二）不涉及补价情况下的会计处理

企业发生的非货币性交易涉及多项资产时，在没有补价的情况下，基本原则与单项资产的会计处理原则相同，唯一的区别是先按公允价值确定金融资产的入账价值，然后按换入的各项非金融资产的公允价值与换入非金融资产公允价值总额的比例进行分配，以确定各项换入非金融资产的入账价值。用公式表示为：

$$\text{换入非金融资产的入账价值总额} = \text{换出非金融资产的公允价值总额} + \text{应支付的相关税费}$$

$$\text{换入非金融资产的入账价值} = \text{换入非金融资产的入账价值总额} \times \frac{\text{换入各项非金融资产公允价值}}{\text{换入非金融资产公允价值总额}}$$

【工作实例8-9】甲公司和乙公司均为增值税一般纳税人，货物、建筑业和金融资产

及无形资产的增值税税率分别为13%、9%和6%。甲公司为了适应经济业务发展的需要，与乙公司协商，将甲公司原生产用的库房和交易性金融资产，与乙公司的运输车辆和无形资产交换，交换双方均不改变资产性质。有关资料如下：

（1）甲公司换出库房的账面原价为600万元，已提折旧120万元，公允价值为500万元；换出交易性金融资产的账面成本为200万元，公允价值变动为40万元，公允价值为300万元。

（2）乙公司换出运输车辆的账面原价为800万元，已提折旧360万元，公允价值为400万元；换出无形资产的账面价值为500万元，累计摊销为150万元，公允价值为400万元。

（3）假定该交易具有商业实质，且公允价值均能够可靠计量。

甲公司的会计处理如下：

非货币性资产交换双方交换的资产均不涉及补价，属于非货币性资产交换。

换出资产的公允价值 = 500 + 300 = 800（万元）

换入资产的总成本 = 800 + 500 × 9% + 300 × 6% −（400 × 13% + 400 × 6%）= 787（万元）

其中：

换入的运输车辆应分配的价值 = 400 ÷ 800 × 787 = 393.5（万元）

换入的无形资产应分配的价值 = 400 ÷ 800 × 787 = 393.5（万元）

甲公司的会计分录：

借：固定资产清理　　4 800 000
　　累计折旧　　1 200 000
　　贷：固定资产——库房　　6 000 000

借：固定资产——运输车辆　　3 935 000
　　无形资产　　3 935 000
　　应交税费——应交增值税（进项税额）　　760 000
　　贷：固定资产清理　　5 600 000
　　　　应交税费——应交增值税（销项税额）　　630 000
　　　　交易性金融资产——成本　　2 000 000
　　　　　　　　　　——公允价值变动　　400 000

借：固定资产清理　　800 000
　　贷：资产处置损益　　200 000
　　　　投资收益　　600 000

乙公司的会计处理如下：

换出资产的公允价值 = 400 + 400 = 800（万元）

换入交易性金融资产的成本 = 300万元

换入库房资产的总成本 = 800 − 300 − 500 × 9% − 300 × 6% +（400 × 13% + 400 × 6%）
　　　　　　　　　　= 513（万元）

乙公司的会计分录：

借：固定资产清理　　4 400 000
　　累计折旧　　3 600 000

贷：固定资产　　8 000 000

借：交易性金融资产——成本　　3 000 000

固定资产——库房　　5 130 000

累计摊销　　1 500 000

应交税费——应交增值税（进项税额）　　630 000

贷：固定资产清理　　4 500 000

无形资产　　5 000 000

应交税费——应交增值税（销项税额）　　760 000

借：固定资产清理　　100 000

贷：资产处置损益　　100 000

（三）涉及补价情况下的会计处理

【工作实例 8-10】A公司以一项长期股权投资和专利权换取B公司一辆小轿车和一批生产设备。有关资料如下：

（1）A公司长期股权投资的账面余额为130万元，公允价值为150万元；专利权账面余额为70万元，累计摊销为30万元，公允价值为50万元，增值税为3万元。

（2）B公司小轿车的账面余额为68万元，累计折旧为18万元，公允价值为50万元，增值税为6.5万元；生产设备的账面成本为230万元，累计折旧为40万元，公允价值为150万元，增值税为19.5万元。

（3）A公司以银行存款支付B公司补价23万元和设备搬运费1万元。

假设交换双方具有商业实质，且公允价值是可靠计量的。

（1）A公司的会计处理如下：

支付的补价23万元占换出资产公允价值与支付补价之和203万元的10.31%，小于25%，属于非货币性资产交换。

换入资产入账价值总额 = 150 + 50 + 23 + 1 + 3 − 6.5 − 19.5 = 201（万元）

应当计入当期的投资收益 = 150 − 130 = 20（万元）

应计入无形资产处置损益的金额 = 50 −（70 − 30）= 10（万元）

换入小轿车应分配的价值 = 201 × 50 ×（50 + 150）= 50.25（万元）

换入生产设备应分配的价值 = 201 × 150 ×（50 + 150）= 150.75（万元）

会计分录如下：

借：固定资产——小轿车　　502 500

——生产设备　　1 507 500

累计摊销　　300 000

应交税费——应交增值税（进项税额）　　260 000

贷：长期股权投资　　1 300 000

无形资产　　700 000

应交税费——应交增值税（销项税额）　　30 000

银行存款　　240 000

投资收益　　200 000

资产处置损益　　100 000

（2）B公司的会计处理如下：

换入长期股权投资的入账价值总额 = 150万元

换入无形资产的入账价值总额 = 50 + 150 − 23 − 3 + 6.5 + 19.5 − 150 = 50（万元）

会计分录如下：

借：固定资产清理　　2 400 000
　　累计折旧　　580 000
　　贷：固定资产——小轿车　　680 000
　　　　　　　——生产设备　　2 300 000

借：长期股权投资　　1 500 000
　　无形资产　　500 000
　　应交税费——应交增值税（进项税额）　　30 000
　　银行存款　　230 000
　　贷：固定资产清理　　2 000 000
　　　　应交税费——应交增值税（销项税额）　　260 000

借：资产处置损益　　400 000
　　贷：固定资产清理　　400 000

项目小结

非货币性资产交换是指企业主要以固定资产、无形资产、投资性房地产和长期股权投资等非货币性资产进行的交换。该交换不涉及或只涉及少量的货币性资产（即补价）。

非货币性资产交换如果同时满足具有商业实质且公允价值能够可靠计量条件的，以公允价值为基础计量，公允价值与其账面价值之间的差额，确认为当期损益；不符合条件的，换入资产的入账价值以换出资产的账面价值为基础计量，不确认损益。

企业无论在按照公允价值和应支付的相关税费作为换入资产成本的情况下，还是在按照换出资产的账面价值和应支付的相关税费作为换入资产成本的情况下，都必须分别是否发生补价，采用不同的会计处理。

复习思考题

1.货币性资产和非货币性资产是怎样划分的？它们分别包括哪些内容？

2.怎样判断一项交换是否属于非货币性资产交换？

3.什么是商业实质？判断是否具有商业实质的主要依据有哪些？

4.如果是具有商业实质但公允价值不能够可靠计量的非货币性资产交换，应当如何计量换入资产的价值？

5.在账面价值模式换入多项非货币性资产时，计量各项换入资产的价值有哪些步骤？

6.在公允价值模式换入多项非货币性资产时，计量各项换入资产的价值有哪些步骤？

项目九

流动负债的核算

【知识目标】

1. 掌握短期借款、应付票据、应付账款的概念；
2. 掌握应付职工薪酬的概念和内容；
3. 掌握企业应交税费的内容和账户设置；
4. 掌握预收账款、其他应付款的内容。

【能力目标】

1. 能够掌握短期借款、应付票据、应付账款的核算方法，提供企业金融负债信息；
2. 能够正确及时地组织应付职工薪酬的计算，及时发放和计提“五险一金”；
3. 熟悉各项税费的核算内容，正确计算和缴纳税费，提供及时准确的税费信息；
4. 掌握预收账款、其他应付款的内容及核算。

【素养目标】

1. 能够正确认识财务杠杆的作用，合理负债，发挥金融负债对企业的积极作用；
2. 按时准确地计算和发放职工薪酬，提高为民服务意识，增加职工归属感和幸福感；
3. 按时准确地计算和缴纳各项税费，保护税源，为实现中国梦做贡献。

引言

企业要实现利益最大化，在很大程度上受企业盈利水平的影响，而负债成本则是直接影响企业盈利水平的重要因素之一。其一，流动负债的资本成本要低于长期负债的资本成本。负债的成本主要包括取得与占有成本。对于应付股利、应付利息和应付账款来说，取得与占有成本基本为零。对于短期借款与长期借款来说，前者除第一次的取得成本与后者相差不大外，以后各次的占有成本由于程序化原因，都可忽略不计，可以认为两者在取得成本方面基本相等；但短期借款的利息要低于长期借款的利息，即前者的占有成本要低于后者。其二，根据我国企业会计准则的规定，长期负债在用于固定资产投资及研究开发等方面时，负债成本要资本化，并且随着时间的推移按一定比例进行折旧、摊销。而流动负债用于此方面的投资时，其成本可直接计入费用，减少了当期的税费支出，延缓了纳税时间，有利于企业的长期经营，符合企业效益最大化的长期目标。所以，企业加强流动负债核算与管理，是提高经济效益的重要手段。

根据2022年财政收支统计数据，2022年全国一般公共预算收入为203 703亿元，包括全国税收收入166 614亿元，非税收入37 089亿元。税收收入中，国内增值税48 717亿元，国内消费税16 699亿元，企业所得税43 690亿元，个人所得税14 923亿元，进口货物增值税、消费税19 995亿元，关税2 860亿元。增值税和消费税总收入85 411亿元，占全国税收收入51.26%，占全国一般公共预算收入的41.93%。企业所得税排名第3，个人所得税排名上升到第4名。可以看出，增值税和消费税在我国财政收入中占据半壁江山的地位，加强增值税和消费税的征收和管理成为税务部门的工作重点，同样，加强增值税和消费税的核算与管理也就成为企业会计核算的重中之重。个人所得税排名靠前，说明我国居民收入在大幅度提高，全面实现奔小康目标基本实现。

任务一　短期借款及金融负债的核算

一、短期借款的核算

（一）短期借款的概念和内容

短期借款是指企业向银行或其他金融机构借入的期限在1年以下（含1年）的各种借款。

企业应设置“短期借款”科目反映和监督短期借款的取得和归还情况，该科目贷方登记取得的借款金额，借方登记归还的借款金额；期末余额在贷方，反映企业尚未归还的借款。该科目应当按借款种类、贷款人和币种设置明细科目。

微课

短期借款（一）

（二）短期借款的会计处理

1. 短期借款取得的核算

企业取得短期借款时，通常在取得借款日按取得借款数额，借记“银行存款”科目，贷记“短期借款”科目。

微课

短期借款（二）

2. 短期借款利息的核算

短期借款的利息一般作为“财务费用”计入当期损益。如果符合借款费用资本化条件的，应计入相关资产的成本。

如果短期借款的利息是按期支付的（按季、按半年），或利息是在借款到期时连同本金一起偿还，并且数额较大的，一般采用预提的办法，按期计提列入“财务费用”等科目。如果企业短期借款的利息是按月支付的，或利息是在借款到期时连同本金一起偿还，但数额不大的，可以不采用预提的办法，而是在实际支付时，直接计入当期损益或相关资产科目。

预提短期借款利息不通过“短期借款”科目，而是通过“应付利息”科目单独进行核算。

3. 短期借款归还的核算

短期借款到期，应及时归还。到期归还借款时，应借记“短期借款”科目，贷记“银行存款”科目。

【工作实例 9-1】甲公司向中国银行取得商品周转借款 800 000 元，期限 6 个月，年利率 6%，到期一次还本付息。会计处理如下：

（1）取得借款时：

借：银行存款　　800 000

　　贷：短期借款　　800 000

（2）按月预提借款利息时：

月利息额 = 800 000 × 6%÷12 = 4 000（元）

借：财务费用　　4 000

　　贷：应付利息　　4 000

（3）到期归还本息时：

借：短期借款　　800 000

　　应付利息　　24 000

　　贷：银行存款　　824 000

【小思考 9-1】为什么企业在确认借款利息时，不确认增值税进项税额？

二、金融负债的核算

（一）金融负债的概念及计量

1. 金融负债的概念

金融负债，是指企业符合下列条件之一的负债：

（1）向其他方交付现金或其他金融资产的合同义务。例如，企业的应付票据、应付账款、应付债券等均属于金融负债，预付账款就不属于金融负债。

（2）在潜在不利条件下，与其他方交换金融资产或金融负债的合同义务。例如，企业签出的看涨期权和看跌期权等。

2. 金融负债的计量

企业确认的金融负债应当按照公允价值进行初始计量。对于以公允价值计量且其变动计入当期损益的金融负债，相关交易费用应当直接计入当期损益，其他类型的金融负债相关交易费用计入初始确认金额。

企业对以公允价值计量且其变动计入当期损益的金融负债，应当按照公允价值进行后续计量，其公允价值变动形成的利得或损失计入当期损益；其他类型的金融负债应当按照摊余成本进行后续计量，按实际利率摊销时计入相关期间的成本或费用。

（二）交易性金融负债的核算

为了反映以公允价值计量且其变动计入当期损益的金融负债，企业应设置“交易性金融负债”科目。该科目贷方登记取得的交易性金融负债及公允价值变动利得；借方登记交易性金融负债公允价值变动损失，期末余额在贷方，反映企业的交易性金融负债的公允价值。

【工作实例9-2】7月1日，甲公司经批准发行5 000万元的短期融资债券，期限1年，票面利率为5%，到期一次还本付息，所募集的资金用于生产经营活动。公司将该债券划分为以公允价值计量且其变动计入当期损益的金融负债。其会计分录如下：

（1）7月1日发行债券时：

借：银行存款	50 000 000	
贷：交易性金融负债		50 000 000

（2）12月31日该债券的公允价值为5 100万元时：

借：公允价值变动损益	1 000 000	
贷：交易性金融负债		1 000 000
借：财务费用（50 000 000×5%÷12×6）	1 250 000	
贷：应付利息		1 250 000

（3）6月30日债券到期时：

借：财务费用	1 250 000	
贷：应付利息		1 250 000
借：交易性金融负债	51 000 000	
应付利息	2 500 000	
贷：银行存款		52 500 000
公允价值变动损益		1 000 000

（三）应付票据的核算

应付票据是指出票人签发的、委托付款人在指定日期无条件支付确定的金额给收款人或者持票人的票据，包括商业承兑汇票和银行承兑汇票两种。

【小思考9-2】企业使用商业汇票应具备什么条件？商业汇票可以背书转让或提取现金吗？

为了反映应付票据的业务，企业应设置“应付票据”科目核算商业汇票的承兑及偿付情况。该科目贷方登记签发并承兑的商业汇票的面值；借方登记票据到期支付的本金数额；期末贷方余额反映企业尚未到期的商业汇票的面值。该科目应按不同的债权人设置明细科目，进行明细核算。企业应设置“应付票据备查簿”，详细登记每一应付票据的种类、号数、签发日期、到期日、票面金额、交易合同号、收款单位名称，以及付款日期和金额等详细资料。应付票据到期付清时，应在备查簿内逐笔注销。

1.应付票据的签发

企业开出、承兑票据时，应按面值借记“原材料”“材料采购”“应付账款”等科目，贷记“应付票据”科目。如果是银行承兑汇票，还应按承兑金额的一定比例支付承兑手续费，借记“财务费用”“应交税费——应交增值税（进项税额）”等科目，贷记“银行存款”科目。

2.到期清偿应付票据

票据到期支付票款时，按面值借记“应付票据”科目，贷记“银行存款”科目。

到期不能偿付应付票据时，应根据不同情况进行处理：如果是商业承兑汇票，应转作应付账款，待协商后再处理，按面值借记“应付票据”科目，贷记“应付账款”科目。如果是银行承兑汇票，银行已代为付款，并从付款方账户扣款，对尚未扣回的部分作为逾期贷款处理。因此，付款方应借记“应付票据”科目，贷记“银行存款”“短期借款”科目。

【工作实例9-3】甲公司（为增值税一般纳税人）购进A材料80 000元，增值税税额为10 400元。甲公司3月4日签发面值90 400元、期限3个月的不带息商业汇票一张，承兑后交付对方。甲公司于6月4日如数支付。其会计分录如下：

（1）3月4日开出商业汇票时：

借：原材料——A材料	80 000	
应交税费——应交增值税（进项税额）	10 400	
贷：应付票据		90 400

（2）6月4日到期如数支付时：

借：应付票据	90 400	
贷：银行存款		90 400

（3）若本例中的商业汇票为银行承兑汇票，按万分之五交纳承兑手续费45.20元时：

借：财务费用	42.64	
应交税费——应交增值税（进项税额）	2.56	
贷：银行存款		45.20

（4）如果是银行承兑汇票，企业到期无力支付，转作“短期借款”时：

借：应付票据	90 400	
贷：短期借款		90 400

（四）应付账款

应付账款是指企业因购买材料、商品和接受劳务供应等而应付给供应单位的款项。应付账款入账时间应以所购买物资所有权的转移或接受的劳务已发生为标志。在会计实务中，应区别不同情况进行处理：

（1）在货物和发票账单同时到达的情况下，通常在货物验收入库后，按发票账单登记应付账款入账。

（2）如果货物先到，货款未付，为了简化核算手续，可暂时不作应付账款处理，待发票账单到达后付款时，按付款、收货同时进行处理。但如果到月末仍未付款，应根据不同情况分别处理：月末发票账单已到，但由于付款期未到等原因而尚未付款的，应于月末根据发票账单作应付账款入账；如果月末时，发票账单仍未到达，则应先按暂估价入账，待下月初再用红字冲回，或编制相反方向的会计分录。

企业应设置“应付账款”科目核算和监督应付账款的增减变化情况，该科目贷方登记企业因购入商品物资、接受劳务供应而形成的应付未付款项以及到期的商业汇票因无款支付而转入的应付票据款，借方登记企业偿还的应付账款、以商业汇票抵付的应付账款，以及无法支付的应付账款转销数；贷方余额反映企业尚未支付的应付款项，借方余额反映企业预收的款项。该科目应按债权人设置明细分类科目。

企业发生应付账款时，借记有关科目，贷记“应付账款”科目；偿还应付账款时，借记“应付账款”科目，贷记“银行存款”科目；企业开出、承兑商业汇票抵付应付账款时，借记“应付账款”科目，贷记“应付票据”科目。

应付账款附有现金折扣条款的，企业应按照扣除现金折扣前的应付款总额入账，若在折扣期限内付款而获得现金折扣，应在偿付应付账款时冲减财务费用。

企业对于无法支付的应付账款，经批准列入“营业外收入”科目。

【工作实例9-4】某企业购入原材料一批，价款30 000元，增值税3 900元，因未到付款期尚未付款，材料已验收入库。该企业原材料收发按实际成本计价法进行核算。其会计分录如下：

（1）材料入库时：

借：原材料	30 000	
应交税费——应交增值税（进项税额）	3 900	
贷：应付账款		33 900

（2）支付应付账款时：

借：应付账款	33 900	
贷：银行存款		33 900

任务二　应付职工薪酬的核算

一、职工薪酬的内容

职工薪酬是指企业为获得职工提供的服务或解除劳动关系而给予的各种形式的报酬或补偿。职工薪酬包括短期薪酬、离职后福利、辞退福利和其他长期职工福利。企业提供给职工配偶、子女、受赡养人、已故员工遗属及其他受益人等的福利，也属于职工薪酬。

微课

应付职工薪酬概述

这里的职工是指与企业订立劳动合同的所有人员，含全职、兼职和临时职工，也包括虽未与企业订立劳动合同但由企业正式任命的人员。未与企业订立劳动合同或未由其正式任命，但向企业所提供服务与职工所提供服务类似的人员，也属于职工的范畴，包括通过企业与劳务中介公司签订用工合同而向企业提供服务的人员。

职工薪酬的内容主要包括以下方面。

（一）短期薪酬

短期薪酬是指企业在职工提供相关服务的年度报告期间结束后12个月内需要全部予以支付的职工薪酬，因解除与职工的劳动关系给予的补偿除外。短期薪酬具体包括：

（1）职工工资、奖金、津贴和补贴，是指按照国家统计局的规定构成工资总额的计时工资、计件工资、支付给职工的超额劳动报酬和增收节支的劳动报酬、为补偿职工特殊或额外的劳动消耗和因其他特殊原因支付给职工的津贴，以及为保证职工工资水平不受物价影响而支付给职工的物价补贴等。

（2）职工福利费，是指企业为职工提供的福利，包括职工的医药费、内设医院医护人员的工资、医务经费、职工因公负伤外地就医的路费、职工生活困难补助以及按照国家规定开支的其他职工福利支出等。

（3）医疗保险费、工伤保险费等社会保险费，是指企业按照国家规定的基准和比例计算，向社会保险经办机构缴纳的医疗保险费、工伤保险费等。养老保险和失业保险属于离职后福利，不属于短期薪酬。

（4）住房公积金，是指企业按照国家《住房公积金管理条例》规定的基准和比例计算，向住房公积金管理机构缴存的住房公积金。

（5）工会经费和职工教育经费，是指企业为了改善职工文化生活、提高职工业务素质，用于开展工会活动和职工教育及职业技能培训，根据国家规定的基准和比例，从成本费用中提取的金额。

（6）短期带薪缺勤，是指企业支付工资或提供补偿的职工缺勤，包括年休假、病假、短期伤残、婚假、产假、丧假、探亲假等。

（7）利润分享计划，是指因职工提供服务而与职工达成的基于利润或其他经营成果提供薪酬的协议。

（8）非货币性福利，是指企业以自产产品或外购商品发放给职工作为福利，将自己拥有的资产无偿提供给职工使用，为职工无偿提供医疗保健服务等。

（二）离职后福利

微课

长期职工薪酬

离职后福利是指企业为获得职工提供的服务而在职工退休或与企业解除劳动关系后，提供的各种形式的报酬和福利，短期薪酬和辞退福利除外。

（三）辞退福利

辞退福利是指企业在职工劳动合同到期之前解除与职工的劳动关系，或者为鼓励职工自愿接受裁减而给予职工的补偿。

（四）其他长期职工福利

其他长期职工福利，是指除短期薪酬、离职后福利、辞退福利之外所有的职工薪酬，包括长期带薪缺勤、长期残疾福利、长期利润分享计划等。

【小思考9-3】“离职后福利”和“辞退福利”是不是一回事？如何理解？

二、应付职工薪酬的确认和计量

（一）短期薪酬的确认和计量

1. 短期薪酬的确认

企业应当在职工为其提供服务的会计期间，将实际发生的短期薪酬确认为负债，并计入当期损益或计入相关资产成本。例如，生产部门人员的职工薪酬，记入“生产成本”“制造费用”“合同履约成本”等科目；在建工程、研发支出相关人员的职工薪酬，记入“在建工程”“研发支出”等科目；管理部门人员、销售人员的职工薪酬，记入“管理费用”“销售费用”科目。

2. 短期薪酬的计量

（1）企业发放的职工工资、奖金、津贴和补贴，应当将实际发生额确认为负债。

（2）企业发生的职工福利费，应当在实际发生时根据实际发生额计入当期损益或相关资产成本。职工福利费为非货币性福利的，应当按照公允价值计量。

（3）企业为职工缴纳的医疗保险费、工伤保险费等社会保险费和住房公积金，以及按规定提取的工会经费和职工教育经费，应当在职工为其提供服务的会计期间，根据规定的计提基础和计提比例计算确定相应的职工薪酬金额，并确认相应负债。

（4）带薪缺勤分为累积带薪缺勤和非累积带薪缺勤。累积带薪缺勤是指带薪缺勤权利可以结转下期的带薪缺勤，本期尚未用完的带薪缺勤权利可以在未来期间使用。反之，为非累积带薪缺勤。

（5）利润分享计划的基本思想是按照一定比例将公司利润分配给雇员。例如，按照职员绩效评价的结果来分配年度总利润等。

（6）企业发放的非货币性福利，应当按照公允价值计量。

（二）离职后福利的确认和计量

企业应当将离职后福利计划分类为设定提存计划和设定受益计划。离职后福利计划，是指企业与职工就离职后福利达成的协议，或者企业为向职工提供离职后福利制定的规章或办法等。其中，设定提存计划是指向独立的基金（如养老基金）缴存固定费用后，企业不再承担进一步支付义务的离职后福利计划。设定受益计划是除设定提存计划以外的离职后福利计划。设定受益计划是指企业根据一定的标准（职工服务年限、工资水平等）确定每个职工离职后每期的年金收益水平，由此倒算出企业每期应为职工缴费的金额。

企业应当在职工为其提供服务的会计期间，将根据设定提存计划计算的应缴存金额确认为负债，并计入当期损益或相关资产成本。

（三）辞退福利的确认和计量

企业向职工提供辞退福利的，应当在下列两者孰早日确认辞退福利产生的职工薪酬负债，并计入当期损益：

（1）企业不能单方面撤回因解除劳动关系计划或裁减建议所提供的辞退福利时。

（2）企业确认与涉及支付辞退福利的重组相关的成本或费用时。

【小思考9-4】“正常退休养老金”和“辞退福利”是不是一回事？如何理解？

（四）其他长期职工福利的确认和计量

企业向职工提供的其他长期职工福利，符合设定提存计划条件的，按设定提存计划的有关规定进行处理。不符合设定提存计划条件的，企业应当按设定受益计划的有关规定，确认和计量其他长期职工福利净负债或净资产。

三、科目设置

为了核算企业应付职工薪酬的结算和分配情况，企业应设置“应付职工薪酬”科目。该科目属于负债类科目，贷方登记应付给职工的薪酬总额，借方登记实际支付给职工的薪酬及按规定从应付职工薪酬中扣除的各种款项。该科目应当按照“工资、奖金、津贴和补贴”“职工福利费”“非货币性福利”“社会保险费”“住房公积金”“工会经费和职工教育经费”“辞退福利”等明细科目进行明细核算。

四、货币性职工薪酬的账务处理

微课

货币性职工薪酬账务处理（一）

微课

货币性职工薪酬账务处理（二）

（一）职工工资、奖金、津贴和补贴

对于职工工资、奖金、津贴和补贴等货币性职工薪酬，企业应当在职工为其提供服务的会计期间，按实际发生的职工工资、奖金、津贴和补贴等，根据职工提供服务的受益对象，将应确认的职工薪酬，借记“生产成本”“制造费用”“合同履约成本”“管理费用”“在建工程”“研发支出”等科目，贷记“应付职工薪酬——工资、奖金、津贴和补贴”科目。

【工作实例9-5】甲企业2023年6月职工薪酬总额为198万元，其中，生产工人工资81万元，生产车间管理人员工资8万元，厂部管理人员工资62万元，销售人员工资47万元。编制会计分录如下：

借：生产成本　810 000
　　制造费用　80 000
　　管理费用　620 000
　　销售费用　470 000
　贷：应付职工薪酬——工资、奖金、津贴和补贴　1 980 000

企业按月实际发放职工工资、奖金、津贴和补贴时，按应付职工薪酬总额借记“应付职工薪酬——工资、奖金、津贴和补贴”科目，贷记“银行存款”科目；企业从应付职工薪酬中扣还的个人所得税、由个人负担的社会保险费和住房公积金等项目，贷记“应交税费——应交个人所得税”“其他应付款”等科目。

【工作实例9-6】沿用【工作实例9-5】的资料，甲企业本月应付职工薪酬总额为198万元，代扣应由职工负担的社会保险费15万元和住房公积金14.7万元，代扣个人所得税1.2万元，实际发放工资167.1万元，已打入职工个人银行卡中。

借：应付职工薪酬——工资、奖金、津贴和补贴　1 980 000
　贷：银行存款　1 671 000
　　　其他应付款——社会保险费　150 000
　　　　　　　　——住房公积金　147 000
　　　应交税费——应交个人所得税　12 000

（二）职工福利费

对于职工福利费，企业应当在实际发生时根据实际发生额计入当期损益或相关资产成本，借记“生产成本”“制造费用”“合同履约成本”“管理费用”等科目，贷记“应付职工薪酬——职工福利费”科目。

【工作实例9-7】企业对单位下设的职工食堂伙食补助6.6万元，补助款已经下拨。其中，生产工人补助3万元，生产车间管理人员补助0.4万元，厂部管理人员补助2.2万元，销售人员补助1万元。编制会计分录如下：

借：生产成本　30 000
　　制造费用　4 000
　　管理费用　22 000
　　销售费用　10 000

　　贷：应付职工薪酬——职工福利费　66 000

借：应付职工薪酬——职工福利费　66 000

　　贷：银行存款　66 000

(三) 国家规定计提标准的职工薪酬

根据《中华人民共和国工会法》的规定，企业按每月全部职工工资总额的2%向工会拨缴经费，并在成本费用中列支，主要用于为职工服务和工会活动。

职工教育经费一般由企业按照每月工资总额的8%计提，主要用于职工接受岗位培训、继续教育等方面的支出。

期末，企业根据工资总额计提工会经费和职工教育经费时，借记“生产成本”“制造费用”“合同履约成本”“管理费用”等科目，贷记“应付职工薪酬——工会经费和职工教育经费”科目。

【工作实例9-8】沿用【工作实例9-5】的资料，甲企业2023年6月职工薪酬总额为198万元，计提的工会经费为3.96万元、职工教育经费为15.84万元。编制会计分录如下：

借：生产成本　81 000

　　制造费用　8 000

　　管理费用　62 000

　　销售费用　47 000

　　贷：应付职工薪酬——工会经费和职工教育经费　198 000

(四) 社会保险费和住房公积金

社会保险费包括医疗保险费、养老保险费、失业保险费、工伤保险费等。企业承担的医疗保险费和工伤保险费属于短期薪酬，而养老保险费和失业保险费属于离职后福利。

期末，企业根据工资总额计提社会保险费和住房公积金时，借记“生产成本”“制造费用”“合同履约成本”“管理费用”等科目，贷记“应付职工薪酬——社会保险费、住房公积金”等科目。

【工作实例9-9】沿用【工作实例9-5】的资料，企业按国家规定的标准，按工资总额的15%计提社会保险费29.7万元；按工资总额的10%计提住房公积金19.8万元。企业以银行存款缴纳代扣和计提的社会保险费和住房公积金。编制会计分录如下：

(1) 计提社会保险费和住房公积金时：

借：生产成本　202 500

　　制造费用　20 000

　　管理费用　155 000

　　销售费用　117 500

　　贷：应付职工薪酬——社会保险费　297 000

　　　　　　　　　　——住房公积金　198 000

(2) 缴纳代扣代缴及企业负担的社会保险费和住房公积金时：

借：应付职工薪酬——社会保险费　297 000

　　　　　　　　——住房公积金　198 000

　　其他应付款——社会保险费　150 000

　　　　　　　——住房公积金　147 000

贷：银行存款 792 000

微课

非货币性职工薪酬账务处理（一）

微课

非货币性职工薪酬账务处理（二）

（五）非货币性职工薪酬

企业以自产产品作为非货币性福利发放给职工的，应当根据受益对象，按照该产品的含税公允价值计入相关资产成本或当期损益，同时确认为应付职工薪酬，借记“生产成本”“制造费用”“合同履约成本”“管理费用”等科目，贷记“应付职工薪酬——非货币性福利”等科目。

企业将拥有的房屋、汽车等资产无偿提供给职工使用的，应当根据受益对象，按照该房屋、汽车等资产计提的折旧计入相关资产成本或当期损益，同时确认为应付职工薪酬。

企业将租赁住房等资产无偿提供给职工使用的，应当根据受益对象，将每期应付的租金计入相关资产成本或当期损益，同时确认为应付职工薪酬。

难以确定受益对象的非货币性福利，直接计入当期损益和应付职工薪酬。

【工作实例9-10】企业将自己生产的一批产品发放给职工。该产品生产成本为60万元，公允价值为100万元，增值税税率为13%。其中，生产工人应分配40%，生产车间管理人员应分配5%，厂部管理人员应分配30%，销售人员应分配25%。会计处理如下：

（1）分配职工薪酬时：

借：生产成本 452 000

制造费用 56 500

管理费用 339 000

销售费用 282 500

贷：应付职工薪酬——非货币性福利 1 130 000

（2）发放职工福利时：

借：应付职工薪酬——非货币性福利 1 130 000

贷：主营业务收入 1 000 000

应交税费——应交增值税（销项税额） 130 000

借：主营业务成本 600 000

贷：库存商品 600 000

【学中做9-1】如果企业将外购的商品发放给职工，是否属于应付职工薪酬范围？试举例说明。

【工作实例9-11】甲企业规定，为公司高层管理人员提供汽车免费使用。本月应计提的小轿车折旧为6 000元。同时，公司为中层管理人员6人（引进的高级人才）提供免费租赁住房一套，本月应支付的租赁费为5 000元。

会计处理如下：

借：管理费用 11 000

贷：应付职工薪酬——非货币性福利 11 000

借：应付职工薪酬——非货币性福利 11 000

贷：累计折旧　　6 000

　　其他应付款——租金　　5 000

（六）设定提存计划的核算

对于设定提存计划，企业应当把资产负债表日为换取职工在会计期间提供的服务而应向单独主体缴存的提存金（养老保险和失业保险），确认为应付职工薪酬，并计入相关资产成本或当期损益，借记“生产成本”“制造费用”“合同履约成本”“管理费用”等科目，贷记“应付职工薪酬——设定提存计划”等科目。

【工作实例9-12】沿用【工作实例9-5】的资料，企业按工资总额的8%计提职工基本养老保险15.84万元，并以银行存款支付。编制会计分录如下：

（1）提存养老保险时：

借：生产成本　　64 800

　　制造费用　　6 400

　　管理费用　　49 600

　　销售费用　　37 600

　　贷：应付职工薪酬——设定提存计划　　158 400

（2）上缴养老保险到养老基金账户时：

借：应付职工薪酬——设定提存计划　　158 400

　　贷：银行存款　　158 400

任务三　应交税费的核算

一、应交税费的内容

应交税费是指企业根据税法的规定应当交纳的各种税费，包括增值税、消费税、企业所得税、个人所得税、土地增值税、城市维护建设税、教育费附加、房产税、城镇土地使用税、车船税、矿产资源补偿费、契税等。

为了反映和监督各种税费的形成与交纳情况，企业应设置“应交税费”科目。该科目贷方登记应交的税款；借方登记实际交纳的税款；期末余额在贷方，表示应交未交的税款；期末余额在借方，表示多交的税款。该科目应按不同税种分别开设明细分类科目。

企业交纳的印花税、耕地占用税等不需要预计应交数的税金，不通过“应交税费”科目核算。

二、应交增值税

微课

增值税概述

（一）增值税的征税范围和纳税义务人

增值税是指以商品（含应税劳务、应税行为）在流转过程中实现的增值额作为计税依据而征收的一种流转税。按照我国现行的增值税制度的规定，在我国境内销售货物、提供加工修理修配劳务、服务、无形资产和不动产以及进口货物的企业、单位和个人为增值税的纳税人。其中“服务”是指交通运输服务、邮政服务、电信服务、建筑服务、金融服务、现代服务、生活服务。

按照纳税人的经营规模大小及会计核算的健全程度，增值税的纳税人分为一般纳税人和小规模纳税人。

（二）增值税的税率（或征收率）

各行业的增值税税率（或征收率）见表9-1。

表9-1 各行业的增值税税率（或征收率）

税率	行业
13%	销售或进口货物（农产品除外）；提供加工修理修配劳务；提供有形动产租赁服务
9%	粮食、食用植物油、自来水、暖气、冷气、热水、石油液化气、天然气、沼气、居民用煤炭制品、图书、报纸、杂志、饲料、农药、农机、农膜、农业产品，以及国务院规定的其他货物
	提供交通运输、邮政、基础电信、建筑、不动产租赁服务，销售不动产，转让土地使用权
6%	金融服务、生活服务、研发和技术服务、信息技术服务、文化创意服务、物流辅助服务、鉴证咨询服务、提供增值电信服务
3%	除部分不动产销售和租赁行为的征收率为5%以外，小规模纳税人发生的应税行为以及一般纳税人发生的特定应税行为，增值税征收率为3%
零税率	出口货物或财政部、国家税务总局规定的应税服务

（三）增值税的计税方法

增值税的计税方法分为一般计税方法和简易计税方法。

1. 一般计税方法

一般计税方法是先按当期销售额和适用的税率计算出销项税额，然后对当期购进项目支付的进项税额进行抵扣，间接算出当期的应纳税额的方法。应纳税额的计算公式为：

应纳税额 = 当期销项税额 － 当期进项税额

（1）销项税额是指企业对外开出的增值税专用发票上注明的税额。其计算公式为：

销项税额 = 不含税销售额 × 税率

上式中，不含税销售额为企业销售货物或者提供应税劳务向购买方收取的全部价款和价外费用，但不包括收取的销项税额。

（2）纳税人购进货物或者接受应税劳务，所支付或者负担的增值税为进项税额。按照规定，一般纳税企业购入物资或接受劳务必须具备以下凭证，其进项税额才能予以扣除：①增值税专用发票；②海关的完税凭证；③购进免税农产品，按照经税务机关批准的收购凭证上注明的价款或收购金额按9%的扣除率计算进项税额（纳税人购进用于生产或委托加工13%税率货物的农产品，按10%的扣除率计算进项税额），并以此作为扣税和记账的依据；④一般纳税人外购货物所支付的运输费用，以及一般纳税人销售货物所支付的运输费用（代垫运费除外），根据运费结算单据所列运费金额依9%计算进项税额准予扣除；⑤取得注明旅客身份信息的航空运输电子行程单的，按“（票价＋燃油特别费）÷（1＋9%）×9%”计算进项税额；⑥取得注明旅客身份信息的铁路车票的，按“票价÷（1＋9%）×9%”计算进项税额；⑦取得注明旅客身份信息的公路、水路等其他客票的，按“票价÷（1＋3%）×3%”计算进项税额；⑧纳税人支付的一、二级公路通行费、桥闸通行费，按“票价 ÷（1 + 5%）× 5%”计算进项税额。

（3）如果当期销项税额小于当期进项税额不足抵扣，其不足部分可以结转下期继续抵扣。

2. 简易计税方法

简易计税方法按照销售额与征收率的乘积计算应纳税额，不得抵扣进项税额。应纳税额的计算公式为：

$$应纳税额 = 销售额 \times 征收率$$

公式中的销售额不包括其应纳税额，如果纳税人采用销售额和销项税额合并定价办法，应按照公式“销售额 = 含税销售额 ÷（1 + 征收率）”还原为不含税销售额计算。

增值税一般纳税人计算增值税大多采用一般计税方法；小规模纳税人一般采用简易计税方法。一般纳税人发生的特定应税行为，也可以选择简易计税方法计税，但是不得抵扣进项税额。

三、应交消费税

消费税是指国家对在我国境内生产、委托加工和进口应税消费品的单位和个人，按其流转额征收的一种税，属于价内税。

消费税的征收方法采用从价定率、从量定额和从价定率从量定额复合计征三种征收方法。采取从价定率方法计征的消费税，以不含增值税的销售额为税基，按照税法规定的税率计算。采取从量定额方法计征的消费税，按税法确定的应税消费品的数量和单位应税消费品应缴纳的消费税计算确定。采取复合计征的消费税，以从价定率和从量定额两种计征方式计算的消费税合计确定。

四、其他应交税费

其他应交税费是指除上述应交税费以外的其他各种应上交国家的税费，包括应交资源税、应交城市维护建设税、应交土地增值税、应交所得税、应交个人所得税、应交教育费附加等。

（一）应交资源税

资源税是指国家对在我国境内开采矿产品以及生产盐的企业征收的一种税。资源税的纳税义务人是指在中华人民共和国境内开采应税资源或生产盐的单位和个人。

（二）应交城市维护建设税和教育费附加

城市维护建设税是指根据纳税人实际交纳的增值税和消费税的税额为计税依据，向缴纳这两项税额的单位和个人征收的专门用于城市维护和建设的一种附加税。城市维护建设税实行比例税率，分为三档：7%、5%、1%。

教育费附加也是根据纳税人实际交纳的增值税和消费税的税额为计费依据，为了发展教育事业，提高人民的文化素质而征收的一项费用。教育费附加征收率为3%。

（三）应交土地增值税

土地增值税是对转让国有土地使用权、地上建筑物及其附着物并取得增值性收入的单位和个人所征收的一种税。

微课
增值税核算（一）

微课
增值税核算（二）

微课
增值税核算（三）

微课
增值税核算（四）

微课
增值税核算（五）

（四）应交房产税、车船税、城镇土地使用税、矿产资源补偿费

房产税是指以房产为征税对象，依据房产计税价值或房产租金收入向房产所有人或经营人征收的一种税。房产税的计税依据是房产的计税价值或房产的租金收入。

车船税是指对在中华人民共和国境内车辆、船舶的所有人或者管理人依法所征收的一种税。

城镇土地使用税是指对中华人民共和国境内使用土地的单位和个人，以其实际占用的土地面积为计税依据而征收的一种税。

矿产资源补偿费是对在我国领域和管辖海域开采矿产资源而征收的费用。

五、应交增值税的核算

（一）一般纳税人应交增值税的核算

为了核算一般纳税人的应交增值税，应在“应交税费”科目下设置“应交增值税”、“未交增值税”、“预交增值税”、“简易计税”和“转让金融商品应交增值税”等明细科目进行核算。其具体核算内容见表9-2。

表9-2 一般纳税人增值税常用明细科目及应用

会计科目		核算内容
应交税费——应交增值税	进项税额	记录企业购进货物、加工修理修配劳务、服务、无形资产或不动产而支付或承担的、准予从销项税额中抵扣的增值税税额
	已交税金	记录一般纳税人当月已交纳的增值税税额
	转出未交增值税	记录企业月末转出的本月应交而未交的增值税
	转出多交增值税	记录企业月末转出的本月多交的增值税
	减免税款	记录一般纳税人按现行增值税制度的规定准予减免的增值税税额
	销项税额	记录一般纳税人销售货物、加工修理修配劳务、服务、无形资产或不动产应收取的增值税税额，以及从境外单位或个人购进服务、无形资产或不动产应扣缴的增值税税额
	出口退税	记录一般纳税人出口货物按规定退回的增值税税额
	进项税额转出	记录一般纳税人的购进货物、加工修理修配劳务、服务、无形资产或不动产等发生非正常损失以及其他原因而不应从销项税额中抵扣，按规定应予转出的进项税额
	简易计税	记录一般纳税人采用简易计税方法应交纳的增值税税额
应交税费——未交增值税		核算一般纳税人月度终了从“应交增值税”或“预交增值税”明细科目转入当月应交未交、多交或预缴的增值税税额，以及当月交纳以前期间未交的增值税税额
应交税费——预交增值税		核算一般纳税人转让不动产、提供不动产经营租赁服务、提供建筑服务、采用预收款方式销售自行开发的房地产项目等，按现行增值税制度的规定应预缴的增值税税额
应交税费——简易计税		核算一般纳税人采用简易计税方法发生的增值税计提、扣减、预缴、缴纳业务等
应交税费——转让金融商品应交增值税		核算增值税纳税人转让金融商品发生的增值税税额

1. 企业采购物资和接受劳务

一般纳税人购进货物、服务、应税劳务或应税行为的，按应计入相关成本费用或资产的金额，借记“材料采购”“原材料”“库存商品”“固定资产”等科目，借记“应交税费——应交增值税（进项税额）”科目，贷记“银行存款”“应付票据”等科目。如果购货退回，应作反方向分录。

【工作实例9-13】甲企业购入一批材料，增值税专用发票上注明的原材料价款为20 000元，增值税税额为2 600元。货款以银行存款支付，材料已验收入库（存货采用实际成本核算，下同）。

借：原材料　　20 000
　　应交税费——应交增值税（进项税额）　　2 600
　　贷：银行存款　　22 600

【工作实例9-14】甲公司生产车间为生产产品而接受其他单位提供的修理劳务，对方开出的专用发票上注明的劳务成本为50 000元，增值税税额为6 500元，款项已经支付。会计分录如下：

借：生产成本　　50 000
　　应交税费——应交增值税（进项税额）　　6 500
　　贷：银行存款　　56 500

【工作实例9-15】甲公司购入一批材料，以银行存款支付运输费用3 000元，增值税税额为270元。会计分录如下：

借：原材料　　3 000
　　应交税费——应交增值税（进项税额）　　270
　　贷：银行存款　　3 270

2. 采购免税农产品

企业购进农产品，除取得增值税专用发票或者海关进口增值税专用缴款书外，按照农产品收购发票或者销售发票上注明的农产品买价和9%的扣除率计算进项税额；购进用于生产销售或委托加工13%税率货物的农产品的，应该按10%的扣除率计算进项税额。

【工作实例9-16】甲公司为生产产品购入免税农产品一批，价款200 000元，规定的扣除率为9%。货物已经达到，款项以银行存款支付。会计分录如下：

借：原材料　　182 000
　　应交税费——应交增值税（进项税额）　　18 000
　　贷：银行存款　　200 000

3. 销售货物或者提供应税劳务

一般纳税人销售货物、服务、应税劳务或应税行为的，按应收或已收的金额，借记“银行存款”“应收票据”“应收账款”等科目，贷记“主营业务收入”“其他业务收入”等科目，贷记“应交税费——应交增值税（销项税额）”科目。如果销货退回，应作反方向分录。

【工作实例9-17】甲公司销售商品一批，增值税专用发票上注明的价款为60 000元，增值税税额为7 800元。商品已经发出，价款尚未收到。会计分录如下：

借：应收账款　　67 800

　　贷：主营业务收入　　60 000
　　　　应交税费——应交增值税（销项税额）　　7 800

4.视同销售行为的增值税处理

视同销售行为是指企业在会计核算中未作销售处理而税法要求按销售行为缴纳增值税的行为。企业将货物委托他人代销或发生销售代销货物行为，企业将自产或委托加工或购买的货物用于非应税项目，或作为投资、集体福利、个人消费、对外捐赠、分配给股东或投资者等，应视同销售物资计算应交增值税。

【工作实例9-18】甲企业以自产的一批产品分配给职工，其中生产工人占40%，企业管理人员占35%，企业销售人员占25%。该批产品的成本为40 000元，公允价值为50 000元，增值税税率13%。会计处理如下：

（1）决定发放非货币性福利时：

借：生产成本　　22 600
　　管理费用　　19 775
　　销售费用　　14 125
　　贷：应付职工薪酬——非货币性福利　　56 500

（2）实际发放非货币性福利时：

借：应付职工薪酬——非货币性福利　　56 500
　　贷：主营业务收入　　50 000
　　　　应交税费——应交增值税（销项税额）　　6 500

同时：

借：主营业务成本　　40 000
　　贷：库存商品　　40 000

5.不予抵扣项目的会计处理

下列项目的进项税额不得从销项税额中抵扣：

（1）用于简易计税方法计税项目、免征增值税项目、集体福利或个人消费的购进货物、加工修理修配劳务、服务、无形资产和不动产。

（2）非正常损失的购进货物，以及相关的加工修理修配劳务和交通运输服务。

（3）非正常损失的在产品、产成品所耗用的购进货物（不包括固定资产）、加工修理修配劳务和交通运输服务。

（4）非正常损失的不动产（含在建工程），以及该不动产所耗用的购进货物、设计服务和建筑服务。

（5）购进的旅客运输服务、贷款服务、餐饮服务、居民日常服务和娱乐服务。

（6）财政部和国家税务总局规定的其他情形。

其中，非正常损失是指因管理不善造成货物被盗、丢失、霉烂变质，以及因违反法律法规造成货物或不动产被依法没收、销毁、拆除的情形。

企业已单独确认进项税额的购进货物、加工修理修配劳务或者服务、无形资产或者不动产，其事后改变用途，或发生非正常损失，原已计入进项税额的，不得从销项税额中抵扣，应予以转出，通过“应交税费——应交增值税（进项税额转出）”科目核算。

购进货物、加工修理修配劳务或者服务、无形资产或者不动产尚未单独确认进项税额的，支付的进项税额直接计入相关成本费用或资产的成本。

【工作实例9-19】甲公司因管理不善，导致部分货物霉烂变质。该批货物的采购成本为22 000元，转出的增值税进项税额为2 860元；采购费用为300元，转出的增值税进项税额为27元。会计分录如下：

列入待处理财产损溢时：

借：待处理财产损溢　25 187

　贷：原材料　22 300

　　应交税费——应交增值税（进项税额转出）　2 887

【工作实例9-20】甲公司职工食堂购入一批餐具，增值税普通发票上注明的价款为9 500元，增值税税额为1 235元，款项以银行存款支付。会计分录如下：

借：管理费用　10 735

　贷：应付职工薪酬——短期薪酬（职工福利）　10 735

借：应付职工薪酬——短期薪酬（职工福利）　10 735

　贷：银行存款　10 735

6. 交纳增值税的会计处理

企业交纳当月应交的增值税，借记“应交税费——应交增值税（已交税金）”科目，贷记“银行存款”科目。企业交纳以前期间未交的增值税，借记“应交税费——未交增值税”科目，贷记“银行存款”科目。

【工作实例9-21】甲企业以银行存款交纳本月应交增值税125 000元。会计分录如下：

借：应交税费——应交增值税（已交税金）　125 000

　贷：银行存款　125 000

7. 月末转出多交的增值税和未交的增值税

月度终了，本月应交未交的增值税应自“应交税费——应交增值税”明细科目转入“应交税费——未交增值税”明细科目，借记“应交税费——应交增值税（转出未交增值税）”科目，贷记“应交税费——未交增值税”科目。

月度终了，本月多交的增值税也应自“应交税费——应交增值税”明细科目转入“应交税费——未交增值税”明细科目，借记“应交税费——未交增值税”科目，贷记“应交税费——应交增值税（转出多交增值税）”科目。

（二）小规模纳税人应交增值税的核算

小规模纳税企业不享有进项税额的抵扣权，其购进货物无论是否取得增值税专用发票，其支付的增值税税额都不能计入进项税额，不得从销项税额中抵扣，而应该直接计入有关货物和劳务的成本。

小规模纳税企业销售货物或提供应税劳务，只能开具普通发票，不能开具增值税专用发票。其实行简易计税办法计算应纳税额，按照销售额的3%计算。相应地，其他企业从小规模纳税企业购入货物或接受劳务支付的进项税额，如果不能取得增值税专用发票，也不能作为进项税额抵扣，应该计入购入货物或接受劳务的成本。

小规模纳税企业在设置科目时，只需在“应交税费”科目下设置“应交增值税”明细科目即可，不需要设置专栏。“应交税费——应交增值税”科目贷方登记应交纳的增值税，借方登记已交纳的增值税，期末贷方余额表示尚未交纳的增值税。

【工作实例 9-22】惠普商店为小规模纳税企业，增值税征收率为3%。本月购入商品，增值税专用发票上注明的价款为60 000元，增值税税额为7 800元，价款以银行存款支付，商品已验收入库（假设采用实际成本法核算）。该商店本期销售商品，含税价格为97 850元，货款尚未收到。根据上述经济业务，编制会计分录如下：

购进商品时：

借：库存商品 67 800

　　贷：银行存款 67 800

销售商品时：

不含税价格 = 97 850 ÷（1 + 3%）= 95 000（元）

应交增值税 = 95 000 × 3% = 2 850（元）

借：应收账款 97 850

　　贷：主营业务收入 95 000

　　　　应交税费——应交增值税 2 850

六、应交消费税的核算

微课

消费税核算

企业按规定应交的消费税，在“应交税费”科目下设置“应交消费税”明细科目核算。“应交消费税”明细科目的贷方发生额，反映企业按规定应交的消费税；借方登记企业实际交纳的消费税；期末贷方余额反映企业应交未交的消费税。

（一）销售应税消费品的核算

【工作实例 9-23】甲企业本月销售摩托车15辆，每辆售价20 000元（不含应向购买方收取的增值税税额），货款尚未收到。摩托车每辆成本为8 000元。增值税税率为13%、消费税税率为10%。其会计分录如下：

应向购买方收取的增值税税额 = 20 000 × 15 × 13% = 39 000（元）

应交纳的消费税 = 20 000 × 15 × 10% = 30 000（元）

（1）确认收入时：

借：应收账款 339 000

　　贷：主营业务收入 300 000

　　　　应交税费——应交增值税（销项税额） 39 000

借：主营业务成本 120 000

　　贷：库存商品 120 000

（2）月末计算和结转应交消费税时：

借：税金及附加 30 000

　　贷：应交税费——应交消费税 30 000

（二）自产自用应税消费品的核算

按照税法的规定，企业自产的应税消费品用于连续生产应税消费品的，领用时不计算应纳税额，到最终消费品销售时再纳税；企业自产的应税消费品用于换取生产资料和消费资料、投资入股和抵偿债务以及用于生产非应税项目、在建工程、管理部门、馈赠、赞助、职工福利等其他方面的，应于领用时以纳税人同类应税消费品的销售价格作为计税依据计算消费税。按应纳税额，借记“在建工程”“应付职工薪酬”等科目，贷记“应交税费——应交消费税”科目。如果没有同类产品的销售价格，则按组成计税价格计算纳税。

【工作实例 9-24】某石化厂在建工程领用自产柴油，成本 50 000 元，应交消费税 6 000 元。会计处理如下：

借：在建工程	56 000	
贷：库存商品		50 000
应交税费——应交消费税		6 000

（三）委托加工应税消费品的核算

委托加工应税消费品是指由委托方提供原料和主要材料，受托方只收取加工费和代垫部分辅助材料加工的应税消费品。企业委托加工应税消费品时，应由受托方代收代交消费税。委托加工收回后直接用于出售的，应将受托方代收代交的消费税计入加工成本，借记“委托加工物资”科目，贷记“银行存款”科目。委托加工收回后用于连续生产应税消费品的，所纳税款准予抵扣，借记“应交税费——应交消费税”科目，贷记“银行存款”科目。

【工作实例 9-25】某企业委托外单位加工材料，原材料价款为 180 000 元，加工费用为 60 000 元，由受托方代收代缴的消费税为 6 000 元，增值税税率为 13%。材料已加工完毕验收入库，加工费以银行存款支付。委托方编制会计分录如下：

（1）发出材料时：

借：委托加工物资	180 000	
贷：原材料		180 000

（2）如果委托方收回材料后用于继续生产应税消费品：

借：委托加工物资	60 000	
应交税费——应交消费税	6 000	
——应交增值税（进项税额）	7 800	
贷：银行存款		73 800
借：原材料	240 000	
贷：委托加工物资		240 000

（3）如果委托方收回材料后直接用于销售：

借：委托加工物资	66 000	
应交税费——应交增值税（进项税额）	7 800	
贷：银行存款		73 800
借：原材料	246 000	
贷：委托加工物资		246 000

（四）进出口应税消费品的核算

企业进口应税消费品时，应按关税完税价格和关税计算应交消费税，计入进口物资的成本，借记“材料采购”“固定资产”等科目，贷记“银行存款”等科目。

免征消费税的出口应税消费品分不同情况进行会计处理：

（1）属于生产企业直接出口应税消费品或通过外贸企业出口应税消费品，按规定直接予以免税的，可以不计算应交消费税。

（2）属于委托外贸企业代理出口应税消费品的生产企业，应在计算消费税时，按应交消费税税额，借记“应收账款”科目，贷记“应交税费——应交消费税”科目。应税消费品出口收到外贸企业退回的税金时，借记“银行存款”科目，贷记“应收账款”科目。发生退关、退货而补交已退的消费税时，作相反的会计分录。

七、其他税费的核算

微课

其他税费核算

（一）应交资源税的核算

资源税是指国家对在我国境内开采矿产品以及生产盐的企业征收的一种税。资源税的纳税义务人是指在中华人民共和国境内开采应税资源或生产盐的单位和个人。资源税实行分产品类别从量定额计算征收的方法，设置有上下限的幅度税额。

资源税的应纳税额，按照应税产品的课税数量和规定的单位税额计算。其计算公式为：

应纳税额 = 课税数量 × 单位税额

【工作实例9-26】某企业自产原煤3 000吨，对外销售2 000吨，将1 000吨用于产品生产，每吨销售价格为450元，资源税税率为5%。会计处理如下：

企业对外销售应缴纳的资源税 = 2 000 × 450 × 5% = 45 000（元）

企业产品生产应缴纳的资源税 = 1 000 × 450 × 5% = 22 500（元）

借：税金及附加　　45 000

　　生产成本　　22 500

　　贷：应交税费——应交资源税　　67 500

（二）应交城市维护建设税和教育费附加的核算

城市维护建设税是指根据纳税人实际交纳的增值税和消费税的税额为计税依据，向缴纳这两项税额的单位和个人征收的专门用于城市维护和建设的一种附加税。城市维护建设税实行比例税率，分为三档：7%、5%、1%。

教育费附加是根据纳税人实际交纳的增值税和消费税的税额为计费依据，为了发展我国的教育事业，提高人民的文化素质而征收的一项费用。教育费附加征收率为3%。

企业按规定计算出的城市维护建设税及教育费附加，记入“税金及附加”科目进行核算。

【工作实例9-27】某企业本月应交增值税为80 000元，应交消费税为23 000元。按7%计算应交城市维护建设税，按3%计算本月应交的教育费附加。

应交城市维护建设税税额 =（80 000 + 23 000）× 7% = 7 210（元）

应交教育费附加额 =（80 000 + 23 000）× 3% = 3 090（元）

借：税金及附加　　10 300

　　贷：应交税费——应交城市维护建设税　　7 210

　　　　　　　——应交教育费附加　　3 090

（三）应交土地增值税的核算

企业转让的土地使用权连同地上建筑物及其附着物一并在“固定资产”科目核算的，转让时应交的土地增值税，借记“固定资产清理”科目，贷记“应交税费——应交土地增值税”科目；土地使用权在“无形资产”科目核算的，借记“银行存款”“累计摊销”等科目，贷记“无形资产”“应交税费——应交土地增值税”科目，按其差额借记或贷记“资产处置损益”科目。

房地产开发企业销售房地产应交纳土地增值税时，借记“税金及附加”科目，贷记“应交税费——应交土地增值税”科目。

（四）应交房产税、车船税、城镇土地使用税、矿产资源补偿费的核算

企业应交纳的房产税、车船税、城镇土地使用税、矿产资源补偿费均计入税金及附加，借记“税金及附加”科目，贷记“应交税费”等明细科目；企业交纳税金时，借记“应交税费”等明细科目，贷记“银行存款”科目。

特别注意的是，印花税不通过“应交税费”科目核算，企业交纳印花税时，借记“税金及附加”科目，贷记“银行存款”科目。

【工作实例9-28】某企业本期应交房产税为2 200元、应交车船税为1 800元、应交城镇土地使用税为2 500元。其会计分录如下：

借：税金及附加	6 500	
贷：应交税费——应交房产税		2 200
——应交车船税		1 800
——应交城镇土地使用税		2 500

【工作实例9-29】沿用【工作实例9-28】的资料，以银行存款购买印花税票400元，并交纳房产税、车船税和城镇土地使用税。其会计分录如下：

借：税金及附加	400	
应交税费——应交房产税	2 200	
——应交车船税	1 800	
——应交城镇土地使用税	2 500	
贷：银行存款		6 900

任务四　其他流动负债的核算

一、合同负债

合同负债是指企业已收或应收客户对价而应向客户转让商品或提供服务的义务。为了反映合同负债的经济业务，企业应该设置“合同负债”科目。该科目贷方反映企业按照合同的规定向客户预收的货款和补收的货款，借方反映应收的货款和退回多收的货款。期末贷方余额，反映企业向客户预收的款项。该科目应按客户设置明细账，进行明细核算。

企业按照合同的规定向客户预收款项时，借记“银行存款”科目，贷记“合同负债”科目；销售实现时，按实现的收入和应交的增值税销项税额，借记“合同负债”科目，贷记“主营业务收入”“应交税费——应交增值税（销项税额）”科目；购货单位补付合同款时，借记“银行存款”科目，贷记“合同负债”科目。

【工作实例9-30】某公司经营连锁酒店业务，为增值税一般纳税人。2023年共销售储

值卡1 000张，每张5 000元。客户可在公司的任何一家酒店使用储值卡消费。截至12月31日，客户使用储值卡消费金额为2 600 000元。编制会计分录如下：

（1）销售储值卡时：

借：银行存款　　5 000 000

　　贷：合同负债　　4 716 981.13

　　　　应交税费——应交增值税（销项税额）　　283 018.87

（2）确认储值卡消费时：

确认收入 = 2 600 000 ÷（1 + 6%）= 2 452 830.19（元）

借：合同负债　　2 452 830.19

　　贷：主营业务收入　　2 452 830.19

二、预收账款的核算

预收账款是指企业按照合同的规定向购货单位预收的款项。为了反映预收账款的经济业务，企业应该设置“预收账款”科目。该科目贷方登记发生的预收货款和补收货款，借方登记企业向购货方发货后冲销的金额和退回多收的金额。期末贷方余额，反映企业预收的款项；若为借方余额，反映企业尚未转销的款项。该科目应按购货单位设置明细科目，进行明细核算。

预收货款不多的企业，可以不单独设置“预收账款”科目，其所发生的预收货款可通过“应收账款”科目核算。

【小思考9-5】“预收账款”和“合同负债”在核算内容上有何区别？它们能不能同时使用？

企业预收款项时，借记“银行存款”科目，贷记“预收账款”“应交税费——应交增值税（销项税额）”科目。分期确认收入时，借记“预收账款”科目，贷记“主营业务收入”“其他业务收入”科目。购货单位补付款项时，按首次收到金额处理；退回多付的款项时，作相反的会计分录。

【工作实例9-31】根据双方签订的租赁合同，甲公司将三台吊车出租给乙公司，期限6个月，租金（含税）总额为67 800元。合同规定，合同签订日预付租金22 600元（含税），合同期满时结清全部租金余款。会计处理如下：

（1）收到预付租金及税金时：

借：银行存款　　22 600

　　贷：预收账款　　20 000

　　　　应交税费——应交增值税（销项税额）　　2 600

（2）每月月末确认租金时：

借：预收账款　　10 000

　　贷：其他业务收入　　10 000

（3）租赁期满收到租金余款时：

借：银行存款　　45 200

　　贷：预收账款　　40 000

　　　　应交税费——应交增值税（销项税额）　　5 200

【学中做9-2】如果企业不设置“预收账款”科目，请你将上题再做一次。

三、应付股利和应付利息的核算

（一）应付股利

应付股利是指企业根据股东大会或类似机构审议批准的利润分配方案确定分配给投资者的现金股利或利润。

企业应该设置“应付股利”科目核算企业确定或宣告发放但尚未实际支付的现金股利或利润。该科目贷方登记应支付的现金股利或利润，借方登记实际支付的现金股利或利润；期末贷方余额反映企业应付未付的现金股利或利润。

企业董事会或类似机构通过的利润分配方案中拟分配的现金股利或利润，不需要进行账务处理，但应在附注中披露。企业分配的股票股利不通过“应付股利”科目核算。

【工作实例9-32】某企业经股东大会批准，决定分派2022年的现金股利180万元。编制会计分录如下：

借：利润分配——应付股利或利润	1 800 000	
贷：应付股利		1 800 000

（二）应付利息

应付利息是指企业按照合同的约定应支付的利息，包括短期借款利息、分期付息到期还本的长期借款利息、应付债券等应支付的利息。

企业应该设置“应付利息”科目核算企业应付利息的发生、支付情况。该科目贷方登记按合同约定计算的应付利息，借方登记实际支付的利息；期末贷方余额反映企业应付未付的利息。

四、其他应付款的核算

其他应付款是指企业除应付账款、应付票据、应付股利和应付利息等以外的其他应付、暂收款项。其具体包括：应付经营租入固定资产和包装物的租金、存入保证金（如收取的包装物押金等）、应付暂收所属单位个人的款项以及其他应付、暂收款项。

企业应设置“其他应付款”科目核算其他各项应付、暂收款项的增减变动及其结果，该科目贷方登记发生的各种应付、暂收款项，借方登记支付的各种应付、暂收款项，期末余额在贷方，反映企业尚未支付的其他应付款项。该科目按应付、暂收款项的类别和单位或个人设置明细科目，进行明细分类核算。

企业发生各种应付、暂收款项时，借记“银行存款”“管理费用”等科目，贷记“其他应付款”科目；支付有关款项时，借记“其他应付款”科目，贷记“银行存款”等科目。

【工作实例9-33】企业出租包装物，以现金收取出租包装物押金3 000元。会计处理如下：

（1）收到押金时：

借：库存现金	3 000	
贷：其他应付款		3 000

（2）退还包装物押金时：

借：其他应付款 3 000

　　贷：库存现金 3 000

项目小结

流动负债主要包括短期借款、金融负债、应付职工薪酬、应交税费及预收账款和其他应付款等。

短期借款是指企业向银行或其他金融机构借入的期限在1年以下（含1年）的各种借款，企业应设置“短期借款”和“应付利息”科目核算短期借款的取得、计息和到期归还。

企业的应付及预收款项包括应付账款、应付票据、应付职工薪酬、预收账款、其他应付款等。企业应设置相应的会计科目进行核算。

应交税费是指企业根据税法的规定应当交纳的各种税金，包括增值税、消费税、所得税、土地增值税、城市维护建设税、教育费附加、矿产资源补偿费等。企业应设置“应交税费”科目及相应的明细科目进行核算。

复习思考题

1. 短期借款利息费用如何处理？
2. 金融负债包括哪些内容？
3. 交易性金融资产与交易性金融负债有没有关系？
4. 现行会计准则对应付职工薪酬的“职工范围”有什么规定？
5. 应付职工薪酬由哪几部分组成？其含义是什么？
6. 企业分配的职工薪酬应如何计入有关成本费用科目？
7. 离职后福利和辞退福利有什么区别？
8. 增值税一般纳税人和小规模纳税人对增值税是如何核算的？
9. 企业用自己生产的产品发放福利，应该如何核算？
10. “预收账款”和“合同负债”有什么区别？

项目十

非流动负债的核算

【知识目标】

1. 掌握长期借款的核算内容；
2. 了解企业债券概念、发行方式及发行价格确定方法；
3. 熟悉借款费用的组成及借款费用资本化的确定方法；
4. 掌握长期应付款的核算内容。

【能力目标】

1. 能够正确地完成长期借款的取得、计提利息和偿还的账务处理；
2. 能够正确地核算应付债券的发行、应计利息和到期偿还；
3. 能够区别不同类型借款的借款费用资本化确认方法，正确计算借款费用资本化，完成账务处理。

【素养目标】

1. 认识长期负债在企业经营中的重要作用，合理组织长期负债，减少偿债风险；
2. 运用国家允许的发行债券政策，筹集生产经营资金，提高企业盈利水平；
3. 充分认识借款费用资本化和费用化区分的必要性，提高财务会计报告的信息质量，防止资产泡沫。

引 言

债券市场已成为企业直接融资的主渠道之一。作为企业财务灵活性的重要来源，债券融资对企业丰富融资渠道、提高抗风险能力、抓住投资机会具有重要意义。

2022年，债券市场共发行各类债券61.9万亿元，同比基本持平。其中银行间债券市场发行债券56.0万亿元，同比增长5.4%，交易所市场发行5.8万亿元。2022年，国债发行9.6万亿元，地方政府债券发行7.4万亿元，金融债券发行9.8万亿元，公司信用类债券发行13.8万亿元，信贷资产支持证券发行3 345.4亿元，同业存单发行20.5万亿元。

2022年3月2日，上交所发布《“十四五”期间碳达峰碳中和行动方案》，指出推动绿色债券发展，从扩大绿色债券发行规模、完善绿色债券制度建设、推动绿色债券投资等方面提出具体措施支持绿色债券发行。二是创新推出转型债券。2022年6月6日，交易商协会发布《关于开展转型债券相关创新试点的通知》，拟创新推出转型债券，支持传统行业绿色低碳转型，转型债券募集资金专项用于低碳转型领域，重点推动传统行业转型升级，是绿色债券的有益补充。三是推出低碳转型债券、低碳转型挂钩债券。2022年6月2日，上交所修订《上海证券交易所公司债券发行上市审核规则适用指引第2号——特定品种公司债券》，新增推出低碳转型债券和低碳转型挂钩债券，明确债券定义、募集资金用途、特殊条款安排、项目申报及披露要求等，支持低碳转型领域债券发行。上述政策的推出进一步丰富了我国可持续债券品类，有助于推动可持续发展相关债券的发行。企业根据自身需求选择合适的发债类型，不仅解决了资金短缺问题，而且优化了财务报表结构，提高了盈利能力和应对风险的能力。

任务一 长期借款的核算

一、长期借款的概念及分类

长期借款是指企业向银行等金融机构借入的期限在1年以上（不含1年）的各项借款。长期借款一般用于固定资产的购建、改扩建工程、大修理工程以及流动资产的正常需要等方面。它是企业非流动负债的重要组成部分，必须加强管理与核算。

企业的长期借款可以按照不同的标准进行分类。

按偿还方式，长期借款可分为定期偿还借款和分期偿还借款。

按付息方式，长期借款可分为到期一次还本付息的借款和分期付息、到期还本的借款。

按借款条件，长期借款可分为抵押借款、担保借款和信用借款。

按借款用途，长期借款可分为基本建设借款和生产周转借款。

按借款币种，长期借款可分为人民币借款和外币借款等。

二、长期借款的核算

（一）科目设置

企业应设置“长期借款”科目反映和监督长期借款的借入和归还的情况。该科目按照贷款单位和贷款种类，分别用“本金”“利息调整”等进行明细核算。该科目的贷方登记长期借款本金（或利息）的增加额，借方登记偿还的长期借款本金（或利息），期末贷方余额，反映企业尚未偿还的长期借款（或利息）。

（二）长期借款的会计处理

1.取得长期借款

企业借入长期借款应按实际收到的金额，借记“银行存款”科目，贷记“长期借款——本金”科目，如存在差额，还应借记“长期借款——利息调整”科目。

2.长期借款的利息

长期借款利息费用应当在资产负债表日按照实际利率法计算确定，实际利率与合同利率差异较小的，也可以采用合同利率计算确定利息费用。长期借款计算确定的利息费用，应当按以下原则计入有关成本费用：

（1）属于筹建期间的，记入“管理费用”科目。

（2）属于生产经营期间的，记入“财务费用”科目。

（3）如果长期借款用于购建存货、固定资产等资产，在资产尚未达到销售状态或预定可使用状态前所发生的应当资本化的利息支出，计入资产成本；资产达到销售状态或预定可使用状态后发生的利息支出，以及按规定不予资本化的利息支出，计入财务费用。

长期借款按合同利率计算确定的应付（计）利息，记入“应付利息”或“长期借款——应计利息”科目，分别借记“在建工程”“管理费用”“制造费用”“财务费用”“研发支出”等科目，贷记“应付利息”或“长期借款——应计利息”科目。

3.借款到期归还的核算

到期归还长期借款本金时，借记“长期借款——本金”科目，贷记“银行存款”科目。如果是到期一次还本付息的长期借款，还需要偿还到期利息。

【工作实例10-1】兴达公司因建造厂房，2022年1月2日向银行借入3年期借款500万元，合同利率6%（假定与市场利率相同），3年后一次还本付息。该厂房建设期1年，1年后达到预定可使用状态。其会计处理如下：

（1）企业收到借款时：

借：银行存款	5 000 000	
贷：长期借款——本金		5 000 000

（2）2022年12月31日计提长期借款利息时：

借：在建工程	300 000	
贷：长期借款——应计利息		300 000

（3）2023年12月31日计提长期借款利息时：

借：财务费用	300 000	
贷：长期借款——应计利息		300 000

（4）2024年12月31日计提长期借款利息时：

借：财务费用　　300 000

　　贷：长期借款——应计利息　　300 000

（5）2025年1月1日归还长期借款本息时：

借：长期借款——本金　　5 000 000

　　　　　　——应计利息　　900 000

　　贷：银行存款　　5 900 000

【学中做10-1】如果该长期借款合同规定每年年末计息、年初付息、到期还本，请你完成兴达公司2022年12月31日和2025年1月1日的会计分录。

任务二　应付债券的核算

一、应付债券的概念及计量

应付债券是指企业为了筹集长期资金依法定程序对外发行的、约定在一定期限还本付息的有价证券。企业发行的期限在1年以下（含1年）的债券属于交易性金融负债，发行期限在一年以上的债券，属于应付债券。

应付债券属于企业的金融负债，初始确认时应当按照公允价值计量，相关交易费用计入初始确认金额。交易费用是指可直接归属于发行金融负债的增量费用，包括支付给代理机构、咨询机构、券商、证券交易所、政府有关部门等的手续费、佣金、相关税费以及其他必要支出，不包括债券溢价、折价、融资费用、内部管理成本和持有成本等与交易不直接相关的费用。

二、应付债券发行价格的确定

应付债券的发行价格是指企业在发行债券时向债券投资人收取的现金或现金等价物。债券发行价格制定受多种因素的影响，其中最主要的因素有：债券面值、票面利率、市场利率和债券期限等。

票面利率是指企业债券票面上确定的利率，又称名义利率；发行当时的市场利率，又称市场利率。债券发行价格一般等于债券面值和各期利息按实际利率计算的现值之和，如果发生相关费用，也一并计算现值确定。其计算公式为：

发行价格 = 面值的复利现值 + 各期利息的复利现值 + 发行费用的复利现值

假定不考虑其他因素，当票面利率与市场利率一致时，债券的发行价格等于面值，这时为平价发行或称面值发行；当票面利率高于市场利率时，债券的发行价格高于面值，称之为溢价发行；当票面利率低于市场利率时，企业按低于面值的价格发行，称为折价发行。溢价或折价不是发行企业的收益或损失，它实质上是发行债券企业在债券存续期间内对利息费用的一种调整。

【工作实例10-2】甲公司2023年1月2日经批准发行面值为5 000万元、年利率为6%、期限为6年、到期一次还本付息的公司债券，发行费用200万元。假定发行时市场利率为

4%或8%。要求：计算发行价格。

（1）若债券发行时市场利率为4%：

发行价格＝债券本利和的复利现值＋发行费用的复利现值

＝5 000×（1＋6×6%）×（P/F，4%，6）＋200

＝6 800×0.7903＋200＝5 574.04（万元）

（2）若债券发行时市场利率为8%：

发行价格＝5 000×（1＋6×6%）×（P/F，8%，6）＋200＝6 800×0.6302＋200

＝4 485.36（万元）

【工作实例10-3】沿用【工作实例10-2】的资料，假定该债券是分期付息、到期一次还本的公司债券，其他条件不变。要求：计算发行价格。

（1）若债券发行时市场利率为4%：

发行价格＝面值的复利现值＋各期利息的年金现值＋发行费用的复利现值

＝5 000×（P/F，4%，6）＋5 000×6%×（P/A，4%，6）＋200

＝5 000×0.7903＋300×5.2421＋200＝5 724.13（万元）

（2）若债券发行时市场利率为8%：

发行价格＝5 000×（P/F，8%，6）＋5 000×6%×（P/A，8%，6）＋200

＝5 000×0.6302＋300×4.6229＋200＝4 737.87（万元）

三、应付债券的会计处理

（一）账户设置

企业应该设置“应付债券”科目核算债券的发行、计息及偿还情况，并在该科目下设置“面值”“应计利息”“利息调整”等明细科目。其中：

“应付债券——面值”科目核算发行债券的面值总额。

“应付债券——应计利息”科目核算到期一次还本付息债券计提的利息。

“应付债券——利息调整”科目核算发行价格与面值的差额及分期摊销金额。

（二）应付债券的面值发行

1. 发行债券

企业发行债券时按实际收到的款项借记“银行存款”科目；按债券票面价值，贷记“应付债券——面值”科目。

2. 确认债券利息

资产负债表日，企业应按应付债券的面值和票面利率计算确定的债券利息，借记“在建工程”“制造费用”“财务费用”等科目，贷记“应付利息”或“应付债券——应计利息”科目。

3. 债券到期

采用到期一次还本付息方式的，企业应于债券到期支付债券本息时，借记“应付债券——面值”“应付债券——应计利息”科目，贷记“银行存款”科目。

采用分期付息、到期还本方式的，债券于到期时只剩下最后一期利息和本金，企业在支付债券本息时，借记“应付债券——面值”“应付利息”科目，贷记“银行存款”科目。

【工作实例10-4】A公司2022年1月2日发行公司债券，面值为1 000万元，年利率为8%，期限为3年，到期一次还本付息。发行时市场利率为8%，采用面值发行。A公司发行公司债券所筹集的资金用于生产线的建设，建设工期1年，假定未发生相关费用。会计处理如下：

（1）2022年1月2日发行债券时：

借：银行存款　　10 000 000

　　贷：应付债券——面值　　10 000 000

（2）2022年12月31日计提利息时：

借：在建工程　　800 000

　　贷：应付债券——应计利息　　800 000

（3）2023年12月31日和2024年12月31日：

借：财务费用　　800 000

　　贷：应付债券——应计利息　　800 000

（4）2025年1月1日债券到期时：

借：应付债券——面值　　10 000 000

　　　　　　——应计利息　　2 400 000

　　贷：银行存款　　12 400 000

【学中做10-2】如果上例中企业发行的债券属于分期付息、到期一次还本的公司债券，其他条件不变，请你完成全部业务处理。

（三）应付债券的溢价发行

1. 发行债券

企业发行债券时按实际收到的款项借记“银行存款”科目；按债券票面价值，贷记“应付债券——面值”科目，按其差额，贷记“应付债券——利息调整”科目。

2. 确认债券利息

在溢价发行的情况下，债券溢价需要在债券存续期间内采用实际利率法进行摊销。有关计算如下：

当期应确认的应计（付）利息 = 应付债券票面金额 × 票面利率

当期利息费用 = 应付债券该期期初摊余成本 × 实际利率

利息调整的摊销额 = 当期应确认的应计（付）利息 − 当期利息费用

资产负债表日，对于分期付息一次还本的债券，企业应按应付债券的摊余成本和实际利率计算确定的债券利息费用，借记“在建工程”“制造费用”“财务费用”等科目，按票面利率计算确定的应付未付利息贷记“应付利息”科目，按其差额借记“应付债券——利息调整”科目。

资产负债表日，对于一次还本付息的债券，应按摊余成本和实际利率计算确定的债券利息费用，借记“在建工程”“制造费用”“财务费用”等科目，按票面利率计算确定的应计利息，贷记“应付债券——应计利息”科目，按其差额借记“应付债券——利息调整”科目。

3. 债券到期

企业发行的一般公司债券无论是按面值发行，还是溢价发行或折价发行，到期的会计处理都相同，不再赘述。

【工作实例10-5】B公司2022年1月1日发行公司债券，面值为1 000 000元，年利率为6%、期限为5年，每年付息、到期还本。发行时市场利率为5%，发行价格为1 043 270

元。假定企业发行债券筹集的资金用于生产经营。

会计处理如下：

（1）2022年1月1日企业发行债券时：

借：银行存款　　1 043 270

　贷：应付债券——面值　　1 000 000

　　　　　　——利息调整　　43 270

（2）根据资料，采用实际利率法计算利息和利息调整摊销见表10-1。

表10-1　利息费用计算一览表　单位：元

付息日期	支付利息	利息费用	摊销的利息调整	应付债券摊余成本
2022年01月01日				1 043 270.00
2022年12月31日	60 000	52 163.50	7 836.50	1 035 433.50
2023年12月31日	60 000	51 771.68	8 228.32	1 027 205.18
2024年12月31日	60 000	51 360.26	8 639.74	1 018 565.44
2025年12月31日	60 000	50 928.27	9 071.73	1 009 493.71
2026年12月31日	60 000	50 506.29*	9 493.71	1 000 000.00
合　计	300 000	256 730.00	43 270.00	—

注：*表示尾数调整。

（3）2022年12月31日计算利息时：

借：财务费用　　52 163.50

　　应付债券——利息调整　　7 836.50

　贷：应付利息　　60 000

（4）2023年1月1日收到利息时：

借：应付利息　　60 000

　贷：银行存款　　60 000

2023—2026年确认的利息费用和利息调整摊销的会计处理同2022年，只是金额不同。

（5）2027年1月1日偿还最后一期利息和本金时：

借：应付债券——面值　　1 000 000

　　应付利息　　60 000

　贷：银行存款　　1 060 000

（四）应付债券的折价发行

1. 发行债券

企业发行债券时按实际收到的款项借记“银行存款”科目；按债券票面价值，贷记“应付债券——面值”科目，按其差额，借记“应付债券——利息调整”科目。

2. 确认债券利息

在折价发行的情况下，债券折价需要在债券存续期间内采用实际利率法进行摊销。有关计算如下：

当期应确认的应计（付）利息 = 应付债券票面金额 × 票面利率

当期利息费用 = 应付债券该期期初摊余成本 × 实际利率

利息调整的摊销额 = 当期利息费用 － 当期应确认的应计（付）利息

资产负债表日，对于分期付息一次还本的债券，应按计算的债券利息费用，借记“在建工程”“制造费用”“财务费用”等科目，按当期应确认的应付利息贷记“应付利息”科目，按其差额贷记“应付债券——利息调整”科目。

资产负债表日，对于一次还本付息的债券，应按计算的债券利息费用，借记“在建工程”“制造费用”“财务费用”等科目，按当期应确认的应计利息贷记“应付债券——应计利息”科目，按其差额贷记“应付债券——利息调整”科目。

【工作实例 10-6】C公司2022年7月1日发行公司债券，面值为4 000 000元，年利率为6%、期限为3年，每半年付息、到期一次还本。发行时市场利率为8%。假定企业发行债券筹集的资金用于生产经营。会计处理如下：

（1）计算发行价格：

发行价格 = 400 ×（P/F，4%，6）+ 400 × 3% ×（P/A，4%，6）

= 400 × 0.7903 + 12 × 5.2421 = 379.025（万元）

（2）企业发行债券时：

借：银行存款　　3 790 250

　　应付债券——利息调整　　209 750

　　贷：应付债券——面值　　4 000 000

（3）根据资料，采用实际利率法计算利息和利息调整摊销见表10-2。

表10-2　利息费用计算一览表　单位：元

付息日期	支付利息	利息费用	摊销的利息调整	应付债券摊余成本
2022年07月01日				3 790 250.00
2022年12月31日	120 000	151 610.00	31 610.00	3 821 860.00
2023年06月30日	120 000	152 874.40	32 874.40	3 854 734.40
2023年12月31日	120 000	154 189.38	34 189.38	3 888 923.78
2024年06月30日	120 000	155 556.95	35 556.95	3 924 480.73
2024年12月31日	120 000	156 979.23	36 979.23	3 961 459.96
2025年06月30日	120 000	158 540.04*	38 540.04	4 000 000.00
合　计	720 000	929 750.00	209 750.00	—

注：*表示尾数调整。

（4）2022年12月31日计算利息时：

借：财务费用　　151 610

　　贷：应付利息　　120 000

　　　　应付债券——利息调整　　31 610

（5）2023年1月1日收到利息时：

借：应付利息　　120 000

　　贷：银行存款　　120 000

【学中做10-3】请你完成该债券2023年6月30日—2025年7月1日确认利息费用和利息调整摊销、支付利息及到期还本付息的会计分录。

任务三　其他非流动负债的核算

一、租赁负债的核算

（一）与租赁相关的若干概念

租赁是指在一定的期间内，出租人将资产使用权让与承租人以获取对价的合同。就承租人而言，租赁包括使用权资产租赁、短期租赁和低价值资产租赁。使用权资产租赁，是指承租人可在租赁期内使用租赁资产的权利。短期租赁，是指从租赁期开始日，租赁期不超过12个月的租赁。低价值资产租赁，是指单项租赁资产为全新资产时价值较低的租赁。

租赁付款额是指承租人向出租人支付的与在租赁期内使用租赁资产的权利相关的款项，包括：（1）固定付款额及实质固定付款额，存在租赁激励的，扣除租赁激励相关金额；（2）取决于指数或比率的可变租赁付款额；（3）购买选择权的行权价格；（4）行使终止租赁选择权需支付的款项；（5）根据承租人提供的担保余值预计应支付的款项。

实质固定付款额，是指在形式上可能包含变量但实质上无法避免的付款额。

可变租赁付款额，是指承租人为取得在租赁期内使用租赁资产的权利，向出租人支付的因租赁期开始日后的事实或情况发生变化（而非时间推移）而变动的款项。取决于指数或比率的可变租赁付款额包括与消费者价格指数挂钩的款项、与基准利率挂钩的款项和为反映市场租金费率变化而变动的款项等。

担保余值，是指与出租人无关的一方向出租人提供担保，保证在租赁结束时租赁资产的价值至少为某指定的金额。

未担保余值，是指租赁资产余值中，出租人无法保证能够实现或仅由与出租人有关的一方予以担保的部分。

（二）使用权资产的初始计量

在租赁期开始日，承租人应当对租赁确认使用权资产和租赁负债，但对短期租赁和低价值资产租赁除外。

使用权资产应当按照成本进行初始计量。初始成本包括：

（1）租赁负债的初始计量金额。租赁负债应当按照租赁期开始日尚未支付的租赁付款额的现值进行初始计量；在计算租赁付款额的现值时，承租人应当采用租赁内含利率作为折现率；无法确定租赁内含利率的，应当采用承租人增量借款利率作为折现率。

（2）已经发生的租赁付款额。在租赁期开始日或之前支付的租赁付款额，存在租赁激励的，扣除已享受的租赁激励相关金额。

（3）承租人发生的初始直接费用。初始直接费用，是指为达成租赁所发生的增量成本，通常有印花税、佣金、律师费、差旅费、谈判费等。

（4）预计成本。承租人为拆卸及移除租赁资产、复原租赁资产所在场地或将租赁资产恢复至租赁条款约定状态预计将发生的成本。

企业确认使用权资产时，应在租赁期开始日按照确认的成本，借记“使用权资产”（或在建工程）账户；按租赁期开始日尚未支付的租赁付款额的现值，贷记“租赁负债”账户；按预计将发生的成本的现值，贷记“预提费用”账户；按租赁期开始日或之前支付的租赁付款额和初始直接费用，贷记“银行存款”等账户。

（三）使用权资产的后续计量

在租赁期开始日后，承租人应当采用成本模式对使用权资产进行后续计量。

承租人对使用权资产参照固定资产准则有关折旧的规定，对使用权资产计提折旧。能够合理确定租赁期届满时取得租赁资产所有权的，应当在租赁资产剩余使用寿命内计提折旧；无法合理确定租赁期届满时能够取得租赁资产所有权的，应当在租赁期与租赁资产剩余使用寿命两者孰短的期间内计提折旧。如果使用权资产发生了减值，应借记“资产减值损失”科目，贷记“使用权资产减值准备”科目。资产减值损失一经确认，在以后期间不得转回。

承租人应当按照固定的周期性利率计算租赁负债在租赁期内各期间的利息费用，并计入当期损益，借记“财务费用”科目，贷记“租赁负债”科目。

（四）履约成本的会计处理

履约成本，是指租赁期内为租赁资产支付的各种使用费用，如技术咨询和服务费、人员培训费、维修费、保险费等。承租人发生的履约成本通常应计入当期损益。

（五）未纳入租赁负债计量的可变租赁付款额的会计处理

未纳入租赁负债计量的可变租赁付款额，由于发生的金额不固定，无法采用系统合理的方法对其进行分摊，应在实际发生时，计入当期损益。

【工作实例10-7】2022年12月28日，A公司与B公司签订了一份租赁合同。合同主要条款如下：

（1）租赁标的物：数控机床。

（2）租赁期开始日：租赁物运抵A公司生产车间之日（即2023年1月1日）。

（3）租赁期：从租赁期开始日算起36个月（即2023年1月1日至2026年12月31日）。

（4）租金支付方式：自租赁期开始日起每年年末支付租金900 000元。

（5）购买选择权的行权价格50 000元。

（6）租赁合同规定的利率为8%（年利率）。

（7）A公司在租赁谈判和签订租赁合同过程中发生可归属于租赁项目的手续费、差旅费8 910元。

A公司（承租人）的会计处理如下：

（1）租赁期开始日的会计处理。

第一步，判断租赁类型。本例中，在合同开始日，租赁合同中B公司让渡了在3年内控制数控机床使用的权利给A公司以换取对价，A公司有权获得在使用期间内使用已识别资产所产生的几乎全部经济利益，并有权在该使用期间主导已识别资产的使用，则该合同为租赁合同。因此，A公司应当将该项租赁确认为使用权资产。

第二步，确认租赁负债的现值。本例中，A公司不知道出租人的租赁内含利率，因此应选择租赁合同规定的利率8%作为租赁付款额的折现率。

租赁付款额的现值＝各期固定付款额现值之和＋承租人担保的资产余值现值

$$=900\,000\times(P/A,\ 8\%,\ 3)+50\,000\times(P/F,\ 8\%,\ 3)$$

$$=900\,000\times2.5771+50\,000\times0.794=2\,359\,090\text{（元）}$$

第三步，确认使用权资产的入账价值。

使用权资产的入账价值＝2 359 090＋8 910＝2 368 000（元）

第四步，进行具体账务处理。

借：使用权资产　　2 368 000

　贷：租赁负债——B公司　　2 359 090

　　　银行存款　　8 910

（2）确认每期财务费用的会计处理。

第一步，确定周期性利率。承租人应当按照固定的周期性利率计算租赁负债在租赁期内各期间的利息费用，并计入当期损益。由于承租人选择租赁合同规定的利率8%作为租赁付款额的折现率，因此该折现率就是其周期性利率。

第二步，在租赁期内采用周期性利率分摊财务费用（见表10-3）。

表10-3　采用周期性利率分摊财务费用计算表　单位：元

日　期	支付租赁付款额	确认的财务费用	租赁负债减少额	应付本金余额
	(a)	(b)＝期初(d)×8%	(c)＝(a)－(b)	(d)＝期初(d)－(c)
(1) 2023年01月01日				2 359 090.00
(2) 2023年12月31日	900 000	188 727.20	711 272.80	1 647 817.20
(3) 2024年12月31日	900 000	131 825.38	768 174.62	879 642.58
(4) 2025年12月31日	950 000	70 357.42*	879 642.58	0
合　计	2 750 000	390 910.00	2 359 090.00	—

注：*表示尾数调整。

第三步，进行具体账务处理。

2023年1月至12月，每月计提财务费用时：

每月财务费用＝188 727.20÷12＝15 727.27（元）

借：财务费用　　15 727.27

　贷：租赁负债　　15 727.27

2023年12月31日，支付第1期租金时：

借：租赁负债——B公司　　900 000

　贷：银行存款　　900 000

每月计提折旧时：

每月折旧费用＝2 368 000÷（3×12）＝65 777.78（元）

借：制造费用　　65 777.78

　贷：使用权资产累计折旧　　65 777.78

二、长期应付款的核算

长期应付款是指企业除长期借款、应付债券、租赁负债以外的其他各种长期应付款项，包括以分期付款方式购买固定资产和无形资产发生的应付款项等。

如果延期支付的购买价款超过正常信用条件，实质上具有融资性质，所购资产的成本应当以延期支付购买价款的现值为基础确定。实际支付的价款与购买价款的现值之间的差额，应当在信用期间内采用实际利率法进行摊销，符合资本化条件的，计入相关资产成本，否则计入当期损益。

其账务处理为：企业购入资产超过正常信用条件延期付款实质上具有融资性质时，应按购买价款的现值，借记“固定资产”“在建工程”“无形资产”等账户，按应支付的价款总额，贷记“长期应付款”账户，按其差额，借记“未确认融资费用”账户。按期支付价款时，借记“长期应付款”账户，贷记“银行存款”账户。同时，企业应当采用实际利率法计算确定当期的利息费用，借记“财务费用”“在建工程”“研发支出”等账户，贷记“未确认融资费用”账户。

【工作实例10-8】某公司2023年1月1日以分期付款方式购入一台设备，总价款为150万元，购货合同约定购买之日首付60万元，以后每年年末支付30万元，分3年付清。假设银行同期贷款利率为10%。根据上述经济业务，公司应进行如下会计处理：

（1）2023年1月1日确认固定资产入账价值及未确认融资费用。

固定资产入账价值 = 600 000 + 300 000 ×（P/A，10%，3）= 1 346 070（元）

未确认融资费用 = 1 500 000 − 1 346 070 = 153 930（元）

借：固定资产　　1 346 070

　　未确认融资费用　　153 930

　　贷：长期应付款　　900 000

　　　　银行存款　　600 000

（2）按期支付价款、分摊未确认融资费用。合同付款期内采用实际利率法分摊融资费用（见表10-4）。

表10-4　实际利率法下融资费用的分摊　单位：元

日　期	每期付款额	确认的融资费用	应付本金减少额	应付本金余额
	(a)	(b) = 期初 (d) ×10%	(c) = (a) − (b)	(d) = 期初 (d) − (c)
(1) 2023年01月01日				746 070.00
(2) 2023年12月31日	300 000	74 607.00	225 393.00	520 677.00
(3) 2024年12月31日	300 000	52 067.70	247 932.30	272 744.70
(4) 2025年12月31日	300 000	27 255.30*	272 744.70	0
合　计	900 000	153 930.00	746 070.00	—

注：*表示尾数调整。

2023年12月31日支付第一期应付款时：

借：长期应付款　　300 000

　　贷：银行存款　　300 000

借：财务费用　　74 607

　　贷：未确认融资费用　　74 607

2024年12月31日支付第二期应付款时：

借：长期应付款　　300 000

　　贷：银行存款　　300 000

借：财务费用　　52 067.70

　　贷：未确认融资费用　　52 067.70

2025年12月31日支付第三期应付款时：

借：长期应付款　　300 000

　　贷：银行存款　　300 000

借：财务费用　　27 255.30

　　贷：未确认融资费用　　27 255.30

三、专项应付款的核算

专项应付款是企业接受国家拨入的具有专门用途的款项所形成的不需要以资产或增加其他负债偿还的负债，如专项研究费用、专项技术改造工程款等。

为了反映应付、暂收专用款项的增减变动，企业应设置“专项应付款”科目核算企业接受国家拨入的具有专门用途的款项。收到专项拨款时借记“银行存款”科目，贷记“专项应付款”科目；使用专项应付款时，借记“在建工程”等科目，贷记“银行存款”“应付职工薪酬”等科目。工程项目完工，对形成长期资产的部分，借记“专项应付款”科目，贷记“资本公积——资本溢价”科目；对未形成长期资产的部分，借记“专项应付款”科目，贷记“在建工程”等科目。拨款结余需要返还的，借记“专项应付款”科目，贷记“银行存款”科目。

【工作实例10-9】某公司收到国家拨入北斗卫星部分设备的开发设备购置款600万元存入银行。按计划购入需要安装的设备500万元，增值税65万元（不得抵扣），支付安装人员工资15万元，设备安装完毕交付使用。企业将剩余专项拨款交回。会计处理如下：

（1）收到拨入的专项资金时：

借：银行存款　　6 000 000

　　贷：专项应付款　　6 000 000

（2）购买专项设备时：

借：在建工程　　5 650 000

　　贷：银行存款　　5 650 000

（3）支付安装人员工资时：

借：在建工程　　150 000

　　贷：应付职工薪酬　　150 000

借：应付职工薪酬　　150 000
　贷：银行存款　　150 000
（4）设备安装完毕时：
借：固定资产　　5 800 000
　贷：在建工程　　5 800 000
借：专项应付款　　5 800 000
　贷：资本公积——资本溢价　　5 800 000
（5）交回专项资金时：
借：专项应付款　　200 000
　贷：银行存款　　200 000

任务四　借款费用的核算

一、借款费用的概念及内容

借款费用是指企业因借款而发生的利息及其他相关成本。其主要包括借款利息、折价或者溢价的摊销、辅助费用（手续费、佣金、印刷费等）以及因外币借款而发生的汇兑差额等。承租人确认的融资租赁发生的融资费用属于借款费用。

因借款发生的利息包括企业向银行或者其他金融机构等借入资金发生的利息、发行公司债券发生的利息，以及为购建或者生产符合资本化条件的资产而发生的带息债务所承担的利息等。

折价或者溢价的摊销，包括发行公司债券等所发生的折价或者溢价每期的摊销金额。

辅助费用，包括企业在借款过程中发生的诸如手续费、佣金、印刷费等交易费用。

因外币借款而发生的汇兑差额是指由于汇率变动导致市场汇率与账面汇率出现差异，从而对外币借款本金及其利息的记账本位币金额所产生的影响金额。

二、借款费用的确认

（一）确认原则

借款费用的确认主要解决的是将当期发生的借款费用资本化、计入相关资产的成本，还是将当期发生的借款费用予以费用化、计入当期损益的问题。

借款费用确认的基本原则是：企业发生的借款费用可直接归属于符合资本化条件的资产购建或者生产的，应当予以资本化，计入相关资产成本；其他借款费用应当在发生时根据其发生额确认为费用，计入当期损益。

（二）可以资本化的借款范围

借款费用可以资本化的借款范围既包括专门借款，也包括一般借款。专门借款是指为了购建或者生产符合资本化条件的资产而专门借入的款项。一般借款在借入时，通常没有特指必须用于符合资本化条件的资产的购建或生产。

对于一般借款，只有在购建或者生产符合资本化条件的资产占用了一般借款时，才将与该部分一般借款相关的借款费用资本化，否则计入当期损益。

（三）可以资本化的资产范围

符合资本化条件的资产是指需要经过相当长时间的购建或者生产活动才能达到预定可使用或者可销售状态的固定资产、投资性房地产和存货等资产。建造合同成本、无形资产的开发支出等在符合条件的情况下，也可以认定为符合资本化条件的资产。

符合资本化条件的存货主要包括房地产开发企业开发的用于对外出售的房地产开发产品、企业制造的用于对外出售的大型机器设备等。这类存货的建造或者生产往往要经过一年以上（含一年）才能达到可销售状态。

对于那些购入即可使用的资产，或者虽然需要安装、建造或生产但时间较短的资产，不属于符合资本化条件的资产。

（四）借款费用予以资本化的期间的确定

借款费用可以资本化的期间是指借款费用从开始资本化到停止资本化的这段时间，但不包括暂停资本化的期间。也就是说，只有发生在资本化期间内的有关借款费用才允许资本化，资本化期间的确定是借款费用确认和计量的重要依据。

1. 借款费用开始资本化的时点

借款费用开始资本化，必须同时具备以下三个条件：

（1）资产支出已经发生。这里的资产支出包括支付现金、转移非现金资产和承担带息债务所发生的支出。

（2）借款费用已经发生。借款费用已经发生是指企业已经发生因购建或者生产符合资本化条件的资产而专门借入款项的借款费用或者占用了一般借款的借款费用。

（3）为使资产达到预定可使用或者可销售状态所必要的购建或者生产活动已经开始。为使资产达到预定可使用或者可销售状态所必要的购建或者生产活动已经开始是指符合资本化条件的资产的实体建造或者生产工作已经开始。

企业只有在上述三个条件同时满足的条件下，有关借款费用才可以开始资本化。三者缺一不可。

2. 借款费用暂停资本化的时间

符合资本化条件的资产在购建或生产过程中，如果购建活动发生非正常中断，例如，质量纠纷、安全事故、劳动纠纷等，且中断时间连续超过3个月，则暂停借款费用的资本化，将其计入当期费用，直至购建或建造活动重新开始。

如果中断是因购建或者生产符合资本化条件的资产达到预定可使用或可销售状态所必要的程序，或者中断是由于可预见的不可抗力因素造成的，则借款费用的资本化继续进行。

【小思考10-1】某企业在南方某地承建一建筑工程，在建造期间遇上雨季，时间长达3个月，工程施工因此中断。你认为，这属于正常中断还是非正常中断？

3. 停止资本化

购建或者生产符合资本化条件的资产达到预定可使用或者可销售状态时，借款费用应当停止资本化。之后发生的借款费用，应在发生时根据其发生额确认为费用，计入当期损益。

这里的“达到预定可使用或者可销售状态”是指，资产已经达到建造方、购买方或者企业自身等预先设计、计划或合同约定的可使用或可销售的状态。

三、专门借款利息费用资本化的核算

为购建或者生产符合资本化条件的资产而借入专门借款的，应当以专门借款当期实际发生的利息费用，减去尚未动用的借款资金存入银行取得的利息收入或者进行暂时性投资取得的投资收益后的金额确定。但是，每一会计期间的利息资本化金额不应当超过当期相关借款实际发生的利息金额。专门借款利息费用资本化金额的计算公式如下：

$$\text{专门借款利息费用资本化金额} = \sum\left(\text{资本化期间专门借款本金} \times \text{借款利率}\right) - \sum\left(\text{资本化期间闲置资金} \times \text{投资收益率}\right)$$

【工作实例10-10】M公司2023年1月1日开始动工建造一生产车间，施工期1年。施工期间发生的支出情况如下：2023年1月1日支出300 000元，2023年7月1日支出350 000元。

公司为建造生产车间于2023年1月1日借入专门借款500 000元，借款期限2年，年利率6%。2023年6月1日借入专门借款200 000元，借款期限2年，年利率6.6%。

闲置的借款资金均用于短期投资，月收益率0.2%。

该生产车间于2023年年底完工。资产支出见表10-5。

表10-5 资产支出一览表

单位：元

日　期	每期资产支出金额	资产支出累计金额	闲置借款资金
2023年1月1日	300 000	300 000	200 000
2023年7月1日	350 000	650 000	50 000

M公司会计处理如下：

（1）资本化期间为2023年1月1日至2023年12月31日。

（2）资本化期间专门借款实际发生利息金额 = 500 000 × 6% + 200 000 × 6.6% × 7 ÷ 12 = 37 700（元）

（3）资本化期间利用闲置借款资金投资收益 =（200 000 × 7 + 50 000 × 6）× 0.2% = 3 400（元）

（4）公司2023年资本化金额 = 37 700 − 3 400 = 34 300（元）

2023年12月31日编制会计分录如下：

借：在建工程　34 300

　　应收利息（或银行存款）　3 400

　　贷：应付利息　37 700

四、一般借款利息费用资本化的核算

如果符合资本化条件的资产的购建或者生产没有借入专门借款，只有一般借款，则应以累计资产支出加权平均数为基础计算所占用的一般借款利息资本化金额。但是，每一会计期间的利息资本化金额不应当超过当期相关借款实际发生的利息金额。

资本化率应当根据一般借款加权平均利率计算确定。其计算公式如下：

$$\text{一般借款利息费用资本化金额}=\text{累计资产支出加权平均数}\times\text{所占用一般借款的资本化率}$$

$$\text{所占用一般借款的资本化率}=\frac{\text{当期实际发生的利息之和}}{\text{一般借款本金加权平均数}}$$

$$\text{一般借款本金加权平均数}=\sum(\text{所占用每笔一般借款本金}\times\frac{\text{当期所占用的天数}}{\text{当期天数}})$$

【工作实例10-11】N公司2023年1月1日开始动工建造一生产车间，施工期2年。公司向银行借入一般借款2笔：

2023年1月1日借入3年期借款1 000万元，年利率6%；

2023年7月1日借入2年期借款1 200万元，年利率7%。

施工期间发生的支出情况如下：2023年1月1日支出700万元，2023年4月1日支出240万元，2023年8月1日支出360万元，2023年12月1日支出120万元。

会计处理如下：

（1）2023年借款利息 = 1 000 × 6% + 1 200 × 7% × 6 ÷ 12 = 102（万元）

（2）借款本金加权平均数 = 1 000 × 12 ÷ 12 + 1 200 × 6 ÷ 12 = 1 600（万元）

（3）加权平均利率 = 102 ÷ 1 600 × 100% = 6.375%

（4）累计资产支出加权平均数 = 700 × 12 ÷ 12 + 240 × 9 ÷ 12 + 360 × 5 ÷ 12 + 120 × 1 ÷ 12 = 1 040（万元）

（5）一般借款利息费用资本化金额 = 1 040 × 6.375% = 66.30（万元）

（6）2023年12月31日编制会计分录如下：

借：在建工程	663 000	
财务费用	357 000	
贷：应付利息		1 020 000

五、组合借款利息资本化的核算

企业在购建或者生产符合资本化条件的资产时，如果既使用了专门借款，又使用了一般借款，利息资本化的要求是：

首先，使用专门借款，按照专门借款利息资本化的规定计算确定资本化金额。

然后，为购建或者生产符合资本化条件的资产而发生的累计资产支出超过专门借款的部分而使用一般借款的，对这部分资产支出按其加权平均数乘以所占用一般借款的资本化率，计算确定一般借款应予资本化的利息金额。

$$\text{一般借款利息费用资本化金额}=\text{累计资产支出超过专门借款部分的资产支出加权平均数}\times\text{所占用一般借款的资本化率}$$

【工作实例10-12】甲公司为了扩大生产规模，经研究决定，采用出包方式建造生产厂房一栋，工期1年。2023年1月至12月发生的有关借款及工程支出业务资料如下：

（1）1月1日，为建造生产厂房从银行借入3年期的专门借款2 000万元，年利率为7.2%，于每年年末支付借款利息。当日，该工程已开工。

（2）1月1日，以银行存款支付工程款1 800万元。暂时闲置的专门借款在银行的存款年利率为1.2%，于每年年末收取存款利息。

（3）7月1日，借入半年期的一般借款600万元，年利率为4.8%，利息于每季度末支付。

（4）8月1日，以银行存款支付工程款320万元。

（5）11月1日，以银行存款支付工程款360万元。

会计处理如下：

（1）2023年专门借款的会计处理：

专门借款应付利息（利息支出）= 2 000 × 7.2% = 144（万元）

暂时闲置专门借款的存款利息收入 = 200 × 1.2% × 7 ÷ 12 = 1.4（万元）

专门借款利息支出资本化金额 = 144 − 1.4 = 142.6（万元）

（2）2023年占用一般借款的会计处理：

一般借款利息支出 = 600 × 4.8% × 6 ÷ 12 = 14.4（万元）

占用一般借款的累计工程支出加权平均数 = 120 × 5 ÷ 12 + 360 × 2 ÷ 12 = 110（万元）

一般借款利息支出资本化金额 = 110 × 4.8% = 5.28（万元）

一般借款利息支出费用化金额 = 14.4 − 5.28 = 9.12（万元）

（3）资本化金额 = 142.6 + 5.28 = 147.88（万元）

2023年12月31日编制会计分录如下：

借：在建工程	1 478 800	
财务费用	91 200	
银行存款	14 000	
贷：应付利息		1 584 000

六、借款辅助费用资本化的核算

辅助费用是企业为了安排借款而发生的必要费用，如果企业不发生这些费用，就无法取得借款。因此，辅助费用是企业借入款项所付出的一种代价，是借款费用的有机组成部分。

专门借款发生的辅助费用，在所购建或者生产的符合资本化条件的资产达到预定可使用或者可销售状态之前发生的，应当在发生时根据实际发生额予以资本化，计入资产成本；在此之后发生的，应当根据实际发生额确认为费用，计入当期损益。一般借款发生的辅助费用也按上述原则进行处理。

由于专门借款和一般借款都属于其他金融负债，所以其发生的辅助费用需要计入借款的初始确认金额，即抵减相关借款的初始确认金额形成“利息调整”，从而影响以后期间各期实际利息的计算，此时在确定借款辅助费用资本化时可以结合借款利息资本化金额一并计算。

七、因外币专门借款而发生的汇兑差额资本化金额的计算

如果专门借款为外币借款，在资本化期间内，外币专门借款本金及利息所发生的汇兑差额，应当予以资本化，计入符合资本化条件的资产的成本。除外币专门借款之外的其他外币借款本金及其利息所产生的汇兑差额，应当作为当期财务费用，计入当期损益。

项目小结

长期借款是指企业向银行等金融机构借入的期限在1年以上（不含1年）的各项借款。

应付债券是指企业为了筹集长期资金依法定程序对外发行的约定在一定期限还本付息的有价证券。企业发行的公司债券均采用实际利率法对利息调整在债券存续期间内进行摊销。

租赁付款额是指承租人向出租人支付的与在租赁期内使用租赁资产的权利相关的款项；租赁负债应当按照租赁期开始日尚未支付的租赁付款额的现值进行初始计量。

长期应付款是指企业除长期借款、应付债券、租赁负债以外的其他各种长期应付款项，包括以分期付款方式购买固定资产和无形资产发生的应付款项等。

专项应付款是企业接受国家拨入的具有专门用途的款项所形成的不需要以资产或增加其他负债偿还的负债，如专项研究费用、专项技术改造工程款等。

借款费用是指企业因借款而发生的利息及其他相关成本。主要包括借款利息、折价或者溢价的摊销、辅助费用以及因外币借款而发生的汇兑差额等。借款费用确认的基本原则是：企业发生的借款费用，可直接归属于符合资本化条件的资产购建或者生产的，应当予以资本化，计入相关资产成本；其他借款费用，应当在发生时根据其发生额确认为费用，计入当期损益。

复习思考题

1. 长期借款的利息可以记入哪些会计科目？
2. 如何计算发行债券的发行价格？
3. 核算应付债券需要设置哪些明细科目？每个明细科目的核算内容是什么？
4. 借款费用包含哪些部分？
5. 借款费用资本化的资产范围有哪些？
6. 如何确定专门借款利息费用资本化金额？
7. 为什么在计算一般借款利息费用资本化金额时不考虑闲置资金的投资收益？
8. 你认为：借款费用资本化金额的大和小，哪一个对企业有利？

项目十一

债务重组的核算

【知识目标】

1. 熟悉债务重组会计准则的变迁，熟悉新会计准则下债务重组的概念；
2. 掌握债务重组的方式；
3. 掌握债权人在不同方式下受让资产的确认和计量；
4. 掌握债务人在不同方式下清偿债务的确认和计量。

【能力目标】

1. 能够正确运用债务重组准则，进行合理的债务重组；
2. 能够完成债权人在不同方式下受让资产的确认和计量；
3. 能够完成债务人在不同方式下清偿债务的确认和计量。

【素养目标】

1. 充分认识债务重组是企业解决短期债务危机的一种重要方法，减轻企业债务负担，轻装上阵；
2. 正确运用债务重组准则，提供企业准确的会计信息；
3. 正确运用债务重组方式，促使企业化解债务风险。

引　言

我国债务重组准则最早于1998年制定，当时对债务重组的定义是：“债务人在发生财务困难的情况下，债权人按照其与债务人达成的协议或者法院的裁定作出让步的事项。”2019年修订后的债务重组准则规定：“债务重组是指在不改变交易对手方的情况下，经债权人和债务人协定或法院裁定，就清偿债务的时间、金额或方式等重新达成协议的交易。”债务重组方式有以资产清偿债务、将债务转为权益工具、修改债务条件或以上几种方式的任意组合。债务重组从原先的债权人必须作出让步，到现在仅满足“重新达成协议”，说明债务重组的性质发生了非常大的变化。

债务重组可以减少企业债务，降低资产使用成本。债务重组可以通过使用部分闲置的资产来抵债，实现了闲置资产的盘活，有效降低了资产闲置的水平，提高了资产的使用效率，使流入企业的经济利益得到了增加，有利于企业长远发展。从一定程度上来说，将优化资产的使用效率，可以创造更多的社会财富，从而增加社会的总资产，实现国有资产的增值保值。债务重组可以降低付款风险，尽可能地增加企业的现金流，增强获利能力，降低经营风险，为持续发展打下坚实的基础。

债务重组可以提高国有企业自身的信誉情况。企业信誉的高低可以说是吸引投资者的主要因素，决定了企业的筹资能力，若自身的信誉度良好，就可以从资本市场上不同的筹资渠道筹集为企业持续发展所需的资金。

债务重组，是国有企业再创经营佳绩，推动工业转型升级，加快转变发展方式的重要举措，展现了社会主义制度的优越性，从而使国人坚信现行的经济体制的正确性。

任务一　债务重组的确认

一、债务重组的概念

在市场经济竞争激烈的情况下，一些企业可能因经营管理不善，或受外部各种因素的不利影响，导致盈利能力下降或经营发生亏损，出现暂时性或严重的财务困难，致使资金周转不灵，难以按期偿还债务。在这种情况下，虽然按我国法律规定，债权人有权在债务人不能偿还债务时向法院申请债务人破产，但在债务人主管部门申请整顿且经债务人与债权人会议达成和解协议时，破产程序应予中止。此外，即使债务人进入破产程序，也可能因为相关的过程持续时间过长，费时费力，结果还可能难以保证债权人的债权如数收回。于是，就出现了债务重组这一解决债务纠纷的方法。

债务重组，是指在不改变交易对手方的情况下，经债权人和债务人协定或法院裁定，就清偿债务的时间、金额或方式等重新达成协议的交易。显然，债权人和债务人协定或法院裁定是企业会计准则中债务重组的基本特征。债务重组的情形主要包括以资产清偿债务、将债务转为权益工具、推迟债务清偿时间、减免债务人部分债务本金或者利息、降低债务利率、变更还款期限等方式修改债权和债务的其他条款等。

值得一提的是，债务重组的定义伴随债务重组准则修订历经数次往复。债务重组准则最早于1998年制订，当时对债务重组的定义是：“债务人在发生财务困难的情况下，债权人按照其与债务人达成的协议或者法院的裁定作出让步的事项。”2001年，进行了第一次修订，修订后的定义为“债权人按照其与债务人达成的协议或法院的裁决同意债务人修改债务条件的事项”。此次修订删除了“债务人发生财务困难”、债权人“作出让步”。2006年，为实现与国际会计准则趋同，进行了第二次修订，修订后的定义又恢复到1998年版本，将“债务人发生财务困难”、债权人“作出让步”重新作为债务重组的认定标准。本次是第三次修订，目的是保持会计准则体系内在协调，避免具体会计准则之间的冲突。

二、债务重组的方式

债务重组的方式可以概括为以下四种。

（一）以资产清偿债务

所谓以资产清偿债务，是指债务人转让其资产给债权人以清偿债务。债务人用于偿债的资产主要有：现金、存货、固定资产、无形资产、投资性房地产、股权投资等。

（二）将债务转为权益工具

债务人将债务转为权益工具，同时债权人将债权转为股权的债务重组方式。但债务人根据转换协议，将应付可转换公司债券转为资本的，属于正常情况下的债务资本，不能作为债务重组处理。

（三）修改其他债务条款

修改债权和债务的其他条款，是债务人不以资产清偿债务，也不将债务转为权益工具，而是改变债权和债务的其他条款的债务重组方式，如采用调整债务本金、改变债务利息、变更还款期限等方式修改债权和债务的其他条款，形成重组债权和重组债务。

（四）组合方式

组合方式，是采用债务人以资产清偿债务、将债务转为权益工具、修改其他债务条款三种方式中一种以上方式的组合清偿债务的债务重组方式。例如，债权人和债务人约定，由债务人以机器设备清偿部分债务，将另一部分债务转为权益工具，调整剩余债务的本金，但利率和还款期限不变。

三、债权人受让资产的确认和计量

（一）债权人受让资产的确认

债权人应当在相关资产符合其定义和确认条件时予以确认，放弃债权的公允价值与账面价值之间的差额，记入“投资收益”科目。

（二）债权人受让资产的计量

债权人受让包括现金在内的单项或多项金融资产时，金融资产初始确认时应当以取得金融资产的公允价值计量；对于以公允价值计量且其变动计入当期损益的金融资产，相关交易费用计入当期损益；对于其他类金融资产，相关交易费用计入初始确认金额。

债权人初始确认受让的金融资产以外的资产时，应当按照放弃债权的公允价值和取得受让资产的相关税费进行初始计量。具体计量见表11-1。

表11-1　　债权人受让非现金资产的成本确定

受让的资产	受让资产的成本组成内容
存货	包括放弃债权的公允价值和使该资产达到当前位置和状态所发生的可直接归属于该资产的税费、运输费、装卸费、保险费等其他成本
联营或合营企业的投资	包括放弃债权的公允价值和可直接归属于该资产的税费等其他成本
投资性房地产	包括放弃债权的公允价值和可直接归属于该资产的税费等其他成本
固定资产	包括放弃债权的公允价值和使该资产达到预定可使用状态前所发生的可直接归属于该资产的税费、运输费、装卸费、安装费、专业人员服务费等其他成本
生物资产	包括放弃债权的公允价值和可直接归属于该资产的税费、运输费、保险费等其他成本
无形资产	包括放弃债权的公允价值和可直接归属于使该资产达到预定用途所发生的税费等其他成本

（三）债权人受让多项资产的计量

以多项资产清偿债务或者以组合方式进行债务重组的，债权人应当首先按照金融工具确认和计量的规定确认和计量受让的金融资产和重组债权，然后按照受让的金融资产以外的各项资产在债务重组合同生效日的公允价值比例，对放弃债权在合同生效日的公允价值扣除受让金融资产当日公允价值和重组债权确认金额后的净额进行分配，并以此为基础加上取得受让非金融资产的相关税费分别确定各项资产的成本。

四、债务人清偿债务的确认和计量

（一）债务人以资产清偿债务

债务人在债务的现时义务解除时终止确认债务。

债务人以单项或多项金融资产清偿债务的，债务的账面价值与偿债金融资产账面价值之间的差额记入“投资收益”科目。偿债金融资产已计提减值准备的，应结转已计提的减值准备。对于以分类为以公允价值计量且其变动计入其他综合收益的债务工具投资清偿债务的，之前计入其他综合收益的累计利得或损失应当从其他综合收益中转出，记入“投资收益”科目。对于以指定为以公允价值计量且其变动计入其他综合收益的非交易性权益工具投资清偿债务的，之前计入其他综合收益的累计利得或损失应当从其他综合收益中转出，记入“盈余公积”“利润分配——未分配利润”等科目。

债务人以单项或多项非金融资产清偿债务的，或者以包括金融资产和非金融资产在内的多项资产清偿债务的，应将债务的账面价值与偿债资产账面价值之间的差额记入“其他收益”科目。偿债资产已计提减值准备的，应同时结转已计提的减值准备。

（二）债务人将债务转为权益工具

债务重组采用将债务转为权益工具方式进行的，债务人初始确认权益工具时应当按照权益工具的公允价值计量，权益工具的公允价值不能可靠计量的，应当按照所清偿债务的公允价值计量。所清偿债务账面价值与权益工具确认金额之间的差额，记入“投资收益”

科目。债务人因发行权益工具而支出的相关税费等，应当依次冲减资本溢价、盈余公积、未分配利润等。

（三）修改其他债务条款方式

债务人对原金融负债的合同条款作出实质性修改的，应当终止确认原金融负债，同时按照修改后的条款确认一项新金融负债。新金融负债应当按照公允价值计量，终止确认的债务账面价值与重组债务确认金额之间的差额，记入“投资收益”科目。

（四）组合方式

债务重组采用组合方式进行的，对于权益工具，债务人应当在初始确认时按权益工具的公允价值计量。对于修改其他债务条款形成的重组债务，债务人应当参照上文第（三）条的部分内容确认和计量债务。所清偿债务的账面价值与偿债资产账面价值之间的差额记入“其他收益”或“投资收益”科目。偿债资产已计提减值准备的，应同时结转已计提的减值准备。

任务二　债务重组的核算

一、以现金资产清偿债务的会计处理

债务人以单项或多项现金资产清偿债务的，债务的账面价值与偿债现金资产账面价值之间的差额记入“投资收益”科目。

债权人受让现金资产应当按现金资产的公允价值计量，现金资产确认金额与重组债权的账面价值之间的差额，记入“投资收益”科目。

【工作实例11-1】甲公司欠乙公司应付账款20万元，于3月21日到期。乙公司对甲公司此项欠款已计提坏账准备3万元。因甲公司财务困难，经甲、乙公司协商，达成重组协议：该债权公允价值为15万元；乙公司同意甲公司支付15万元现金偿债。3月28日，甲公司签发转账支票付讫。

甲公司（债务人）会计处理如下：

借：应付账款——乙公司	200 000	
贷：银行存款		150 000
投资收益		50 000

乙公司（债权人）会计处理如下：

借：银行存款	150 000	
坏账准备	30 000	
投资收益	20 000	
贷：应收账款——甲公司		200 000

【工作实例11-2】沿用【工作实例11-1】的资料，若甲公司用180 000元银行存款偿还所欠乙公司债务，其他条件不变。

甲公司的会计处理如下：

借：应付账款——乙公司	200 000	

　　贷：银行存款　　180 000

　　　　投资收益　　20 000

乙公司的会计处理如下：

借：银行存款　　180 000

　　坏账准备　　30 000

　　贷：应收账款——甲公司　　200 000

　　　　投资收益　　10 000

【小思考11-1】比较【工作实例11-1】和【工作实例11-2】，你能发现债务人和债权人在会计处理上有什么变化？

二、以非现金资产偿还债务的会计处理

（一）债权人的会计处理原则

债务人以非现金资产清偿债务的，债权人应当按照受让资产的性质采取不同的会计处理：

（1）债权人受让金融资产的，应当按照公允价值计量。放弃债权的公允价值与受让的金融资产公允价值之间的差额，应当计入投资收益；放弃债权的公允价值与账面价值之间的差额，应当计入当期损益或者予以递延。

（2）债权人初始确认受让的金融资产以外的资产时，应当按照表11-1所示的要求计量；放弃债权的公允价值与账面价值之间的差额，应当计入当期损益。

（3）债权人已对债权计提减值准备的，应当先将债权的公允价值与账面价值之间的差额冲减减值准备，减值准备不足以冲减的部分，计入当期损益。

（二）债务人的会计处理原则

债务人以非现金资产清偿债务方式进行债务重组的，债务人应当在相关非金融资产和所清偿债务符合终止确认条件时予以终止确认，所清偿债务账面价值与偿债资产账面价值之间的差额计入当期损益。

（三）以非现金资产偿还债务的会计处理

1. 以固定资产清偿债务

【工作实例11-3】南方公司和北方公司均为增值税一般纳税人，有关债务及重组业务资料如下：

（1）2022年12月1日，南方公司欠北方公司价款12万元，双方商定于2023年2月5日结清货款。北方公司于当年年末已计提坏账准备1万元。

（2）2023年2月5日，南方公司因财务困难，与北方公司达成重组协议：债权的公允价值8万元；南方公司以生产设备一台抵债，该设备原价15万元，已计提折旧6万元，计税价值8万元。

（3）北方公司将受让的设备作为固定资产管理。假定在债务重组中，债权人向债务人另行支付增值税10 400元。

南方公司（债务人）的会计处理如下：

（1）注销固定资产：

借：固定资产清理　　90 000

　　累计折旧　　60 000

贷：固定资产　　150 000

（2）清偿债务时：

借：应付账款——北方公司　　120 000
　　银行存款　　10 400
　贷：固定资产清理　　90 000
　　　应交税费——应交增值税（销项税额）　　10 400
　　　其他收益　　30 000

北方公司（债权人）的会计处理如下：

借：固定资产　　80 000
　　应交税费——应交增值税（进项税额）　　10 400
　　坏账准备　　10 000
　　投资收益　　30 000
　贷：应收账款——南方公司　　120 000
　　　银行存款　　10 400

2. 以库存材料、商品或产品清偿债务

【工作实例11-4】A公司和B公司均为增值税一般纳税人，有关债务及重组业务资料如下：

（1）2023年6月1日，B公司应收A公司30万元账款到期，并对此项账款计提了坏账准备2万元。

（2）A公司因财务困难，无法如数偿还欠款，经与B公司协商，达成重组协议。债务重组时债权的公允价值为24万元。

（3）协议规定：A公司以一批甲商品偿还所欠B公司全部债务，该批商品成本22万元，公允价值20万元。

A公司（债务人）的会计处理如下：

借：应付账款——B公司　　300 000
　贷：库存商品　　220 000
　　　应交税费——应交增值税（销项税额）　　26 000
　　　其他收益　　54 000

B公司（债权人）的会计处理如下：

借：库存商品　　240 000
　　应交税费——应交增值税（进项税额）　　26 000
　　坏账准备　　20 000
　　投资收益　　14 000
　贷：应收账款——A公司　　300 000

【小思考11-2】在【工作实例11-4】中，假设甲商品成本与公允价值相等，增值税按公允价值计算，其他条件不变，A公司和B公司如何进行会计处理？

3. 以金融资产清偿债务

【工作实例11-5】南海公司和北海公司有关债务及重组业务资料如下：

（1）2022年12月31日，南海公司应收北海公司账款47万元，并对该账款计提了坏账准备6万元。

(2) 2023年5月1日，经双方协议，南海公司同意北海公司将其拥有的一项交易性金融资产用于抵偿债务，该项交易性金融资产的账面成本为35万元，公允价值变动为3万元，公允价值为40万元。

(3) 南海公司取得该项交易性金融资产，并将其划分为以公允价值计量且其变动计入当期损益的金融资产。

北海公司（债务人）的会计处理如下：

借：应付账款——南海公司	470 000	
贷：交易性金融资产——成本		350 000
——公允价值变动		30 000
投资收益		90 000

南海公司（债权人）的会计处理如下：

借：交易性金融资产——成本	400 000	
坏账准备	60 000	
投资收益	10 000	
贷：应收账款		470 000

【学中做11-1】假定【工作实例11-5】中交易性金融资产公允价值为38万元，其他条件不变，请编制南海公司和北海公司的会计分录。

三、将债务转为权益工具的会计处理

（一）债权人的会计处理原则

以将债务转为权益工具方式进行债务重组导致债权人将债权转为对联营企业或合营企业的权益性投资的，债权人对联营企业或合营企业投资的成本，包括放弃债权的公允价值和可直接归属于该资产的税费等。放弃债权的公允价值与账面价值之间的差额，应当计入当期损益。

（二）债务人的会计处理原则

以将债务转为权益工具方式进行债务重组的，债务人应当在所清偿债务符合终止确认条件时予以终止确认。

债务人初始确认权益工具时应当按照权益工具的公允价值计量，权益工具的公允价值不能可靠计量的，应当按照所清偿债务的公允价值计量。所清偿债务账面价值与权益工具确认金额之间的差额，应当计入当期损益。

【工作实例11-6】2023年2月1日，大海公司应收大河公司账款21万元，未计提坏账准备。8月1日，经双方协商，大海公司同意大河公司用普通股抵偿该项货款。该债权的公允价值为16万元；用于抵债的普通股面值为1元，大河公司以2万股抵偿该项债务，股票市价为8元/股。同时，假定8月1日，大河公司办妥有关增资手续。

大河公司（债务人）的会计处理如下：

借：应付账款——大海公司	210 000	
贷：股本		20 000
资本公积——股本溢价		140 000
其他收益		50 000

大海公司（债权人）的会计处理如下：

借：长期股权投资	160 000	
投资收益	50 000	
贷：应收账款——大河公司		210 000

【工作实例 11-7】乙公司应收甲公司账款50万元，由于经营管理需要双方于2023年10月10日达成债务重组协议。甲公司将债务转为资本，债务转为资本后，乙公司所占份额为甲公司注册资本100万元的40%，该份额的公允价值为46万元。乙公司对应收账款已计提坏账准备2万元。

甲公司（债务人）会计处理如下：

借：应付账款——乙公司	500 000	
贷：实收资本		400 000
资本公积——资本溢价		60 000
其他收益		40 000

乙公司（债权人）会计处理如下：

借：长期股权投资	460 000	
坏账准备	20 000	
投资收益	20 000	
贷：应收账款——甲公司		500 000

【小思考 11-3】通过学习【工作实例 11-6】和【工作实例 11-7】，你发现两者之间有何联系和区别？

四、修改其他债务条款的会计处理

修改其他债务条款，通常指以调整债务本金、改变债务利息、变更还款期限等方式修改债权和债务的其他条款，形成重组债权和重组债务。

（一）债务人的会计处理原则

采用修改其他债务条款方式进行债务重组的，债务人对原负债（或其一部分）的合同条款作出实质性修改的，应当终止确认原负债，同时按照修改后的条款确认一项新负债。因负债（或其一部分）终止确认的，企业应当将其账面价值与支付的对价（包括转出的非现金资产或承担的负债）之间的差额，计入当期损益。

（二）债权人的会计处理原则

采用修改其他债务条款方式进行债务重组的，债权人应当在债务重组日确认将收到的资产，同时确认处置利得或损失以及应向买方收取的应收款项。

【工作实例 11-8】A公司于2022年12月31日应收B公司账款的账面余额为1 000万元。由于B公司连年亏损，资金周转困难，不能到期偿付。经双方协商，于2023年1月1日进行债务重组。重组日该债权的公允价值为700万元，延期2年，并规定每年支付5%的利息，利息按年计算，每年年初支付，该项债务重组协议从协议签订日起开始实施。A公司对该项应收账款计提了50万元的坏账准备。

（1）A公司（债权人）账务处理如下：

①2023年1月1日，债务重组：

借：应收账款——债务重组　　7 000 000
　　坏账准备　　500 000
　　投资收益　　2 500 000
　　贷：应收账款　　10 000 000

②2023年12月31日和2024年12月31日应收利息：

借：应收利息　　350 000
　　贷：财务费用　　350 000

③2024年1月1日收到利息：

借：银行存款　　350 000
　　贷：应收利息　　350 000

④2025年1月1日收到本金及第二年利息：

借：银行存款　　7 350 000
　　贷：财务费用　　350 000
　　　　应收账款——债务重组　　7 000 000

（2）B公司（债务人）账务处理如下：

①2023年1月1日，债务重组日：

借：应付账款　　10 000 000
　　贷：应付账款——债务重组　　7 000 000
　　　　其他收益　　3 000 000

②2023年12月31日和2024年12月31日计提利息：

借：财务费用　　350 000
　　贷：应付利息　　350 000

③2024年1月1日支付利息：

借：应付利息　　350 000
　　贷：银行存款　　350 000

④2025年1月1日偿还本金及最后一年利息：

借：应付利息　　350 000
　　应付账款——债务重组　　7 000 000
　　贷：银行存款　　7 350 000

五、以多项资产清偿债务或者以组合方式进行债务重组的会计处理

（一）债权人的会计处理原则

以多项资产清偿债务或者以组合方式进行债务重组的，债权人应当首先按照规定确认和计量受让的金融资产和重组债权，然后按照受让的金融资产以外的各项资产的公允价值比例，对放弃债权的公允价值扣除受让金融资产和重组债权确认金额后的净额进行分配，并以此为基础按照受让资产的规定分别确定各项资产的成本。放弃债权的公允价值与账面价值之间的差额，应当计入当期损益。

（二）债务人的会计处理原则

以多项资产清偿债务或者以组合方式进行债务重组的，债务人初始确认权益工具时应

当按照权益工具的公允价值计量，权益工具的公允价值不能可靠计量的，应当按照所清偿债务的公允价值计量。采用修改其他条款方式进行债务重组的，债务人应当按照规定确认和计量重组债务。所清偿债务的账面价值与偿债资产的账面价值以及权益工具和重组债务的确认金额之和的差额，应当计入当期损益。

【工作实例11-9】2022年4月10日，大海公司销售一批产品给长江公司，尚未收回价款130万元。至2022年12月31日，大海公司对该应收账款计提的坏账准备为4万元。出于经营管理的需要，长江公司与大海公司协商进行债务重组，双方协议如下：

（1）债务重组日该项债权的公允价值为100万元。

（2）大海公司同意将长江公司原有的债务本金40万元延期至2023年12月31日。

（3）同意受让长江公司增发的股份50 000股（每股面值1元）作为其他权益工具投资，该股权的公允价值为28万元。

（4）长江公司以材料一批偿还部分债务。该批材料的账面价值为27.5万元（未提取跌价准备），公允价值为30万元，适用的增值税税率为13%。假定材料同日运抵大海公司，长江公司开出增值税专用发票，大海公司将该批材料作为原材料验收入库。

本例涉及债务重组的多种方式的组合，具体分析如下：

（1）大海公司（债权人）的账务处理如下：

放弃债权的公允价值 = 100万元

债务重组损失 =（130 - 4）- 100 - 30 × 13% = - 22.10（万元）

确认受让资产的成本 = 100 - 40 - 28 = 32（万元）

借：原材料	320 000	
应交税费——应交增值税（进项税额）	39 000	
其他权益工具投资	280 000	
应收账款——债务重组	400 000	
坏账准备	40 000	
投资收益	221 000	
贷：应收账款		1 300 000

（2）长江公司（债务人）的账务处理如下：

债务重组后债务的公允价值 = 40万元

借：应付账款	1 300 000	
贷：其他业务收入		300 000
应交税费——应交增值税（销项税额）		39 000
股本		50 000
资本公积——股本溢价		230 000
应付账款——债务重组		400 000
其他收益		281 000
借：其他业务成本	275 000	
贷：库存商品		275 000

项目小结

债务重组，是指在不改变交易对手方的情况下，经债权人和债务人协定或法院裁定，就清偿债务的时间、金额或方式等重新达成协议的交易。债务重组一般包括下列方式，或下列一种以上方式的组合：（1）以资产清偿债务；（2）将债务转为权益工具；（3）除上述第（1）项和第（2）项以外，采用调整债务本金、改变债务利息、变更还款期限等方式修改债权和债务的其他条款，形成重组债权和重组债务。

对于债权人来说，放弃债权的公允价值与账面价值之间的差额，应当计入当期损益。以多项资产清偿债务或者以组合方式进行债务重组的，债权人应当首先按照金融工具确认和计量的规定确认和计量受让的金融资产和重组债权，然后按照受让的金融资产以外的各项资产的公允价值比例，对放弃债权的公允价值扣除受让金融资产和重组债权确认金额后的净额进行分配，并以此为基础按照规定分别确定各项资产的成本。放弃债权的公允价值与账面价值之间的差额，应当计入当期损益。

对于债务人来说，清偿债务账面价值与偿债资产账面价值之间的差额计入当期损益。债务人初始确认权益工具时应当按照权益工具的公允价值计量，权益工具的公允价值不能可靠计量的，应当按照所清偿债务的公允价值计量。所清偿债务账面价值与权益工具确认金额之间的差额，应当计入当期损益。以多项资产清偿债务或者以组合方式进行债务重组的，债务人应当按照规定确认和计量权益工具和重组债务，所清偿债务的账面价值与偿债资产的账面价值以及权益工具和重组债务的确认金额之和的差额，应当计入当期损益。

复习思考题

1. 什么是债务重组？债务重组的方式有哪些？
2. 修改其他债务条件的债务重组具有哪些特征？
3. 债务人以非现金资产偿还债务时，对于非现金资产是否采用公允价值进行处理？
4. 债权人取得受让资产采用什么作为受让资产的计量基础？
5. 以多项资产清偿债务或者以组合方式进行债务重组，如何确定债务清偿顺序？

项目十二

所有者权益的核算

【知识目标】

1. 熟悉实收资本与其他权益工具的概念和区别；
2. 掌握资本公积和其他综合收益的概念和区别；
3. 熟悉留存收益与实收资本和资本公积的区别；
4. 掌握留存收益的计提基数和账务处理。

【能力目标】

1. 能够正确组织实收资本、股本和其他权益工具的核算；
2. 能够正确组织资本公积和其他综合收益的核算；
3. 能够正确计算留存收益，并确保企业资本增值。

【素养目标】

1. 认识企业权益资金来源构成比例对企业发展的影响；
2. 了解企业不同发展阶段的利润分配政策选择，实现资产保值增值。

引言

普通股是享有普通权利、承担普通义务的股份，是公司股份的最基本形式。普通股的股东对公司的管理、收益享有平等权利，根据公司经营效益分红，风险较大。在公司的经营管理和盈利及财产的分配上享有普通权利的股份，代表满足所有债权偿付要求及优先股股东的收益权与求偿权要求后对企业盈利和剩余财产的索取权。它构成公司资本的基础，是股票的一种基本形式，也是发行量最大，最为重要的股票。目前在上海和深圳证券交易所中交易的股票，都是普通股。

优先股通常预先定明由普通股以其可分配的股利来保证优先股的股息收益率，优先股股票实际上是股份有限公司的一种类似举债集资的形式。对于公司来说，由于股息相对固定，优先股并不影响公司的利润分配。优先股股东不能要求退股，却可以依照优先股股票上所附的赎回条款，由股份有限公司予以赎回。大多数优先股股票都附有赎回条款。在公司解散，分配剩余财产时，优先股的索偿权先于普通股，而次于债权人。

永续债又称无期债券，是非金融企业（发行人）在银行间债券市场注册发行的“无固定期限、内含发行人赎回权”的债券。永续债的每个付息日，发行人都可以自行选择将当期利息以及已经递延的所有利息，推迟至下一个付息日支付，且不受到任何递延支付利息次数的限制。

无论是优先股，还是永续债，都属于混合型融资工具，发行方都应该根据《金融负债与权益工具的区分及相关会计处理规定》的相关规定进行分类，对符合金融负债条件的按金融负债处理，对符合权益工具条件的按权益工具处理。

任务一　实收资本与其他权益工具的核算

一、实收资本的概念

实收资本是指企业按照章程规定或合同、协议的约定，接受投资者投入企业的资本。实收资本的构成比例或股东的股权比例，是确定所有者在企业所有者权益中份额的基础，也是企业进行利润或股利分配的主要依据。

微课

所有者权益概述——定义及特征

第十二届全国人民代表大会常务委员会第六次会议决定，对《中华人民共和国公司法》作出修改，并自2014年3月1日起施行。《中华人民共和国公司法》规定：①注册资本由实缴登记制改为认缴登记制。也就是说，除法律、行政法规以及国务院决定对公司注册资本实缴有另行规定的以外，取消了关于公司股东（发起人）应自公司成立之日起两年内缴足出资，投资公司在五年内缴足出资的规定；取消了一人有限责任公司股东应一次足额缴纳出资的规定。转而采取公司股东（发起人）自主约定认缴出资额、出资方式、出资期限等，并记载于公司章程的方式。②放宽注册资本登记条件。除对公司注册资本最低限额有另行规定的以外，取消了有限责任公司、一人有限责

微课

所有者权益概述——来源

任公司、股份有限公司最低注册资本分别应达到3万元、10万元、500万元的限制；不再限制公司设立时股东（发起人）的首次出资比例以及货币出资比例。③简化登记事项和登记文件。有限责任公司股东认缴出资额、公司实收资本不再作为登记事项。公司登记时，不需要提交验资报告。

【知识链接】

注册资本与注册资金的区别

（1）注册资本是企业全体股东认缴出资额的总和；注册资金是国家授予企业法人经营管理的财产或企业法人自有财产的数额体现。

（2）注册资本与企业的实有资产数额是分离的，企业实有资产数额的变化一般不会影响注册资本的变化；企业注册资金的数额与实有资产数额允许在一定幅度内波动，当企业的实有资产增加或减少超过注册资金数额的20%时，企业应按实有资产数额变更注册资金。

（3）“注册资本”适用于公司制企业，“注册资金”适用于依照《企业法人登记管理条例》登记注册的非公司制法人企业。

二、一般企业实收资本的核算

在会计实务中，对于投资者实际投入的资本，由于企业组织形式不同，会计核算方法也有所不同。股份有限公司应当设置“股本”科目，其他企业则均应设置“实收资本”科目，核算企业实际收到的投资者投入的资本。

（一）接受现金资产投资

企业收到投资者以现金投入的资本时，应当以实际收到或存入企业开户银行的金额作为实收资本入账，借记“银行存款”等科目，贷记“实收资本”科目。对于实际收到或者存入企业开户银行的金额超过投资者在企业注册资本中所占份额的部分，应当记入“资本公积——资本溢价”科目。

【工作实例12-1】W企业注册资本为300万元，现收到甲投资者投入的银行存款100万元，占W企业注册资本的30%。W企业会计处理如下：

借：银行存款	1 000 000	
贷：实收资本		900 000
资本公积——资本溢价		100 000

（二）接受非现金资产投资

企业收到投资者以非现金资产投入的资本时，应按投资各方确认的价值（不公允的除外）作为实收资本入账，借记“固定资产”“原材料”“库存商品”“应交税费——应交增值税（进项税额）”等科目，贷记“实收资本”科目。对于投资各方确认的资产价值超过其在注册资本中所占份额的部分，应当记入“资本公积——资本溢价”科目。

【工作实例12-2】A企业成立时，甲投资者以原材料作为出资，投资合同约定的价值为100万元，增值税进项税额为13万元。假设合同约定的价值与公允价值相符，进项税额允许抵扣，不考虑其他因素。A企业应编制的会计分录如下：

借：原材料	1 000 000	
应交税费——应交增值税（进项税额）	130 000	

贷：实收资本　1 130 000

【工作实例12-3】甲企业的某投资者以固定资产作为出资，各方确认的价值为200万元，各方确认的价值与公允价值相符。增值税税率为13%。甲企业应编制的会计分录如下：

借：固定资产　2 000 000

　应交税费——应交增值税（进项税额）　260 000

　贷：实收资本　2 260 000

（三）接受外币资产投资

企业接受的投资者的投资如果为外币资产，则企业应当在接受外币资产投资时，将实际收到的外币款项等资产按照收到外币资产当日的汇率（交易日的即期汇率）折合的人民币金额，借记“银行存款”等科目，贷记“实收资本”科目。

【工作实例12-4】A企业接受投资者投入200万美元资本，合同约定汇率为＄1＝￥6.85，投资当天市场汇率为＄1＝￥7.056。A企业应编制的会计分录如下：

借：银行存款——美元户　14 112 000

　贷：实收资本　14 112 000

【知识链接】

接受外币投资的会计规定

按照企业会计准则的规定，企业收到投资者以外币投入的资本，无论是否有合同约定，均不得采用合同约定汇率和即期汇率的近似汇率折算，而应采用交易日即期汇率折算。这样，外币投入资本与相应的货币性项目的记账本位币金额相等，不产生资本公积（外币资本折算差额）。

三、公司制企业股本的核算

股份有限公司应当在核定的股本总额及核定的股份总额的范围内发行股票。股份有限公司发行股票，应当按股票面值作为“股本”入账，发行股票公允价值超过面值并扣除发行费用后的差额列入“资本公积”。当公司发行股票收到现金等资产时，应按实际收到的金额，借记“银行存款”等科目，按股票面值和发行股份总额的乘积计算的金额，贷记“股本”科目，按其差额，贷记“资本公积——股本溢价”科目。

【工作实例12-5】A公司经批准在境内发行股票1 000万股，每股面值为1元，发行价格为4.5元。按合同的规定，企业应按发行价格的2%支付发行费用。假定股票发行成功，股款存入银行。编制的会计分录如下：

借：银行存款　44 100 000

　贷：股本　10 000 000

　　资本公积——股本溢价　34 100 000

四、实收资本（股本）增减变动的核算

一般情况下，企业的实收资本应相对固定不变，当企业法人实有资金比原注册资金数额增加或减少超过20%时，应持资金证明或者验资证明，向原登记机关申请变更登记。如擅自改变注册资本或抽逃资金，要受到市场监督管理部门的处罚。

（一）实收资本（股本）增加的核算

微课

实收资本增加的账务处理（一）

微课

实收资本增加的账务处理（二）

一般企业增加资本的途径主要有三条：投资者追加投入、资本公积转为资本和盈余公积转为资本。

企业按规定接受投资者追加投资时，其核算方法与投资者初次投入时相同。

企业采用资本公积或盈余公积转增资本时，应按转增的资本金额确认实收资本或股本。用资本公积转增资本时，借记："资本公积——资本溢价（或股本溢价）"科目，贷记"实收资本（或股本）"科目。用盈余公积转增资本时，借记"盈余公积"科目，贷记"实收资本（或股本）"科目。

需要说明的是，由于资本公积和盈余公积均属于所有者权益，用其转增资本时，独资企业直接结转即可，股份公司应该按照投资者各自出资比例相应增加各投资者的出资额。

【工作实例12-6】按股东大会决议，B公司将法定盈余公积100万元转增普通股股本，并办理了增资手续。编制的会计分录如下：

借：盈余公积——法定盈余公积　　1 000 000

　　贷：股本　　1 000 000

（二）实收资本（股本）减少的核算

微课

实收资本减少的账务处理

企业按法定程序报经批准减少注册资本的，按减少的注册资本金额减少实收资本。股份有限公司采用收购本公司股票方式减资的，通过"库存股"科目核算回购股份的金额。回购时，借记"库存股"科目，贷记"银行存款"科目。注销时，按股票的面值和注销股数计算的股票面值总额冲减股本，按注销库存股的账面余额与所冲减股本的差额冲减股本溢价，股本溢价不足冲减的，依次冲减盈余公积和未分配利润。如回购价格低于股票面值的，应按回购股份的面值，借记"股本"科目，按实际回购价格，贷记"银行存款"科目，按其差额，贷记"资本公积——股本溢价"科目。

【工作实例12-7】某股份公司由于经营萎缩，资本过剩，经股东大会批准，以现金回购本公司股票5万股并注销，收购价格为每股4元（公司原发行股票每股面值1元）。该企业目前资本公积为18万元，盈余公积为20万元，未分配利润为30万元。编制的会计分录如下：

（1）回购本公司股票时：

借：库存股　　200 000

　　贷：银行存款　　200 000

（2）注销本公司股票时：

借：股本　　50 000

　　资本公积——股本溢价　　150 000

　　贷：库存股　　200 000

【工作实例12-8】沿用【工作实例12-7】的资料，假如该企业以每股4.80元的价格收购。编制的会计分录如下：

（1）回购本公司股票时：

借：库存股　　240 000

　　贷：银行存款　240 000

(2) 注销本公司股票时：

借：股本　50 000

　　资本公积——股本溢价　180 000

　　盈余公积　10 000

　　贷：库存股　240 000

【学中做12-1】假如在上例中，该企业以每股10元的价格收购，请编制会计分录。

五、其他权益工具的核算

（一）优先股和永续债

优先股是股份公司为了筹集资金而发行的给予投资者某些优先权的股票，这种优先权主要表现在两个方面：一是有固定的股息，二是当公司破产清算时，优先股股东对公司剩余财产具有优先于普通股的要求权。

永续债是指非金融企业（发行人）在银行间债券市场注册发行的“无固定期限、内含发行人赎回权”的债券。其特点是：没有规定到期时限，持有人不要求清偿本金，可按期取得利息。

（二）账户设置

企业应设置“其他权益工具”科目反映企业发行的除普通股以外分类为权益工具的金融工具的账面价值，并在“其他权益工具”科目下设“优先股”和“永续债”两个项目，分别反映企业发行的分类为权益工具的优先股和永续债的账面价值。

（三）其他权益工具的会计处理

1. 发行其他权益工具

企业发行其他权益工具时，按发行实际收取的价款金额，借记“银行存款”科目，按权益工具的发行金额扣除发行费用后的金额，贷记“其他权益工具”科目及相关明细科目。

2. 按期确认股利或利息

企业持有其他权益工具期间，计算确认应付优先股股利或永续债利息时，借记“利润分配”科目，贷记“应付股利”科目。

3. 回购其他权益工具

企业按规定回购其他权益工具时，作与普通股回购相同的会计处理。

【工作实例12-9】某公司发生的与优先股、永续债有关的经济业务如下：

(1) 经批准发行优先股股票80万股，每股100元，共支付发行费用150万元；另发行永续债20万份，每份50元，另支付发行费用30万元。发行价款已收到并存入银行。

(2) 按规定计算应付优先股股利每股0.5元，应付永续债利息50万元。

(3) 假定公司以每股120元的价格回购优先股40万股，回购款以银行存款支付，并予以注销。

会计处理如下：

(1) 发行其他权益工具时：

借：银行存款　88 200 000

贷：其他权益工具——优先股　　78 500 000

——永续债　　9 700 000

（2）确认股利和利息时：

借：利润分配——分配优先股股利　　400 000

——分配永续债利息　　500 000

贷：应付股利——分配优先股股利　　400 000

——分配永续债利息　　500 000

（3）回购优先股股票及注销时：

借：库存股　　48 000 000

贷：银行存款　　48 000 000

借：其他权益工具——优先股　　40 000 000

资本公积——股本溢价　　8 000 000

贷：库存股　　48 000 000

任务二　资本公积和其他综合收益的核算

一、资本公积的核算

（一）资本公积的概念与来源

微课

资本公积概述

资本公积是指收到投资者的超出其在企业注册资本（或股本）中所占份额的投资，以及其他资本公积等，包括资本溢价（或股本溢价）和其他资本公积。由此可知，资本公积与企业实现的净利润无关。从本质上讲，资本公积应属于投入资本的范畴，因此，它与留存收益有本质区别。留存收益是企业实现净利润的转化形式，在核算资本公积时，应当与留存收益区别开来。

【知识链接】

资本公积与实收资本、净利润的关系

资本公积与实收资本虽然都属于投入资本范畴，但两者又有区别。实收资本一般是指投资者投入的、为谋求价值增值的原始投资，而且属于法定资本，因此，实收资本无论是在来源上，还是在金额上，都有比较严格的限制。资本公积在金额上则并没有严格限制，而且在来源上也相对比较多样，主要是资本（股本）溢价，只是由于法律的规定而无法直接以资本的名义出现。

资本公积与净利润有本质的区别。净利润是企业经营活动产生的结果，可以分配给股东。从本质上讲，资本公积是企业所有者投入资本的一部分，具有资本的属性，与企业的净利润无关，所以不能作为净利润的一部分。

微课

资本公积的账务处理（一）

（二）资本公积的账务处理

企业应设置“资本公积”科目，用来核算企业收到投资者出资超出其在注册资本或股本中所占的份额以及直接计入所有者权益的利得和损失等。本科目还应当分为“资本溢价”（或“股本溢价”）、“其他资本公积”进行明细核算。

微课

资本公积的账务处理（二）

1. 资本溢价（或股本溢价）的会计处理

（1）资本溢价。除股份有限公司以外的其他类型的企业，在企业创立时，出资者认缴的出资额都与注册资本一致，一般不会产生资本溢价。但在企业重组并有新的投资者加入时，为了维护原有投资者的权益，新加入的投资者的出资额并不一定全部作为实收资本处理。这是因为，在企业正常经营过程中投入的资金虽然与企业创立时投入的资金在数量上一致，但其获利能力却不一致。企业创立时，要经过筹建、试生产经营、为产品寻找市场、开辟市场等过程，从投入资金到取得投资回报，中间需要许多时间，并且这种投资具有风险性，在这个过程中的资本利润率很低。而企业进行正常生产经营后，在正常情况下，资本利润率要高于企业的初创阶段。而这高于初创阶段的资本利润率是由初创时必要的垫支资本带来的，企业创办者为此付出了代价。因此，对于相同数量的投资，由于出资时间不同，其对企业的影响程度不同，由此而带给投资者的权利也不同，往往前者大于后者。所以，新加入的投资者要付出大于原有投资者的出资额，才能取得与原投资者相同的投资比例。另外，不仅原投资者原有投资从质量上发生了变化，就是从数量上也可能发生了变化，这是因为企业经营过程中实现利润的一部分留在企业，形成留存收益，而留存收益也属于投资者权益，这也要求新加入的投资者付出大于原投资者的出资额，才能取得与原投资者相同的投资比例。投资者投入的资本中按其投资比例计算的出资额部分，应记入“实收资本”科目，超出部分应记入“资本公积——资本溢价”科目。

【小思考12-1】为什么企业在正常生产经营后有新的投资者加入时，往往会产生资本公积？

【工作实例12-10】金星公司由甲、乙、丙三人各自出资1 000 000元设立。设立时的实收资本为3 000 000元。经过三年的经营，该企业留存收益为1 500 000元。为扩大经营规模，经批准，金星公司注册资本增加到4 000 000元。这时有丁投资者有意加入该企业，并表示愿意出资1 800 000元而仅占有该企业份额的25%。假定不考虑其他因素，企业收到丁投资者投入资金时，编制的会计分录为：

借：银行存款　　1 800 000

　贷：实收资本——丁　　1 000 000

　　资本公积——资本溢价　　800 000

（2）股本溢价。股份有限公司按股票面值发行股票的情况下，企业取得的发行股票收入，应全部记入“股本”科目，不产生股本溢价。如果采用溢价发行股票，企业发行股票取得的收入，按股票面值记入“股本”科目，超出股票面值的溢价收入（含发行股票冻结期间所产生的利息收入，下同）记入“资本公积”科目。这里要注意，委托证券商代理发行股票而支付的手续费、佣金等，应从溢价发行收入中扣除，企业应按扣除手续费、佣金后的数额记入“资本公积”科目。如果股票没有溢价发行或溢价金额不足以支付发行费用的部分，应冲减盈余公积和未分配利润。

【小思考12-2】企业是否可以折价发行股票？为什么？

【工作实例12-11】甲公司委托某证券公司代理发行普通股2 000 000股，每股面值1元，按每股4.2元的价格发行。公司与受托单位约定，按发行收入3%支付手续费，从发行收入中扣除。假如收到的股款已存入银行。根据资料，企业应作如下会计处理：

公司收到委托发行单位交来现金 = 2 000 000 × 4.2 ×（1 − 3%）= 8 148 000（元）

应记入“资本公积”科目的金额 = 8 148 000 − 2 000 000 × 1 = 6 148 000（元）

借：银行存款　　8 148 000

　贷：股本　　2 000 000

　　资本公积——股本溢价　　6 148 000

2. 其他资本公积的会计处理

其他资本公积是指除资本溢价（或股本溢价）项目以外所形成的资本公积。例如，长期股权投资在采用权益法核算时，因被投资单位除净损益、其他综合收益以及利润分配以外的所有者权益的其他变动，投资企业按应享有份额而增加或减少的资本公积（其他资本公积）。在处置长期股权投资时，应转销与该笔投资相关的其他资本公积。

二、其他综合收益的核算

（一）其他综合收益的概念

其他综合收益是指企业根据其他会计准则的规定未在当期损益中确认的各项利得和损失扣除所得税影响后的净额。

（二）其他综合收益的来源

其他综合收益主要来源于以下几种情形：

（1）其他债权投资的公允价值变动。

（2）将债权投资重分类为其他债权投资时，重分类日公允价值与账面余额的差额。

（3）确认按照权益法核算的在被投资单位其他综合收益中所享有的份额导致的其他综合收益的增加或减少。

（4）企业将作为存货、自用的房地产转为采用公允价值模式计量的投资性房地产，其公允价值大于账面价值的差额。

（5）境外经营外币报表折算差额的增加或减少。

（6）计入其他综合收益项目相关的所得税影响，针对不确认为当期损益而直接计入所有者权益的所得税影响。

（三）其他综合收益的确认和计量

企业应设置“其他综合收益”科目，用来核算企业根据其他会计准则的规定未在当期损益中确认的各项利得和损失等。

【工作实例 12-12】维达公司2023年发生的与其他综合收益相关的经济业务如下：

（1）将购入的太平洋公司股票划分为其他债权投资，成本价45万元，资产负债表日公允价值52万元。

（2）将自有的房地产转换为投资性房地产，并采用公允价值模式进行后续计量。转换日，该房地产的账面成本为520万元，已提折旧120万元，公允价值为480万元。

（3）对A公司进行长期股权投资，持股比例为40%，采用权益法核算。A公司今年增加其他综合收益30万元。

会计处理如下：

（1）其他债权投资公允价值变动时：

借：其他债权投资——公允价值变动　　70 000

　贷：其他综合收益　　70 000

(2) 将自有房地产转换为投资性房地产时：

借：投资性房地产——成本	4 800 000	
累计折旧	1 200 000	
贷：固定资产		5 200 000
其他综合收益		800 000

(3) 长期股权投资权益法下增加其他综合收益时：

借：长期股权投资——其他综合收益	120 000	
贷：其他综合收益		120 000

【小思考 12-3】其他综合收益在什么情况下减少？

任务三　留存收益的核算

一、留存收益概述

（一）留存收益的概念

微课

留存收益概述

留存收益是指企业从历年实现的利润中提取或形成的留存于企业内部的积累。留存收益来源于企业在生产经营活动中所实现的净利润。它与实收资本和资本公积的区别在于：实收资本和资本公积来源于企业的资本投入，而留存收益来源于企业的资本增值。

留存收益的目的主要包括两方面：一方面可以满足企业维持或扩大再生产经营活动的资金需要，保持或提高企业的获利能力；另一方面可以保证企业有足够的资金弥补以后年度可能出现的亏损，也保证企业有足够的资金用于偿还债务，保护债权人的权益。因此，对于留存收益的提取和使用，除了企业的自主行为外，往往也有法律上的诸多规定和限制，例如，我国规定企业必须根据净利润提取法定盈余公积。

（二）留存收益的内容

留存收益主要包括盈余公积和未分配利润两类。

1. 利润分配顺序

利润分配是指企业根据国家有关规定和企业章程、投资者协议等，对企业当年可供分配的利润所进行的分配。企业当年实现的净利润加上年初未分配利润（或减去年初未弥补亏损）和其他转入后的余额，为可供分配的利润。可供分配的利润，按下列顺序分配：

（1）提取法定盈余公积；

（2）提取任意盈余公积；

（3）向投资者分配利润。

2. 盈余公积

微课

盈余公积概述

盈余公积是指企业按照规定从净利润中提取的积累资金，包括法定盈余公积和任意盈余公积。法定盈余公积是指企业按照法律规定的比例从净利润中提取的盈余公积；任意盈余公积是指企业按照股东大会决议提取的盈余公积。企业提取的盈余公积可用于弥补亏损、扩大生产经营、转增资本或派送新股等。

3. 未分配利润

未分配利润是指企业留在以后年度分配的利润或待分配利润，其来源是净利润扣除利润分配数额之后的余额。

二、留存收益的核算

（一）盈余公积的核算

微课

盈余公积的账务处理

企业当年实现的净利润，应当提取法定盈余公积和任意盈余公积。

（1）提取法定盈余公积。法定盈余公积按照税后净利润10%的比例提取，公司法定盈余公积累计额为公司注册资本的50%以上时，可以不再提取。值得注意的是，如果以前年度未分配利润有盈余（即年初未分配利润余额为正数），在计算提取法定盈余公积基数时，不应包括企业年初未分配利润；如果以前年度有亏损（即年初未分配利润余额为负数），应弥补以前年度亏损，弥补亏损后有余额的才能提取盈余公积。

（2）提取任意盈余公积。公司在提取法定盈余公积之后，经股东大会或类似权力机构的批准，可以提取任意盈余公积。

企业提取盈余公积主要可以用于以下几个方面：①弥补亏损。企业发生亏损时，应当自行弥补。弥补亏损的渠道主要有三条：一是用以后年度税前利润弥补。按照现行制度规定，企业发生亏损时，可以用以后五年内实现的税前利润弥补，即税前利润弥补亏损的期间为5年。二是用以后年度税后利润弥补。企业发生的亏损经过5年期间未弥补足额的，尚未弥补的亏损应用所得税后的利润弥补。三是用盈余公积弥补亏损。企业以提取的盈余公积弥补亏损时，应当由公司董事会提议，并经股东大会批准。②转增资本。企业将盈余公积转增资本时，转增后留存的盈余公积的数额不得少于转增前公司注册资本的25%。

企业应设置“盈余公积”科目核算从净利润中提取的盈余公积。盈余公积科目应当分别“法定盈余公积”“任意盈余公积”明细科目进行核算。

企业按规定提取的盈余公积，借记“利润分配——提取法定盈余公积/提取任意盈余公积”科目，贷记“盈余公积——法定盈余公积/任意盈余公积”科目。

【工作实例12-13】兴达股份有限公司本年度的税后利润为8 000 000元，按10%的比率提取法定盈余公积，并根据股东大会决议按3%的比率提取任意盈余公积。兴达股份有限公司编制的会计分录如下：

借：利润分配——提取法定盈余公积	800 000	
——提取任意盈余公积	240 000	
贷：盈余公积——法定盈余公积		800 000
——任意盈余公积		240 000

【小思考12-4】企业按规定提取的盈余公积的提取基数一定是当年实现的净利润吗？

企业经股东大会或类似机构决议，用盈余公积弥补亏损或转增资本，借记“盈余公积”科目，贷记“利润分配——盈余公积补亏”、“实收资本”或“股本”科目。企业经股东大会决议，用盈余公积派送新股，按派送新股计算的金额，借记“盈余公积”科目，按股票面值和派送新股总数计算的股票面值总额，贷记“股本”科目，按其差额，贷记“资本公积——股本溢价”科目。企业（中外合作经营）在经营期间用利润归还投资，应按实际归还投资的金额，借记“实收资本——已归还投资”科目，贷记“银行存款”等科目；同时，借记“利润分配——利润归还投资”科目，贷记本科目（盈余公积——利润归还投资）。

【工作实例 12-14】按股东大会决议，兴达股份有限公司将法定盈余公积500 000元，任意盈余公积400 000元转增普通股股本，并办理增资手续。兴达股份有限公司编制的会计分录如下：

借：盈余公积——法定盈余公积　　500 000
　　　　　　——任意盈余公积　　400 000
　贷：股本　　900 000

（二）未分配利润的核算

未分配利润是指企业留待以后年度进行分配的结存利润，也是企业所有者权益的组成部分。相对于所有者权益的其他组成部分来讲，企业对于未分配利润的使用分配有较大的自主权。从数量上来讲，未分配利润是期初未分配利润，加上本期实现的净利润，减去提取的各种盈余公积和分配利润后的余额。未分配利润有两层含义：一是留待以后年度处理的利润；二是未指定用途的利润。

由于未分配利润是对累计可供分配的利润分配后的结果，利润分配是过程，未分配利润是对利润进行分配后的结果。因此，在会计核算上，未分配利润是通过“利润分配”科目进行核算的，具体来说，是通过“利润分配”科目之下的“未分配利润”明细科目进行核算的。企业在生产经营过程中取得的收入和发生的成本、费用，最终都要通过“本年利润”科目进行归集，计算出当年盈利；然后转入“利润分配——未分配利润”科目进行分配。“利润分配——未分配利润”科目的贷方余额，则为未分配利润；如为借方余额，则为未弥补亏损。

【工作实例 12-15】A公司在2017年发生亏损160万元，在年度终了时，企业应当结转本年发生的亏损。应作如下会计分录：

借：利润分配——未分配利润　　1 600 000
　贷：本年利润　　1 600 000

假设2018—2023年，A公司每年实现利润30万元，按现行制度的规定，公司在发生亏损以后的5年内可以用税前利润弥补亏损，超过5年仍未弥补完的亏损则用税后利润弥补。假设不考虑其他因素，该公司2018—2022年应作会计分录如下：

借：本年利润　　300 000
　贷：利润分配——未分配利润　　300 000

2023年，应先按当年实现利润计算交纳所得税75 000元（300 000 × 25%），再用税后利润弥补超过5年的未弥补亏损（100 000元）。剩余部分，才能按规定计提法定盈余公积。

借：所得税费用　　75 000
　贷：应交税费——应交所得税　　75 000
借：本年利润　　75 000
　贷：所得税费用　　75 000

借：本年利润　　225 000
　　贷：利润分配——未分配利润　　225 000
借：利润分配——提取法定盈余公积　　12 500
　　贷：盈余公积——法定盈余公积　　12 500

【知识链接】

企业弥补亏损的会计处理

从上例可看出，企业无论是税前补亏还是税后补亏，其会计处理方法是完全相同的。区别就在于，两者计算交纳所得税时的处理不同。在以税前利润补亏的情况下，其用于补亏的利润数额可以抵扣当期企业的应纳税所得额；而在以税后利润补亏的情况下，其用于补亏的利润数额不得抵扣应纳税所得额。

年度终了企业应将全年实现的净利润，自“本年利润”科目转入“利润分配”科目，借记“本年利润”科目，贷记“利润分配——未分配利润”科目，如为净亏损则做相反会计分录。同时将“利润分配”科目下的明细账的余额转入“利润分配——未分配利润”明细账。结转后，除“利润分配——未分配利润”明细账外，利润分配的其他明细账应无余额。

项目小结

所有者权益是指企业资产扣除负债后由所有者享有的剩余权益。企业的所有者权益包括实收资本（或股本）、其他权益工具、资本公积、其他综合收益、盈余公积和未分配利润五部分内容。其中，盈余公积和未分配利润统称为留存收益。

实收资本是指企业按照章程规定或合同、协议约定，接受投资者投入企业的资本。

其他权益工具是指企业发行的除普通股以外分类为权益工具的金融工具，包括优先股和永续债。

资本公积是指投资者或者他人投入到企业、所有权归属于投资者，但不构成实收资本的那部分资本或资产，以及从其他来源取得属于所有者享有的资金，主要包括资本溢价（或股本溢价）以及其他资本公积。

其他综合收益是指企业根据其他会计准则规定未在当期损益中确认的各项利得和损失扣除所得税影响后的净额。

盈余公积是指企业按照规定从净利润中提取的各种积累资金。包括法定盈余公积和任意盈余公积。法定盈余公积和任意盈余公积可用于弥补亏损、转增资本（或股本）。符合规定条件的企业，也可以用盈余公积分派现金股利。

未分配利润是企业留待以后年度进行分配的结存利润，有两层含义：一是留待以后年度处理的利润；二是未指定用途的利润。

复习思考题

1.所有者权益与负债有哪些区别与联系?

2.企业为什么会产生资本公积(资本溢价)?

3.企业在接受外币资本时，是如何确定接受资产的成本和实收资本(或股本)价值的?

4.企业当年实现的净利润是否可以直接用来提取盈余公积?

5.库存股是什么?会计上如何处理库存股?

6.企业按面值发行股票与按溢价发行股票，在会计处理上有何不同?

7.企业在发行股票过程中发生的发行费用，应如何处理?

8.优先股和永续债有何区别和联系?

9.什么是其他综合收益?它是如何形成的?

10.“其他综合收益”科目和“资本公积——其他资本公积”科目有没有联系?

项目十三
所得税的核算

【知识目标】

1. 熟悉所得税会计产生的背景和作用；
2. 区分暂时性差异和永久性差异，掌握应付税款法的应用；
3. 区分暂时性差异和永久性差异，掌握资产负债表债务法的应用；
4. 熟悉递延所得税资产和递延所得税负债的确认和计量。

【能力目标】

1. 能够应用应付税款法正确计算应交所得税和所得税费用，并进行会计处理；
2. 能够应用资产负债表债务法正确计算应交所得税、递延所得税资产、递延所得税负债；
3. 能够应用资产负债表债务法计算所得税费用，并进行会计处理。

【素养目标】

1. 认识会计收益与应税收益存在的差异是导致所得税会计产生的重要原因；
2. 正确运用资产负债表债务法提供真实的资产、负债的信息。

引　言

所得税会计产生的原因主要是会计收益与应税收益存在的差异。会计收益和应税收益是经济领域中两个不同的经济概念，分别遵循不同的原则，规范不同的对象，体现不同的要求。因此，同一企业在同一会计期间按照会计准则计算的会计收益与按照国家税法计算的应税收益之间的差异是不可避免的，故在计算所得税时，不可能直接以会计收益为依据，而要以所得税法的规定对会计收益进行调整后，才能正确地计算出应税收益，因而就产生了调整这一复杂过程的专门的所得税会计。

此外，所得税是一种特殊费用，与一般费用的不同之处在于，递延所得税项目的确认和摊销，与暂时性差异的发生和转回数额、时间及税率有关。暂时性差异发生的时间、金额与转回的时间、金额不一定相等，适用的税率也可能发生变更，所以，在暂时性差异发生和转回的时间内，“递延所得税”账户的借方和贷方发生额不一定呈对称分布。纳税影响会计法的两种具体方法——递延法和债务法，都主张在时间性差异（或暂时性差异）形成的期间确认其纳税影响额，当暂时性差异转回时，转销相应的纳税影响额。

两种所得税会计处理方法都不影响本期应交所得税的计算和上缴，即对国家所得税收入没有影响。所得税作为一种费用，应按费用会计的原则和方法来进行会计处理，为报表使用者提供最相关的信息。应付税款法和纳税影响法就是用费用会计的基本原则来处理所得税的财务会计处理方法。

任务一　所得税会计基本原理

一、所得税会计概述

财务会计和税法分别遵循不同的法规、服务于不同的目的。财务会计核算必须遵循企业会计准则，其目的是真实、完整地反映企业财务状况、经营成果以及现金流量变化的全貌，为投资者、债权人、企业管理者以及其他会计报表使用者提供决策有用的信息。税法是以课税为目的，根据经济合理、公平税负、促进竞争的原则，依据有关的税收法规，确定一定时期内纳税人应交纳的税额。从所得税角度考虑，主要确定企业的应税所得，以对企业的经营所得以及其他所得进行征税。

所得税会计是研究处理会计收益和应税收益差异的会计理论和方法。由于财务会计是按照企业会计准则和企业会计制度核算收入、费用、资产、负债，而税法是按照税收法规确认收益、费用、资产、负债，这就必然导致按照财务会计方法计算的会计利润（或利润总额）与按税法规定计算的应税利润（应纳税所得额）往往不相等。我们知道，企业收益的增加伴随着资产的增加或负债的减少，费用的增加也与资产的减少或负债的增加密切相关。如果从确认收益实现和费用扣减的时间和口径的角度去研究所得税，并据此采用的会计处理方法，称为利润表法；而从确认资产和负债计税基础角度去研究所得税，并据此采用的会计处理方法，称为资产负债表法。

【小思考 13-1】为什么会产生利润总额与应纳税所得额不相等的情况？

二、所得税会计处理方法

（一）利润表法

由于企业会计准则或企业会计制度与税法在收益、费用或损失的确认和计量原则方面的不同，而导致按照会计制度计算的税前会计利润与按照税法规定计算的应纳税所得额之间的差异，包括永久性差异和时间性差异。

永久性差异是指某一会计期间，由于会计准则和税法在计算收益、费用时的口径不同，所产生的税前会计利润与应税所得之间的差异。例如，企业购买国库券产生的利息收入，在会计上应确认为收益，但按税法规定国库券利息不计入应纳税所得额，不交纳所得税，这样两者在收益确认口径上存在差异。再比如，企业对外捐赠、赞助、税收罚款或滞纳金、企业违法经营罚款等，都属于永久性差异。

时间性差异是指税法与会计准则在确认收益、费用或损失的时间不同而产生税前会计利润与应税所得之间的差异。比如，企业按会计准则计提的存货跌价准备已经确认为当期的损失（资产减值损失），但税法规定存货跌价损失应于实际发生时才能从应税所得中扣减。显然，这种差异是由于税法和会计在确认收益或费用在时间上不同产生的。时间性差异的共同特征是：差异发生于某一会计期间，但在以后某期或若干期内能够转回。

在会计核算中，对永久性差异和时间性差异通常采用应付税款法或纳税影响会计法进行核算。

1.应付税款法

应付税款法是将本期税前会计利润与应税所得之间产生的差异均在当期确认所得税费用的会计处理方法。目前，应付税款法在小企业会计中广泛应用。这种方法的特点是：

（1）在计算交纳所得税时均应按税法规定对税前会计利润进行调整，调整为应纳税所得额，再按应纳税所得额计算出本期应交的所得税，作为本期所得税费用，即本期所得税费用等于本期应交所得税。

（2）时间性差异产生的影响所得税金额也在本期确认为所得税费用，或在本期抵减所得税费用，或在本期增加所得税费用。即在应付税款法下，本期发生的时间性差异不单独核算，与本期发生的永久性差异进行同样的会计处理。

【工作实例 13-1】丰乐公司适用的所得税税率为25%。2022年度实现利润总额2 000万元，其中包括：国债利息收入35万元；全年实际支出业务招待费15万元，按税法的规定只允许扣除10万元；计提存货跌价准备200万元。税法规定存货跌价准备只有在存货转让时才能在税前扣除。

根据上述原理，国债利息收入35万元和超标准业务招待费5万元属于永久性差异，而计提的存货跌价准备200万元属于时间性差异。在应付税款法下，其会计处理如下：

应纳税所得额 = 2 000 − 35 + （15 − 10） + 200 = 2 170（万元）

应交所得税 = 2 170 × 25% = 542.5（万元）

所得税费用 = 542.5万元

编制会计分录为：

借：所得税费用　　5 425 000
　　贷：应交税费——应交所得税　　5 425 000

2. 纳税影响会计法

纳税影响会计法是将本期时间性差异的所得税影响金额，递延和分配到以后各期的会计处理方法。采用纳税影响会计法，所得税被视为企业在获得收益时发生的一项费用，并应随同有关的收入和费用计入同一期间内，以达到收入和费用的配比。时间性差异影响的所得税金额，包括在利润表的所得税费用项目内，以及资产负债表中的递延所得税项目中。

【工作实例 13-2】沿用【工作实例 13-1】的资料，假定企业采用纳税影响会计法对所得税进行核算。其会计处理如下：

应纳税所得额 = 2 000 − 35 +（15 − 10）+ 200 = 2 170（万元）

应交所得税 = 2 170 × 25% = 542.5（万元）

因时间性差异产生的递延所得税 = 200 × 25% = 50（万元）

所得税费用 = 542.5 − 50 = 492.5（万元）

编制的会计分录如下：

借：所得税费用　　4 925 000
　　递延所得税资产　　500 000
　　贷：应交税费——应交所得税　　5 425 000

【知识链接】

应付税款法与纳税影响会计法的区别和联系

从【工作实例 13-2】中，我们可以得出两者的区别和联系。

区别：应付税款法不确认时间性差异对所得税的影响金额，时间性差异的所得税影响金额确认为本期所得税费用或抵减本期所得税费用；纳税影响会计法确认时间性差异对所得税的影响，并将确认的时间性差异的所得税影响金额计入递延税款的借方或贷方，同时确认所得税费用或抵减所得税费用。

联系：按会计制度计算的税前会计利润与按税法规定计算的应税所得之间产生的永久性差异，均在产生的当期确认为所得税费用或抵减所得税费用。

在具体运用纳税影响会计法核算时，税率变动情况下的会计处理有两种可供选择的方法，即递延法和债务法。递延法是将本期时间性差异产生的影响所得税的金额，递延和分配到以后各期，并同时转回原已确认的时间性差异对本期所得税的影响金额。在税率变动或开征新税时，对递延税款的账面余额不作调整。债务法是将本期时间性差异产生的影响所得税的金额，递延和分配到以后各期，并同时转回原已确认的时间性差异的所得税影响金额。在税率变动或开征新税时，需要对递延税款的账面余额进行调整。也就是说，在所得税税率不变的情况下，无论是采用递延法或是债务法核算，其结果都相同。

（二）资产负债表法

如前所述，如果从确认企业资产和负债的计税基础角度去研究所得税的会计处理，称为资产负债表法。资产负债表法一般包括资产负债表债务法和资产负债表递延法两种。目前，资产负债表债务法在世界各国得到普遍认可。《企业会计准则第18号——所得税》也采用了资产负债表债务法核算所得税。

【知识链接】

资产负债表债务法登上历史舞台的背景

从20世纪50年代初起，所得税会计就已经成为争议最多的会计热点问题。1986年美国会计准则委员会发布了《所得税会计征求意见稿》，几经修改，最终于1992年10月完成了第109号公告，明确规定采用债务法代替递延法来确定所得税。国际会计准则委员会于第1985年成立了专门的课题组，集中研究所得税会计准则，并于1989年发布了《所得税会计征求意见稿》，建议采用利润表债务法。1994年10月，国际会计准则委员会再次颁布了《所得税会计征求意见稿》，禁止采用递延法，要求采用资产负债表债务法。理由是：按照债务法确认的递延所得税资产或递延所得税负债更符合资产与负债的定义。1996年国际会计准则委员会正式发布修订后的所得税会计准则。我国于2006年颁布的《企业会计准则第18号——所得税》，借鉴了《国际会计准则第12号——所得税》，并结合我国的实际情况，要求企业对所得税会计处理采用资产负债表债务法。本项目将主要介绍该方法的运用。

任务二 资产负债表债务法

一、资产负债表债务法的概念

资产负债表债务法是指从资产负债表出发，通过比较资产负债表上列示的资产、负债，按照企业会计准则的规定确定的账面价值与按照税法的规定确定的计税基础，对于两者之间的差额，分别确认相关的递延所得税负债与递延所得税资产，并在此基础上确定每一期间利润表中的所得税费用的一种方法。

从本质上看，该方法涉及两张资产负债表：一张是按照企业会计准则的规定编制的资产负债表，有关资产、负债在该表中以其账面价值体现；另一张是按照税法的规定进行核算编制的资产负债表，其中资产、负债列示的价值为其计税价值。

二、资产负债表债务法的核算程序

在采用资产负债表债务法核算所得税的情况下，企业一般应于每一个资产负债表日进行所得税的核算。企业进行所得税核算一般应按照以下程序进行。

（一）确定资产和负债的账面价值

按照相关企业会计准则的规定，确定资产负债表日除递延所得税资产和递延所得税负债以外的各项资产和负债的账面价值。其中，资产和负债项目的账面价值是指企业按照相关企业会计准则的规定进行核算后在资产负债表中列示的金额。

（二）确定资产和负债的计税基础

按照现行的企业所得税法对资产和负债计税基础的确定方法，确定资产负债表中有关资产、负债的计税基础。

（三）计算递延所得税资产或递延所得税负债

首先，比较资产、负债的账面价值与其计税基础，对于两者之间存在差异的，分析其性质，除企业会计准则中规定的特殊情况外，分别计算应纳税暂时性差异和可抵扣暂时性差异，确定该资产负债表日与应纳税暂时性差异和可抵扣暂时性差异相关的递延所得税资产或递延所得税负债的应有金额。

然后，对比递延所得税资产或递延所得税负债的应有金额与期初递延所得税资产或递延所得税负债的余额，确定当期应予进一步确认的递延所得税资产或递延所得税负债的金额或应予转销的金额，作为构成利润表中所得税费用的递延所得税。

（四）确定利润表中的所得税费用

利润表中的所得税费用包括当期所得税和递延所得税两个部分。其中，当期所得税是指当期发生的交易或事项按照适用的税法规定计算确定的当期应交所得税；递延所得税是指当期确认的递延所得税资产或递延所得税负债金额和予以转销的金额的综合结果。其计算公式如下：

所得税费用 = 当期所得税 + 递延所得税

三、计税基础

采用资产负债表债务法，要求企业的资产及负债应根据企业会计准则与企业所得税法的不同要求分别进行计价，简称会计计价基础和税法计价基础。会计计价基础确认的是资产或负债的账面价值；税法计价基础，即计税基础，是在资产负债表日根据企业所得税法的规定为计算应交所得税所确认的资产、负债的价值。

（一）资产的计税基础

资产的计税基础是指企业收回资产账面价值的过程中，计算应纳税所得额时按照税法的规定可以自应税经济利益中抵扣的金额，换句话说，资产的计税基础为某一项资产在未来期间计税时可以税前扣除的金额。从税收的角度考虑，资产的计税基础是假定企业按照税法的规定进行核算所提供的资产负债表中资产的应有金额。如果有关的经济利益不纳税，则资产的计税基础即为其账面价值。

资产在初始确认时，其计税基础一般为取得成本。在资产持续持有的过程中，可在未来期间税前扣除的金额是指资产的取得成本减去以前期间按照税法的规定已经税前扣除的余额。

企业应当按照适用的税收法规计算确定资产的计税基础。如固定资产、无形资产、交易性金融资产等的计税基础可以用以下方法确定。

1.固定资产计税基础

以各种方式取得的固定资产，初始确认时入账价值基本上都是被税法认可的，即取得时其账面价值与计税基础相等。

固定资产在持有期间进行后续计量时，会计上对固定资产的基本计量模式是“成本－累计折旧－固定资产减值准备”，而税法上对固定资产的基本计量模式是“成本－按照税法的规定计算确定的累计折旧”。会计与税收处理的差异主要来自固定资产的折旧方法、折旧年限的不同以及固定资产减值准备的计提。例如，企业于2022年12月取得一项设备，价值为300 000元，税法和会计上都采用年限平均法计提折旧（假定无残值）。会计核算按5年提取折旧，税法规定按10年计提折旧。在2022年，该项固定资产账面价值与计税基础相等。但在2023年，固定资产账面价值为240 000元（300 000 － 300 000 ÷ 5），计税基础为270 000元（300 000 - 300 000 ÷ 10）。

2. 无形资产计税基础

除内部研究开发形成的无形资产外，以其他方式取得的无形资产，初始确认时其入账价值与税法规定的计税基础之间一般都不存在差异。

对于内部研究开发的无形资产，会计准则规定研究阶段的支出应当费用化，计入当期损益，开发阶段符合资本化条件的支出应当计入所形成的无形资产成本。税法规定，自行开发的无形资产，以开发过程中该资产符合资本化条件后达到预定用途前所发生的支出为计税基础。而且税法规定，计入当期损益的研究开发费用可以加计扣除75%，形成无形资产的按无形资产成本的175%进行摊销。

无形资产在后续计量时，会计与税收处理的差异主要来自是否摊销、摊销的方法以及无形资产减值准备的计提。会计准则规定应根据无形资产使用寿命情况，区分使用寿命有限的无形资产和使用寿命不确定的无形资产。对于使用寿命不确定的无形资产，不要求摊销，在会计期末应进行减值测试。税法规定，企业取得无形资产的成本，应在一定期限内摊销，有关摊销额允许税前扣除。例如，企业于2023年1月取得一项无形资产，成本为400万元。企业根据各方面情况判断，无法合理预计其带来经济利益的期限，作为使用寿命不确定的无形资产。2023年会计上未进行摊销，经减值测试也没有发生减值损失，年末无形资产账面价值仍为400万元。企业在计税时，税法规定按10年进行摊销，年末，无形资产的计税基础为360万元（400 - 400 ÷ 10）。

3. 以公允价值计量且其变动计入当期损益的金融资产

企业会计准则规定，以公允价值计量且其变动计入当期损益的金融资产和金融负债在资产负债表日账面价值与公允价值的差额计入当期损益，调整资产账面价值。税法规定公允价值变动损益在计税时不予考虑，不影响该金融工具的计税基础即取得成本。同样道理的还有采用公允价值进行后续计量的投资性房地产。

4. 其他资产

因会计准则规定与税收法规规定不同，企业持有的其他资产也可能造成其账面价值与计税基础之间产生差异。

例如，计提了资产减值准备的应收款项、存货、投资性房地产、在建工程等，税法规定企业所计提的各项减值准备在资产发生实质性损失前不允许税前扣除。

再如，以摊余成本计量的债权投资、采用公允价值计量的投资性房地产、其他债权投资、其他权益工具投资等项目，也存在账面价值与计税基础之间产生差异的问题。

（二）负债的计税基础

负债的计税基础是指负债的账面价值减去未来期间计算应纳税所得额时按照税法的规定可予抵扣的金额。即假定企业按照税法进行核算，负债的计税基础是指按照税法的规定确定的资产负债表上有关负债的应有金额。

在一般情况下，负债的确认与偿还不会影响损益，也不会影响其应税所得，未来期间计算应税所得时按税法规定可予抵扣的金额为零，计税基础即为账面价值，如短期借款、应付票据、应付账款等。但是，在某些情况下，负债的确认与偿还会影响损益，进而影响其应税所得，使得其计税基础与账面价值之间产生差异。

1.预计负债

会计准则规定，对未决诉讼、未决仲裁、产品质量保证等情形在符合条件的情况下可以确认预计负债。但税法规定这些预计负债只有在实际发生时才可以扣除。例如，某企业在2023年确认了产品包修费用5万元，同时形成预计负债。按税法的规定，企业为产品提供的售后服务费用只有在实际发生时才能在税前扣除。因此，在2023年资产负债表日，预计负债的账面价值为5万元，其计税基础为0（5－5），从而产生差异5万元。

2.合同负债

会计准则规定，企业在收到客户预付的款项时，因不符合收入的确认条件应确认为合同负债。税法对收入的确认原则一般与会计规定相同，不确认收入，也就无从形成负债，其计税基础为0。

【小思考13-2】企业因违法经营罚款而形成的“其他应付款”为6万元，其账面价值和计税基础分别是多少？

四、暂时性差异

暂时性差异是指资产或负债的账面价值与其计税基础之间的差额。其中，账面价值是指按照企业会计准则的规定确定的有关资产、负债在企业的资产负债表中应列示的金额。由于资产、负债的账面价值与其计税基础不同，产生了在未来收回资产或清偿负债的期间内应纳税所得额增加或减少，并导致未来期间应交所得税增加或减少。在这些暂时性差异发生的当期，应当确认相应的递延所得税负债或递延所得税资产。

暂时性差异根据其对未来期间应税金额影响的不同，分为应纳税暂时性差异和可抵扣暂时性差异。某些不符合资产、负债的确认条件，未作为财务会计报告中资产、负债列示的项目，如果按照税法的规定可以确定其计税基础，该计税基础与其账面价值之间的差额也属于暂时性差异。

【小思考13-3】时间性差异与暂时性差异有什么关系？

（一）应纳税暂时性差异

应纳税暂时性差异是指在确定未来收回资产或清偿负债期间的应纳税所得额时，将导致产生应税金额的暂时性差异。该差异在未来期间转回时，会增加转回期间的应纳税所得额，即在未来期间不考虑该事项影响的应纳税所得额的基础上，由于该暂时性差异的转回，会进一步增加转回期间的应纳税所得额和应交所得税。

应纳税暂时性差异通常产生于以下情况：

1.资产的账面价值大于其计税基础

一项资产的账面价值，代表的是企业在持续使用及最终出售该项资产时会取得的经济利益的总额，而计税基础代表的是一项资产在未来期间可予税前扣除的总金额。资产的账面价值大于其计税基础，该项资产未来期间产生的经济利益不能全部税前抵扣，两者之间的差额需要交税，产生应纳税暂时性差异。

2.负债的账面价值小于其计税基础

一项负债的账面价值为企业预计在未来期间清偿该项负债时的经济利益流出，而其计税基础代表的是账面价值在扣除税法规定未来期间允许税前扣除的金额之后的差额。因负债的账面价值与其计税基础不同产生的暂时性差异，实质上是税法规定就该项负债在未来期间可以税前扣除的金额。负债的账面价值小于其计税基础，则意味着该项负债在未来期间可以税前抵扣的金额为负数，即应在未来期间应纳税所得额的基础上调增，增加应纳税所得额和应交所得税，产生应纳税暂时性差异。

（二）可抵扣暂时性差异

可抵扣暂时性差异，是指在确定未来收回资产或清偿负债期间的应纳税所得额时，将导致产生可抵扣金额的暂时性差异。该差异在未来期间转回时，会减少转回期间的应纳税所得额，减少未来期间的应交所得税。在该暂时性差异产生当期，应当确认相关的递延所得税资产。

可抵扣暂时性差异一般产生于以下情况：

1.资产的账面价值小于其计税基础

从经济含义来看，资产在未来期间产生的经济利益少，按照税法的规定允许税前扣除的金额多，则企业在未来期间可以减少应纳税所得额，并减少应交所得税，形成可抵扣暂时性差异。

2.负债的账面价值大于其计税基础

负债产生的暂时性差异，实质上是税法规定就该项负债在未来期间可以税前扣除的金额。一项负债的账面价值大于其计税基础，意味着未来期间按照税法的规定构成负债的全部或部分金额可以自未来应税经济利益中扣除，减少未来期间的应纳税所得额和应交所得税，产生可抵扣暂时性差异。

对于按照税法的规定，可以结转以后年度的未弥补亏损及税款抵减，虽不是因为资产、负债的账面价值与计税基础不同而产生的，但本质上可弥补亏损和税款抵减与可抵扣暂时性差异具有同样的作用，均能够减少未来期间的应纳税所得额，进而减少未来期间的应交所得税。在会计处理上，视同可抵扣暂时性差异。

五、递延所得税项目的确认和计量

（一）递延所得税资产的确认和计量

1.确认递延所得税资产的一般原则

资产、负债的账面价值与其计税基础不同产生可抵扣暂时性差异，在估计未来期间能够取得足够的应纳税所得额用以利用该可抵扣暂时性差异时，应当以很可能取得用来抵扣可抵扣暂时性差异的应纳税所得额为限，确认相关的递延所得税资产。在确认递延所得税资产时，同时调整所得税费用或资本公积等项目。

2.“递延所得税资产”科目

“递延所得税资产”科目，用来核算企业确认的可抵扣暂时性差异产生的递延所得税资产。在资产负债表日，企业确认递延所得税资产时，借记本科目，贷记“所得税费用”科目。资产负债表日递延所得税资产的应有余额大于其账面余额的，应按其差额确认，借记本科目，贷记“所得税费用”等科目。资产负债表日递延所得税资产的应有余额小于其账面余额的，按其差额做相反的会计分录。在资产负债表日，预计未来期间很可能无法获得足够的应纳税所得额用以抵扣可抵扣暂时性差异的，按原已确认的递延所得税资产中应减记的金额，借记“所得税费用”等科目，贷记本科目。期末借方余额反映企业确认的递延所得税资产。

3. 递延所得税资产的计量

（1）适用税率的确定。确认递延所得税资产时，应估计相关可抵扣暂时性差异的转回时间，采用转回期间适用的所得税税率为基础计算确定。无论相关的可抵扣暂时性差异转回期间如何，递延所得税资产均不予折现。

【小思考13-4】为什么在确认递延所得税资产时，应采用转回期间适用的所得税税率为基础计算确定，而不是当期适用的所得税税率？

（2）递延所得税资产账面价值的复核。在资产负债表日，企业应当对递延所得税资产的账面价值进行复核。如果未来期间很可能无法取得足够的应纳税所得额用以利用递延所得税资产的利益，应当减记“递延所得税资产”的账面价值。递延所得税资产的账面价值减记以后，后续期间根据新的环境和情况判断能够产生足够的应纳税所得额利用可抵扣暂时性差异，使得递延所得税资产包含的经济利益能够实现的，应相应恢复递延所得税资产的账面价值。

【工作实例13-3】丰华公司2023年12月31日应收账款余额为1 000万元，该公司期末对存货计提了100万元的存货跌价准备。按照税法的规定，存货跌价准备只有在存货出售时才能在税前扣除。假定该企业期初存货跌价准备的余额为零。企业适用的所得税税率为25%，所得税采用资产负债表债务法进行核算。假定企业未来期间有足够的应纳税所得额用以抵扣可抵扣暂时性差异。

该项应收账款在2023年12月31日的账面价值为900万元（1 000－100），其计税基础为初始账面价值1 000万元。该计税基础与账面价值之间产生的100万元可抵扣暂时性差异，应确认相关的递延所得税资产25万元。编制的会计分录为：

借：递延所得税资产	250 000	
贷：所得税费用		250 000

（二）递延所得税负债的确认和计量

1. 确认递延所得税负债的一般原则

除企业会计准则中明确规定可不确认递延所得税负债的情况以外，企业对于所有的应纳税暂时性差异，均应确认相关的递延所得税负债。在确认递延所得税负债的同时，应增加利润表中的所得税费用。

2. “递延所得税负债”科目

“递延所得税负债”科目，用来核算企业确认的应纳税暂时性差异产生的递延所得税负债。在资产负债表日，企业确认递延所得税负债时，借记“所得税费用”科目，贷记本科目。在资产负债表日递延所得税负债的应有余额大于其账面余额的，应按其差额确认，借记“所得税费用”科目，贷记本科目。资产负债表日递延所得税负债的应有余额小于其账面余额的，按其差额做相反的会计分录。期末贷方余额反映企业确认的递延所得税负债。

3. 递延所得税负债的计量

递延所得税负债应以相关应纳税暂时性差异转回期间适用的所得税税率计算。在我国除享受优惠政策的情况以外，企业适用的所得税税率在不同年度之间一般不会发生变化。企业在确认递延所得税负债时，可以现行适用税率为基础计算确定递延所得税负债，不要求折现。

【工作实例13-4】某公司于2023年6月18日从公开市场上取得一项权益性投资，支付价款500万元，作为交易性金融资产核算。2023年12月31日，该项权益性投资的市价为580万元。企业适用的所得税税率为25%，所得税采用资产负债表债务法进行核算。

企业会计准则规定，对于交易性金融资产在持有期间每个会计期末都应以公允价值计量，调整资产的账面价值，该项资产在12月31日的账面价值为580万元。税法规定，交易性金融资产在持有期间的公允价值变动不计入应纳税所得额，其计税基础为取得成本500万元。两者之间产生的80万元差异属于应纳税暂时性差异，应确认相关的递延所得税负债20万元。编制的会计分录为：

借：所得税费用　　200 000

　贷：递延所得税负债　　200 000

（三）适用所得税税率变动对已确认递延项目的影响

因适用税收法规的变化，导致企业在某一会计期间适用的所得税税率发生变化，企业应对已确认的递延所得税资产和递延所得税负债重新计量。除直接计入所有者权益的交易或事项产生的递延所得税资产和递延所得税负债的调整金额应计入所有者权益以外，其他情况下产生的调整金额均应确认为当期所得税费用（或收益）。

六、所得税费用的确认和计量

（一）当期所得税

当期所得税是指企业按照税法的规定计算确定的、针对当期发生的交易和事项，应交纳给税务部门的所得税金额，即应交所得税，应以适用的税收法规为基础计算确定。

$$\text{当期所得税} = \text{当期应交所得税}$$

企业在确定当期所得税时，对于当期发生的交易或事项，会计处理与税收处理不同的，应在会计利润的基础上，按照适用的税收法规的要求进行调整，计算出当期应纳税所得额。按照应纳税所得额与适用的所得税税率，计算确定当期应交所得税。

（二）递延所得税费用（或收益）

递延所得税费用（或收益）是指按照企业会计准则的规定应予确认的递延所得税资产和递延所得税负债在期末应有的金额相对于原已确认金额之间的差额，即递延所得税资产及递延所得税负债的当期发生额，但不包括计入所有者权益的交易或事项及企业合并的所得税影响。用公式表示即：

$$\begin{array}{c}\text{递延所得税}\\\text{费用(或收益)}\end{array} = \begin{array}{c}\text{当期递延所得税}\\\text{负债的增加}\end{array} + \begin{array}{c}\text{当期递延所得税}\\\text{资产的减少}\end{array} - \begin{array}{c}\text{当期递延所得税}\\\text{负债的减少}\end{array} - \begin{array}{c}\text{当期递延所得税}\\\text{资产的增加}\end{array}$$

值得注意的是，如果某项交易或事项按照企业会计准则的规定应计入所有者权益，由该交易或事项产生的递延所得税资产或递延所得税负债及其变化亦应计入所有者权益，不构成利润表中的递延所得税费用（或收益）。

（三）所得税费用

在计算确定了当期所得税及递延所得税以后，利润表中应予以确认的所得税费用为两者之和，即：

$$\text{所得税费用} = \text{当期所得税} \pm \text{递延所得税费用（或收益）}$$

【工作实例13-5】甲公司2023年度利润表中利润总额为1 000万元，该公司适用的所得税税率为25%，所得税采用资产负债表债务法进行核算。2023年发生的有关交易或事项中，会计处理与税收处理存在的差别有：

（1）2022年12月取得一项固定资产，成本为600万元，使用年限为10年，净残值为零，会计上按双倍余额递减法计提折旧，税法按平均年限法计提折旧。假定税法规定的使用年限与净残值与会计规定相同。

（2）向某公司赞助100万元现金。

（3）应付违法经营罚款30万元。

（4）期末对持有的存货计提了50万元的存货跌价准备。

（5）2023年1月12日取得某项无形资产，取得成本为400万元，企业将其划分为使用寿命不确定的无形资产。2023年12月31日，该项无形资产未发生减值。甲公司在计税时，对该项无形资产按照10年的期限摊销，有关金额允许在税前扣除。

根据以上资料，分析计算如下：

（1）2023年度当期应交所得税：

应纳税所得额 = 1 000 +（600 × 20% − 600 ÷ 10）+ 100 + 30 + 50 +（0 − 400 ÷ 10）
= 1 200（万元）

应交所得税 = 1 200 × 25% = 300（万元）

（2）2023年度递延所得税：

该公司2023年度资产负债表相关项目金额及其计税基础见表13-1。

表13-1　资产负债表相关项目账面价值、计税基础及差异确认　单位：元

项　目	账面价值	计税基础	差　异	
			应纳税暂时性差异	可抵扣暂时性差异
存货	3 000 000	3 500 000		500 000
固定资产原价	6 000 000	6 000 000		
减：累计折旧	1 200 000	600 000		
固定资产减值准备	0	0		
固定资产账面价值	4 800 000	5 400 000		600 000
无形资产	4 000 000	4 000 000		
减：累计摊销	0	400 000		
无形资产账面价值	4 000 000	3 600 000	400 000	
其他应付款	300 000	300 000		
合　计			400 000	1 100 000

递延所得税 = 40 × 25% − 110 × 25% = − 17.5（万元）

（3）利润表中应确认的所得税费用：

所得税费用 = 300 − 17.5 = 282.5（万元）

借：递延所得税资产　　　　　　　　　　　　　275 000
　　所得税费用　　　　　　　　　　　　　　2 825 000
　　贷：应交税费——应交所得税　　　　　　　　　　3 000 000
　　　　递延所得税负债　　　　　　　　　　　　　　100 000

【小思考 13-5】在上述会计分录中，“递延所得税资产”与“递延所得税负债”科目发生额可以相互抵销吗？为什么？

项目小结

由于企业会计准则或制度与税法在收益、费用或损失的确认和计量原则方面的不同，而导致按照会计准则或制度计算的税前会计利润与按照税法的规定计算的应税所得之间的差异，称为永久性差异和时间性差异。在会计核算中，对永久性差异和时间性差异可以采用两种不同的方法进行处理，即应付税款法和纳税影响会计法，应付税款法在小企业会计中广泛应用。

资产负债表债务法是从资产负债表出发，通过比较资产负债表上列示的资产、负债，按照企业会计准则的规定确定的账面价值与按照税法规定确定的计税基础，对于两者之间的差额（称为暂时性差异），分别应纳税暂时性差异和可抵扣暂时性差异确认相关的递延所得税负债与递延所得税资产，并在此基础上确定每一期间利润表中的所得税费用。

复习思考题

1. 什么是时间性差异和永久性差异？它们是如何产生的？
2. 什么是暂时性差异？暂时性差异与时间性差异是否相同？
3. 资产的计税基础和负债的计税基础是如何确定的？
4. 在资产负债表债务法下，所得税会计核算程序由哪些步骤组成？
5. 递延所得税资产和递延所得税负债是如何确认和计量的？
6. 当期所得税与当期应交所得税是什么关系？
7. 在利润表中，所得税费用由哪些内容组成？
8. 在使用资产负债表债务法时，如果适用的税率发生变更，会计上应如何处理？

项目十四

收入、费用和利润的核算

【知识目标】

1. 掌握收入的概念及其确认条件；
2. 掌握按时点确认收入和按时段确认收入的会计处理；
3. 掌握费用的概念和范围；
4. 熟悉营业外收入和营业外支出的概念及核算内容；
5. 掌握利润分配的概念及内容。

【能力目标】

1. 能够运用收入准则正确区分按时点确认收入和按时段确认收入，并完成会计处理；
2. 能够正确核算主营业务成本、其他业务成本、税金及附加和各项期间费用；
3. 能够正确核算营业外收入和营业外支出，计算确定利润总额；
4. 能够正确计算和结转本年利润，合理确定利润分配政策，进行利润分配。

【素养目标】

1. 充分认识收入会计准则对收入确认和计量的影响，正确确认销售收入；
2. 正确核算期间费用和营业外收支，计算确认利润总额；
3. 根据企业经营状况和公司战略，正确确定利润分配政策，保持企业可持续发展。

引 言

在市场经济条件下，收入作为影响利润指标的重要因素，越来越受到企业和投资者等众多信息使用者的重视。随着我国社会经济的不断发展，中国与世界各国的交流日益加强，我国的企业会计准则也在与国际会计准则日渐趋同，收入的概念和商品销售收入的确认都发生了很大变化。

我国1999年发布的企业会计准则对收入的定义为：收入是企业销售商品、提供劳务及让渡资产使用权等日常活动中形成的经济利益的总流入，包括主营业务收入和其他业务收入。销售商品收入的确认条件包括：（1）企业已将商品所有权上的主要风险和报酬全部转移给购买方；（2）企业既没有保留通常与所有权相联系的继续管理权，也没有对已售出商品实施控制；（3）与交易相关的经济利益很可能流入企业；（4）相关的收入和成本能够可靠地计量。

我国2006年发布的《企业会计准则第14号——收入》对收入的定义为：收入是指企业在日常活动中形成的、会导致所有者权益增加的、与所有者投入资本无关的经济利益的总流入。销售商品收入的确认条件包括：（1）企业已将商品所有权上的主要风险和报酬全部转移给购买方；（2）企业既没有保留通常与所有权相联系的继续管理权，也没有对已售出商品实施控制；（3）收入的金额能够可靠地计量；（4）相关的经济利益很可能流入企业；（5）相关已发生或将发生的成本能够可靠地计量。

2017年，我国修订了《企业会计准则第14号——收入》，对收入的定义没有改变，但对收入的确认条件改为：企业与客户之间的合同同时满足下列五项条件的，企业应当在客户取得相关商品控制权时确认收入。（1）合同各方已批准该合同并承诺将履行各自义务；（2）该合同明确了合同各方与所转让商品相关的权利和义务；（3）该合同有明确的与所转让商品相关的支付条款；（4）该合同具有商业实质，即履行该合同将改变企业未来现金流量的风险、时间分布或金额；（5）企业因向客户转让商品而有权取得的对价很可能收回。

任务一 收入的核算

一、收入的确认和计量原则

（一）收入的确认原则

企业应当在履行了合同中的履约义务，即在客户取得相关商品控制权时确认收入。在这里需要弄清楚以下几个概念。

（1）合同。合同是指双方或多方之间订立的有法律约束力的权利和义务的协议。合同有书面形式、口头形式以及其他形式。企业收入的会计处理是以企业与客户之间的单个合同为基础的。

（2）履约义务。履约义务，是指合同中企业向客户转让可明确区分商品的承诺。履约义务既包括合同中明确的承诺，也包括由于企业已公开宣布的政策、特定声明或以往的习惯做法等导致合同订立时客户合理预期企业将履行的承诺。企业为履行合同而应开展的初始活动，通常不构成履约义务，除非该活动向客户转让了承诺的商品。

（3）客户，是指与企业订立合同以向该企业购买其日常活动产出的商品或服务（以下简称“商品”）并支付对价的一方。

（4）取得相关商品控制权，是指客户能够主导该商品的使用并从中获得几乎全部的经济利益，也包括有能力阻止其他方主导该商品的使用并从中获得经济利益。取得商品控制权同时包括下列三要素：

一是客户有能力。客户有能力，即客户必须拥有现有权利，能够主导该商品的使用并从中获得几乎全部的经济利益，也包括有能力阻止其他方主导该商品的使用并从中获得经济利益。

二是客户能主导该商品的使用。客户能主导该商品的使用，是指客户有权使用该商品，或者能够允许或阻止其他方使用该商品。

三是客户能够获得几乎全部的经济利益。商品的经济利益，是指该商品的潜在现金流量，既包括现金流入的增加，也包括现金流出的减少。客户可以通过使用、消耗、出售、处置、交换、抵押或持有等多种方式直接或间接地获得商品的经济利益。

（二）收入确认的前提条件

企业与客户之间的合同同时满足下列五项条件的，企业应当在客户取得相关商品控制权时确认收入。

微课

收入的确认与计量（一）

（1）合同各方已批准该合同并承诺将履行各自义务；

（2）该合同明确了合同各方与所转让商品相关的权利和义务；

（3）该合同有明确的与所转让商品相关的支付条款；

（4）该合同具有商业实质，即履行该合同将改变企业未来现金流量的风险、时间分布或金额；

（5）企业因向客户转让商品而有权取得的对价很可能收回。

微课

收入的确认与计量（二）

企业在进行上述判断时，需要注意下列三点：

一是合同约定的权利和义务是否具有法律约束力，需要根据企业所处的法律环境和实务操作进行判断。

二是合同具有商业实质，是指履行该合同将改变企业未来现金流量的风险、时间分布或金额。关于商业实质的判断，详见非货币性资产交换的有关内容。

三是企业在评估其因向客户转让商品而有权取得的对价是否很可能收回时，仅应考虑客户到期时支付对价的能力和意图（即客户的信用风险）。企业预期很可能无法收回全部合同对价时，应当判断其是由于客户的信用风险还是企业向客户提供了价格折让所致。提供价格折让的，应当在估计交易价格时进行考虑。

对于不符合上述五项条件的合同，企业只有在不再负有向客户转让商品的剩余义务（例如，合同已完成或取消），且已向客户收取的对价（包括全部或部分对价）无须退回时，才能将已收取的对价确认为收入；否则，应当将已收取的对价作为负债进行会计处理。

（三）收入的计量原则

企业应当按照分摊至各单项履约义务的交易价格计量收入。

交易价格是指企业因向客户转让商品而预期有权收取的对价金额。企业确定交易价格时，应当假定将按照现有合同的约定向客户转让商品，且该合同不会取消和变更。

企业代第三方收取的款项（如增值税）以及企业预期将退还给客户的款项，应当作为负债进行会计处理，不计入交易价格。

二、收入确认和计量的步骤

收入的确认和计量大致分为五步：第一步，识别与客户订立的合同；第二步，识别合同中的单项履约义务；第三步，确定交易价格；第四步，将交易价格分摊至各单项履约义务；第五步，履行各单项履约义务时确认收入。其中，第一步、第二步和第五步主要与收入的确认有关，第三步和第四步主要与收入的计量有关。

（一）识别与客户订立的合同

1.合同识别

合同的存在是企业确认客户合同收入的前提，企业与客户之间的合同一经签订，企业即享有从客户取得与转移商品和服务对价的权利，同时负有向客户转移商品和服务的履约义务。

2.合同合并

企业与同一客户（或该客户的关联方）同时订立或在相近时间内先后订立的两份或多份合同，在满足下列条件之一时，应当合并为一份合同进行会计处理：

一是该两份或多份合同基于同一商业目的而订立并构成“一揽子交易”，如一份合同在不考虑另一份合同对价的情况下将会发生亏损。

二是该两份或多份合同中的一份合同的对价金额取决于其他合同的定价或履行情况，如一份合同发生违约，将会影响另一份合同的对价金额。

三是该两份或多份合同中所承诺的商品（或每份合同中所承诺的部分商品）构成单项履约义务。

两份或多份合同合并为一份合同进行会计处理的，仍然需要区分该一份合同中包含的各单项履约义务。

3.合同变更

合同各方可能以书面形式、口头形式或其他形式批准合同变更。

（二）识别合同中的单项履约义务

合同开始日，企业应当识别合同中所包含的各单项履约义务，并确定各单项履约义务是在某一时段内履行，还是在某一时点履行，然后，在履行了各单项履约义务时分别确认收入。企业应当将下列向客户转让商品的承诺作为单项履约义务：

1.企业向客户转让可明确区分商品（或者商品或服务的组合）的承诺

企业向客户承诺的商品同时满足下列条件的，应当作为可明确区分商品：（1）客户能够从该商品本身或者从该商品与其他易于获得的资源一起使用中受益；（2）企业向客户转让该商品的承诺与合同中其他承诺可单独区分。要识别企业承诺转让的是每一项商品，还是由这些商品组成的一个或多个组合产出。组合产出的价值通常高于或者显著不同于各单项商品的价值总和。

【工作实例14-1】企业与高校签订合同，向其销售一批空调并提供安装服务，空调安装服务非常简单，除该企业外其他企业也可以提供此类安装服务，则该合同实际上是两项单项履约义务。如果该项服务复杂且商品需要按客户要求定制，则合同中的商品和服务合并为一项单项履约义务。

2.一系列实质相同且转让模式相同的、可明确区分的商品

当企业向客户连续转让某项承诺的商品时，如每天提供类似劳务的长期劳务合同等，如果这些商品属于实质相同且转让模式相同的一系列商品时，企业应当将这一系列商品作为单项履约义务。例如，企业向客户提供2年的酒店管理服务（包括保洁、维修、安保等），但没有具体的服务次数或时间的要求，尽管企业每天提供的具体服务不一定相同，但是企业每天对于客户的承诺都是相同的，即按照约定的酒店管理标准，随时准备根据需要为其提供相关服务，因此，该酒店管理服务符合"实质相同"的条件。

（三）确定交易价格

交易价格是指企业因向客户转让商品而预期有权收取的对价金额。企业在确定交易价格时，应当充分考虑可变对价、合同中存在重大融资成分、非现金对价和应付客户对价等因素的影响。

1.可变对价

企业与客户的合同中约定的对价金额可能是固定的，也可能因折扣、价格折让、返利、退款、奖励积分、激励措施、业绩奖金、索赔、未来事项等因素而变化。此外，企业有权收取的对价金额，将根据一项或多项或有事项的发生有所不同的情况，也属于可变对价的情形。例如，企业售出商品但允许客户退货时，由于企业有权收取的对价金额将取决于客户是否退货，因此该合同的交易价格是可变的。

（1）可变对价最佳估计数的确定。企业应当按照期望值或最可能发生金额确定可变对价的最佳估计数。期望值，是按照各种可能发生的对价金额及相关概率计算确定的金额。当企业拥有大量具有类似特征的合同，并据此估计合同可能产生多个结果时，按照期望值估计可变对价金额通常是恰当的。

【工作实例14-2】甲公司生产和销售洗衣机。2023年6月，甲公司向零售商乙公司销售1 000台洗衣机，每台价格为2 000元，合同价款合计200万元。同时，甲公司承诺，在未来6个月内，如果同类洗衣机售价下降，则按照合同价格与最低售价之间的差额向乙公司支付差价。甲公司根据以往执行类似合同的经验，预计未来6个月内，不降价的概率为50%；每台降价200元的概率为40%；每台降价500元的概率为10%。假定上述价格均不包含增值税。

分析：本例中，甲公司认为期望值能够更好地预测其有权获取的对价金额。假定不考虑下述有关"计入交易价格的可变对价金额的限制"要求，甲公司估计交易价格为每台1 870元（$2\,000 \times 50\% + 1\,800 \times 40\% + 1\,500 \times 10\%$）。

最可能发生金额是一系列可能发生的对价金额中最可能发生的单一金额，即合同最可能产生的单一结果。当合同仅有两个可能结果（例如，企业能够达到或不能达到某业绩奖金目标）时，按照最可能发生金额估计可变对价金额通常是恰当的。

【工作实例14-3】甲公司为其客户建造一栋厂房，合同约定的价款为100万元，当甲公司不能在合同签订之日起的120天内竣工时，须支付10万元罚款，该罚款从合同价款中扣除。甲公司对合同结果的估计如下：工程按时完工的概率为90%，工程延期的概率为

10%。假定上述金额均不含增值税。

分析：本例中，由于该合同涉及两种可能结果，甲公司认为按照最可能发生金额能够更好地预测其有权获取的对价金额。因此，甲公司估计的交易价格为100万元，即最可能发生的单一金额。

（2）计入交易价格的可变对价金额的限制。企业按照期望值或最可能发生金额确定可变对价金额之后，计入交易价格的可变对价金额还应该满足限制条件，即包含可变对价的交易价格，应当不超过在相关不确定性消除时，累计已确认的收入极可能不会发生重大转回的金额。每一资产负债表日，企业应当重新估计可变对价金额（包括重新评估对可变对价的估计是否受到限制），以如实反映报告期期末存在的情况以及报告期内发生的情况变化。

【工作实例14-4】2023年1月1日，甲公司与乙公司签订合同，向其销售A产品。合同约定，当乙公司在2023年的采购量不超过2 000件时，每件产品的价格为80元；当乙公司在2023年的采购量超过2 000件时，每件产品的价格为70元。乙公司在第一季度的采购量为150件，甲公司预计乙公司全年的采购量不会超过2 000件。2023年4月，乙公司因完成产能升级而增加了原材料的采购量，第二季度共向甲公司采购A产品1 000件，甲公司预计乙公司全年的采购量将超过2 000件，因此，全年采购量适用的产品单价均将调整为70元。

分析：本例中，2023年第一季度，甲公司根据以往经验估计乙公司全年的采购量将不会超过2 000件，甲公司按照80元的单价确认收入，满足在不确定性消除之后（即乙公司全年的采购量确定之后），累计已确认的收入将极可能不会发生重大转回的要求，因此，甲公司在第一季度确认的收入金额为12 000元（80 × 150）。2023年第二季度，甲公司对交易价格进行重新估计，由于预计乙公司全年的采购量将超过2 000件，按照70元的单价确认收入，才满足极可能不会导致累计已确认的收入发生重大转回的要求。因此，甲公司在第二季度确认收入为68 500元（70 ×（1 000 + 150）− 12 000）。

2. 合同中存在重大融资成分

当企业将商品的控制权转移给客户的时间与客户实际付款的时间不一致时，如企业以赊销的方式销售商品，或者要求客户支付预付款等，如果各方以在合同中明确（或者以隐含的方式）约定的付款时间为客户或企业就转让商品的交易提供了重大融资利益，则合同中包含了重大融资成分。

合同中存在重大融资成分的，企业应当按照假定客户在取得商品控制权时即以现金支付的应付金额（即现销价格）确定交易价格。

合同中存在重大融资成分的，企业在确定该重大融资成分的金额时，应使用将合同对价的名义金额折现为商品现销价格的折现率。该折现率一经确定，不得因后续市场利率或客户信用风险等情况的变化而变更。企业确定的交易价格与合同承诺的对价金额之间的差额，应当在合同期间内采用实际利率法摊销。

为简化实务操作，如果在合同开始日，企业预计客户取得商品控制权与客户支付价款间隔不超过一年的，可以不考虑合同中存在的重大融资成分。企业应当对类似情形下的类似合同一致地应用这一简化处理方法。

【工作实例14-5】2023年1月1日，甲公司与乙公司签订合同，向其销售一批产品。

合同约定，该批产品将于2年之后交货。合同中包含两种可供选择的付款方式，即乙公司可以在2年后交付产品时支付449.44万元，或者在合同签订时支付400万元。乙公司选择在合同签订时支付货款。该批产品的控制权在交货时转移。甲公司于2023年1月1日收到乙公司支付的货款。上述价格均不包含增值税，且假定不考虑相关税费的影响。

分析：本例中，按照上述两种付款方式计算的内含利率为6%。考虑到乙公司付款时间和产品交付时间之间的间隔以及现行市场利率水平，甲公司认为该合同包含重大融资成分，在确定交易价格时，应当对合同承诺的对价金额进行调整，以反映该重大融资成分的影响。企业确定的交易价格400万元与合同承诺的对价金额449.44万元的差额作为“未确认融资费用”，并在合同期间内采用实际利率法摊销。

3. 非现金对价

当企业因转让商品而有权向客户收取的对价是非现金形式时，例如实物资产、无形资产、股权、客户提供的广告服务等，企业通常应当按照非现金对价在合同开始日的公允价值确定交易价格。非现金对价的公允价值不能合理估计的，企业应当参照其承诺向客户转让商品的单独售价间接确定交易价格。

4. 应付客户对价

企业存在应付客户对价的，应当将该应付客户对价冲减交易价格。

企业在向客户转让商品的同时，需要向客户或第三方支付对价的，除为了自客户取得其他可明确区分商品的款项外，应当将该应付对价冲减交易价格，并在确认相关收入与支付（或承诺支付）客户对价两者孰晚的时点冲减当期收入。这里的应付客户对价还包括可以抵减应付企业金额的相关项目金额，如优惠券、兑换券等。

【工作实例14-6】2023年1月1日，甲公司与乙公司签订合同。合同约定，期限1年；乙公司1年内必须从甲公司购买至少3 000万元的商品；甲公司须按照要求及时发货，保证质量；甲公司在合同开始日向乙公司支付不可返还款150万元，用于补偿乙公司货架更新支出。1月份，甲公司向乙公司发出商品300万元，本月应确认收入为多少？

分析：本例中甲公司向乙公司支付不可返还款150万元，目的不是转让可明确区分的商品或服务，也没有对乙公司货架任何相关权利的控制。该支付款项为应付客户对价，应将该对价冲减交易价格，并在确认相关商品收入时冲减当期收入。冲减当期收入的金额为15万元（300×150÷3 000）。

（四）将交易价格分摊至各单项履约义务

合同中包含两项或多项履约义务的，企业应当在合同开始日，按照各单项履约义务所承诺商品的单独售价的相对比例，将交易价格分摊至各单项履约义务。

单独售价，是指企业向客户单独销售商品的价格。企业在类似环境下向类似客户单独销售某商品的价格，应作为该商品的单独售价。单独售价无法直接观察的，企业应当综合考虑其能够合理取得的全部相关信息，采用市场调整法、成本加成法、余值法等方法合理估计单独售价。

1. 市场调整法

市场调整法，是指企业根据某商品或类似商品的市场售价，考虑本企业的成本和毛利等进行适当调整后的金额，确定其单独售价的方法。

2. 成本加成法

成本加成法，是指企业根据某商品的预计成本加上其合理毛利后的金额，确定其单独售价的方法。

3. 余值法

余值法，是指企业根据合同交易价格减去合同中其他商品可观察单独售价后的余额，确定某商品单独售价的方法。企业在商品近期售价波动幅度巨大，或者因未定价且未曾单独销售而使售价无法可靠确定时，可采用余值法估计其单独售价。

【工作实例 14-7】2023 年 3 月 1 日，甲公司与客户签订合同，向其销售 A、B 两项商品，合同价款为 2 000 元。合同约定，A 商品于合同开始日交付，B 商品在 1 个月之后交付，只有当 A、B 两项商品全部交付之后，甲公司才有权收取 2 000 元的合同对价。假定 A 商品和 B 商品构成两项履约义务，其控制权在交付时转移给客户，分摊至 A 商品和 B 商品的交易价格分别为 500 元和 2 000 元，合计 2 500 元。上述价格均不包含增值税，且假定不考虑相关税费的影响。

分析：本例中，根据交易价格分摊原则，A 商品应当分摊的交易价格为 400 元（500 ÷ 2 500 × 2 000），B 产品应当分摊的交易价格为 1 600 元（2 000 ÷ 2 500 × 2 000）。

（五）履行每一单项履约义务时确认收入

企业应当在履行了合同中的履约义务，即客户取得相关商品控制权时确认收入。企业将商品的控制权转移给客户，首先判断履约义务是否满足在某一时段内履行的条件，如不满足，则该履约义务属于在某一时点履行的履约义务。对于在某一时段内履行的履约义务，企业应当选取恰当的方法来确定履约进度；对于在某一时点履行的履约义务，企业应当综合分析控制权转移的迹象，判断其转移时点。

【小思考 14-1】企业以存货换取客户的存货、固定资产、无形资产以及长期股权投资等交易，是否属于收入的会计处理？

三、按时点确认收入的核算

微课

一般销售收入的确认（一）

微课

一般销售收入的确认（二）

（一）按时点确认收入的规定

对于一项履约义务，应首先分析判断是否为某一时段内履行的履约义务，当不属于在某一时段内履行的履约义务时，应当归属于在某一时点履行的履约义务。

对于在某一时点履行的履约义务，企业应当在客户取得相关商品控制权时确认收入。在判断客户是否已取得商品控制权时，企业应当考虑下列迹象：

（1）企业就该商品享有现时收款权利，即客户就该商品负有现时付款义务。

（2）企业已将该商品的法定所有权转移给客户，即客户已拥有该商品的法定所有权。

（3）企业已将该商品实物转移给客户，即客户已占有该商品实物。

（4）企业已将该商品所有权上的主要风险和报酬转移给客户，即客户已取得该商品所有权上的主要风险和报酬。

（5）客户已接受该商品。

（6）其他表明客户已取得商品控制权的迹象。

需要强调的是，在上述六个迹象中，并没有哪一个或哪几个迹象是决定性的，企业应当根据合同条款和交易实质进行分析，综合判断其是否将商品的控制权转移给客户以及何时转移的，从而确定收入的确认时点。此外，企业还应当从客户的角度进行评估，而不应当仅考虑企业自身的看法。

（二）一般销售商品业务

1.现销业务和赊销业务

现销业务是指在商品销售的同时就可以收回货款，这种方式比较常见。赊销业务指的是商品销售的同时不能及时收回货款，这种方式具有一定的风险，但是可以在一定程度上扩大企业的销售。赊销商品时通常采用托收承付、委托收款等方式结算货款。

【工作实例14-8】大江公司属于增值税一般纳税人，本月商品销售情况如下：

（1）向甲公司销售一批产品，销售价格为56 000元，增值税税额为7 280元，收到转账支票，当日送存银行。该批商品的销售成本为40 000元。

（2）向乙公司销售一批产品，销售价格为72 100元，增值税税额为9 373元。商品当日发出，贷款办妥托收手续。该批商品的销售成本为55 000元。

（3）向丙公司销售一批产品，销售价格为41 800元，增值税税额为5 434元。以库存现金支付代垫运费436元（含税）。商品当日发出，收到购买方出具的面值47 670元的商业承兑汇票一张。该批商品的销售成本为33 800元。

会计处理如下：

（1）向甲公司销售商品时：

借：银行存款	63 280	
贷：主营业务收入		56 000
应交税费——应交增值税（销项税额）		7 280
借：主营业务成本	40 000	
贷：库存商品		40 000

（2）向乙公司销售商品时：

借：应收账款	81 473	
贷：主营业务收入		72 100
交税费——应交增值税（销项税额）		9 373
借：主营业务成本	55 000	
贷：库存商品		55 000

（3）向丙公司销售商品时：

借：应收票据	47 670	
贷：主营业务收入		41 800
应交税费——应交增值税（销项税额）		5 434
库存现金		436
借：主营业务成本	33 800	
贷：库存商品		33 800

2. 已经发出商品但不确认收入的会计处理

合同约定客户只有在商品销售取得商品后才支付价款，但企业按合同发出商品后，企业向客户转让商品的对价未达到“很可能收回”收入的确认条件，不确认收入，按发出商品的成本借记“发出商品”科目，贷记“库存商品”科目。如已发生的商品被客户退回，应编制相反的会计分录。当收到货款或取得收取款项权利时，确认收入，借记“银行存款”“应收账款”等科目，贷记“主营业务收入”“应交税费——应交增值税（销项税额）”科目；同时结转销售成本，借记“主营业务成本”科目，贷记“发出商品”科目。

【工作实例 14-9】甲公司于3月2日销售一批商品给乙公司，价款42 000元，增值税税额为5 460元，成本28 000元。商品发出后获悉该企业近期遭遇自然灾害导致资金周转困难，暂时难以收回货款。4个月后，甲公司收到乙公司的货款47 460元。会计处理如下：

（1）已经发出商品但不确认收入时：

借：发出商品	28 000	
贷：库存商品		28 000

（2）4个月后确认收入时：

借：银行存款	47 460	
贷：主营业务收入		42 000
应交税费——应交增值税（销项税额）		5 460

同时，

借：主营业务成本	28 000	
贷：发出商品		28 000

3. 商品销售中发生现金折扣、商业折扣、销售折让

企业销售商品满足收入确认条件时，应当按照预期有权收取的对价金额确认收入金额。在通常情况下，企业应按从购货方已收或应收的合同或协议价款（为其公允价值）确定销售商品收入的金额。但是，在涉及现金折扣、商业折扣、销售折让时，销售商品收入金额的确定方法如下：

（1）现金折扣。现金折扣是指债权人为鼓励债务人在规定的期限内付款而向债务人提供的债务扣除。现金折扣一般用符号（折扣率/付款期限）表示，如“2/10、1/20、n/30”。企业销售商品涉及现金折扣的，企业应当对现金折扣进行估计，按照期望值或最可能发生额确定可变对价的最佳估计数。

（2）商业折扣。商业折扣是指企业为促进商品销售而在商品标价上给予的价格扣除。企业销售商品涉及商业折扣的，应当按照扣除商业折扣后的金额确定销售商品收入金额。

（3）销售折让。销售折让是指企业因售出商品的质量不合格等原因而在售价上给予的减让。销售折让如发生在确认销售收入之前，则应在确认销售收入时直接按扣除销售折让后的金额确认。已确认销售收入的售出商品发生销售折让，且不属于资产负债表日后事项的，应在发生时冲减当期销售商品收入。如按规定允许扣减增值税税额，还应冲减已确认的应交增值税销项税额。

【工作实例 14-10】黄山公司3月8日销售商品一批，增值税专用发票上注明价款

28 000元，增值税3 640元，成本为20 000元。为及时收回货款，对甲公司开出了"2/10、n/30"的付款条件。现金折扣不考虑增值税因素。黄山公司估计有90%的可能会在3月18日前收到价款。会计处理如下：

（1）3月8日销售实现时：

借：应收账款　31 080

　贷：主营业务收入　27 440

　　应交税费——应交增值税（销项税额）　3 640

借：主营业务成本　20 000

　贷：库存商品　20 000

（2）假定3月18日收到货款时：

借：银行存款　31 080

　贷：应收账款　31 080

（3）假定4月8日收到货款时：

借：银行存款　31 640

　贷：应收账款　31 080

　　主营业务收入　560

【工作实例14-11】大江公司现有一批商品，商品的标价为每件200元（不含增值税），每件成本为120元。由于节日来临，企业为了促销，将该批商品给予客户20%的商业折扣。3月12日共销售该商品50件，货款已存入银行。会计分录如下：

借：银行存款　9 040

　贷：主营业务收入　8 000

　　应交税费——应交增值税（销项税额）　1 040

借：主营业务成本　6 000

　贷：库存商品　6 000

【小思考14-2】比较现金折扣和商业折扣的会计处理，它们在销售入账金额、会计分录上有什么区别？

【工作实例14-12】大江公司属于增值税一般纳税人。有关销售业务如下：

（1）12月5日，销售一批产品给甲公司，价款35 000元，增值税4 550元，已确认销售收入，成本为25 000元。

（2）12月12日，甲公司发回反馈信息，反映该批商品一部分存在质量问题，要求在原价款上给予10%的折让，经大江公司审查，情况属实，同意折让。

（3）12月25日收到价款。

会计处理如下：

（1）12月5日确认销售收入时：

借：应收账款　39 550

　贷：主营业务收入　35 000

　　应交税费——应交增值税（销项税额）　4 550

借：主营业务成本　25 000

　贷：库存商品　25 000

（2）12月12日发生销售折让时：

借：主营业务收入 3 500

应交税费——应交增值税（销项税额） 455

贷：应收账款 3 955

（3）12月25日实际收到款项时：

借：银行存款 35 595

贷：应收账款 35 595

4. 销货退回

企业售出的商品由于质量、品种不符合要求等原因而发生的销售退回，应分别不同情况进行会计处理：

（1）尚未确认销售商品收入的售出商品发生销售退回的，将已记入“发出商品”科目的商品成本金额转入“库存商品”科目即可。

（2）已确认销售商品收入的售出商品发生销售退回的，除属于资产负债表日后事项外，一般应在发生时，冲减当期销售商品收入同时冲减当期销售商品成本。如该项销售退回已发生现金折扣，应同时调整相关财务费用的金额。

【工作实例 14-13】大江公司于5月2日销售一批商品给丙公司，价款30 000元，增值税税额为3 900元，款项没有收到。该批商品的成本16 000元已于月末结转。7月10日，该批商品由于重大的质量问题被丙公司退回。

会计处理如下：

借：主营业务收入 30 000

应交税费——应交增值税（销项税额） 3 900

贷：应收账款 33 900

同时：

借：库存商品 16 000

贷：主营业务成本 16 000

5. 委托代销商品

委托代销是指委托方和受托方签订代销合同或协议，委托受托方向终端客户销售商品。受托方获得对该商品控制权的，企业应当按销售商品进行会计处理，这种安排不属于委托代销安排。受托方没有获得对该商品控制权的，企业通常应当在受托方售出商品后，将按合同或协议约定的方法计算确定的手续费确认收入。这就表明一项安排是委托代销安排的迹象包括但不限于：一是在特定事件发生之前（例如，向最终客户出售产品或指定期间到期之前），企业拥有对商品的控制权；二是企业能够要求将委托代销的商品退回或者将其销售给其他方（如其他经销商）；三是尽管受托方可能被要求向企业支付一定金额的押金，但是，其并没有承担对这些商品无条件付款的义务。

【工作实例 14-14】大江公司和大海公司均为增值税一般纳税人，适用的增值税税率为13%。大江公司委托大海公司代销一批商品，有关资料如下：

（1）委托协议规定：委托代销B商品100件，该商品每件的成本是20元。双方的协议中约定大海公司对外售价是50元/件。大江公司按照售价的10%支付手续费。

（2）大江公司8月2日发出代销商品。

（3）9月25日，大海公司向大江公司开出“代销商品清单”，全部商品销售完毕。

（4）9月30日，大海公司扣除代销手续费后支付代销款。

大江公司的会计处理如下：

（1）8月2日发出商品时：

借：发出商品	2 000	
贷：库存商品		2 000

（2）9月25日收到代销清单时：

借：应收账款	5 650	
贷：主营业务收入		5 000
应交税费——应交增值税（销项税额）		650
借：主营业务成本	2 000	
贷：发出商品		2 000
借：销售费用	500	
贷：应收账款		500

（3）9月30日收到款项时：

借：银行存款	5 150	
贷：应收账款		5 150

大海公司的会计处理如下：

（1）8月2日收到代销商品时：

借：受托代销商品	5 000	
贷：受托代销商品款		5 000

（2）9月25日实现销售收入时：

借：银行存款	5 650	
贷：受托代销商品		5 000
应交税费——应交增值税（销项税额）		650

（3）收到增值税专用发票时：

借：受托代销商品款	5 000	
应交税费——应交增值税（进项税额）	650	
贷：应付账款		5 650

（4）9月30日支付货款并计算代销手续费时：

借：应付账款	5 650	
贷：银行存款		5 150
其他业务收入		500

6.预收账款销售

在预收款销售方式下，销售方只有将商品发出，才能确认收入。在预先收取款项时不能确认为收入，只能作为负债来处理。

【工作实例14-15】大江公司于11月10日与A公司签订合同，A公司以银行存款预付了价款60 000元；11月20日大江公司发出商品，收到补付价税款53 000元。会计处理如下：

（1）大江公司收到合同款时：

借：银行存款　　60 000

　　贷：预收账款　　60 000

（2）大江公司发出商品时：

借：预收账款　　113 000

　　贷：主营业务收入　　100 000

　　　　应交税费——应交增值税（销项税额）　　13 000

（3）收到补付价税款时：

借：银行存款　　53 000

　　贷：预收账款　　53 000

7.具有融资性质的销售商品

企业发生的具有融资性质的销售商品业务，多采用在销售商品后较长的一定时期内（通常为一年以上）分期收款的形式。特点是：销售商品的价值较高，如房产、汽车、大型设备等，收款期较长，收取货款的风险较大。在分期收款销售方式下，合同或协议价款的收取采用递延方式，实质上具有融资的性质，应按照应收的合同或协议价款的公允价值（现销价格）确定收入。应收的合同或协议价款与商品现销价格之间的差额，应在合同或协议期内采用实际利率法进行摊销，计入当期损益。

【工作实例14-16】某公司2022年1月1日采用分期收款方式向B企业销售大型设备2套，合同约定价款2 000万元，分5次于每年12月31日等额收取，每次收取400万元。该设备销售专用发票上注明增值税260万元，并于交付设备时收取存入银行。该设备现销方式下销售价格为1 600万元。该设备的成本为1 200万元。会计处理如下：

（1）2022年1月1日销售商品确认收入：

借：长期应收款——B企业　　20 000 000

　　银行存款　　2 600 000

　　贷：主营业务收入　　16 000 000

　　　　应交税费——应交增值税（销项税额）　　2 600 000

　　　　未实现融资收益　　4 000 000

同时，结转该批商品的成本：

借：主营业务成本　　12 000 000

　　贷：库存商品　　12 000 000

（2）计算未实现融资收益每期分摊额：

由于4 000 000×（P/A，R，5）= 16 000 000，采用插值法计算，折现率R = 7.93%。

未实现融资收益每期分摊额见表14-1。

（3）2022年12月31日第一次收到价款时：

借：银行存款　　4 000 000

　　贷：长期应收款——B企业　　4 000 000

借：未实现融资收益　　1 268 800

　　贷：财务费用　　1 268 800

表14-1　未实现融资收益每期分摊额计算表　单位：元

日期	未收本金	财务费用	收现总额	已收本金
2022年01月01日	16 000 000	—	—	—
2022年12月31日	16 000 000	1 268 800	4 000 000	2 731 200
2023年12月31日	13 268 800	1 052 216	4 000 000	2 947 784
2024年12月31日	10 321 016	818 457	4 000 000	3 181 543
2025年12月31日	7 139 473	566 160	4 000 000	3 433 840
2026年12月31日	3 705 633	294 367	4 000 000	3 705 633*
合　计	—	4 000 000	20 000 000	16 000 000

注：*尾差调整。

【学中做14-1】请你根据上述资料，编制2023年至2026年相关会计分录。

8.合同资产销售

当企业与客户签订的合同包含两项或多项履约义务时，如果企业履行了其中一项履约义务，向客户转让商品获得一项收取对价的权利，但该权利的履行取决于时间流逝之外的其他因素，企业应将该权利确认为合同资产而不是确认为应收账款，如企业向客户销售两项可明确区分的商品，企业因已交付其中一项商品而有权收取价款，但收取该价款还取决于企业交付另一项商品，企业应当将该收款权利作为合同资产。

存在合同资产的销售商品，按先后交付商品的时点分别确认收入，在发生增值税纳税义务的同时，进行增值税销项税额的会计处理。企业发生合同资产的销售商品时，应按销售商品的全部价税款，借记"合同资产"科目，按销售商品价款，贷记"主营业务收入"科目，按应缴纳的增值税销项税额，贷记"应交税费——应交增值税（销项税额）"科目。当与合同资产相关的商品销售确认收入时，将合同资产转为应收账款。

【工作实例14-17】某公司11月5日与客户签订合同，向客户销售A、B两种产品，合同价款9 000元。合同约定A产品在合同开始日交付，B产品在1个月后交付，当A、B两种产品全部交付后，公司才有收取两种产品价款的权利。假定A、B两种产品分别构成单项履约义务，客户在交付产品时取得产品控制权。A、B产品的交易价格分别为3 000元和7 000元。公司适用的增值税税率为13%。会计处理如下：

（1）确认应分摊的交易价格：

A产品应分摊的交易价格＝3 000÷10 000×9 000＝2 700（元）

B产品应分摊的交易价格＝7 000÷10 000×9 000＝6 300（元）

（2）11月5日向客户交付A产品时：

借：合同资产　3 051

　　贷：主营业务收入　2 700

　　　　应交税费——应交增值税（销项税额）　351

（3）12月5日向客户交付B产品时：

借：应收账款　10 170

　　贷：合同资产　3 051

　　　　主营业务收入　6 300

　　　　应交税费——应交增值税（销项税额）　819

9. 销售原材料、出租包装物的核算

企业在日常活动中，还可能发生对外销售不需用的原材料、随同商品对外销售单独计价的包装物等业务。企业销售原材料、包装物等存货，也视同商品销售，其收入确认和计量原则比照商品销售处理。企业销售原材料、包装物等存货实现的收入以及结转的相关成本通过“其他业务收入”“其他业务成本”科目核算。

【小思考14-3】企业发生的其他业务所获得的收入都在“其他业务收入”科目核算吗?

【工作实例14-18】B公司销售多余的材料一批，价款6 000元，增值税780元，款项已经收到。该批材料的实际成本为5 000元。

会计处理如下：

借：银行存款	6 780	
贷：其他业务收入		6 000
应交税费——应交增值税（销项税额）		780
借：其他业务成本	5 000	
贷：原材料		5 000

四、按时段确认收入的核算

（一）按时段确认收入的规定

对于某一时段履行的履约义务，企业应当在该段时间内按照履约进度确认收入，履约进度不能合理确定的除外。满足下列条件之一的，属于在某一时段内履行的履约义务：

（1）客户在企业履约的同时即取得并消耗企业履约所带来的经济利益。如企业向客户提供劳务、建造合同、保洁、保安服务等。

（2）客户能够控制企业履约过程中在建的商品。在建商品包括在产品、在建工程、尚未完成的研发项目，但不包括客户购买的在建商品房等。

（3）企业履约过程中所产出的商品具有不可替代用途，且企业在整个合同期间内有权就累计至今已完成的履约部分收取款项。

其中：①商品具有不可替代用途，是指因合同限制或实际可行性限制，企业不能轻易地将商品用于其他用途。②有权就累计至今已完成的履约部分收取款项，是指在由于客户或其他方原因终止合同的情况下，企业有权就累计至今已完成的履约部分收取能够补偿其已发生成本和合理利润的款项，并且该权利具有法律约束力。

（二）履约进度的计算方法

企业应当考虑商品的性质，采用产出法或投入法确定恰当的履约进度。

1. 产出法

产出法，是根据已转移给客户的商品对于客户的价值确定履约进度的方法。通常可采用实际测量的完工程度、评估已实现的结果、已达到的里程碑、时间进度、已完工或交付的产品等产出指标确定履约进度。当选择的产出指标无法计量控制权已转移给客户的商品时，不应采用产出法。

【工作实例14-19】2022年11月1日，甲公司与客户签订合同，为客户拥有的一条铁路更换300根钢轨，合同价格为360万元（不含税价）。截至2022年12月31日，甲公司共

更换钢轨120根，剩余部分预计在2023年2月28日之前完成。该合同仅包含一项履约义务，且该履约义务满足在某一段时间内履行的条件。假设不考虑其他情况。

分析：本例中，甲公司提供的更换钢轨的服务属于在某一段时间内履行的履约义务，甲公司按照已完成的工作量占预计总工作量的比例确定履约进度。因此，截至2022年12月31日，该合同的履约进度为40%（120 ÷ 300 × 100%），甲公司应确认收入144万元（360 × 40%）。

2. 投入法

投入法，是根据企业为履行履约义务的投入确定履约进度的方法。通常可采用投入的材料数量、花费的人工工时或机器工时、发生的成本和时间进度等投入指标确定履约进度。

当企业从事的工作或发生的投入是在整个履约期间平均发生时，企业也可以按照直线法确认收入。

【工作实例14-20】2023年11月1日，甲公司与客户签订合同，为客户装修一栋办公楼并安装一部电梯。合同总金额为100万元，预计的合同总成本为80万元，其中包括电梯的采购成本30万元。2023年12月，甲公司将电梯运达施工现场并经过客户验收，但是根据装修进度，预计到2024年2月才会安装该电梯。截至2023年12月，甲公司累计发生成本40万元，其中包括支付给电梯供应商的采购成本30万元。

分析：本例中，甲公司截至2023年12月发生成本40万元（包括电梯采购成本30万元），甲公司认为按照发生的总成本计算履约进度会高估其实际履约程度，因此，在确定履约进度时，将电梯的采购成本排除在已发生成本和预计总成本之外，同时按照扣除电梯采购成本的金额确认相应收入。

因此，2023年12月，该合同的履约进度为20%（（40 − 30）÷（80 − 30）× 100%），应确认的收入为44万元（（100 − 30）× 20% + 30），应确认的成本金额为40万元（（80 − 30）× 20% + 30）。

每一资产负债表日，企业都应当对履约进度进行重新估计，当客观环境发生变化时，企业需要重新评估履约进度是否发生变化，以确保履约进度能够反映履约情况的变化，该变化应当作为会计估计变更进行会计处理。

对于每一项单项履约义务，企业只能采用一种方法确定其履约进度，并加以一贯运用。对于类似情况下的类似履约义务，企业应当采用相同的方法确定履约进度。

当履约进度不能合理确定时，企业已经发生的成本预计能够得到补偿的，应当按照已经发生的成本金额确认收入，直到履约进度能够合理确定为止。

（三）合同成本

微课

合同成本的确认与计量

企业在与客户之间建立合同关系过程中发生的成本最主要的有合同取得成本和合同履约成本。

1. 合同取得成本

企业为取得合同发生的增量成本预期能够收回的，应当作为合同取得成本确认为一项资产。增量成本，是指企业不取得合同就不会发生的成本（如销售佣金等）。为简化核算，该资产摊销期限不超过一年的，可以在发生时计入当期损益。

企业为取得合同发生的、除预期能够收回的增量成本之外的其他支出，例如，无论是否取得合同均会发生的差旅费、投标费、为准备投标资料发生的相关费用等，应当在发生时计入当期损益，除非这些支出明确由客户承担。

确认为合同取得成本的，应当采用与该资产相关的商品收入确认相同的基础（即在履约义务履行的时点或按照履约义务的履约进度）进行摊销，计入当期损益。

【工作实例14-21】甲公司与一家咨询公司通过竞标赢得一个服务期为5年的客户，该客户每年支付含税咨询费3 052 800元。为取得该合同，甲公司支付聘请外部律师费15 000元，为投标发生差旅费10 000元，支付销售人员佣金48 000元。甲公司预计这些支出未来均能够收回，采用平均法进行摊销。会计处理如下：

（1）支付相关费用时：

借：合同取得成本	48 000	
管理费用	25 000	
贷：银行存款		73 000

（2）每月确认服务收入、摊销销售佣金时：

服务收入 = 3 052 800 ÷（1 + 6%）÷ 12 = 240 000（元）

销售佣金摊销额 = 48 000 ÷ 5 ÷ 12 = 800（元）

借：应收账款	254 400	
贷：主营业务收入		240 000
应交税费——应交增值税（销项税额）		14 400
借：销售费用	800	
贷：合同取得成本		800

2.合同履约成本

企业为履行合同发生的成本，不属于存货、固定资产、无形资产等会计准则规范范围且同时满足下列条件的，应当作为合同履约成本确认为一项资产：

（1）该成本与一份当前或预期取得的合同直接相关，包括直接人工、直接材料、制造费用（或类似费用）、明确由客户承担的成本以及仅因该合同而发生的其他成本；（2）该成本增加了企业未来用于履行履约义务的资源；（3）该成本预期能够收回。

企业应当在下列支出发生时，将其计入当期损益：（1）管理费用，除非这些费用明确由客户承担；（2）非正常消耗的直接材料、直接人工和制造费用（或类似费用），这些支出为履行合同发生，但未反映在合同价格中；（3）与履约义务中已履行部分相关的支出；（4）无法在尚未履行的与已履行的履约义务之间区分的相关支出。

确认为合同履约成本的，初始确认时摊销期限不超过一年或一个正常营业周期的，在资产负债表中列示为存货；否则，列示为其他非流动资产项目。合同履约成本应当采用与该资产相关的商品收入确认相同的基础（即在履约义务履行的时点或按照履约义务的履约进度）进行摊销，计入当期损益。

【工作实例14-22】A公司与B公司签订劳务合同，期限6个月。有关资料如下：

（1）合同中的劳务收入总金额为500 000元，企业按照投入法（即实际发生的成本占总成本的百分比）确认劳务完工进度。

（2）2022年8月，预收款项300 000元，存入银行。

（3）2022年12月，实际发生了各种费用100 000元，其中包含工资费用80 000元，其他费用20 000元。

（4）预计在2023年还会发生各种费用300 000元。

（5）应税劳务的增值税税率为6%。

A公司会计处理如下：

劳务合同的完工百分比 = 100 000 ÷（100 000 + 300 000）× 100% = 25%

2022年确认的劳务收入 = 500 000 × 25% = 125 000（元）

（1）收到预收款时：

借：银行存款　300 000

　贷：合同负债　300 000

（2）发生劳务成本时：

借：合同履约成本　100 000

　贷：应付职工薪酬　80 000

　　银行存款　20 000

（3）2022年确认劳务收入并结转劳务成本时：

借：合同负债　125 000

　贷：主营业务收入　117 924.53

　　应交税费——应交增值税（销项税额）　7 075.47

借：主营业务成本　100 000

　贷：合同履约成本　100 000

五、特定交易收入的核算

特定交易是指企业在向客户转让商品交易活动中附有特定约束条件的交易活动，如附有销售退回条款、附有质量保证条款、附有客户额外购买选择权、售后回购、客户未行使的权利、无须退回的初始费、授予客户知识产权许可等。

（一）附有销售退回条款的销售

企业将商品控制权转让给客户之后，可能会因为各种原因允许客户依照有关合同、法律要求、声明或承诺、以往的习惯做法等选择退货，此销售为附有销售退回条款的销售。

对附有销售退回条款的销售，企业应当在客户取得相关商品控制权时，按销售商品的全部价税款，借记“应收账款”“银行存款”等科目，按照因向客户转让商品而预期有权收取的对价金额（不包含预期因销售退回将退还的金额）确认收入，贷记“主营业务收入”科目，按照预期因销售退回将退还的金额确认负债，贷记“预计负债”科目。

同时，按照预期将退回商品转让时的账面价值，扣除收回该商品预计发生的成本（包括退回商品的价值减损）后的余额，确认为一项资产，借记“应收退货成本”科目，按照所转让商品转让时的账面价值，扣除上述资产成本的净额结转成本，借记“主营业务成本”科目，按照转让商品的账面价值，贷记“库存商品”科目。

每一资产负债表日，企业都应当重新估计未来销售退回情况，如有变化，作为会计估计变更进行会计处理。

【工作实例14-23】大海公司为增值税一般纳税人，2023年9月1日销售给大河公司B商品1 000件，单位售价50元，单位成本40元，开出的增值税专用发票注明的销售价款为

50 000元，增值税税额为6 500元。商品已交付，大河公司已取得B商品控制权。合同规定，大河公司在9月10日前付款，在商品交付后3个月内商品如出现质量问题大河公司有权退货。大海公司根据以往的经验，估计大河公司的退货率为10%。大河公司在9月10日支付了全部价税款。9月30日大海公司重新评估大河公司的退货率为8%。在实际发生退货时，税务机关开具红字增值税发票。大海公司会计处理如下：

（1）2023年9月1日发出商品，大河公司取得商品控制权，大海公司确认收入：

可能退货的数量 = 1 000 × 10% = 100（件）

确认的主营业务收入 =（1 000 − 100）× 50 = 45 000（元）

确认的预计负债 = 100 × 50 = 5 000（元）

确认结转的主营业务成本 =（1 000 − 100）× 40 = 36 000（元）

确认的应收退货成本 = 100 × 40 = 4 000（元）

借：应收账款——大河公司　　56 500
　　贷：主营业务收入　　45 000
　　　　预计负债——应付退货款　　5 000
　　　　应交税费——应交增值税（销项税额）　　6 500

借：主营业务成本　　36 000
　　应收退货成本——B商品　　4 000
　　贷：库存商品——B商品　　40 000

（2）9月10日收到商品价税款：

借：银行存款　　56 500
　　贷：应收账款——大河公司　　56 500

（3）9月30日重新评估大河公司的退货率：

因退货率降低调增主营业务收入 = 1 000 ×（10% − 8%）× 50 = 1 000（元）

因退货率降低调增主营业务成本 = 1 000 ×（10% − 8%）× 40 = 800（元）

借：预计负债——应付退货款　　1 000
　　贷：主营业务收入　　1 000

借：主营业务成本　　800
　　贷：应收退货成本——B商品　　800

（4）假定10月10日大河公司实际退货80件（与评估的退货率一致）：

贷：预计负债——应付退货款　　4 000
　　应交税费——应交增值税（销项税额）　　520
　　贷：银行存款　　4 520

借：库存商品——B商品　　3 200
　　贷：应收退货成本　　3 200

（5）假定实际退货70件（低于评估的退货率）：

贷：预计负债——应付退货款　　4 000
　　应交税费——应交增值税（销项税额）　　455
　　贷：主营业务收入　　500
　　　　银行存款　　3 955

借：库存商品——B商品 2 800

  主营业务成本 400

  贷：应收退货成本 3 200

【学中做14-2】假定实际退货90件商品，请你编制收到退货及支付价款的会计分录。

（二）附有质量保证条款的销售

企业将商品控制权转让给客户之后，根据合同、法律规定或企业以往的习惯做法等，可能会为所销售的商品提供质量保证，此销售为附有质量保证条款的销售。

对于附有质量保证条款的销售，企业应当评估该质量保证是否在向客户保证所销售商品符合既定标准之外提供了一项单独的服务。

（1）保证向客户销售商品符合既定标准的质量保证条款。该部分条款通常被称为保证性质保，如企业向客户提供的产品“三包”服务等。此类质量保证责任应当按照《企业会计准则第13号——或有事项》的规定进行会计处理。

（2）在向客户保证所销售商品符合既定标准之外提供了一项单独的服务（额外服务）的质量保证条款。该部分条款通常被称为服务性质保，如企业向客户提供的延保服务等。此类质量保证责任应当作为单项履约义务进行会计处理。

在评估质量保证是否在向客户保证所销售商品符合既定标准之外提供了一项单独的服务时，企业应当考虑该质量保证是否为法定要求、质量保证期限以及企业承诺履行任务的性质等因素。

对于附有单项履约义务质保条款的销售，企业应当在客户取得相关商品控制权时，按销售商品的全部价税款和质保款，借记“银行存款”等科目，按销售商品的价款，贷记“主营业务收入”科目，按收取的质保款，贷记“合同负债”科目，按应交的增值税税款，贷记“应交税费”科目。同时，按照销售商品成本，借记“主营业务成本”科目，贷记“库存商品”等科目；企业发生的该质保收费属于时段确认收入的，应当在质保期限内按照质保履约进度分期确认收入。对于法定质保预计发生的相关费用，借记“销售费用”科目，贷记“预计负债”科目。

【工作实例14-24】甲公司为增值税一般纳税人，2023年10月10日将生产设备一批销售给A公司，合同约定价款共计520万元。合同另约定甲公司提供1年的法定免费质保服务和2年的延保服务。该批生产设备和延保服务的单独标价分别为500万元、20万元。甲公司根据以往经验估计法定质保服务的费用为8万元。该批生产设备的成本为360万元。合同签订当日双方完成生产设备交付，A公司取得生产设备的控制权，甲公司收到全部价税款586.20万元（生产设备价款500万元、增值税税款65万元；延保收费20万元，增值税税款1.20万元）。甲公司会计处理如下：

（1）收到销售商品和延保服务价税款时：

借：银行存款 5 862 000

  贷：主营业务收入 5 000 000

    合同负债——应付延保款 200 000

    应交税费——应交增值税（销项税额） 662 000

借：主营业务成本 3 600 000

  贷：库存商品——生产设备 3 600 000

（2）预估第1年法定质保费用时：

借：销售费用　　80 000

　　贷：预计负债　　80 000

（3）假定第1年发生法定质保费用90 000元：

借：预计负债　　80 000

　　销售费用　　10 000

　　贷：银行存款　　90 000

（4）延保第1年确认收入（假定按直线法分摊），并发生延保费用支出85 000元：

借：合同负债——应付延保费　　100 000

　　贷：主营业务收入　　100 000

借：主营业务成本　　85 000

　　贷：银行存款　　85 000

（三）附有客户额外购买选择权的销售

企业在销售商品的同时，有时会向客户授予选择权，允许客户据此免费或者以折扣价格购买额外的商品，此种情况称为附有客户额外购买选择权的销售。企业向客户授予的额外购买选择权通常包括销售激励、未来购买商品的折扣券、合同续约选择权、奖励积分等。

对于附有客户额外购买选择权的销售，企业应当评估该选择权是否向客户提供了一项重大权利。企业提供了一项重大权利，应当将其与所购买的商品单独区分，作为单项履约义务，企业按照各单项履约义务的单独售价的相对比例将交易价格分摊至单项履约义务，并确认为一项负债。企业应当在客户未来行使购买选择权取得相关商品控制权时，或者该选择权失效时，确认相应的收入。

附有客户额外购买选择权条款的销售，企业应当按销售商品的全部价税款，借记“银行存款”等科目，按销售商品分摊的价款，贷记“主营业务收入”科目，按客户额外购买选择权分摊的价款，贷记“合同负债”科目，按应交的增值税税款，贷记“应交税费”科目。以后期间客户额外购买选择权兑现确认收入时，借记“合同负债”科目，贷记“主营业务收入”科目。

【工作实例14-25】某综合商场为增值税一般纳税人，2023年1月1日开展奖励积分店庆酬宾活动。规定在活动期间，客户每在商场内消费10元可兑换1个积分，每个积分可在未来购买该商场商品时按1元的价值兑现，积分有效期3年。

活动期间共销售商品500 000元，客户应得奖励积分50 000个，公司预计积分兑现率为99%，基于兑换的可能性估计每个积分的单独售价为1元；2023年12月31日累计有22 000个积分被兑换，积分兑现率预计变为95%；第二年12月31日累计有48 000个积分被兑换，积分兑现率预计变为98%；第三年12月31日剩余未兑换的积分全部失效（假定不考虑税费因素）。上述金额均不含增值税。

分析：商场授予客户的积分提供了一项实质性权利，应作为单项履约义务，客户购买商品的单独售价为500 000元，考虑积分的兑现率，估计积分的单独售价为49 500元（1×50 000×99%）。相关会计分录如下：

（1）2023年1月1日开展酬宾活动，在此期间，按照商品和积分单独售价比例对交易价格进行分摊：

分摊给商品的交易价格 = 500 000 × 500 000 ÷（500 000 + 49 500）= 454 959（元）

分摊给积分的交易价格 = 500 000 × 49 500 ÷（500 000 + 49 500）= 45 041（元）

借：银行存款　　500 000

　贷：主营业务收入　　454 959

　　　合同负债　　45 041

（2）2023年12月31日确认积分收入：

预计客户总共兑换的积分为47 500个（50 000 × 95%）。

积分应确认的收入 = 45 041 × 22 000 ÷ 47 500 = 20 861（元）

未兑换的积分仍作为合同负债：

借：合同负债　　20 861

　贷：主营业务收入　　20 861

（3）第二年12月31日确认积分收入：

预计客户总共兑换的积分为49 000个（50 000 × 98%）。

积分应确认的收入 = 45 041 × 48 000 ÷ 49 000 − 20 861 = 23 261（元）

未兑换的积分仍作为合同负债：

借：合同负债　　23 261

　贷：主营业务收入　　23 261

（4）第三年12月31日确认积分收入：

因未兑换的积分全部失效，当年兑换部分和未兑换部分全部确认为收入。

积分应确认的收入 = 45 041 − 20 861 − 23 261 = 919（元）

借：合同负债　　919

　贷：主营业务收入　　919

（四）售后回购

售后回购是指企业销售商品的同时承诺或有权选择日后再将该商品购回的销售方式。企业应当区分两种不同情形分别对售后回购交易进行会计处理。

1.企业因存在与客户的远期安排而负有回购义务或享有回购权利

该类售后回购表明客户在销售时点并未取得相关商品控制权，可进一步细分为租赁交易或融资交易：一是回购价格低于原售价的，应当视为租赁交易进行会计处理；二是回购价格不低于原售价的，应当视为融资交易，在收到客户款项时确认金融负债，并将该款项和回购价格的差额在回购期间内确认为利息费用等，企业到期未行使回购权利的，应当在该回购权利到期时终止确认金融负债，同时确认收入。

2.企业应客户要求负有回购商品的义务

该类售后回购应当在合同开始日评估客户是否具有行使该要求权的重大经济动因。客户具有行使该要求权重大经济动因的，企业应当将售后回购作为租赁交易或融资交易，按照上述第1条进行会计处理；客户没有行使该要求权重大经济动因的，企业应当将其作为附有销售退回条款的销售交易进行会计处理。

企业发生售后回购业务时，按实际收取的售后回购商品销售价税款，借记“银行存款”科目，按收取的售后回购商品销售价款，贷记“其他应付款”科目，按应缴纳的增值税税款，贷记“应交税费”科目；回购期内分摊回购商品价款与原售价款的差额时，借记

“财务费用”科目，贷记“其他应付款”科目；实际回购商品时，按支付的回购商品价款，借记“其他应付款”科目，按支付的增值税税款，借记“应交税费”科目，按支付的全部回购商品价税款，贷记“银行存款”科目。

【工作实例 14-26】乙公司2023年3月1日向D企业销售商品一批，增值税专用发票标明的销售价款为300万元，增值税为39万元，该批商品的成本为200万元。商品并未发出，款项已经收到。根据双方协议，乙公司于8月31日（售后6个月）将所售商品以312万元（不含增值税款）的价格购回。

分析：D企业没有取得商品控制权，回购价不低于原售价，属于融资交易。

乙公司作相关会计分录如下：

（1）2023年3月1日销售商品并开出增值税专用发票时：

借：银行存款	3 390 000	
贷：其他应付款——售后回购（D企业）		3 000 000
应交税费——应交增值税（销项税额）		390 000

（2）回购期内分摊回购商品价款与原售价差额时（采用直线法）：

每月应分摊的金额 =（3 120 000 − 3 000 000）÷ 6 = 20 000（元）

借：财务费用	20 000	
贷：其他应付款——售后回购（D企业）		20 000

（五）客户未行使的权利

客户未行使的权利是指企业向客户预收销售商品的款项后，客户有权要求企业履行转让商品义务的权利。

企业向客户预收销售商品款项的，应当首先将该款项确认为负债，按照实际预收的全部款项，借记“银行存款”科目，按照其中预收的商品价款，贷记“合同负债”科目，按照应交的增值税税款，贷记“应交税费”科目，待履行了相关履约义务时再转为收入，按照履约转让商品的价款，借记“合同负债”科目，贷记“主营业务收入”科目。

当企业预收款项无须退回，且客户可能放弃其全部或部分合同权利时，企业预期将有权获得与客户所放弃的合同权利相关金额的，应当按照客户行使合同权利的模式按比例将上述金额确认为收入；否则，企业只有在客户要求其履行剩余履约义务的可能性极低时，才能将上述负债的相关余额转为收入。

【工作实例 14-27】庄园酒店主要经营连锁酒店业务，2023年共向客户销售了2 000张储值卡，每张面值5 000元，总额1 000万元。客户可在公司的任何一家酒店使用储值卡消费。根据历史资料估计，约有10%的储值卡不会被消费。截至2023年12月31日，客户使用储值卡消费的金额为600万元。假定企业在实际收到款项时发生增值税纳税义务，增值税税率为6%。会计处理如下：

（1）销售储值卡时：

不含税销售金额 = 10 000 000 ÷（1 + 6%）= 9 433 962.26（元）

应缴纳的增值税税额 = 10 000 000 − 9 433 962.26 = 566 037.74（元）

借：银行存款	10 000 000	
贷：合同负债		9 433 962.26
应交税费——应交增值税（销项税额）		566 037.74

（2）储值卡消费时：

预计不消费的储值卡金额 = 10 000 000 × 10% = 1 000 000（元）

预计实际消费的储值卡金额 = 10 000 000 − 1 000 000 = 9 000 000（元）

确认收入 = ［6 000 000 + 1 000 000 ×（6 000 000 ÷ 9 000 000）］÷ 1.06 = 6 289 308.18（元）

借：合同负债　　6 289 308.18

　　贷：主营业务收入　　6 289 308.18

（六）无须退回的初始费

企业在合同开始（或接近合同开始）日向客户收取的无须退回的初始费通常包括入会费、接驳费、初装费等。企业收取该初始费时，应当评估该其是否与向客户转让已承诺的商品相关。

（1）该初始费与向客户转让已承诺的商品相关，且该商品构成单项履约义务的，企业应当在转让该商品时，按照分摊至该商品的交易价格确认收入。该初始费与向客户转让已承诺的商品相关，但该商品不构成单项履约义务的，企业应当在包含该商品的单项履约义务履行时，按照分摊至该单项履约义务的交易价格确认收入。

（2）该初始费与向客户转让已承诺的商品不相关的，应当作为未来将转让商品的预收款，在未来转让该商品时确认为收入。

企业收取了无须退回的初始费且为履行合同应开展的初始活动，但这些活动本身并没有向客户转让已承诺商品的（如企业为履行会员健身合同开展的准备工作），该初始费与未来将转让的已承诺商品相关，应当在未来转让该商品时确认为收入，企业在确定履约进度时不应考虑这些初始活动；企业为该初始活动发生的支出应当确认为一项资产或计入当期损益。

【工作实例14-28】某公司为一家会员制健身会所，2023年1月与100名客户分别签订了为期3年的健身合同，客户每人需一次性支付3年年费3 000元，另向每人额外收取50元的会员费，作为定制客户健身卡工本费及注册登记等初始活动的补偿。合同约定客户自签订合同日起有权在该会所开展健身活动，无论客户未来期间是否来会所开展健身活动，收取的年费和会员费均不退还。假定公司在实际收到款项时发生增值税纳税义务，增值税税率为6%。根据以往经验估计，会员办卡第一年来会所消费的次数占总消费次数的50%，第二年和第三年各为30%和20%。

分析：公司承诺向客户提供健身服务，收取的初始年费与提供健身服务相关，应当在提供健身服务时，按照分摊至健身服务的交易价格确认收入；收取的初始会员费为初始活动收费，没有向客户转让已承诺的商品，但与未来将提供的已承诺健身服务相关，应当在未来提供健身服务时与收取的年费同时分摊，确认为收入。会计处理如下：

收取的会员年费总额 = 3 000 × 100 = 300 000（元）

收取的会员费总额 = 50 × 100 = 5 000（元）

应缴纳的增值税税额 = ［（300 000 ÷ 1.06）+（5 000 ÷ 1.06）］× 6% = 17 264.15（元）

借：银行存款　　305 000

　　贷：合同负债——会员年费　　283 018.87

　　　　　　　　——会员费　　4 716.98

　　贷：应交税费——应交增值税（销项税额）　　17 264.15

2023年提供健身服务确认收入（简化为按年一次计算）：

会员年费确认收入金额 = 283 018.87 × 50% = 141 509.44（元）

会员费确认收入金额 = 4 716.98 × 50% = 2 358.49（元）

借：合同负债——会员年费　　141 509.44

　　　　　　——会员费　　2 358.49

　贷：主营业务收入　　143 867.93

任务二　费用的核算

一、费用的概念及内容

微课

费用概述

费用是指企业在日常活动中发生的、会导致所有者权益减少的、与向所有者分配利润无关的经济利益的总流出。企业的费用包括营业成本、税金及附加和期间费用等。营业成本包括主营业务成本、其他业务成本；期间费用包括销售费用、管理费用和财务费用。

（一）主营业务成本

主营业务成本是指企业确认销售商品、提供劳务等主营业务收入时应结转的成本。企业一般在确认销售商品、提供劳务等主营业务收入时，或在月末将已销售商品、已提供劳务的成本结转入主营业务成本。

（二）其他业务成本

其他业务成本是指企业确认的除主营业务活动以外的其他经营活动所发生的成本，包括销售材料的成本、出租固定资产的折旧额、出租无形资产的摊销额、出租包装物的成本或摊销额等。

（三）税金及附加

微课

税金及附加

税金及附加是指企业经营活动应负担的相关税费，包括消费税、城市维护建设税、教育费附加、资源税、房产税、印花税、车船税、城镇土地使用税等。

（四）销售费用

销售费用是指企业在销售商品和材料、提供劳务过程中发生的各项费用，包括保险费、包装费、展览费和广告费、商品维修费、预计产品质量保证损失、运输费、装卸费等，以及为销售本企业商品而专设的销售机构（含销售网点、售后服务网点等）的职工薪酬、业务费、折旧费等经营费用。企业发生的与专设销售机构相关的固定资产修理费用等后续支出，应在发生时计入销售费用。

（五）管理费用

管理费用是指企业为组织和管理生产经营活动而发生的各种管理费用，包括企业在筹建期间发生的开办费、董事会和行政管理部门在企业的经营管理中发生的或者应由企业统一负担的公司经费，还包括行政管理部门职工薪酬、物料消耗、低值易耗品摊销、办公费和差旅费、工会经费、董事会费（包括董事会成员津贴、会议费和差旅费等）、聘请中介机构费、咨询费（含顾问费）、诉讼费、业务招待费、技术转让费、研究费用等。企业生产车间（部门）和行政管理部门等发生的固定资产修理费用等后续支出，应在发生时计入管理费用。

管理费用不多的商品流通企业，可不设本科目，相关核算内容可并入“销售费用”科目核算。

（六）财务费用

财务费用是指企业为筹集生产经营所需资金等而发生的费用，包括利息支出、利息收入、汇兑差额以及相关的手续费、企业发生或收到的现金折扣等。

二、费用的会计处理

（一）营业成本

1. 主营业务成本

企业应设置“主营业务成本”科目核算企业因销售商品、提供劳务等日常活动而发生的实际成本。企业结转已销售商品或提供劳务成本时，借记“主营业务成本”科目，贷记“库存商品”“发出商品”“合同履约成本”等科目。期末，转入“本年利润”时，借记“本年利润”科目，贷记“主营业务成本”科目。

微课 营业成本

【工作实例 14-29】昌盛公司销售一批商品，开具的增值税专用发票上注明的价款为45 000元，增值税为5 850元，价税款已经存入银行。该商品的生产成本为30 000元。编制会计分录如下：

（1）销售时：

借：银行存款	50 850	
贷：主营业务收入		45 000
应交税费——应交增值税（销项税额）		5 850
借：主营业务成本	30 000	
贷：库存商品		30 000

（2）期末，将主营业务成本结转到本年利润时：

借：本年利润	30 000	
贷：主营业务成本		30 000

2. 其他业务成本

企业应设置“其他业务成本”科目核算企业确认的除主营业务活动以外的其他日常经营活动所发生的支出。企业发生其他业务成本时，借记“其他业务成本”科目，贷记“原材料”“累计折旧”“累计摊销”“周转材料”等科目。期末，转入“本年利润”时，借记“本年利润”科目，贷记“其他业务成本”科目。

【工作实例 14-30】昌盛公司将自行开发的非专有技术出租给一家公司使用，本月应确认收入24 000元，增值税1 440元，价税款尚未收到。本月应摊销的成本为15 000元。编制会计分录如下：

（1）确认租金收入时：

借：应收账款	25 440	

贷：其他业务收入 24 000

应交税费——应交增值税（销项税额） 1 440

借：其他业务成本 15 000

贷：累计摊销 15 000

（2）期末，将其他业务成本结转到本年利润时：

借：本年利润 15 000

贷：其他业务成本 15 000

（二）税金及附加

税金及附加是指企业经营活动应负担的相关税费，包括消费税、城市维护建设税、教育费附加、资源税、环境保护税、土地增值税、房产税、城镇土地使用税、车船税、印花税等。

企业应设置“税金及附加”科目核算企业因经营活动而负担的相关税费。企业按规定计算确定的相关税费，借记“税金及附加”科目，贷记“应交税费”科目。期末，转入“本年利润”时，借记“本年利润”科目，贷记“税金及附加”科目。

【工作实例 14-31】昌盛公司（注册地在市区）当月实际缴纳的增值税为454 000元，消费税为782 000元。编制关于城建税及教育费附加的会计分录如下：

（1）计算确认城建税及教育费附加时：

借：税金及附加 123 600

贷：应交税费——应交城市维护建设税 86 520

——应交教育费附加 37 080

（2）期末，将税金及附加结转到本年利润时：

借：本年利润 123 600

贷：税金及附加 123 600

（三）期间费用

微课

期间费用

1. 销售费用

销售费用是指企业在销售过程中发生的相关费用。为核算销售费用，企业要设置“销售费用”科目，该科目借方登记企业实际发生的销售费用，贷方登记期末结转到本年利润中的销售费用，期末结转后应无余额。企业可按费用项目进行明细核算。

【工作实例 14-32】茂源公司属于增值税一般纳税人，本月发生销售费用如下：

（1）以银行存款支付销售过程中的运费，增值税专用发票上注明的价款为1 000元，增值税税率为9%；物流辅助服务增值税专用发票上注明的价款为600元，增值税税率为6%。

（2）本月应付专设销售机构经费23 300元，其中专设销售机构人员工资22 800元，以现金支付专设销售机构办公费用500元。

（3）与电视台签订合同，以银行存款支付广告宣传费200 000元（含税价，增值税税率为6%）。

会计处理如下：

（1）以银行存款支付销售过程中的运费和物流辅助费用时：

借：销售费用 1 600

应交税费——应交增值税（进项税额） 126

贷：银行存款　1 726

（2）确认本月应付专设销售机构经费时：

借：销售费用　23 300

贷：应付职工薪酬　22 800

库存现金　500

（3）以银行存款支付广告费时：

借：销售费用　188 679.25

应交税费——应交增值税（进项税额）　11 320.75

贷：银行存款　200 000

2. 管理费用

管理费用是指企业为组织和管理生产经营活动而发生的各种管理费用，包括企业在筹建期间发生的开办费、董事会和行政管理部门在企业的经营管理中发生的或者应由企业统一负担的公司经费。企业应通过“管理费用”科目核算管理费用的发生和结转情况。该科目借方登记企业实际发生的管理费用，贷方登记期末结转到本年利润中的管理费用，期末结转后应无余额。企业可按费用项目进行明细核算。

【工作实例14-33】茂源公司属于增值税一般纳税人，本年发生管理费用如下：

（1）在筹建期间发生费用38 000元，其中人员工资10 000元，办公费、培训费、差旅费、印刷费、注册登记费等共计28 000元，均用银行存款支付。

（2）购买办公用品500元，增值税65元。价款以现金支付。

（3）办公室李主任实际报销差旅费4 600元（其中住宿费开具的增值税发票上注明的增值税为72元），退回现金400元。

（4）以银行存款支付本月发生的修理费，增值税专用发票上注明的价款为6 000元，税款为780元。

会计处理如下：

（1）支付筹建期间相关费用时：

借：管理费用　38 000

贷：应付职工薪酬　10 000

银行存款　28 000

【小思考14-4】企业在筹建期间发生的各项费用均记入“管理费用”科目进行核算吗？

（2）购买办公用品时：

借：管理费用　500

应交税费——应交增值税（进项税额）　65

贷：库存现金　565

（3）办公室李主任实际报销差旅费时：

借：管理费用　4 528

应交税费——应交增值税（进项税额）　72

库存现金　400

贷：其他应收款　5 000

(4) 以银行存款支付本月发生的修理费时：

借：管理费用　　6 000

　　应交税费——应交增值税（进项税额）　　780

　　贷：银行存款　　6 780

3. 财务费用

财务费用是指企业为筹集生产经营所需资金等而发生的费用，包括利息支出（减利息收入）、汇兑损失（减汇兑收益）、现金折扣以及相关的手续费等。企业在核算财务费用时应设置“财务费用”科目，该科目借方登记企业实际发生的财务费用，贷方登记期末结转到本年利润中的财务费用，期末结转后无余额。

【工作实例14-34】茂源公司属于增值税一般纳税人，本月发生财务费用如下：

(1) 本月收到银行结算的存款利息500元。

(2) 向银行申请银行承兑汇票，发生手续费106元（含税）。

(3) 计提本月的短期借款利息8 300元。

会计处理如下：

(1) 本月收到银行存款利息时：

借：银行存款　　500

　　贷：财务费用　　500

(2) 支付手续费时：

借：财务费用　　100

　　应交税费——应交增值税（进项税额）　　6

　　贷：银行存款　　106

(3) 计提本月的短期借款利息时：

借：财务费用　　8 300

　　贷：应付利息　　8 300

【小思考14-5】在现行增值税法下，为什么企业发生借款利息费用不计算增值税？

任务三　利润的核算

一、利润的构成

微课

利润概述

利润是指企业在一定会计期间的经营成果。利润包括收入减去费用后的净额、直接计入当期利润的利得和损失等。直接计入当期利润的利得和损失是指应当计入当期损益、最终会导致所有者权益增减变动的、与所有者投入资本或者向所有者分配利润无关的利得或损失。正是因为利润的这些构成，所以企业在确认利润的金额时要充分考虑到收入、费用、利得和损失金额的计量，这样才能全面反映企业的经营业绩。

利润的来源构成如下。

（一）营业利润

营业利润 = 营业收入 − 营业成本 − 税金及附加 − 销售费用 − 管理费用 − 研发费用 − 财务费用 + 其他收益 ± 投资损益 ± 公允价值变动损益 −信用减值损失 − 资产减值损失 ± 资产处置损益

其中：

营业收入是指企业经营业务所确认的收入总额，包括主营业务收入和其他业务收入。

营业成本是指企业经营业务所发生的实际成本总额，包括主营业务成本和其他业务成本。

研发费用是指企业研究与开发过程中发生的费用化支出，以及计入管理费用的自行开发无形资产的摊销。

其他收益是指与企业日常活动相关、除冲减相关成本费用以外的政府补助。

投资收益（或损失）是指企业以各种方式对外投资所取得的收益或发生的损失。

公允价值变动收益（或损失）是指企业交易性金融资产等公允价值变动形成的应计入当期损益的利得或损失。

信用减值损失是指企业计提金融资产减值准备所形成的损失。

资产减值损失是指企业计提除金融资产以外的资产减值准备所形成的损失。

资产处置收益或损失是指反映企业出售划分为持有待售的非流动资产或处置组时确认的处置利得或损失，以及处置未划分为持有待售的固定资产、在建工程、生产性生物资产及无形资产而产生的处置利得或损失，还包括债务重组中因处置非流动资产产生的利得或损失和非货币性资产交换中换出非流动资产产生的利得或损失。

（二）利润总额

利润总额 = 营业利润 + 营业外收入 − 营业外支出

其中：

营业外收入是指企业发生的与其日常活动无直接关系的各项利得。

营业外支出是指企业发生的与其日常活动无直接关系的各项损失。

（三）净利润

净利润 = 利润总额 − 所得税费用

其中：所得税费用是指企业确认的应从当期利润总额中扣除的所得税费用。

二、营业外收入和营业外支出的核算

（一）营业外收入

微课

营业外收支

营业外收入是指企业发生的与其日常活动无直接关系的各项利得，主要包括非流动资产毁损报废收益、与其日常活动无关的政府补助、盘盈利得、捐赠利得、债务重组利得、确实无法支付而按规定程序经批准后转作营业外收入的应付款项等。

其中：

非流动资产毁损报废收益是指因自然灾害等发生毁损、已丧失使用功能而报废的非流动资产所产生的清理收益。

与其日常活动无关的政府补助是指企业从政府无偿取得的与企业日常活动无关的货币性资产或非货币性资产。

盘盈利得主要是指对现金等资产清查盘点时发生盘盈，报经批准后计入营业外收入的金额。

捐赠利得是指企业接受捐赠产生的利得。

债务重组利得是指企业按照债务重组准则的规定应计入营业外收入的债务重组收益。

企业应通过“营业外收入”科目核算营业外收入的取得及结转情况。该科目贷方登记确认的各项营业外收入，借方登记期末结转到本年利润中的数额，期末结转后无余额。该科目应按营业外收入的项目进行明细核算。

【工作实例14-35】某公司接受外单位捐赠80 000元，存入银行。会计处理如下：

借：银行存款　　80 000

　　贷：营业外收入　　80 000

【工作实例14-36】某公司应付A客户4 000元确实无法支付，经批准后转作营业外收入。会计处理如下：

借：应付账款　　4 000

　　贷：营业外收入　　4 000

【工作实例14-37】某公司收到国家返还的增值税税额90 000元，存入银行。

借：银行存款　　90 000

　　贷：营业外收入　　90 000

（二）营业外支出

营业外支出是指企业发生的与其日常活动无直接关系的各项损失，主要包括非流动资产毁损报废损失、公益性捐赠支出、非常损失、罚款支出等。

其中：

非流动资产毁损报废损失是指企业因自然灾害等发生毁损、已丧失使用功能而报废的非流动资产所产生的清理损失。

公益性捐赠支出是指企业对外进行公益性捐赠发生的支出。

盘亏损失主要是指对于财产清查盘点中盘亏的资产，在查明原因处理时，按确定的损失计入营业外支出的金额。

非常损失是指企业对于客观因素（如自然灾害）造成的损失，扣除保险公司赔偿后应计入营业外支出的净损失。

罚款支出是指企业支付的行政罚款、税务罚款，以及其他违反法律法规、合同协议等而支付的罚款、违约金、赔偿金等。

企业应通过“营业外支出”科目核算营业外支出的发生及结转情况。该科目借方登记确认的各项营业外支出，贷方登记期末结转到本年利润中的数额，期末结转后无余额。该科目应按营业外支出的项目进行明细核算。

【工作实例14-38】某企业以银行存款支付违法经营罚款14 000元。会计处理如下：

借：营业外支出　　14 000

　　贷：银行存款　　14 000

【工作实例14-39】某公司对外捐赠280 000元，以银行存款支付。会计处理如下：

借：营业外支出　　280 000
　贷：银行存款　　280 000

【小思考14-6】企业发生的营业外收入和营业外支出是否存在因果关系？

三、政府补助的核算

（一）政府补助的概念及主要形式

政府补助是指企业从政府无偿取得的货币性资产或非货币性资产，但不包括政府作为企业所有者投入的资本。政府补助通常具有无偿性和附有条件性。政府补助的形式主要包括财政拨款、财政贴息、税收返还等，但不包括税收直接减征、免征、抵扣税额等。

（1）财政拨款，是指政府无偿拨付给企业的资金，通常在拨款时明确规定了资金用途。

（2）财政贴息，是指政府为支持特定领域或区域发展，根据国家宏观经济形势和政策目标，对承贷企业的银行贷款利息给予的补贴。

（3）税收返还，是指政府按照国家有关规定采取先征后返（退）、即征即退等办法向企业返还的税款。政府补助分为与资产相关的政府补助和与收益相关的政府补助。增值税出口退税不属于政府补助。

（4）无偿划拨非货币性资产，比如，行政划拨土地使用权等。

与资产相关的政府补助是企业取得的、用于购建或以其他方式形成长期资产的政府补助。确认与资产相关的政府补助，借记“银行存款”等科目，贷记“递延收益”科目，分配递延收益时，借记“递延收益”科目，贷记“营业外收入”科目。与收益相关的政府补助是指除与资产相关的政府补助之外的政府补助。企业确认与收益相关的政府补助，借记“银行存款”等科目，贷记“营业外收入”科目，或通过“递延收益”科目分期计入当期损益。

【知识链接】

政府补助的会计处理方法

政府补助的会计处理方法有总额法和净额法两种。总额法是在确认政府补助时将其全额确认为收益，而不是作为相关资产账面价值或者费用的扣减。净额法是将政府补助确认为对相关资产账面价值或者所补偿费用的扣减。企业应当根据经济业务的实质，判断某一类政府补助业务应当采用总额法还是净额法。企业选择了上述两种方法之一后，应当一致地运用，不得随意变更。

与企业日常活动相关的政府补助，应当按照经济业务实质，计入其他收益或冲减相关成本费用。与企业日常活动无关的政府补助，应当计入营业外收支。企业选用总额法对与日常活动相关的政府补助进行会计处理的，应增设“其他收益”科目进行核算。对于在总额法下与企业日常活动相关的政府补助，企业在实际收到时或应收时，或者将先确认为“递延收益”的政府补助分摊计入损益时，借记“银行存款”“其他应收款”“递延收益”等科目，贷记“其他收益”科目。

（二）政府补助的分类与确认

政府补助分为与资产相关的政府补助和与收益相关的政府补助。

1. 与资产相关的政府补助

与资产相关的政府补助，是指企业取得的、用于购建或以其他方式形成长期资产的政府补助。企业取得与资产相关的政府补助不能确认为当期收益，应当确认为递延收益，自相关资产达到使用状态时起，在该资产使用寿命期内根据资产价值的补偿情况分期记入“其他收益”（与企业日常活动相关的，例如对企业成本费用的补贴、超税负返还、研发费用补助、软件企业享受增值税即征即退等）或“营业外收入”（与企业日常活动无关的，例如企业受不可抗力的影响发生停工、停产损失，政府给予补助等）科目。

2. 与收益相关的政府补助

与收益相关的政府补助，是指除与资产相关的政府补助之外的政府补助。与收益相关的政府补助，如果是用来补偿未来的费用或损失的，则在取得时确认为递延收益，在确认相关费用或损失的期间内记入“其他收益”或“营业外收入”科目；如果是用来补偿当期或者是已经发生的费用或损失的，则直接记入收到当期的“其他收益”或“营业外收入”科目。

（三）政府补助的计量

政府补助为货币性资产的，应当按照收到或应收的金额计量。

政府补助为非货币性资产的，应当按照公允价值计量；公允价值不能可靠取得的，按照名义金额计量。

（四）政府补助的核算

1. 与资产相关的政府补助

企业在取得与资产相关的政府补助时，应当选择采用总额法或是净额法。两种处理方法在会计上存在一定差异，见表14-2。

表14-2 与资产相关的政府补助在总额法、净额法下的会计处理

项目	总额法	净额法
收到政府补助时	借：银行存款等科目 　　贷：递延收益	借：银行存款等科目 　　贷：递延收益
购置资产时	借：固定资产等科目 　　贷：银行存款	借：固定资产等科目 　　贷：银行存款 借：递延收益 　　贷：固定资产等科目
分期折旧或摊销时	借：制造费用等科目 　　贷：累计折旧 借：递延收益 　　贷：其他收益或营业外收入	借：制造费用等科目 　　贷：累计折旧
提前处置资产时	借：固定资产清理 　　累计折旧 　　贷：固定资产 借：递延收益 　　贷：固定资产清理	借：固定资产清理 　　累计折旧 　　贷：固定资产

2. 与收益相关的政府补助

企业在取得与收益相关的政府补助时，也应当选择采用总额法或是净额法。选择总额法的，应当计入其他收益或营业外收入。选择净额法的，应当冲减相关成本费用或营业外支出。

（1）与收益相关的政府补助用于补偿企业以后期间的相关成本费用或损失的，企业应当将其确认为递延收益，并在确认相关费用或损失的期间，计入当期损益或冲减相关成本。

【工作实例14-40】甲企业按照政府号召准备引进博士10人，每人给予补助100万元，其中政府补助40%。2023年年初，甲企业收到政府人才补助资金400万元存入银行。2023年4月，企业将这部分资金用于引进博士的住房补贴，一次性发放完毕。

假定甲企业采用总额法对此类补助进行会计处理，其账务处理如下：

收到政府补助时：

借：银行存款	4 000 000	
贷：递延收益		4 000 000

支付住房补贴时：

借：递延收益	4 000 000	
贷：其他收益		4 000 000

假定甲企业采用净额法对此类补助进行会计处理，其账务处理如下：

收到政府补助时：

借：银行存款	4 000 000	
贷：递延收益		4 000 000

支付住房补贴时：

借：递延收益	4 000 000	
贷：管理费用		4 000 000

（2）与收益相关的政府补助用于补偿企业已经发生的相关成本费用或损失，企业应当将其直接计入当期损益或冲减相关成本费用。

【工作实例14-41】乙企业是一家动漫企业，按照国家的规定，该企业的产品适用增值税即征即退政策。2023年9月份在进行纳税申报时，对归属于8月的即征即退增值税提交退税申请，经主管税务机关审核后的退税额为400万元，款尚未收到。其账务处理如下：

借：其他应收款	4 000 000	
贷：其他收益		4 000 000

【工作实例14-42】丙企业2023年8月遭受台风袭击，损失惨重，并于8月底收到政府补助资金350万元，款已经收到。其账务处理如下：

借：银行存款	3 500 000	
贷：营业外收入		3 500 000

3. 综合性项目政府补助的会计处理

对于同时包含与资产相关部分和与收益相关部分的政府补助，应当区分不同部分分别进行会计处理；难以区分的，应当整体归类为与收益相关的政府补助。

四、本年利润的会计处理

微课

本年利润

（一）结转本年利润的方法

会计期末结转本年利润的方法有表结法和账结法两种。

1. 表结法

表结法下，各损益类科目每月月末只需结计出本月发生额和月末累计余额，不结转到“本年利润”科目。只有在年末时，才将全年累计余额结转入“本年利润”科目，但每月月末要将本月月末累计余额填入利润表的“本期金额”栏，通过利润表计算反映各期的利润或亏损。在表结法下，年中损益类科目无须结转入“本年利润”科目，从而减少了转账环节和工作量，同时并不影响利润表的编制及有关损益指标的利用。

2. 账结法

账结法下，每月月末均需编制转账凭证，将在账上结计出的各损益类科目的余额结转入“本年利润”科目。结转后，“本年利润”科目的本月合计数反映当月实现的利润或发生的亏损，“本年利润”科目的本年累计数反映本年累计实现的利润或发生的亏损。账结法在各月均可通过“本年利润”科目提供当月及本年累计的利润或亏损额，但增加了转账环节和工作量。

（二）结转本年利润的会计处理

企业应设置“本年利润”科目核算企业本年度实现的净利润或发生的净亏损。会计期末，企业应将“主营业务收入”“其他业务收入”“营业外收入”“其他收益”等科目的余额分别转入“本年利润”科目的贷方，将“主营业务成本”“其他业务成本”“税金及附加”“销售费用”“管理费用”“财务费用”“信用减值损失”“资产减值损失”“营业外支出”“所得税费用”等科目的余额分别转入“本年利润”科目的借方。企业还应将“公允价值变动损益”“投资收益”“资产处置损益”科目的净收益转入“本年利润”科目的贷方；将“公允价值变动损益”“投资收益”“资产处置损益”科目的净损失转入“本年利润”科目的借方。结转后，“本年利润”科目如为贷方余额，表示当年实现的净利润；如为借方余额，表示当年发生的净亏损。

年度终了，企业还应将“本年利润”科目的本年累计余额转入“利润分配——未分配利润”科目。如本年利润为贷方余额，借记“本年利润”科目，贷记“利润分配——未分配利润”科目；如为借方余额，做相反的会计分录。结转后，“本年利润”科目应无余额。

【工作实例 14-43】A公司2023年12月31日的各损益类科目资料见表14-3。

表14-3　　A公司2023年12月31日损益类科目资料　　单位：元

科目名称	全年累计净发生额	
	借　方	贷　方
主营业务收入		2 800 000
其他业务收入		500 000
投资收益		60 000
营业外收入		70 000
资产处置损益		60 000
主营业务成本	2 000 000	

续表

科目名称	全年累计净发生额	
	借 方	贷 方
其他业务成本	200 000	
管理费用	220 000	
销售费用	80 000	
财务费用	28 000	
信用减值损失	18 000	
资产减值损失	12 000	
营业外支出	20 000	
所得税费用	550 000	
合 计	3 128 000	3 490 000

A公司2023年结转本年利润的会计分录如下：

（1）结转各损益类科目的发生额到“本年利润”科目（假定采用表结法）：

借：主营业务收入　　2 800 000
　　其他业务收入　　500 000
　　投资收益　　60 000
　　营业外收入　　70 000
　　资产处置损益　　60 000
　　贷：本年利润　　3 490 000

借：本年利润　　3 128 000
　　贷：主营业务成本　　2 000 000
　　　　其他业务成本　　200 000
　　　　管理费用　　220 000
　　　　销售费用　　80 000
　　　　财务费用　　28 000
　　　　信用减值损失　　18 000
　　　　资产减值损失　　12 000
　　　　营业外支出　　20 000
　　　　所得税费用　　550 000

（2）将“本年利润”科目的本年累计余额转入“利润分配——未分配利润”科目：

借：本年利润　　362 000
　　贷：利润分配——未分配利润　　362 000

五、利润分配的会计处理

微课
利润分配概述

（一）利润分配程序

利润分配是指企业将本年实现的净利润和以前年度积累的未分配利润，按照国家相关规定、企业章程或企业投资人的决议进行分配的过程。企业在分配的过程中可以按照以下程序进行。

1.提取法定盈余公积

法定盈余公积是从企业的净利润中按照一定的比例提取的，公司法规定企业提取的比例至少为税后利润的10%，当法定盈余公积累积到公司注册资本的50%时，可以不再提取。

2.提取任意盈余公积

企业可以根据需要提取任意盈余公积，其提取的比例可以依企业的情况而定。

3.分配给投资者利润或股利

企业提取法定盈余公积和任意盈余公积后，根据相关规定向企业的投资者分配利润。

微课

利润分配的账务处理（一）

微课

利润分配的账务处理（二）

（二）利润分配的核算

1.账户设置

为了正确、合理地核算企业的利润分配情况，企业通常应该设置“利润分配”科目，该科目应当分别设置“提取法定盈余公积”“提取任意盈余公积”“应付现金股利”“盈余公积补亏”“未分配利润”等明细科目。

年度终了，企业应将本年实现的净利润，自“本年利润”科目转入本科目，借记“本年利润”科目，贷记本科目（未分配利润），为净亏损的做相反的会计分录；同时，将“利润分配”科目所属其他明细科目的余额转入本科目的“未分配利润”明细科目。结转后，本科目除“未分配利润”明细科目外，其他明细科目应无余额。

【小思考14-7】“利润分配——未分配利润”科目的作用是什么？

2.利润分配的核算

【工作实例14-44】某企业2023年度实现税后利润500万元。按规定比例10%提取的法定盈余公积、按10%提取任意盈余公积，向投资者分配利润180万元。会计处理如下：

（1）结转净利润时：

借：本年利润	5 000 000	
贷：利润分配——未分配利润		5 000 000

（2）分配利润时：

借：利润分配——提取法定盈余公积	500 000	
——提取任意盈余公积	500 000	
——应付现金股利	1 800 000	
贷：盈余公积——法定盈余公积		500 000
——任意盈余公积		500 000
应付股利		1 800 000

（3）将已分配利润结转到“利润分配——未分配利润”科目时：

借：利润分配——未分配利润	2 800 000	
贷：利润分配——提取法定盈余公积		500 000
——提取任意盈余公积		500 000
——应付现金股利		1 800 000

项目小结

企业应当在履行了合同中的履约义务，即在客户取得相关商品控制权时确认收入。收入的确认和计量大致分为五步：第一步，识别与客户订立的合同；第二步，识别合同中的单项履约义务；第三步，确定交易价格；第四步，将交易价格分摊至各单项履约义务；第五步，履行各单项履约义务时确认收入。其中，第一步、第二步和第五步主要与收入的确认有关，第三步和第四步主要与收入的计量有关。

企业在确认收入时，应当区分属于在某一时段内履行的履约义务，还是属于在某一时点履行的履约义务。对于在某一时段内履行的履约义务，企业应当在该段时间内按照履约进度确认收入。对于在某一时点履行的履约义务，企业应当在客户取得相关商品控制权的时点确认收入。企业应当按照分摊至各单项履约义务的交易价格计量收入。在确定交易价格时，企业应当考虑可变对价、合同中存在的重大融资成分、非现金对价、应付客户对价等因素的影响。

企业的费用主要包括营业成本、税金及附加、销售费用、管理费用和财务费用等。

利润是指企业在一定会计期间的经营成果，包括收入减去费用后的净额、直接计入当期利润的利得和损失等。企业应设置“本年利润”科目核算企业本年度实现的净利润或发生的净亏损。企业应严格遵守利润分配的程序，对本年实现的利润进行分配。

复习思考题

1. 如何理解“客户取得相关商品控制权时确认收入”的条件？为什么收入应同时符合这些条件？
2. 企业确认和计量收入分为哪几个步骤进行？
3. 企业在确定交易价格时应该考虑哪些因素？
4. 什么是合同成本？它包括哪些内容？
5. 费用包括哪些内容？为什么主营业务成本和其他业务成本也属于费用？
6. 销货退回和附销售退回条款的销售在会计处理上有何不同？
7. 什么是政府补助？它包括哪些内容？
8. 企业收到的政府补助应该如何核算？
9. 营业利润包括哪些内容？
10. 利润分配的程序包括哪些步骤？

项目十五

外币业务的核算

【知识目标】

1. 熟悉货币性项目和非货币性项目的内容；
2. 熟悉外币交易的核算程序；
3. 掌握外币交易发生日的初始确认；
4. 掌握外币交易的期末计量。

【能力目标】

1. 能够正确区分货币性项目和非货币性项目；
2. 能够正确选择外币交易初始确认时的外汇汇率；
3. 能够正确组织外币交易的核算，提高货币性项目的双币核算信息。

【素养目标】

1. 充分认识外币交易业务对我国企业进出口贸易核算的重要性；
2. 通过国家外汇政策变化，及时帮助企业制订正确的对外合作方案，化解外汇风险。

引 言

汇兑损益亦称汇兑差额，是指企业在进行外币业务会计处理时，由于采用不同的汇率而产生的折算成记账本位币的差额，这种差额作为企业的利得或损失处理。对汇兑损益的会计处理有两种观点：一笔交易观和两笔交易观。

一笔交易观是把外币的购销业务和它的结算看作一笔业务，是一笔业务的两个阶段，其产生的折算差额不作为汇兑损益，而追溯到最初发生的外币业务，将差额调整到原来发生的购货成本或销售收入上，等到债权债务结清，这笔交易业务才算完成。这种方法需将折算差额调整为原来入账的相关账户，手续较复杂，工作量也较大。特别是外币购销业务发生所引起债权债务结算在不同会计期间的情况下，对原来入账的购货成本和销售收入进行追溯调整则更为复杂。同时，当汇率变动较大且交易金额较大时，将导致成本、收入及利润的确认出现较大误差，降低企业间会计信息的可比性。因此，这种方法大多数国家没有采用，只在少数业务中应用。

两笔交易观是以外币业务的实际发生为业务完成的标志，将购货与付款、销货与收款作为两笔业务处理。在会计期末和货款结算日，因汇率差异而产生的折算差额作为汇兑损益处理，计入财务费用，不作为资产或购货成本或销售收入调整项目处理。国际上大多数国家在处理外币业务时采用此种交易观，国际会计准则也认为：“由于结算货币性项目，或者按不同于在本期最初记录的或在前期财务报表中所运用的汇率报告货币性项目而产生的汇兑差额，应在其形成的当期确认为收益或费用。”我国企业会计准则也规定了企业应采用两笔业务交易观点，在汇率变动时要确认汇兑损益，而不影响交易发生时的购货成本和销售收入。这种处理方法简便，有利于操作，符合成本效益的原则。

任务一　外币业务基本知识

一、记账本位币的确定

（一）记账本位币的定义

记账本位币是指企业经营所处的主要经济环境中的货币。主要经济环境，通常是指企业主要产生和支出现金的环境，使用该环境中的货币最能反映企业主要交易业务的经济结果。例如，我国大多数企业主要产生和支出现金的环境在国内，因此，一般以人民币作为记账本位币。

（二）企业记账本位币的确定

《中华人民共和国会计法》规定，企业通常应选择人民币作为记账本位币。业务收支以人民币以外的货币为主的企业，可以按规定选定一种货币作为记账本位币，但是编报的财务会计报告应当折算为人民币。

企业选定记账本位币，应当考虑的因素有：（1）该货币主要影响商品和劳务的销售价格，通常以该货币进行商品和劳务的计价及结算；（2）该货币主要影响商品和劳务所需人工、材料和其他费用，通常以该货币进行上述费用的计价和结算；（3）融资活动获得的货币以及保存从经营活动中收取款项所使用的货币。

在确定企业的记账本位币时，上述因素的重要程度因企业具体情况的不同而不同，需要企业管理层根据实际情况进行判断。在一般情况下，综合考虑前两项因素即可确定企业的记账本位币，但有些情况下，仅根据收支情况难以确定记账本位币的，企业需要进一步结合第三项因素进行综合分析后作出选择。需要强调的是，这并不是说企业管理层可以根据需要随意选择记账本位币，企业管理层根据实际情况只能确定其中一种货币作为记账本位币。

（三）境外经营记账本位币的确定

境外经营是指企业在境外的子公司、合营企业、联营企业、分支机构。企业在境内的子公司、合营企业、联营企业、分支机构，采用不同于本企业记账本位币的，也视同境外经营。

确定境外经营记账本位币时，除考虑上述确定企业记账本位币需要考虑的因素外，还应当考虑下列有关该境外经营与企业之间关系的一些因素：（1）境外经营对其所从事的活动是否拥有很强的自主性。（2）境外经营活动中与企业的交易是否在境外经营活动中占有较大比重。（3）境外经营活动产生的现金流量是否直接影响企业的现金流量、是否可以随时汇回。（4）境外经营活动产生的现金流量是否足以偿还其现有债务和可预期的债务。

综上所述，企业确定本企业记账本位币或其境外经营记账本位币时，在多种因素混合在一起、记账本位币不明显的情况下，应当优先考虑（二）中的（1）、（2）项因素，然后考虑融资活动获得货币、保存从经营活动中收取款项所使用的货币，以及（三）中的因素，以确定记账本位币。

（四）记账本位币的变更

企业记账本位币一经确定，不得随意变更，除非与确定记账本位币相关的企业经营所处的主要经济环境发生重大变化。主要经济环境发生重大变化，通常是指企业主要收取和支出现金的环境发生重大变化，使用该环境中的货币最能反映企业的主要交易业务的经济结果。

企业因经营所处的主要经济环境发生重大变化，确需变更记账本位币的，应当采用变更当日的即期汇率将所有项目折算为变更后的记账本位币，折算后的金额作为新的记账本位币计量的历史成本，由于采用同一即期汇率进行折算，不会产生汇兑差额。当然，企业需要提供确凿的证据表明企业经营所处的主要经济环境确实发生了重大变化，并应当在附注中披露变更的理由。

企业记账本位币发生变更的，在按照变更当日的即期汇率将所有项目变更为记账本位币时，其比较财务报表应当以可比当日的即期汇率折算所有资产负债表和利润表项目。

二、外币及外币交易

（一）外币

外币，是指企业记账本位币以外的货币，包括各种纸币和铸币。它常用于企业间交易、投资等经济活动引起的对外结算业务。

会计上是以记账本位币作为本位币，非记账本位币就为外币。当会计上以外国货币作为记账本位币记账时，本国货币就成为会计核算上的外币。

（二）外币交易

外币交易是以外币计价或者结算的交易。通常企业发生的外币交易包括：（1）买入或卖出以外币计价的商品或劳务；（2）借入或借出外币资金；（3）其他以外币计价或者结算的交易。

应注意的是，本国企业向外国企业购入商品，或本国企业将商品销售给外国企业，并不一定就会发生外币交易。例如，当中国企业购入德国企业商品，并约定以欧元结算时，对于中国企业来说就是外币交易，而对于德国企业来说则不是外币交易。此外，本国企业之间发生商品交易，若对方约定以某一外币进行结算，就会产生外币交易。由此看来，确定是不是外币交易，应视其是否用外币进行结算。

三、外币兑换与外币折算

（一）外币兑换

外币兑换，是指企业将一种货币兑换为另一种货币的经济业务，包括从银行等金融机构买入外币或将外币卖给银行等金融机构，以及将一种货币兑换为另一种货币等。

（二）外币折算

外币折算是将在外币交易过程中实际使用的外币折算为等值的记账本位币。外币折算不是外币之间的兑换，只是货币表达形式的变更。

外币交易之所以要进行折算是因为交易本身是以外币进行计量的，但企业必须以其记账本位币作为统一计量尺度，以便编制财务报表。因此，这就要求企业发生外币交易时，在原币（某种外币）计量和反映的同时，还要将其折算为等值的本国货币（记账本位币），即外币交易必须进行双重的计量反映。外币折算既包括外币交易的折算，也包括外币财务报表的折算。

四、汇率及汇兑差额

（一）汇率

汇率，也称外汇牌价，是指两种货币相兑换的比率，是一种货币单位用另一种货币单位所表示的价格。

（二）汇率的标价

汇率的标价是指汇率以外国货币表示的本国货币的价格，或以本国货币表示的外国货币的价格。汇率有直接标价法和间接标价法两种表示方式。

直接标价法，是指以一定单位的外国货币为标准折算为一定数额的本国货币，这种方法被包括我国在内的大多数国家所采用。例如，以人民币为本国货币，欧元为外国货币，则1欧元 = 7.56元人民币。直接标价法的特点是：外币数额固定不变，本国货币随汇率高低发生变化，本国货币币值大小与汇率的高低成反比。汇率上升，外币相对升值，本国货币贬值。

间接标价法，是指以一定单位的本国货币为标准折算为一定数额的外国货币。例如，在美国，以美元为本国货币，人民币为外国货币，则1美元 = 6.88元人民币。间接标价法的特点是：本国货币固定不变，外币数额随汇率高低发生变化，本国货币币值大小与汇率的高低成正比。汇率上升，本国货币相对升值，外币贬值。

直接标价法和间接标价法正好相反，如在直接标价法下，1美元 = 6.88元人民币；间接标价法则表示为1元人民币 = 0.1453美元。

（三）汇率的分类

按不同的标准，汇率分为以下几类。

（1）按是否固定分为固定汇率和市场汇率。固定汇率也称法定汇率或官方汇率，是指由政府规定该国货币同其他国家货币的比率。市场汇率也称浮动汇率，是指外汇市场上由交易双方供求关系形成的汇率。

（2）按会计入账时间分为现行汇率和历史汇率。现行汇率也称记账汇率，是指企业发生外币业务或编制财务报表时所采用的汇率。历史汇率也称账面汇率，是相对于现行汇率而言的，指最初取得外币资产或承担外币负债时的汇率。昨天的现行汇率就是今天的历史汇率。

（3）从从事外汇经营的银行角度分为买入汇率、卖出汇率和中间汇率。买入汇率也称买入价，是指银行向客户买入外汇时所采用的汇率。卖出汇率也称卖出价，是指银行向客户卖出外汇时所采用的汇率。中间价是银行买入价和卖出价的平均价。无论是买入价，还是卖出价，都是即期汇率。企业会计准则规定，企业用于记账的汇率一般指当日中国人民银行公布的人民币汇率的中间价。在企业发生货币兑换时，不仅要使用中间价，还需要使用买入价或卖出价进行交易。

（4）汇率在外汇交易中分为即期汇率和远期汇率。即期汇率也称现行汇率，是指外汇买卖的双方在成交后即期办理交割的交易汇率。远期汇率是指外汇买卖双方在成交时，只是订立合同，规定外汇买卖的数量、交割期限、汇率等条款，等到合同约定日再办理交割时的汇率。

（四）汇兑差额

汇兑差额是指企业在进行外币业务会计处理时，由于采用不同的汇率而产生的折算成记账本位币的差额，这种差额作为企业的利得或损失处理。汇兑差额有以下几种类型：

（1）交易过程中产生的汇兑差额，即在以外币计价的商品购销业务中因商品购销或偿付外币债权债务而产生的汇兑差额。

（2）不同外币兑换过程中产生的汇兑差额。

（3）期末外币调整时产生的汇兑差额，即期末将有关外币账户按期末即期汇率进行调整，调整时历史汇率和现行汇率不同产生的差额。

任务二　外币交易的核算

一、外币交易的核算程序

企业发生外币交易，其会计核算的基本程序为：

（1）将外币金额按照交易日的即期汇率或即期汇率的近似汇率折算为记账本位币金额，按照折算后的记账本位币金额登记有关账户；在登记有关记账本位币的同时，按照外币金额登记相应的外币账户。

（2）期末，将所有外币货币性项目的外币金额，按照期末即期汇率折算为记账本位币金额，并与原记账本位币金额相比较，其差额记入“财务费用”科目。

（3）结算外币货币性项目时，将其外币结算金额按照当日即期汇率折算为记账本位币金额，并与原记账本位币金额相比较，其差额记入“财务费用”科目。

【知识链接】

货币性项目和非货币性项目

货币性项目是指企业持有的货币和将以固定或可确定金额的货币收取的资产或者偿付的负债。货币性项目分为货币性资产和货币性负债。货币性资产包括库存现金、银行存款、应收账款、其他应收款等；货币性负债包括应付账款、其他应付款、短期借款、应付债券、长期借款等。非货币性项目是指货币性项目以外的项目，如存货、固定资产、长期股权投资、交易性金融资产、无形资产等。资产负债表日，分别货币性项目和非货币性项目进行调整：货币性项目按资产负债表日即期汇率折算，非货币性项目按交易日即期汇率折算。

二、外币交易的会计处理

外币交易的会计处理涉及的主要问题有：记账本位币的确定；外币交易发生日折算汇率的选择及相应的外币交易初始确认的会计处理；资产负债表日及结算日折算汇率的选择及所产生汇兑差额的会计处理。

（一）外币交易发生日的初始确认

企业发生外币交易的，应在初始确认时采用交易发生日的即期汇率或即期汇率的近似汇率将外币金额折算为记账本位币金额，按照折算后的记账本位币金额登记有关账户；在登记有关记账本位币账户的同时，按照外币金额登记相应的外币账户。

企业通常采用即期汇率进行折算。当汇率变动不大时，为简化核算，企业在外币交易日或外币报表的某些项目折算时，也可以选择即期汇率的近似汇率折算。即期汇率的近似汇率是指按照系统合理的方法确定的、与交易发生日即期汇率近似的汇率，通常是指当期平均汇率或加权平均汇率等。

确定即期汇率的近似汇率的方法应前后各期保持一致。如果汇率波动使得即期汇率的近似汇率折算不适当，应采用交易发生日的即期汇率折算。至于何时不适当，需要企业根据汇率变动情况及计算近似汇率的方法等进行判断。

【工作实例15-1】东方公司属于增值税一般纳税人，记账本位币为人民币，其外币交易采用交易日即期汇率折算。2023年3月1日，东方公司从国外A公司购入某原材料，货款300 000美元，当日的即期汇率为1美元＝6.81元人民币，按照规定应缴纳的进口关税为204 300元人民币，支付进口增值税292 149元人民币，货款尚未支付，进口关税及增值税已由银行存款支付。会计处理如下：

借：原材料	（300 000×6.81＋204 300）2 247 300	
应交税费——应交增值税（进项税额）	292 149	
贷：应付账款——A公司（美元）		2 043 000
银行存款		496 449

【工作实例15-2】东方公司的记账本位币为人民币，其外币交易采用交易日即期汇率折算。2023年4月10日，向国外B公司出口销售商品一批，根据销售合同，货款共计800 000欧元，当日的即期汇率为1欧元 = 7.34元人民币。假定不考虑增值税等相关税费，货款尚未收到。会计处理如下：

借：应收账款——B公司（欧元）（800 000 × 7.34）　　5 872 000

　　贷：主营业务收入　　5 872 000

【工作实例15-3】东方公司的记账本位币为人民币，其外币交易采用交易日即期汇率折算。2023年3月18日，从银行借入200 000英镑，期限为6个月，年利率为5%（等于实际利率），借入的英镑暂存银行。借入当日的即期汇率为1英镑 = 8.22元人民币。会计处理如下：

借：银行存款——英镑（200 000 × 8.22）　　1 644 000

　　贷：短期借款　　1 644 000

【工作实例15-4】东方公司的记账本位币为人民币，其外币交易采用交易日即期汇率折算。2023年6月28日，将货款100万欧元到银行兑换成人民币，银行当日的欧元买入价为1欧元 = 7.63元人民币，中间价为1欧元 = 7.74元人民币。

本例中，企业与银行发生货币兑换，兑换所用汇率为银行的买入价，而通常记账所用的即期汇率为中间价，由此产生的汇兑差额计入当期财务费用。会计处理如下：

借：银行存款——人民币（1 000 000 × 7.63）　　7 630 000

　　财务费用——汇兑差额　　110 000

　　贷：银行存款——欧元（1 000 000 × 7.74）　　7 740 000

【小思考15-1】企业在外币兑换中，一定会产生财务费用借方发生额吗？为什么？

【工作实例15-5】东方公司的记账本位币为人民币，其外币交易采用交易日即期汇率折算。2023年2月25日，东方公司为增资扩股与某外商签订投资合同，当日收到外商投资资本200万美元，当日的即期汇率为1美元 = 6.88元人民币，其中，1 300万元人民币作为注册资本的组成部分。假定投资合同约定的汇率为1美元 = 6.75元人民币。

依据上述规定，东方公司的会计处理如下：

借：银行存款——美元（2 000 000 × 6.75）　　13 500 000

　　贷：实收资本　　13 000 000

　　　　资本公积——资本溢价　　500 000

【知识链接】

外币投入资本的会计规定

根据《关于外商投资的公司审批登记管理法律适用若干问题的执行意见》（工商外企字〔2006〕81号）的规定，外商投资公司的注册资本只能采用收到出资当日的即期汇率，不再使用合同汇率，也不使用即期汇率的近似汇率，与其相对应的资产类科目也不使用即期汇率的近似汇率。因此，企业收到投资者以外币投入的资本，无论是否有合同约定汇率，均不得采用合同约定汇率和即期汇率的近似汇率折算，而应当采用交易发生日即期汇率折算。这样，外币投入资本与相应的货币性项目的记账本位币金额相等，不产生外币资本折算差额。需要说明的是，虽然“股本（或实收资本）”账户的金额不能反映股权比例，但并不改变企业分配和清算的约定比例，这一约定比例通常已经包括在合同当中。

（二）期末调整或结算

资产负债表日，企业应当分别外币货币性项目和外币非货币性项目进行处理。

1.外币货币性项目

资产负债表日及结算货币性项目（参见项目八非货币性资产交换的核算）时，企业应当采用当日即期汇率折算外币货币性项目，因当日即期汇率与初始确认时或者前一资产负债表日即期汇率不同而产生的汇兑差额，计入当期损益。外币货币性金融资产形成的汇兑差额，也应计入当期损益。

【工作实例15-6】沿用【工作实例15-1】的资料，2023年3月31日，东方公司尚未向A公司支付所欠货款，当日即期汇率为1美元＝6.78元人民币。会计分录如下：

借：应付账款——A公司（美元）（300 000×（6.81－6.78））　　9 000

　　贷：财务费用　　9 000

【工作实例15-7】沿用【工作实例15-2】的资料，2023年4月30日，东方公司仍未收到B公司购货款，当日的即期汇率为1欧元＝7.24元人民币。会计分录如下：

借：财务费用　　80 000

　　贷：应收账款——B公司（欧元）（800 000×（7.34－7.24））　　80 000

2.外币非货币性项目

（1）以历史成本计量的外币非货币性项目，已在交易发生日按当日即期汇率折算，资产负债表日不应改变其原记账本位币金额，不产生汇兑差额。

【工作实例15-8】东方公司的记账本位币为人民币，其外币交易采用交易日即期汇率折算。2023年3月2日进口一台机器设备，支付价款100万美元，已按当日即期汇率1美元＝6.78元人民币折算为人民币并记入“固定资产”账户。“固定资产”属于非货币性项目，因此，资产负债表日也不需要再按照当日即期汇率进行调整。

（2）以成本与可变现净值孰低计量的存货，在以外币购入存货并且该存货在资产负债表日的可变现净值以外币反映的情况下，确定资产负债表日存货价值时应当考虑汇率变动的影响。即先将可变现净值按资产负债表日即期汇率折算为记账本位币金额，再与以记账本位币反映的存货成本进行比较，从而确定该项存货的期末价值。

【工作实例15-9】南方公司为医疗设备经销商，其记账本位币为人民币，外币交易采用交易日即期汇率折算。有关资料如下：

（1）2023年3月8日，以1 000欧元/台的价格从国外购入某新型医疗设备200台（该设备在国内市场尚无供应），当日即期汇率为1欧元＝7.35元人民币。

（2）2023年3月31日，尚有120台设备未销售出去，国内市场仍无该设备供应，其在国际市场的价格已降至920欧元/台。2023年3月31日的即期汇率是1欧元＝7.25元人民币。假定不考虑增值税等相关税费。

会计处理如下：

本例中，由于存货在资产负债表日采用成本与可变现净值孰低计量，因此，在以外币购入存货并且该存货在资产负债表日获得的可变现净值以外币反映时，确定该项存货的期末价值时应当考虑汇率变动的影响。

3月31日南方公司对该项设备应计提的存货跌价准备＝1 000×120×7.35－920×120×7.25

＝81 600（元人民币）

借：资产减值损失　　81 600

　　贷：存货跌价准备　　81 600

（3）以公允价值计量的外币非货币性项目，期末公允价值以外币反映的，应当先将该外币金额按照公允价值确定当日的即期汇率折算为记账本位币金额，再与原记账本位币金额进行比较。属于交易性金融资产（股票、基金等）、交易性金融负债的，折算后的记账本位币金额与原记账本位币金额之间的差额应作为公允价值变动损益（含汇率变动），计入当期损益；属于其他债权投资、其他权益工具投资的，汇兑损益差额则应计入其他综合收益。

【工作实例15-10】北方公司的记账本位币为人民币，其外币交易采用交易日即期汇率折算。有关资料如下：

（1）2023年3月8日，以每股4美元的价格购入乙公司B股20 000股，划分为交易性金融资产核算，当日汇率为1美元＝6.82元人民币，款项已支付。

（2）2023年3月31日，乙公司B股市价变为每股3.5美元，当日汇率为1美元＝6.78元人民币。

（3）2023年4月24日，北方公司将所购乙公司B股股票按当日市价每股4.2美元全部售出，当日汇率1美元＝6.78元人民币。假定不考虑相关税费的影响。

会计处理如下：

（1）2023年3月8日，北方公司购入股票时：

借：交易性金融资产——成本（4×20 000×6.82）　　545 600

　　贷：银行存款——美元　　545 600

（2）2023年3月31日，直接计入公允价值变动损益的差额＝3.5×20 000×6.78－545 600＝－71 000（元人民币）。

借：公允价值变动损益　　71 000

　　贷：交易性金融资产——公允价值变动　　71 000

（3）2023年4月24日，全部出售股票时：

借：银行存款——美元（4.2×20 000×6.78）　　569 520

　　交易性金融资产——公允价值变动　　71 000

　　贷：交易性金融资产——成本　　545 600

　　　　投资收益　　94 920

【工作实例15-11】北方公司以人民币作为记账本位币，其外币交易采用交易日即期汇率折算，按月计算汇兑损益。北方公司在银行开设有欧元账户。有关资料如下。

（1）北方公司有关外币账户2023年2月28日的余额见表15-1。

表15-1　2023年2月28日外币账户的期末余额

项　目	外币账户余额（欧元）	汇率	人民币账户余额（元人民币）
银行存款	800 000	7.55	6 040 000
应收账款	400 000	7.55	3 020 000
应付账款	200 000	7.55	1 510 000

（2）北方公司2023年3月发生的有关外币交易或事项如下：

①3月5日，以人民币向银行买入200 000欧元。当日即期汇率为1欧元＝7.69元人民币，当日银行卖出价为1欧元＝7.75元人民币。

②3月12日，从国外购入一批原材料，总价款为400 000欧元。该原材料已验收入库，货款尚未支付。当日即期汇率为1欧元＝7.64元人民币。另外，以银行存款支付该原材料的进口关税644 000元人民币，增值税481 000元人民币。

③3月16日，出口销售一批商品，销售价款为600 000欧元，货款尚未收到。当日即期汇率为1欧元＝7.41元人民币。假设不考虑相关税费。

④3月25日，收到应收账款300 000欧元，款项已存入银行。当日即期汇率为1欧元＝7.54元人民币。该应收账款系2月出口销售发生的。

⑤3月31日，即期汇率为1欧元＝7.64元人民币。

会计处理如下：

（1）3月5日，以人民币向银行买入欧元时：

借：银行存款——欧元（200 000×7.69）	1 538 000	
财务费用——汇兑差额	12 000	
贷：银行存款——人民币（200 000×7.75）		1 550 000

（2）3月12日，从国外购入一批原材料时：

借：原材料	3 700 000	
应交税费——应交增值税（进项税额）	481 000	
贷：应付账款——××单位（欧元）（400 000×7.64）		3 056 000
银行存款——人民币		1 125 000

（3）3月16日，出口销售一批商品时：

借：应收账款——××单位（欧元）（600 000×7.41）	4 446 000	
贷：主营业务收入		4 446 000

（4）3月25日，收到应收账款时：

借：银行存款——欧元（300 000×7.54）	2 262 000	
贷：应收账款——××单位（欧元）（300 000×7.54）		2 262 000

（5）3月31日，计算期末产生的汇兑差额：

① 银行存款欧元户余额＝800 000＋200 000＋300 000＝1 300 000（欧元）

按当日即期汇率折算为人民币的金额＝1 300 000×7.64＝9 932 000（元）

汇兑差额（收益）＝9 932 000－（6 040 000＋1 538 000＋2 262 000）＝92 000（元）

② 应收账款欧元户余额＝400 000＋600 000－300 000＝700 000（欧元）

按当日即期汇率折算为人民币的金额＝700 000×7.64＝5 348 000（元）

汇兑差额（收益）＝5 348 000－（3 020 000＋4 446 000－2 262 000）＝144 000（元）

③ 应付账款欧元户余额＝200 000＋400 000＝600 000（欧元）

按当日即期汇率折算为人民币的金额＝600 000×7.64＝4 584 000（元）

汇兑差额（损失）＝4 584 000－（1 510 000＋3 056 000）＝18 000（元）

④ 应计入当期损益的汇兑差额（收益）＝－92 000－144 000＋18 000＝－218 000（元）

借：银行存款——欧元　　92 000
　应收账款——××单位　　144 000
　贷：应付账款——××单位　　18 000
　　财务费用　　218 000

项目小结

记账本位币是指企业经营所处的主要经济环境中的货币。《中华人民共和国会计法》规定，企业通常应选择人民币作为记账本位币。业务收支以人民币以外的货币为主的企业，可以按规定选定一种货币作为记账本位币，但是编报的财务会计报告应当折算为人民币。

外币，是指企业记账本位币以外的货币，包括各种纸币和铸币。外币交易是以外币计价或者结算的交易。

外币兑换，是指企业将一种货币兑换为另一种货币的经济业务；外币折算是将在外币交易过程中实际使用的外币折算为等值的记账本位币。外币折算不是外币之间的兑换，只是货币表达形式的变更。

汇率，也称外汇牌价，是指两种货币相兑换的比率，是一种货币单位用另一种货币单位表示的价格。汇率的标价是指汇率以外国货币表示的本国货币的价格，或以本国货币表示的外国货币的价格。汇率有直接标价法和间接标价法两种表示方式。

会计准则规定，企业用于记账的即期汇率一般指当日中国人民银行公布的人民币汇率的中间价。企业发生外币交易，其会计核算的基本程序包括初始确认和期末调整。对于结算的外币货币性项目直接确认汇兑损益。

复习思考题

1. 什么是记账本位币？什么是外币？
2. 我国会计法中对企业记账本位币的确定是如何规定的？
3. 什么是即期汇率和即期汇率的近似汇率？
4. 记账汇率和历史汇率有何关系？
5. 外币业务包括哪些内容？
6. 外币交易的核算程序包括哪些步骤？
7. 汇兑差额包括哪些内容？
8. 期末，对于外币货币性项目和外币非货币性项目的会计处理是否相同？

项目十六

财务会计报告的编制

【知识目标】

1. 掌握资产负债表的内容、格式；
2. 掌握利润表的内容、格式；
3. 掌握现金流量表的内容、格式；
4. 熟悉报表附注的概念及披露的内容。

【能力目标】

1. 能够组织会计核算，正确编制资产负债表；
2. 能够组织会计核算，正确编制利润表；
3. 能够组织会计核算，正确编制现金流量表；
4. 能够组织会计核算，正确编制所有者权益变动表及附注。

【素养目标】

1. 全面掌握会计核算方法，及时、准确、全面地完成财务报告的编制；
2. 通过编制的财务报告，全面熟悉企业财务状况、经营成果和现金流量，及时向企业管理层反馈财务信息，便于制定科学合理的经营政策。

引 言

浙江九好办公服务集团有限公司（简称“九好集团”）为了重组上市，与上市公司鞍重股份联手进行“忽悠式”重组，通过各种手段虚增巨额收入和银行存款。

九好集团2013年、2014年和2015年分别虚增收入1.73亿元、0.876亿元和1.606亿元。2015年虚构3亿元银行存款，且未披露借款3亿元并质押的事实。其魔法手段表现在：

（1）虚构业务，虚增收入。虚构业务，虚增收入，这是财务魔法的入门级手段。九好集团机智地利用“真实的供应商、客户”混淆视听，虚构业务。同时，还伙同部分供应商制造资金真实流动的迹象，伪造收入回款。例如，它与供应商签订虚假合同，确认收入的同时把供应商支付的资金通过个人控制的其他账户退回。

（2）借钱生钱，虚构3亿元银行存款。这招魔术是这样的：在“其他应收款”科目上虚构1.7亿元收回，虚构银行存款转入4 700万元。同时，转出1亿元资金不入账，这样财务报表上虚增资金3.17亿元。为了补上3亿多元的资金大窟窿，它又使出洪荒之力，通过向A借款买理财产品，拿到一笔3亿元的银行存单；然后将这张存单给A做担保，让A开具银行承兑汇票3亿元。如此，资金大窟窿补上了！

利安达会计师事务所在对九好集团的兴业银行杭州分行3亿元定期存款的审计中，实施函证程序，截至出具审计报告时尚未收到回函就确认该笔资金；在对九好集团提供的与营业收入相关的合同、用印及收入证据不足等疑点，未予以充分关注；对九好集团的69家供应商只走访了11家，不到20%等。在这样的情况下，2016年4月21日，利安达会计师事务所出具审计报告，对九好集团2013年至2015年财务报表发表了标准的无保留意见。

2017年，中国证监会作出对利安达会计师事务所处罚900万元，对签字的注册会计师处罚10万元，对西南证券处罚600万元，对天元律师事务所处罚900万元，对九好集团处罚30万元，对相关责任人处罚并禁止入市。

任务一　资产负债表的编制

一、资产负债表的概念

微课

财务报告概述

资产负债表是指反映企业在某一特定日期的财务状况的报表。通过资产负债表，可以反映企业在某一特定日期所拥有或控制的经济资源，所承担的现时义务和所有者对净资产的要求权，帮助财务报表使用者全面了解企业的财务状况，分析企业的偿债能力等情况，从而为其作出经济决策提供依据。

【小思考16-1】为什么我国会计制度把资产负债表作为企业对外报告第1号报表？

二、资产负债表的内容

资产负债表主要反映资产、负债和所有者权益三方面的内容，并满足“资产 = 负债 + 所有者权益”平衡式。

微课
资产负债表

（一）资产

资产负债表中的资产，反映由过去的交易或事项形成并由企业在某一特定日期所拥有或控制的、预期会给企业带来经济利益的资源。资产应当按照流动资产和非流动资产两大类别在资产负债表中列示，在流动资产和非流动资产类别下进一步按性质分项列示。

流动资产是指预计在一个正常营业周期中变现、出售或耗用，或者主要为交易目的而持有，或者预计在资产负债表日起一年内（含一年）变现的资产，或者自资产负债表日起一年内交换其他资产或清偿负债的能力不受限制的现金或现金等价物。

【知识链接】

正常营业周期及其确定

正常营业周期，通常是指企业从购买用于加工的资产起至实现现金或现金等价物的期间。正常营业周期通常短于一年，但是也存在正常营业周期长于一年的情况，如房地产开发企业开发用于出售的房地产开发产品、造船企业制造用于出售的大型船只等。这些企业从购买原材料进入生产到制造出产品、出售并收回现金或现金等价物的过程往往超过一年。在这种情况下，与生产循环相关的产成品、应收账款、原材料，尽管是超过一年才变现出售或耗用的，仍应作为流动资产列示。

资产负债表中列示的流动资产项目通常包括货币资金、交易性金融资产、应收票据、应收账款、预付款项、其他应收款、存货、合同资产、持有待售资产和一年内到期的非流动资产等。

非流动资产是指流动资产以外的资产。资产负债表中列示的非流动资产项目，通常包括债权投资、其他债权投资、其他权益工具投资、长期股权投资、固定资产、在建工程、使用权资产、无形资产、开发支出、长期待摊费用以及其他非流动资产等。

（二）负债

资产负债表中的负债，反映在某一特定日期企业所承担的、预期会导致经济利益流出企业的现时义务。负债应当按照流动负债和非流动负债在资产负债表中进行列示，在流动负债和非流动负债类别下再进一步按性质分项列示。

流动负债是指预计在一个正常营业周期中清偿或者主要为交易目的而持有，或者自资产负债表日起一年内（含一年）到期应予以清偿，或者企业无权自主地将清偿推迟至资产负债表日后一年以上的负债。资产负债表中列示的流动负债项目，通常包括短期借款、应付票据、应付账款、预收款项、合同负债、应付职工薪酬、应交税费、其他应付款、一年内到期的非流动负债等。

非流动负债是指流动负债以外的负债。非流动负债项目，通常包括长期借款、应付债券、租赁负债、长期应付款、预计负债、递延收益和其他非流动负债等。

（三）所有者权益

资产负债表中的所有者权益是指企业资产扣除负债后的剩余权益，反映企业在某一特定日期股东投资者拥有的净资产的总额。它一般按照实收资本（或股本）、其他权益工具、资本公积、其他综合收益、盈余公积和未分配利润分项列示。

三、资产负债表的格式

我国企业的资产负债表采用账户式结构。账户式资产负债表分左右两方，左方为资产项目，大体按资产的流动性大小排列，流动性大的资产（如“货币资金”“交易性金融资产”等）排在前面，流动性小的资产（如“长期股权投资”“固定资产”等）排在后面。右方为负债及所有者权益项目，一般按要求清偿时间的先后顺序排列。“短期借款”“应付票据”“应付账款”等需要在一年以内或者长于一年的一个正常营业周期内偿还的流动负债排在前面，“长期借款”“应付债券”等在一年以上才需偿还的非流动负债排在中间，在企业清算之前不需要偿还的所有者权益项目排在后面。

账户式资产负债表中的资产各项目的合计等于负债和所有者权益各项目的合计，即资产负债表左方和右方平衡。因此，通过账户式资产负债表可以反映资产、负债、所有者权益之间的内在关系，即“资产 = 负债 + 所有者权益”。我国企业资产负债表格式见表16-1。

表16-1　　资产负债表　　会企01表

编制单位：　　年　月　日　　单位：元

资　产	期末余额	上年年末余额	负债和所有者权益（或股东权益）	期末余额	上年年末余额
流动资产：			流动负债：		
货币资金			短期借款		
交易性金融资产			交易性金融负债		
应收票据			应付票据		
应收账款			应付账款		
应收款项融资			预收款项		
预付款项			合同负债		
其他应收款			应付职工薪酬		
存货			应交税费		
合同资产			其他应付款		
持有待售资产			持有待售负债		
一年内到期的非流动资产			一年内到期的非流动负债		
其他流动资产			其他流动负债		
流动资产合计			流动负债合计		

续表

资　产	期末余额	上年年末余额	负债和所有者权益（或股东权益）	期末余额	上年年末余额
非流动资产：			非流动负债：		
债权投资			长期借款		
其他债权投资			应付债券		
长期应收款			其中：优先股		
长期股权投资			永续债		
其他权益工具投资			租赁负债		
其他非流动金融资产			长期应付款		
固定资产			预计负债		
在建工程			递延收益		
生产性生物资产			递延所得税负债		
油气资产			其他非流动负债		
使用权资产			非流动负债合计		
无形资产			负债合计		
开发支出			所有者权益（或股东权益）：		
商誉			实收资本（或股本）		
长期待摊费用			其他权益工具		
递延所得税资产			其中：优先股		
其他非流动资产			永续债		
非流动资产合计			资本公积		
			减：库存股		
			其他综合收益		
			专项储备		
			盈余公积		
			未分配利润		
			所有者权益（或股东权益）合计		
资产总计			负债和所有者权益（或股东权益）总计		

单位负责人：　　　　财务负责人：　　　　制表人：

四、资产负债表项目的填列方法

资产负债表的各项目均需填列“上年年末余额”和“期末余额”两栏。

（一）“年初余额”的填列方法

资产负债表“上年年末余额”栏内各项数字，应根据上年年末资产负债表的“期末余额”栏内所列数字填列。如果上年度资产负债表规定的各个项目的名称和内容与本年度不一致，应对上年年末资产负债表各项目的名称和数字按照本年度的规定进行调整，填入本表“上年年末余额”栏内。

（二）“期末余额”的填列方法

资产负债表的“期末余额”栏内各项数字，其填列方法如下：

（1）根据总账科目的余额填列。资产负债表中的有些项目可直接根据有关总账科目的余额填列，如“交易性金融资产”“短期借款”“应付票据”“应付职工薪酬”等项目。有些项目则需根据几个总账科目的余额计算填列。如“货币资金”项目需根据“库存现金”“银行存款”“其他货币资金”三个总账科目余额合计填列。

（2）根据有关明细科目的余额计算填列。资产负债表中的有些项目需要根据明细科目余额填列，如“应付账款”项目需要分别根据“应付账款”和“预付账款”两个科目所属明细科目的期末贷方余额计算填列。

（3）根据总账科目和明细科目的余额分析计算填列。资产负债表的有些项目需要依据总账科目和明细科目两者的余额分析填列，如“长期借款”项目应根据“长期借款”总账科目余额扣除“长期借款”科目所属的明细科目中将在资产负债表日起一年内到期，且企业不能自主地将清偿义务展期的长期借款后的金额填列。

（4）根据有关科目余额减去其备抵科目余额后的净额填列。如资产负债表中的“长期股权投资”应根据“长期股权投资”科目的期末余额减去“长期股权投资减值准备”科目余额后的净额填列。固定资产项目应根据“固定资产”科目期末余额减去“累计折旧”“固定资产减值准备”科目余额后的净额填列。无形资产项目应根据“无形资产”科目期末余额减去“累计摊销”“无形资产减值准备”科目余额后的净额填列。

（5）综合运用上述填列方法分析填列。如资产负债表中的“存货”项目需根据“原材料”“库存商品”“委托加工物资”“周转材料”“材料采购”“在途物资”“发出商品”“材料成本差异”“生产成本”等总账科目期末余额的分析汇总数，再减去“存货跌价准备”备抵科目余额后的金额填列。

五、资产负债表各项目的填列说明

资产负债表中资产、负债和所有者权益主要项目的填列说明如下：

（一）资产项目的填列说明

（1）“货币资金”项目，反映企业库存现金、银行结算户存款、外埠存款、银行汇票存款、银行本票存款、信用卡存款、信用证保证金存款等的合计数。本项目应根据“库存现金”、“银行存款”和“其他货币资金”科目期末余额的合计数填列。

（2）“交易性金融资产”项目，反映资产负债表日企业分类为以公允价值计量且其变动计入当期损益的金融资产，以及企业持有的直接指定为以公允价值计量且其变动计入当期损益的金融资产的期末账面价值。本项目应当根据“交易性金融资产”科目的期末余额填列。自资产负债表日起超过一年到期且预期持有超过一年的以公允价值计量且其变动计入当期损益的非流动金融资产的期末价值，在“其他非流动金融资产”项目反映。

（3）“应收票据”项目，反映资产负债表日以摊余成本计量的、企业因销售商品、提供劳务等收到的商业汇票，包括银行承兑汇票和商业承兑汇票。本项目应根据“应收票据”科目的期末余额，减去“坏账准备”科目中相关坏账准备期末余额后的金额分析填列。

（4）“应收账款”项目，反映资产负债表日以摊余成本计量的、企业因销售商品、提供劳务等经营活动应收取的款项。本项目应根据“应收账款”科目的期末余额，减去“坏账准备”科目中相关坏账准备期末余额后的金额分析填列。

【小思考16-2】为什么在编制资产负债表时，“应收账款”项目与“预收款项”项目需要采用明细科目余额分析填列方法？

（5）“应收款项融资”项目，反映资产负债表日以公允价值计量且其变动计入其他综合收益的应收票据和应收账款等。

（6）“预付款项”项目，反映企业按照购货合同的规定预付给供应单位的款项等。本项目应根据“预付账款”和“应付账款”科目所属各明细科目的期末借方余额合计数减去“坏账准备”科目中有关预付款项计提的坏账准备期末余额后的金额填列。如“预付账款”科目所属各明细科目期末有贷方余额，应在资产负债表“应付账款”项目内填列。

（7）“其他应收款”项目，应根据“应收利息”、“应收股利”和“其他应收款”科目的期末余额合计数，减去“坏账准备”科目中相关坏账准备期末余额后的金额填列。其中的“应收利息”仅反映相关金融工具已到期可收取但于资产负债表日尚未收到的利息。基于实际利率法计提的金融工具的利息应包含在相应金融工具的账面余额中。

（8）“存货”项目，反映企业期末在库、在途和在加工中的各种存货的可变现净值。本项目应根据“材料采购”“原材料”“库存商品”“周转材料”“委托加工物资”“委托代销商品”“生产成本”等科目的期末余额合计数减去“存货跌价准备”科目期末余额后的金额填列。材料采用计划成本核算以及库存商品采用计划成本核算或售价金额核算的企业还应按加或减“材料成本差异”“商品进销差价”后的金额填列。

（9）“合同资产”项目，反映企业按照收入准则的相关规定，根据本企业履行履约义务与客户付款之间的关系应在资产负债表中列示的合同资产。“合同资产”项目应根据“合同资产”科目的相关明细科目期末余额分析填列。

同一合同下的合同资产和合同负债应当以净额列示，其中净额为借方余额的，应当根据其流动性在“合同资产”或“其他非流动资产”项目中填列，已计提减值准备的，还应减去“合同资产减值准备”科目中相关减值准备的期末余额；其中净额为贷方余额的，应当根据其流动性在“合同负债”或“其他非流动负债”项目中填列。

（10）“持有待售资产”项目，反映资产负债表日划分为持有待售类别的非流动资产及划分为持有待售类别的处置组中的流动资产和非流动资产的期末账面价值。本项目应根据“持有待售资产”科目的期末余额，减去“持有待售资产减值准备”科目的期末余额后的金额填列。

（11）“一年内到期的非流动资产”项目，通常反映预计自资产负债表日起一年内变现的非流动资产。对于按照相关会计准则采用折旧（或摊销、折耗）方法进行后续计量的固定资产、使用权资产、无形资产和长期待摊费用等非流动资产，折旧（或摊销、折耗）年限（或期限）只剩一年或不足一年的，或预计在一年内（含一年）进行折旧（或摊销、折耗）的部分，不得归类为流动资产，仍在各该非流动资产项目中填列，不转入“一年内到期的非流动资产”项目。

（12）“债权投资”项目，反映资产负债表日企业以摊余成本计量的长期债权投资的期末账面价值。本项目应根据“债权投资”科目的相关明细科目期末余额，减去“债权投资减值准备”科目中相关减值准备的期末余额后的金额分析填列。自资产负债表日起一年内到期的长期债权投资的期末账面价值，在“一年内到期的非流动资产”项目反映。企业购入的以摊余成本计量的一年内到期的债权投资的期末账面价值，在“其他流动资产”项目反映。

（13）“其他债权投资”项目，反映资产负债表日企业分类为以公允价值计量且其变动计入其他综合收益的长期债权投资的期末账面价值。本项目应根据“其他债权投资”科目的相关明细科目期末余额分析填列。自资产负债表日起一年内到期的长期债权投资的期末账面价值，在“一年内到期的非流动资产”项目反映。企业购入的以公允价值计量且其变动计入其他综合收益的一年内到期的债权投资的期末账面价值，在“其他流动资产”项目反映。

（14）“长期应收款”项目，反映企业融资租赁产生的应收款项和采用递延方式分期收款、实质上具有融资性质的销售商品和提供劳务等经营活动产生的应收款项。本项目应根据“长期应收款”科目的期末余额，减去相应的“未实现融资收益”科目和“坏账准备”科目所属相关明细科目期末余额后的净额填列。

（15）“长期股权投资”项目，反映投资方对被投资单位实施共同控制、重大影响的权益性投资，以及对其合营企业的权益性投资。本项目应根据“长期股权投资”科目的期末余额减去“长期股权投资减值准备”科目的期末余额后的金额填列。

（16）“其他权益工具投资”项目，反映资产负债表日企业指定为以公允价值计量且其变动计入其他综合收益的非交易性权益工具投资的期末账面价值。本项目应根据“其他权益工具投资”科目的期末余额填列。

（17）“固定资产”项目，反映资产负债表日企业固定资产的期末账面价值和企业尚未清理完毕的固定资产清理净损益。本项目应根据“固定资产”科目的期末余额，减去“累计折旧”和“固定资产减值准备”科目的期末余额后的金额，以及“固定资产清理”科目的期末余额填列。

（18）“在建工程”项目，反映资产负债表日企业尚未达到预定可使用状态的在建工程的期末账面价值和企业为在建工程准备的各种物资的期末账面价值。本项目应根据“在建工程”科目的期末余额，减去“在建工程减值准备”科目的期末余额后的金额，以及“工程物资”科目的期末余额，减去“工程物资减值准备”科目的期末余额后的金额填列。

（19）“使用权资产”项目，反映资产负债表日承租人企业持有的使用权资产的期末账面价值。本项目应根据“使用权资产”科目的期末余额，减去“使用权资产累计折旧”和“使用权资产减值准备”科目的期末余额后的金额填列。

（20）“无形资产”项目，反映企业持有的无形资产，包括专利权、非专利技术、商标权、著作权、土地使用权等。本项目应根据“无形资产”的期末余额减去“累计摊销”和“无形资产减值准备”科目期末余额后的金额填列。

(21)“开发支出”项目，反映企业开发无形资产过程中能够资本化形成无形资产成本的支出部分。本项目应当根据“研发支出”科目中所属的资本化支出明细科目期末余额填列。

(22)“长期待摊费用”项目，反映企业已经发生但应由本期和以后各期负担的、分摊期限在一年以上的各项费用。长期待摊费用中在一年内（含一年）摊销的部分在资产负债表“一年内到期的非流动资产”项目填列。本项目应根据“长期待摊费用”科目的期末余额减去将于一年内（含一年）摊销的数额后的金额填列。

(23)“递延所得税资产”项目，反映企业根据所得税准则确认的可抵扣暂时性差异产生的所得税资产。本项目应根据“递延所得税资产”科目的期末余额填列。

(24)“其他非流动资产”项目，反映企业除长期股权投资、固定资产、在建工程、无形资产等以外的其他非流动资产。本项目应根据有关科目的期末余额填列。

【小思考16-3】为什么资产负债表中的不少资产项目均以账面价值填列？

(二) 负债项目的填列说明

(1)“短期借款”项目，反映企业向银行或其他金融机构等借入的，期限在一年以下（含一年）的各种借款。本项目应根据“短期借款”科目的期末余额填列。

(2)“交易性金融负债”项目，反映企业资产负债表日承担的交易性金融负债，以及企业持有的直接指定为以公允价值计量且其变动计入当期损益的金融负债的期末账面价值。本项目应根据“交易性金融负债”科目的相关明细科目期末余额填列。

(3)“应付票据”项目，反映资产负债表日以摊余成本计量的、企业因购买材料、商品和接受劳务等开出、承兑的商业汇票，包括银行承兑汇票和商业承兑汇票。本项目应根据“应付票据”科目的期末余额填列。

(4)“应付账款”项目，反映资产负债表日以摊余成本计量的、企业因购买材料、商品和接受劳务等经营活动应支付的款项。本项目应根据“应付账款”和“预付账款”科目所属的相关明细科目的期末贷方余额合计数填列。

(5)“预收款项”项目，反映企业按照购货合同的规定预收购货单位的款项。本项目应根据“预收账款”和“应收账款”科目所属各明细科目的期末贷方余额合计数填列。如“预收账款”科目所属各明细科目期末有借方余额，应在资产负债表“应收账款”项目内填列。

(6)“合同负债”项目，反映企业应按照《企业会计准则第14号——收入》(2020年修订)的相关规定，根据本企业履行履约义务与客户付款之间的关系在资产负债表中列示的合同负债。“合同负债”项目应根据“合同负债”科目的相关明细科目期末余额分析填列。

(7)“应付职工薪酬”项目，反映企业为获得职工提供的服务或解除劳动关系而给予的各种形式的报酬或补偿。企业提供给职工配偶、子女、受赡养人、已故员工遗属及其他受益人等的福利，也属于职工薪酬。职工薪酬主要包括短期薪酬、离职后福利、辞退福利和其他长期职工福利。本项目应根据“应付职工薪酬”科目所属各明细科目的期末贷方余额分析填列。外商投资企业按规定从净利润中提取的职工奖励及福利基金，也包括在本项目列示。

(8)“应交税费”项目，反映企业按照税法的规定计算应交纳的各种税费，包括增值税、消费税、所得税、资源税、土地增值税、城市维护建设税、房产税、城镇土地使用税、车船税、教育费附加、矿产资源补偿费等。企业代扣代交的个人所得税，也通过本项目列示。企业所交纳的税金不需要预计应交数的（如印花税、耕地占用税等）不在本项目列示。本项目应根据“应交税费”科目的期末贷方余额填列。如“应交税费”科目期末为借方余额，应以“-”号填列。

(9)“其他应付款”项目，本项目应根据“应付利息”、“应付股利”和“其他应付款”科目的期末余额合计数填列。其中的“应付利息”仅反映相关金融工具已到期应支付但于资产负债表日尚未支付的利息。基于实际利率法计提的金融工具的利息应包含在相应金融工具的账面余额中。

(10)“持有待售负债”项目，反映资产负债表日处置组中与划分为持有待售类别的资产直接相关的负债的期末账面价值。本项目应根据“持有待售负债”科目的期末余额填列。

(11)“一年内到期的非流动负债”项目，反映企业非流动负债中将于资产负债表日后一年内到期部分的金额（如将于一年内偿还的长期借款）。本项目应根据有关科目的期末余额填列。

(12)“长期借款”项目，反映企业向银行或其他金融机构借入的期限在一年以上（不含一年）的各项借款。本项目应根据“长期借款”科目的期末余额，扣除“长期借款”科目所属的明细科目中将在资产负债表日起一年内到期且企业不能自主地将清偿义务展期的长期借款后的金额计算填列。

(13)“应付债券”项目，反映企业为筹集长期资金而发行的债券本金和利息。本项目应根据“应付债券”科目的期末余额填列。

(14)“租赁负债”项目，反映资产负债表日承租人企业尚未支付的租赁付款额的期末账面价值。本项目应根据“租赁负债”科目的期末余额填列。自资产负债表日起一年内到期应予以清偿的租赁负债的期末账面价值，在“一年内到期的非流动负债”项目反映。

(15)“长期应付款”项目，反映资产负债表日企业除长期借款和应付债券以外的其他各种长期应付款项的期末账面价值。该项目应根据“长期应付款”科目的期末余额，减去相关的“未确认融资费用”科目的期末余额后的金额，以及“专项应付款”科目的期末余额，再减去所属相关明细科目中将于一年内到期的部分后的金额填列。

(16)“预计负债”项目，反映企业根据或有事项等相关准则确认的各项预计负债，包括对外提供担保、未决诉讼、产品质量保证、重组义务以及固定资产和矿区权益弃置义务等产生的预计负债。本项目应根据“预计负债”科目的期末余额填列。

(17)“递延收益”项目，反映企业尚待确认的收入或收益。本项目包括企业根据政府补助准则确认的应在以后期间计入当期损益的政府补助金额、售后租回形成融资租赁的售价与资产账面价值差额等其他递延性收入。本项目应根据“递延收益”科目的期末余额填列。

(18)“递延所得税负债”项目，反映企业根据所得税准则确认的应纳税暂时性差异产生的所得税负债。本项目应根据“递延所得税负债”科目的期末余额填列。

(19)“其他非流动负债”项目，反映企业除以上非流动负债以外的其他非流动负债。本项目应根据有关科目的期末余额，减去将于一年内（含一年）到期偿还数后的余额填列。非流动负债各项目中将于一年内（含一年）到期的非流动负债，应在“一年内到期的非流动负债”项目内单独反映。

（三）所有者权益项目的填列说明

（1）“实收资本（或股本）”项目，反映企业各投资者实际投入的资本（或股本总额）。本项目应根据“实收资本（或股本）”科目的期末余额填列。

（2）“其他权益工具”项目，反映企业发行的除普通股以外分类为权益工具的金融工具的账面价值，并设“优先股”和“永续债”两个项目，分别反映企业发行的分类为权益工具的优先股和永续债的账面价值。

（3）“资本公积”项目，反映企业资本公积的期末余额。本项目应根据“资本公积”科目的期末余额填列。

（4）“其他综合收益”项目，反映企业其他综合收益的期末余额。本项目应根据“其他综合收益”科目的期末余额填列。

（5）“专项储备”项目，反映高危行业企业按国家规定提取的安全生产费的期末账面价值。本项目应根据“专项储备”科目的期末余额填列。

（6）“盈余公积”项目，反映企业盈余公积的期末余额。本项目应根据“盈余公积”科目的期末余额填列。

（7）“未分配利润”项目，反映企业尚未分配的利润。本项目应根据“本年利润”科目和“利润分配”科目的余额计算填列。未弥补的亏损在本项目内以“－”号填列。

六、资产负债表的编制实例

【工作实例16-1】海鸥公司为增值税一般纳税人，存货采用实际成本法进行核算。2022年12月31日的资产负债表（简化）见表16-2。

表16-2　资产负债表　会企01表

编制单位：海鸥公司　2022年12月31日　单位：元

资　产	期末余额	上年年末余额	负债及所有者权益（或股东权益）	期末余额	上年年末余额
流动资产：		（略）	流动负债：		（略）
货币资金	1 200 000		短期借款	680 000	
交易性金融资产	48 000		应付票据	729 000	
应收账款	457 000		应付账款	492 000	
其他应收款	94 000		应付职工薪酬	29 700	
存货	420 000		应交税费	236 900	
流动资产合计	2 219 000		其他应付款	61 400	
非流动资产：			一年内到期的非流动负债	200 000	
债权投资	468 000		流动负债合计	2 429 000	
其他债权投资			非流动负债：		

续表

资 产	期末余额	上年年末余额	负债及所有者权益（或股东权益）	期末余额	上年年末余额
长期股权投资	250 000		长期借款	4 300 000	
其他权益工具投资			非流动负债合计	4 300 000	
固定资产	8 525 000		负债合计	6 729 000	
在建工程			所有者权益（或股东权益）：		
无形资产	648 000		资本公积	462 000	
开发支出	120 000		盈余公积	513 000	
长期待摊费用			实收资本（或股本）	4 000 000	
其他非流动资产	412 000		未分配利润	938 000	
非流动资产合计	10 423 000		所有者权益（或股东权益）合计	5 913 000	
资产总计	12 642 000		负债及所有者权益（或股东权益）总计	12 642 000	

会计人员根据2023年所登记的会计账簿记录及其他记录，整理出2023年总账及有关明细账余额见表16-3。

表16-3 科目余额表 单位：元

会计科目	借方余额	会计科目	贷方余额
库存现金	5 000	坏账准备（应收账款）	16 700
银行存款	937 110	累计折旧	412 000
其他货币资金	221 140	累计摊销	57 900
交易性金融资产	50 000	短期借款	980 000
应收账款	678 000	应付票据	650 000
应收利息	56 000	应付账款	392 000
其他应收款	14 000	应付利息	38 900
在途物资	38 000	其他应付款	51 400
原材料	275 400	应付职工薪酬	20 900
库存商品	671 500	应交税费	324 800
生产成本	128 550	长期借款	3 310 000
长期股权投资	250 000	实收资本	4 000 000
固定资产	8 550 000	资本公积	500 000
工程物资	57 900	盈余公积	980 000
无形资产	684 100	未分配利润	952 100
长期待摊费用	70 000		
合 计	12 686 700	合 计	12 686 700

根据《企业会计准则第30号——财务报表列报》的有关规定，企业会计人员编制的资产负债表（简表）见表16-4。

表16-4　资产负债表（简表）　会企01表

编制单位：海鸥公司　2023年12月31日　单位：元

资　产	期末余额	上年年末余额	负债及所有者权益（或股东权益）	期末余额	上年年末余额
流动资产：			流动负债：		
货币资金	1 163 250	1 200 000	短期借款	980 000	680 000
交易性金融资产	50 000	48 000	应付票据	650 000	729 000
应收账款	661 300	457 000	应付账款	392 000	492 000
预付款项			应付职工薪酬	20 900	29 700
其他应收款	70 000	94 000	应交税费	324 800	236 900
存货	1 113 450	420 000	其他应付款	90 300	61 400
流动资产合计	3 058 000	2 219 000	一年内到期的非流动负债		200 000
非流动资产：			流动负债合计	2 458 000	2 429 000
债权投资		468 000	非流动负债：		
其他债权投资			长期借款	3 310 000	4 300 000
长期股权投资	250 000	250 000	长期应付款		
固定资产	8 138 000	8 525 000	非流动负债合计	3 310 000	4 300 000
在建工程	57 900		负债合计	5 768 000	6 929 000
无形资产	626 200	648 000	所有者权益（或股东权益）：		
开发支出		120 000	实收资本（或股本）	4 000 000	4 000 000
长期待摊费用	70 000	412 000	资本公积	500 000	462 000
非流动资产合计	9 142 100	10 423 000	盈余公积	980 000	513 000
			未分配利润	952 100	938 000
			所有者权益（或股东权益）合计	6 432 100	5 913 000
资产总计	12 200 100	12 642 000	负债及所有者权益（或股东权益）总计	12 200 100	12 642 000

任务二　利润表的编制

一、利润表的内容和格式

微课

利润表

（一）利润表的概念

利润表是指反映企业在一定会计期间的经营成果的报表。通过提供利润表，可以从总体上反映企业在一定会计期间收入、费用、利润（或亏损）的数额及构成情况；同时，通过利润表提供的不同时期的比较数字（本期金额和上期金额），可以帮助财务报表使用者全面了解企业的经营成果，分析企业的获利能力及盈利增长趋势，了解投资者投入资本的保值增值情况，从而为其作出经济决策提供依据。由于利润表既是企业经营业绩的综合体现，又是企业进行利润分配的主要依据，因此，利润表是会计报表中的一张主要报表。

（二）利润表的格式及内容

利润表通过一定的表格来反映企业经营成果，利润表的格式主要有多步式和单步式两种，我国企业利润表采用多步式格式。多步式利润表格式见表16-5。

表16-5　　利润表　　会企02表

编制单位：　　年　月　　单位：元

项　　目	本期金额	上期金额
一、营业收入		
减：营业成本		
税金及附加		
销售费用		
管理费用		
研发费用		
财务费用		
其中：利息费用		
利息收入		
加：其他收益		
投资收益（损失以“－”号填列）		
其中：对联营企业和合营企业的投资收益		
净敞口套期收益（损失以“－”号填列）		

续表

项　目	本期金额	上期金额
公允价值变动收益（损失以“－”号填列）		
信用减值损失（损失以“－”号填列）		
资产减值损失（损失以“－”号填列）		
资产处置收益（损失以“－”号填列）		
二、营业利润（亏损以“－”号填列）		
加：营业外收入		
减：营业外支出		
三、利润总额（亏损总额以“－”号填列）		
减：所得税费用		
四、净利润（净亏损以“－”号填列）		
（一）持续经营净利润（净亏损以“－”号填列）		
（二）终止经营净利润（净亏损以“－”号填列）		
五、其他综合收益的税后净额		
（一）不能重分类进损益的其他综合收益		
1.重新计量设定受益计划变动额		
2.权益法下不能转损益的其他综合收益		
⋮		
（二）将重分类进损益的其他综合收益		
1.权益法下可转损益的其他综合收益		
2.其他债权投资公允价值变动		
⋮		
六、综合收益总额		
七、每股收益：		
（一）基本每股收益		
（二）稀释每股收益		

单位负责人：　　　　　　财务负责人：　　　　　　制表人：

根据上述格式，我们可以清楚地看到多步式利润表主要包括营业利润、利润总额、净利润和综合收益总额四个部分，其关系如下。

1. 营业利润

以营业收入为基础，减去营业成本、税金及附加、销售费用、管理费用、研发费用、财务费用，加上其他收益、投资损益、公允价值变动损益、信用减值损益、资产减值损益、资产处置损益，可计算出营业利润。其计算公式如下：

营业利润 = 营业收入 − 营业成本 − 税金及附加 − 销售费用 − 管理费用 − 研发费用 − 财务费用 + 其他收益 + 投资收益（− 投资损失）+ 公允价值变动收益（− 公允价值变动损失）+ 信用减值损失+ 资产减值损失+ 资产处置收益（− 资产处置损失）

【小思考 16-4】为什么利润表把“信用减值损失”“资产减值损失”也列入营业利润的范畴？

2. 利润总额

以营业利润为基础加上营业外收入，减去营业外支出，计算出利润总额。其计算公式为：

利润总额 = 营业利润 + 营业外收入 − 营业外支出

3. 净利润

以利润总额为基础，减去所得税费用，计算出净利润（或净亏损）。其计算公式为：

净利润 = 利润总额 − 所得税费用

4. 综合收益总额

以净利润为基础，加上其他综合收益扣除所得税影响后的净额，计算出综合收益总额。其计算公式为：

综合收益总额 = 净利润 + 其他综合收益税后净额

二、利润表的编制

利润表各项目均需填列“本期金额”和“上期金额”两栏。利润表“本期金额”“上期金额”栏内各项数字除“每股收益”项目外，应当按照相关科目的发生额分析填列。

（一）“上期金额”的填列方法

“上期金额”栏内各项目数字，应根据上年同期利润表的“本期金额”栏内所列数字填列。如果上年度利润表中的项目名称与本年度不一致，应对上年度利润表各项目的名称和数字按照本年度的规定进行调整，填入本表“上期金额”栏。

（二）“本期金额”的填列方法

在编制中期利润表时，“本期金额”栏应分为“本期金额”和“年初至本期末累计发生额”两栏，分别填列各项目本中期（月、季或半年）实际发生额以及自年初起至本中期（月、季或半年）末止的各项目累计实际发生额。“上期金额”栏应分为“上年可比本中期金额”和“上年初至可比本中期末累计发生额”两栏，应根据上年可比中期利润表“本期金额”栏下对应的两栏数字分别填列。中期利润表见表16-6。

表16-6 中期利润表

编制单位： 年 月 单位：元

项 目	本期金额		上期金额	
	本期金额	年初至本期末累计发生额	上年可比本中期金额	上年初至可比本中期末累计发生额

年终结账时，由于全年的收入和支出已全部转入“本年利润”科目，并且通过收支对比结出本年净利润的数额，因此，应将年度利润表中的“净利润”数字与“本年利润”科目结转到“利润分配——未分配利润”科目的数字相核对，检查账簿记录和报表编制的正确性。

（三）利润表项目的填列说明

（1）“营业收入”项目反映企业经营主要业务和其他业务所确认的收入总额。本项目应根据“主营业务收入”和“其他业务收入”科目的发生额分析填列。

（2）“营业成本”项目反映企业经营主要业务和其他业务所发生的成本总额。本项目应根据“主营业务成本”和“其他业务成本”科目的发生额分析填列。

（3）“税金及附加”项目反映企业经营业务应负担的消费税、城市维护建设税、资源税、土地增值税、教育费附加、房产税、印花税、车船税、城镇土地使用税等。本项目应根据“税金及附加”科目的发生额分析填列。

（4）“销售费用”项目反映企业在销售商品过程中发生的包装费、广告费等费用和为销售本企业商品而专设的销售机构的职工薪酬、业务费等经营费用。本项目应根据“销售费用”科目的发生额分析填列。

（5）“管理费用”项目反映企业为组织和管理生产经营发生的管理费用。本项目应根据“管理费用”科目的发生额分析填列。

（6）“研发费用”项目，反映企业进行研究与开发过程中发生的费用化支出以及计入管理费用的自行开发无形资产的摊销。本项目应根据“管理费用”科目下的“研发费用”明细科目的发生额分析填列。

（7）“财务费用”项目。“财务费用”项目下的“利息费用”项目，反映企业为筹集生产经营所需资金等而发生的应予费用化的利息支出。该项目应根据“财务费用”科目的相关明细科目的发生额分析填列。该项目作为“财务费用”项目的其中项，以正数填列。“财务费用”项目下的“利息收入”项目，反映企业按照相关会计准则确认的应冲减财务费用的利息收入。本项目应根据“财务费用”科目的相关明细科目的发生额分析填列。该项目作为“财务费用”项目的其中项，以正数填列。

（8）“其他收益”项目，反映企业计入其他收益的政府补助等。本项目应根据“其他收益”科目的发生额分析填列。

（9）“投资收益”项目，反映企业以各种方式对外投资所取得的收益。本项目应根据

“投资收益”科目的发生额分析填列；如为投资损失，本项目以“-”号填列。

（10）“以摊余成本计量的金融资产终止确认收益”项目，反映企业因转让等情形导致终止确认以摊余成本计量的金融资产而产生的利得或损失。本项目应根据“投资收益”科目的相关明细科目的发生额分析填列；如为损失，以“-”号填列。

（11）“净敞口套期收益”项目，反映净敞口套期下被套期项目累计公允价值变动转入当期损益的金额或现金流量套期储备转入当期损益的金额。本项目应根据“净敞口套期损益”科目的发生额分析填列；如为套期损失，以“-”号填列。

（12）“公允价值变动收益”项目，反映企业应当计入当期损益的资产或负债公允价值变动收益。本项目应根据“公允价值变动损益”科目的发生额分析填列；如为净损失，本项目以“-”号填列。

（13）“信用减值损失”项目，反映企业按照《企业会计准则第22号——金融工具确认和计量》的要求计提的各项金融工具减值准备所确认的信用损失。本项目应根据“信用减值损失”科目的发生额分析填列。

（14）“资产减值损失”项目，反映企业各项资产发生的减值损失。本项目应根据“资产减值损失”科目的发生额分析填列。

（15）“资产处置收益”项目，反映企业出售划分为持有待售的非流动资产（金融工具、长期股权投资和投资性房地产除外）或处置组（子公司和业务除外）时确认的处置利得或损失，以及处置未划分为持有待售的固定资产、在建工程、生产性生物资产及无形资产而产生的处置利得或损失。债务重组中因处置非流动资产产生的利得或损失、非货币性资产交换中换出非流动资产产生的利得或损失也包括在本项目中。本项目应根据“资产处置损益”科目的发生额分析填列；如为处置损失，本项目以“-”号填列。

（16）“营业利润”项目，反映企业实现的营业利润；如为亏损，本项目以“-”号填列。

（17）“营业外收入”项目，反映企业发生的除营业利润以外的收益，主要包括与企业日常活动无关的政府补助、盘盈利得、捐赠利得（企业接受股东或股东的子公司直接或间接的捐赠，经济实质属于股东对企业的资本性投入的除外）等。本项目应根据“营业外收入”科目的发生额分析填列。

（18）“营业外支出”项目，反映企业发生的除营业利润以外的支出，主要包括公益性捐赠支出、非常损失、盘亏损失、非流动资产毁损报废损失等。本项目应根据“营业外支出”科目的发生额分析填列。非流动资产毁损报废损失通常包括因自然灾害发生毁损、已丧失使用功能等原因而报废清理产生的损失。企业在不同交易中形成的非流动资产毁损报废利得和损失不得相互抵销，应分别在“营业外收入”项目和“营业外支出”项目进行填列。

（19）“利润总额”项目，反映企业实现的利润；如为亏损，本项目以“-”号填列。

（20）“所得税费用”项目，反映企业应从当期利润总额中扣除的所得税费用；本项目应根据“所得税费用”科目的发生额分析填列。

（21）“净利润”项目，反映企业实现的净利润；如为亏损，本项目以“-”号填列。其中：“（一）持续经营净利润”和“（二）终止经营净利润”项目，分别反映净利润中与持续经营相关的净利润和与终止经营相关的净利润；如为净亏损，以“-”号填列。

(22)“其他综合收益的税后净额”项目，反映企业根据其他会计准则规定未在当期损益中确认的各项利得和损失扣除所得税影响后的净额。

(23)“其他权益工具投资公允价值变动”项目，反映企业指定为以公允价值计量且其变动计入其他综合收益的非交易性权益工具投资发生的公允价值变动。本项目应根据“其他综合收益”科目的相关明细科目的发生额分析填列。

(24)“企业自身信用风险公允价值变动”项目，反映企业指定为以公允价值计量且其变动计入当期损益的金融负债，由企业自身信用风险变动引起的公允价值变动而计入其他综合收益的金额。本项目应根据“其他综合收益”科目的相关明细科目的发生额分析填列。

(25)“其他债权投资公允价值变动”项目，反映企业分类为以公允价值计量且其变动计入其他综合收益的债权投资发生的公允价值变动。企业将一项以公允价值计量且其变动计入其他综合收益的金融资产重分类为以摊余成本计量的金融资产，或重分类为以公允价值计量且其变动计入当期损益的金融资产时，之前计入其他综合收益的累计利得或损失从其他综合收益中转出的金额作为本项目的减项。本项目应根据“其他综合收益”科目下的相关明细科目的发生额分析填列。

(26)“金融资产重分类计入其他综合收益的金额”项目，反映企业将一项以摊余成本计量的金融资产重分类为以公允价值计量且其变动计入其他综合收益的金融资产时，计入其他综合收益的原账面价值与公允价值之间的差额。本项目应根据“其他综合收益”科目下的相关明细科目的发生额分析填列。

(27)“其他债权投资信用减值准备”项目，反映企业按照《企业会计准则第22号——金融工具确认和计量》第十八条分类为以公允价值计量且其变动计入其他综合收益的金融资产的损失准备。本项目应根据“其他综合收益”科目下的“信用减值准备”明细科目的发生额分析填列。

(28)“现金流量套期储备”项目，反映企业套期工具产生的利得或损失中属于套期有效的部分。本项目应根据“其他综合收益”科目下的“套期储备”明细科目的发生额分析填列。

(29)“综合收益总额”项目，反映企业净利润与其他综合收益的合计金额。

(四) 每股收益

对于普通股或潜在普通股已公开交易的企业，以及正处于公开发行普通股或潜在普通股过程中的企业，还应当在利润表中单独列示“基本每股收益”和“稀释每股收益”。

1. 基本每股收益

基本每股收益仅考虑当期实际发行在外的普通股股份，按照归属于普通股股东的当期净利润除以发行在外普通股的加权平均数计算基本每股收益。

$$\text{发行在外的普通股加权平均数}=\text{期初发行在外的普通股股数}+\text{当期新发行的普通股股数}\times\text{已发行时间}\div\text{报告期时间}-\text{当期回购的普通股股数}\times\text{已回购时间}\div\text{报告期时间}$$

已发行时间、报告期时间和已回购时间一般按照天数计算；在不影响计算结果合理性的前提下，也可以采用简化的计算方法。

2. 稀释每股收益

企业存在稀释性潜在普通股的，应当分别调整归属于普通股股东的当期净利润和发行在外的普通股的加权平均数，并据以计算稀释每股收益。计算稀释每股收益时，假设潜在普通股在当期期初已经全部转换为普通股。潜在普通股是指赋予其持有者在报告期或以后期间享有取得普通股权利的一种金融工具或其他合同。目前，我国企业发行的潜在普通股主要有可转换公司债券、认股权证、股份期权等。

三、利润表的编制实例

【工作实例16-2】昌盛公司（非股份制企业）2023年12月31日各损益类科目本年累计数见表16-7。

表16-7 损益类科目本年累计数 单位：元

科目名称	借方发生额	贷方发生额
主营业务收入		6 000 000
主营业务成本	4 200 000	
其他业务收入		300 000
其他业务成本	200 000	
税金及附加	180 000	
销售费用	220 000	
管理费用	723 000	
财务费用	160 000	
资产减值损失	8 000	
投资收益		320 000
营业外收入		12 000
营业外支出	17 000	
所得税费用	231 000	

根据以上资料，编制的昌盛公司2023年度利润表（简表）见表16-8。

表16-8 利润表 会企02表

编制单位：昌盛公司 2023年12月 单位：元

项 目	本期金额	上期金额
一、营业收入	6 300 000	
减：营业成本	4 400 000	
税金及附加	180 000	
销售费用	220 000	
管理费用	723 000	

续表

项　目	本期金额	上期金额
财务费用	160 000	
加：其他收益		
投资收益（损失以“-”号填列）	320 000	
公允价值变动收益（损失以“-”号填列）		
资产减值损失（损失以“-”号填列）	-8 000	
二、营业利润（亏损以“-”号填列）	929 000	
加：营业外收入	12 000	
减：营业外支出	17 000	
三、利润总额（亏损总额以“-”号填列）	924 000	
减：所得税费用	231 000	
四、净利润（净亏损以“-”号填列）	693 000	
（一）持续经营净利润（净亏损以“-”号填列）		
（二）终止经营净利润（净亏损以“-”号填列）		
五、其他综合收益的税后净额	693 000	
六、综合收益总额	693 000	

任务三　现金流量表的编制

一、现金流量表的概念及分类

（一）现金流量表的概念

现金流量表是指反映企业在一定会计期间现金和现金等价物流入和流出的报表。现金流量表是以现金为基础编制的，这里的现金是广义的概念，它包括现金及现金等价物。其中，现金是指企业库存现金以及可以随时用于支付的存款，不能随时用于支付的存款不属于现金。现金等价物是指企业持有的期限短、流动性强、易于转换为已知金额现金、价值变动风险很小的投资。期限短，一般是指从购买日起三个月内到期。现金等价物通常包括三个月内到期的债券投资等。权益性投资变现的金额通常不确定，因而不属于现金等价物。企业应当根据具体情况确定现金等价物的范围，一经确定不得随意变更。

微课
现金流量表

我国企业的现金流量表包括正表和补充资料两部分。正表是现金流量表的主体，企业一定会计期间现金流量的信息主要由正表提供。正表采用报告式的结构，按照现金流量的性质，依次分类反映经营活动产生的现金流量、投资活动产生的现金流量和筹资活动产生的现金流量，最后汇总反映企业现金及现金等价物净增加额。现金流量表的补充资料包括三部分内容：①将净利润调节为经营活动的现金流量；②不涉及现金收支的投资和筹资活动；③现金及现金等价物净增加情况。

现金流量表的基本格式见表16-9。

表16-9　　现金流量表　　会企03表

编制单位：　　年　　单位：元

项　目	本期金额	上期金额
一、经营活动产生的现金流量：		
销售商品、提供劳务收到的现金		
收到的税费返还		
收到其他与经营活动有关的现金		
经营活动现金流入小计		
购买商品、接受劳务支付的现金		
支付给职工以及为职工支付的现金		
支付的各项税费		
支付其他与经营活动有关的现金		
经营活动现金流出小计		
经营活动产生的现金流量净额		
二、投资活动产生的现金流量：		
收回投资收到的现金		
取得投资收益收到的现金		
处置固定资产、无形资产和其他长期资产收回的现金净额		
处置子公司及其他营业单位收到的现金净额		
收到其他与投资活动有关的现金		
投资活动现金流入小计		
购建固定资产、无形资产和其他长期资产支付的现金		
投资支付的现金		
取得子公司及其他营业单位支付的现金净额		
支付其他与投资活动有关的现金		
投资活动现金流出小计		

续表

项　目	本期金额	上期金额
投资活动产生的现金流量净额		
三、筹资活动产生的现金流量：		
吸收投资收到的现金		
取得借款收到的现金		
收到其他与筹资活动有关的现金		
筹资活动现金流入小计		
偿还债务支付的现金		
分配股利、利润或偿付利息支付的现金		
支付其他与筹资活动有关的现金		
筹资活动现金流出小计		
筹资活动产生的现金流量净额		
四、汇率变动对现金及现金等价物的影响		
五、现金及现金等价物净增加额		
加：期初现金及现金等价物余额		
六、期末现金及现金等价物余额		

（二）现金流量的分类

现金流量是指现金及现金等价物的流入和流出，可划分为经营活动产生的现金流量、投资活动产生的现金流量和筹资活动产生的现金流量三类。

1. 经营活动产生的现金流量

经营活动是指企业投资活动和筹资活动以外的所有交易和事项。经营活动的现金流入主要是指销售商品或提供劳务等所收到的现金；经营活动的现金流出主要是指购买货物、接受劳务、广告宣传、支付职工薪酬、交纳税款等所支出的现金。通过经营活动产生的现金流量的计算，可以反映企业经营活动对现金流入和现金流出净额的影响程度，判断企业在不对外筹集资金的情况下，是否足以维持生产经营、偿还债务、支付股利、对外投资等。

2. 投资活动产生的现金流量

投资活动是指企业固定资产、无形资产和其他长期资产的购建和处置，以及不包括在现金等价物范围内的投资及其处置活动。投资活动的现金流入主要包括收回投资收到的现金、分得的利润或取得债券利息收入收到的现金，以及处置固定资产、无形资产和其他长期资产收到的现金等；投资活动的现金流出则是指购建固定资产、无形资产和其他长期资产所支付的现金，以及进行权益性投资或债权性投资等所支付的现金。通过投资活动产生的现金流量的计算，可以分析企业经由投资获取现金流量的能力，以及投资产生的现金流量对企业现金流量净额的影响程度。

3. 筹资活动产生的现金流量

筹资活动是指导致企业资本及债务规模和构成发生变化的活动。筹资活动的现金流入包括吸收权益性投资或借款所收到的现金；筹资活动的现金流出主要包括偿还债务或减少资本所支付的现金，发生筹资费用所支付的现金，分配利润或偿付利息所支付的现金等。通过筹资活动产生的现金流量的计算，可以分析企业筹资的能力，以及筹资产生的现金流量对企业现金流量净额的影响程度。

企业编制现金流量表进行现金流量分类时，对于未特别指明的现金流量，应当按照现金流量的分类方法和重要性原则，判断某项交易或事项所产生的现金流量应当归属的类别或项目，对于重要的现金流入或流出项目，应当单独反映。对于自然灾害损失、保险索赔等特殊项目，应当根据其性质，分别归并到经营活动、投资活动和筹资活动现金流量类别中单独列报。

二、现金流量表的填列方法

（一）经营活动产生的现金流量

1.“销售商品、提供劳务收到的现金”项目

该项目反映企业销售商品、提供劳务实际收到的现金（包括应向购买者收取的增值税销项税额），包括本期的销售商品、提供劳务收到的现金，以及本期收到的前期销售价款和劳务收入款，本期预收的价款等，发生销货退回而支付的现金应从销售商品或提供劳务收入中扣除。企业销售材料和代购、代销业务收到的现金，也在本项目中反映。本项目可以根据“库存现金”“银行存款”“应收账款”“应收票据”“预收账款”“主营业务收入”“其他业务收入”等科目的记录分析填列。

2.“收到的税费返还”项目

该项目反映企业收到的返还的各种税费，包括收到的返还的增值税、消费税、关税、所得税、教育费附加等。本项目应根据“库存现金”“银行存款”“税金及附加”“营业外收入”“其他应收款”等科目的记录分析填列。

3.“收到其他与经营活动有关的现金”项目

该项目反映企业除了上述各项目以外所收到的其他与经营活动有关的现金流入，如经营租赁租金收入、罚款收入、流动资产损失中由个人赔偿的现金收入等。本项目应根据“库存现金”“银行存款”“营业外收入”等科目的记录分析填列。

4.“购买商品、接受劳务支付的现金”项目

该项目反映企业购买材料、商品、接受劳务实际支付的现金。购买商品、接受劳务支付的现金，包括当期购买商品支付的现金（包括增值税进项税额），当期支付的前期购买商品、接受劳务的未付款以及为购买商品、接受劳务而预付的现金等，扣除本期发生的购货退回而收到的现金。本项目应根据“库存现金”“银行存款”“应付账款”“应付票据”“预付账款”“主营业务成本”“其他业务成本”等科目的记录分析填列。

5.“支付给职工以及为职工支付的现金”项目

该项目反映企业实际支付给职工以及为职工支付的现金，包括本期实际支付给职工的工资、奖金、各种津贴和补贴等，以及为职工支付的其他费用。本项目不包括支付给离退休人员的各项费用及支付给在建工程人员的工资及其他费用。本项目应根据“应付职工薪

酬”“库存现金”“银行存款”等科目的记录分析填列。

6.“支付的各项税费”项目

该项目反映企业按规定支付的各种税费，包括本期发生并支付的税费，以及本期支付以前各期发生的税费和预交的税金，但不包括计入固定资产价值的、实际支付的耕地占用税，也不包括本期退回的增值税、所得税。本项目应根据“应交税费”“库存现金”“银行存款”等科目的记录分析填列。

7.“支付其他与经营活动有关的现金”项目

该项目反映企业除上述所支付的其他与经营活动有关的现金流出，如罚款支出，支付的差旅费、业务招待费等现金支出，支付的保险费等。本项目应根据“库存现金”“银行存款”“销售费用”“管理费用”“营业外支出”等科目的记录分析填列。

(二)投资活动产生的现金流量

1.“收回投资收到的现金”项目

该项目反映企业出售、转让或到期收回除现金等价物以外的对其他企业的权益工具、债务工具和合营中的权益等投资收到的现金。本项目不包括收回债务工具实现的投资收益、处置子公司及其他营业单位收到的现金净额。本项目可根据“交易性金融资产”“其他债权投资”“债权投资”“长期股权投资”“库存现金”“银行存款”等科目的记录分析填列。

2.“取得投资收益收到的现金”项目

该项目反映企业除现金等价物以外的对其他企业的权益工具、债务工具和合营中的权益分回的现金股利和债券利息，不包括股票股利。本项目可以根据“库存现金”“银行存款”“投资收益”等科目的记录分析填列。

3.“处置固定资产、无形资产和其他长期资产收回的现金净额”项目

该项目反映企业出售、报废固定资产、无形资产和其他长期资产所收回的现金，减去为处置这些资产而支付的有关费用后的净额。如所收回的现金净额为负数，则应在“支付其他与投资活动有关的现金”项目反映。本项目可以根据“固定资产清理”“库存现金”“银行存款”等科目的记录分析填列。

4.“处置子公司及其他营业单位收到的现金净额”项目

该项目反映企业处置子公司及其他营业单位收到的现金，减去相关处置费用以及子公司及其他营业单位持有的现金和现金等价物后的净额。本项目可以根据“长期股权投资”“库存现金”“银行存款”等科目的记录分析填列。

5.“收到其他与投资活动有关的现金”项目

该项目反映企业除了上述各项目以外，所收到的其他与投资活动有关的现金流入。比如，企业收回购买股票和债券时支付的已宣告但未领取的现金股利或已到付息期但尚未领取的债券利息。本项目可以根据“应收股利”“应收利息”“库存现金”“银行存款”等有关科目的记录分析填列。

6.“购建固定资产、无形资产和其他长期资产支付的现金”项目

该项目反映企业本期购买、建造固定资产、无形资产和其他长期资产所实际支付的现金，以及用现金支付的应由在建工程和无形资产负担的职工薪酬，不包括为购建固定资产而发生的借款利息资本化部分，以及融资租入固定资产支付的租赁费。本项目可以根据“固定资产”“在建工程”“无形资产”“库存现金”“银行存款”等科目的记录分析填列。

7.“投资支付的现金”项目

该项目反映企业取得除现金等价物以外的对其他企业的权益工具、债务工具和合营中的权益投资所支付的现金，以及支付的佣金、手续费等交易费用。本项目可以根据“交易性金融资产”“其他债权投资”“债权投资”“长期股权投资”“库存现金”“银行存款”等科目的记录分析填列。

8.“取得子公司及其他营业单位支付的现金净额”项目

该项目反映企业购买子公司及其他营业单位购买出价中以现金支付的部分，减去子公司及其他营业单位持有的现金和现金等价物后的净额。本项目可以根据“长期股权投资”“库存现金”“银行存款”等科目的记录分析填列。

9.“支付其他与投资活动有关的现金”项目

该项目反映企业除了上述各项目以外所支付的其他与投资活动有关的现金流出。如企业购买股票时实际支付的价款中包含的已宣告但未领取的现金股利，购买债券时支付的价款中包含的已到付息期但尚未领取的债券的利息等。本项目可以根据“应收股利”“应收利息”“库存现金”“银行存款”等有关科目的记录分析填列。

（三）筹资活动产生的现金流量

1.“吸收投资收到的现金”项目

该项目反映企业以发行股票、债券等方式筹集资金实际收到的款项，减去直接支付的佣金、手续费、宣传费、咨询费、印刷费等发行费用后的净额。本项目可以根据“实收资本（或股本）”“库存现金”“银行存款”等科目的记录分析填列。

2.“取得借款收到的现金”项目

该项目反映企业举借各种短期、长期借款等所收到的现金。本项目可以根据“短期借款”“长期借款”“应付债券”“库存现金”“银行存款”等科目的记录分析填列。

3.“收到其他与筹资活动有关的现金”项目

该项目反映企业除上述各项目外所收到的其他与筹资活动有关的现金流入，如接受现金捐赠等。本项目可以根据“库存现金”“银行存款”“营业外收入”等科目的记录分析填列。

4.“偿还债务支付的现金”项目

该项目反映企业偿还债务本金所支付的现金，包括偿还金融企业的借款本金、偿还债券本金等。本项目可以根据“短期借款”“长期借款”“应付债券”“库存现金”“银行存款”等科目的记录分析填列。

5.“分配股利、利润和偿付利息支付的现金”项目

该项目反映企业实际支付的现金股利、支付给其他投资单位的利润以及支付的借款利息、债券利息等。本项目可以根据“应付股利”“应付利息”“财务费用”“长期借款”“库存现金”“银行存款”等科目的记录分析填列。

6.“支付其他与筹资活动有关的现金”项目

该项目反映企业除上述各项目外所支付的其他与筹资活动有关的现金流出，如现金捐赠支出、融资租入固定资产支付的租赁费等。本项目可以根据“库存现金”“银行存款”“长期应付款”“营业外支出”等科目的记录分析填列。

（四）汇率变动对现金及现金等价物的影响

该项目反映企业外币现金流量以及境外子公司的现金流量折算为人民币时，所采用的

现金流量发生日的即期汇率或按照系统合理的方法确定的、与现金流量发生日即期汇率近似汇率折算的人民币金额与“现金及现金等价物净增加额”中的外币现金净增加额按期末汇率折算的人民币金额之间的差额。

三、现金流量表的编制方法

在具体编制现金流量表时，企业可根据业务量的大小及复杂程度，采用工作底稿法、T形账户法，或直接根据有关科目的记录分析填列。

（一）工作底稿法

工作底稿法就是以工作底稿为手段，以利润表和资产负债表数据为基础，结合有关科目的记录，对现金流量表的每一项目进行分析并编制调整分录，从而编制出现金流量表的一种方法。

采用工作底稿法编制现金流量表的程序是：

第一步，将资产负债表的年初余额和期末余额填入工作底稿的年初余额和期末余额栏。

第二步，对当期业务进行分析并编制调整分录。在调整分录中，有关现金和现金等价物的事项，并不直接借记或贷记现金，而是分别记入“经营活动产生的现金流量”“投资活动产生的现金流量”“筹资活动产生的现金流量”有关项目，借记表明现金流入，贷记表明现金流出。

第三步，将调整分录填入工作底稿中的相应部分。

第四步，核对调整分录，借贷合计应相等，资产负债表项目年初余额加减调整分录中的借贷金额以后，应当等于期末余额。

第五步，根据工作底稿中的现金流量表项目部分编制正式的现金流量表。

（二）T形账户法

T形账户法就是以T形账户为手段，以利润表和资产负债表数据为基础，对每一项目进行分析并编制调整分录，从而编制出现金流量表的一种方法。

采用T形账户法编制现金流量表的程序如下：

第一步，为所有的非现金项目（包括资产负债表项目和利润表项目）分别开设T形账户，并将各自的年初、期末数填入各该账户。

第二步，开设一个大的“现金及现金等价物”T形账户，每边分为经营活动、投资活动和筹资活动三个部分，左边记现金流入，右边记现金流出。与其他账户一样，填年初、期末数。

第三步，以利润表项目为基础，结合资产负债表分析每一个非现金项目的增减变动，并据此编制调整分录。

第四步，将调整分录填入各T形账户，并进行核对，该账户借贷相抵后的余额与原先填入的期末、年初数应当一致。

第五步，根据大的“现金及现金等价物”T形账户编制正式的现金流量表。

（三）分析填列法

分析填列法是指直接根据资产负债表、利润表和有关会计科目明细账的记录，分析计算出现金流量表各项目的金额，并据以编制现金流量表的一种方法。

四、现金流量表的编制实例

星海股份有限公司为工业企业。该公司2023年有关资料如下：

（1）资产、负债类部分账户年初、年末余额和本年发生额见表16-10。

表16-10 资产、负债类部分账户年初、年末余额和本年发生额 单位：万元

账户名称	年初余额		本年发生额		年末余额	
	借方	贷方	借方	贷方	借方	贷方
交易性金融资产	100		500	400	200	
应收票据	300			300		
应收账款（总）	500		3 000	2 800	700	
——甲公司	600		2 500	2 200	900	
——乙公司		100	500	600		200
坏账准备		6		3		9
应收股利			10	10		
原材料	300		2 000	2 200	100	
制造费用			800	800		
生产成本	100		4 000	3 800	300	
库存商品	200		3 800	3 500	500	
固定资产	5 000		400	1 000	4 400	
累计折旧		2 000	800	200		1 400
在建工程	1 000		300		1 300	
短期借款			200	250		50
长期借款		1 000				1 000
应付账款（总）		300	1 300	1 200		200
——丙公司		500	1 200	1 000		300
——丁公司	200		100	200	100	
应付职工薪酬		30	1 160	1 200		70
应交税费（总）		50	1 300	1 310		60
——应交增值税			850	850		
——未交增值税		30	180	200		50
——应交其他税费		25	289.3	275.3		11

（2）损益类部分账户本年发生额见表16-11。

表16-11 损益类部分账户本年发生额

单位：万元

账户名称	借方发生额	贷方发生额
主营业务收入		5 000
主营业务成本	3 500	
税金及附加	51	
销售费用	300	
管理费用	500	
财务费用	25	
投资收益		30
营业外支出	20	
所得税费用	198	

（3）货币资金的年初余额为120万元，年末余额为455万元。

（4）其他有关资料如下：

①交易性金融资产的取得及出售均为现金结算，且交易性金融资产均不属于现金等价物。

②“制造费用”及“生产成本”科目借方发生额含职工薪酬1 000万元、折旧费180万元，不含其他摊入的费用。

③“固定资产”科目借方发生额为现金购入的固定资产400万元；“在建工程”科目借方发生额含用现金支付的资本化利息费用30万元，以及用现金支付的出包工程款270万元。

④应付职工薪酬均为生产经营人员的薪酬。

⑤“应交税费——应交增值税”科目借方发生额含增值税进项税额340万元、已交税金310万元、转出未交增值税200万元，贷方发生额为销售商品发生的销项税额850万元；“应交税费——未交增值税”科目借方发生额为交纳的增值税180万元。

⑥“销售费用”及“管理费用”科目借方发生额含职工薪酬200万元、计提坏账准备3万元、折旧费20万元、房产税和印花税30万元以及用现金支付的其他费用467万元。

⑦“财务费用”科目借方发生额含票据贴现利息5万元以及用现金支付的其他利息。

⑧“投资收益”科目贷方发生额含出售股票获得的投资收益20万元以及收到的现金股利10万元。

⑨“营业外支出”科目借方发生额为报废固定资产发生的净损失20万元（报废固定资产的原价为1 000万元、累计折旧为800万元，支付的清理费用为30万元，收到的价款为210万元）。

⑩假定该公司年末未发生其他交易或事项。

根据以上资料，采用分析填列的方法，确定的星海股份有限公司2023年度的现金流量表各项目金额如下：

（1）销售商品、提供劳务收到的现金 = 营业收入 + 增值税（销项税额）+（应收票据年初余额 − 应收票据年末余额）+（应收账款年初余额 − 应收账款年末余额）+（预收账款年末余额 − 预收账款年初余额）− 计提的坏账准备 − 应收票据贴现利息 = 5 000 + 850 +（300 − 0）+（594 − 891）+（200 − 100）− 3 − 5 = 5 945（万元）。

（2）购买商品、接受劳务支付的现金 = 营业成本 + 增值税（进项税额）−（存货年初余额 − 存货年末余额）+（应付账款年初余额 − 应付账款年末余额）+（预付账款年末余额 − 预付账款年初余额）− 当期列入生产成本、制造费用的职工薪酬 − 当期列入生产成本、制造费用的折旧费等 = 3 500 + 340 −（600 − 900）+（500 − 300）+（100 − 200）− 1 000 − 180 = 3 060（万元）。

【小思考16–5】为什么在计算“购买商品、接受劳务支付的现金”指标时要扣除当期列入生产成本、制造费用的职工薪酬、折旧费等费用项目？

（3）支付给职工以及为职工支付的现金 = 生产成本、制造费用、销售费用、管理费用中的职工薪酬 +（应付职工薪酬年初余额 − 应付职工薪酬年末余额）= 1 000 + 200 +（30 − 70）= 1 160（万元）。

（4）支付的各项税费 = 税金及附加 + 当期所得税费用 + 应交税费（应交增值税——已交税金）+ 应交税费——未交增值税的科目借方发生额 + 管理费用中的税金 + 应交税费——其他税费（年初余额 − 年末余额）= 51 + 198 + 310 + 180 + 30 +（25 − 11）= 783（万元）。

（5）支付其他与经营活动有关的现金 = 销售费用和管理费用中用现金支付的其他费用 = 300 + 500 − 200 − 3 − 20 − 30 = 547（万元）或 = 467 + 80 = 547（万元）。

（6）收回投资收到的现金 = 交易性金融资产贷方发生额 + 与交易性金融资产一起收回的投资收益 = 400 + 20 = 420（万元）。

（7）取得投资收益收到的现金 = 收到的现金股利 = 30 − 20 = 10（万元）。

（8）处置固定资产、无形资产和其他长期资产收回的现金净额 = 报废固定资产收到的价款 − 支付的清理费用 = 210 − 30 = 180（万元）。

（9）购置固定资产、无形资产和其他长期资产支付的现金 = 现金购入的固定资产 + 用现金支付的出包工程款 = 400 + 270 = 670（万元）。

（10）取得借款收到的现金 = 短期借款的贷方发生额 = 250万元。

（11）偿还债务支付的现金 = 短期借款的借方发生额 = 200万元。

（12）分配股利、利润或偿付利息支付的现金 = 支付的财务费用中的借款利息 + 支付的资本化利息费用 = 25 − 5 + 30 = 50（万元）。

根据以上数据，编制的现金流量表见表16–12。

表16-12　　现金流量表　　会企03表

编制单位：星海股份有限公司　　2023年　　单位：万元

项　目	本期金额	上期金额
一、经营活动产生的现金流量：		略
销售商品、提供劳务收到的现金	5 945	
收到的税费返还		
收到其他与经营活动有关的现金		
经营活动现金流入小计	5 945	
购买商品、接受劳务支付的现金	3 060	
支付给职工以及为职工支付的现金	1 160	
支付的各项税费	783	
支付其他与经营活动有关的现金	547	
经营活动现金流出小计	5 550	
经营活动产生的现金流量净额	395	
二、投资活动产生的现金流量：		
收回投资收到的现金	420	
取得投资收益收到的现金	10	
处置固定资产、无形资产和其他长期资产收回的现金净额	180	
处置子公司及其他营业单位收到的现金净额		
收到其他与投资活动有关的现金		
投资活动现金流入小计	610	
购建固定资产、无形资产和其他长期资产支付的现金	670	
投资支付的现金		
取得子公司及其他营业单位支付的现金净额		
支付其他与投资活动有关的现金		
投资活动现金流出小计	670	
投资活动产生的现金流量净额	-60	
三、筹资活动产生的现金流量：		
吸收投资收到的现金		

续表

项　　目	本期金额	上期金额
取得借款收到的现金	250	
收到其他与筹资活动有关的现金		
筹资活动现金流入小计	250	
偿还债务支付的现金	200	
分配股利、利润或偿付利息支付的现金	50	
支付其他与筹资活动有关的现金		
筹资活动现金流出小计	250	
筹资活动产生的现金流量净额	0	
四、汇率变动对现金及现金等价物的影响		
五、现金及现金等价物净增加额	335	
加：期初现金及现金等价物余额	120	
六、期末现金及现金等价物余额	455	

任务四　所有者权益变动表的编制

一、所有者权益变动表的内容及结构

所有者权益变动表是指反映构成所有者权益的各组成部分当期的增减变动及结余情况的报表。通过该表可以分析企业某会计年度所有者权益各构成项目的增减情况，预测未来的变化趋势。该表能反映企业所有者权益增减变动的重要结构性信息，报表使用者可通过该表了解影响所有者权益变动的根源及影响金额。

在所有者权益变动表中，企业至少应当单独列示反映下列信息的项目：

（1）上年年末余额及会计政策变更和前期差错更正的累积影响金额。

（2）本年年初余额。

（3）本年增减变动金额，包括综合收益总额（净利润、其他综合收益）、所有者投入资本和减少资本、利润分配（提取盈余公积、对所有者分配利润等）。

（4）本年年末余额。

所有者权益变动表以矩阵的形式列示，见表16-13。一方面列示引起所有者权益变动的相关交易或事项，全面反映企业某一会计期间所有者权益的变动情况；另一方面按照所有者权益的各组成部分分别填列金额，通过本期与上期相关金额的比较，反映企业各交易或事项对所有者权益的影响金额。

表16-13

所有者权益变动表

会企04表

编制单位：　　　　　　　　　　年度　　　　　　　　　　单位：元

项目	本年金额										上年金额									
	实收资本（或股本）	其他权益工具			资本公积	减：库存股	其他综合收益	盈余公积	未分配利润	所有者权益合计	实收资本（或股本）	其他权益工具			资本公积	减：库存股	其他综合收益	盈余公积	未分配利润	所有者权益合计
		优先股	永续债	其他								优先股	永续债	其他						
一、上年年末余额																				
加：会计政策变更																				
前期差错更正																				
其他																				
二、本年年初余额																				
三、本年增减变动金额（减少以"–"号填列）																				
（一）综合收益总额																				
（二）所有者投入和减少资本																				
1.所有者投入的普通股																				
2.其他权益工具持有者投入资本																				
3.股份支付计入所有者权益的金额																				
4.其他																				

续表

项　目	本年金额										上年金额									
	实收资本（或股本）	其他权益工具			资本公积	减：库存股	其他综合收益	盈余公积	未分配利润	所有者权益合计	实收资本（或股本）	其他权益工具			资本公积	减：库存股	其他综合收益	盈余公积	未分配利润	所有者权益合计
		优先股	永续债	其他								优先股	永续债	其他						
（三）利润分配																				
1.提取盈余公积																				
2.对所有者（或股东）的分配																				
3.其他																				
（四）所有者权益内部结转																				
1.资本公积转增资本（或股本）																				
2.盈余公积转增资本（或股本）																				
3.盈余公积弥补亏损																				
4.设定受益计划变动额结转留存收益																				
5.其他综合收益结转留存收益																				
6.其他																				
四、本年年末余额																				

二、所有者权益变动表的编制

（一）“上年年末余额”项目

“上年年末余额”项目，反映企业上年资产负债表中实收资本（或股本）、其他权益工具、资本公积、库存股、其他综合收益、盈余公积、未分配利润的年末余额。

（二）“会计政策变更”“前期差错更正”项目

“会计政策变更”“前期差错更正”项目，分别反映企业采用追溯调整法处理的会计政策变更的累积影响金额和采用追溯重述法处理的会计差错更正的累积影响金额。

（三）“本年增减变动金额”项目

（1）“综合收益总额”项目，反映净利润和其他综合收益扣除所得税影响后的净额相加后的合计金额。

（2）“所有者投入和减少资本”项目，反映企业当年所有者投入的资本和减少的资本。

（3）“利润分配”项目，反映企业当年的利润分配金额。

（4）“所有者权益内部结转”项目，反映企业构成所有者权益的组成部分之间的增减变动情况。

（四）“本年年末余额”项目

“本年年末余额”项目，反映企业本年资产负债表中实收资本（或股本）、其他权益工具、资本公积、库存股、其他综合收益、盈余公积、未分配利润的年末余额。

【小思考16-6】企业为什么要编制所有者权益变动表?

任务五　附注的编制

一、会计报表附注的含义及作用

会计报表附注是为便于会计报表使用者理解会计报表的内容而对会计报表的编制基础、编制依据、编制原则和方法及重要项目所作的解释。

【知识链接】

企业会计准则对“附注”的定义

《企业会计准则——基本准则》对会计报表附注定义为：附注是指对在会计报表中列示项目所作的进一步说明，以及对未能在这些报表中列示项目的说明等。

《企业会计准则第30号——财务报表列报》对会计报表附注定义为：附注是对在资产负债表、利润表、现金流量表和所有者权益变动表等报表中列示项目的文字描述或明细资料，以及对未能在这些报表中列示项目的说明等。

附注是财务会计报告的一个重要组成部分。编制和披露会计报表附注，是改善会计报表的一种重要手段，是充分披露原则的体现。其作用表现在：

（一）增进会计信息的可理解性

会计报表是会计信息的数据语言，会计报表附注对表中数据信息进行详细解释，将一项总括数据的信息分解成若干具体项目，并说明产生各项信息的会计方法等，它有助于会计报表使用者正确理解会计报表。

（二）提高会计信息的可比性

会计报表是根据会计准则编制而成的，而会计准则在许多方面规定了可供选择的多种会计政策，企业可结合本行业的特点及具体情况加以选择，这就导致了不同行业或同一行业所提供的会计信息的差异。此外，由于企业经营环境的变化，导致会计政策变更，这就要求企业在会计报表附注中说明变更的情况、变更的原因以及变更的影响，以便本企业前后各期及同行业之间的会计信息具有可比性。

（三）突出重要的会计信息

会计报表附注中将一些重要的会计信息进一步予以分解说明，帮助会计报表使用者正确地作出决策。

二、我国会计报表附注的内容

会计报表附注提供的信息十分广泛，各国也不尽相同。2014年我国颁布的企业会计准则及相关法律、行政法规规定，企业应当按照规定披露附注信息，主要包括下列内容：

（一）企业的基本情况

（1）企业注册地、组织形式和总部地址。

（2）企业的业务性质和主要经营活动。

（3）母公司以及集团最终母公司的名称。

（4）财务报告的批准报出者和财务报告批准报出日，或者以签字人及其签字日期为准。

（5）营业期限有限的企业，还应当披露有关营业期限的信息。

（二）财务报表的编制基础

财务报表的编制基础是指财务报表是在持续经营基础上还是在非持续经营基础上编制的。企业一般是在持续经营基础上编制财务报表，清算、破产属于非持续经营基础。

（三）遵循企业会计准则的声明

企业应当声明编制的财务报表符合企业会计准则的要求，真实、完整地反映了企业的财务状况、经营成果和现金流量等有关信息，以此明确企业编制财务报表所依据的制度基础。

（四）重要会计政策和会计估计

企业应当披露采用的重要会计政策和会计估计，不重要的会计政策和会计估计可以不披露。在披露重要会计政策和会计估计时，企业应当披露重要会计政策的确定依据和财务报表项目的计量基础，以及会计估计中所采用的关键假设和不确定因素。

会计政策的确定依据，主要是指企业在运用会计政策过程中所作的对报表中确认的项目金额最具影响的判断，有助于财务报表使用者理解企业选择和运用会计政策的背景，增加财务报表的可理解性。财务报表项目的计量基础，是指企业计量该项目采用的是历史成本、重置成本、可变现净值、现值还是公允价值，这直接影响财务报表使用者对财务报表的理解和分析。

在确定财务报表中确认的资产和负债的账面价值过程中，企业需要对不确定的未来事项在资产负债表日对这些资产和负债的影响加以估计，如企业预计固定资产未来现金流量采用的折现率和假设。这类假设的变动对这些资产和负债项目金额的确定影响很大，有可能会在下一个会计年度内作出重大调整，因此，强调这一披露要求，有助于提高财务报表的可理解性。

（五）会计政策和会计估计变更以及差错更正的说明

企业应当按照会计政策、会计估计变更和差错更正会计准则的规定，披露会计政策和会计估计变更以及差错更正的有关情况。

（六）报表重要项目的说明

企业对报表重要项目的说明，应当按照资产负债表、利润表、现金流量表、所有者权益变动表及其项目列示的顺序，对报表重要项目的说明采用文字和数字描述相结合的方式进行披露。报表重要项目的明细金额合计，应当与报表项目金额相衔接。

企业应当在附注中披露费用按照性质分类的利润表补充资料，可将费用分为耗用的原材料、职工薪酬费用、折旧费用、摊销费用等。

（七）或有和承诺事项、资产负债表日后非调整事项、关联方关系及其交易等需要说明的事项

（1）预计负债的种类、形成原因以及经济利益流出不确定性的说明。

（2）与预计负债有关的预期补偿金额和本期已确认的预期补偿金额。

（3）或有负债的种类、形成原因及经济利益流出不确定性的说明。

（4）或有负债预计产生的财务影响，以及获得补偿的可能性；无法预计的，应当说明原因。

（5）或有资产很可能会给企业带来经济利益的，其形成的原因、预计产生的财务影响等。

（6）在涉及未决诉讼、未决仲裁的情况下，披露全部或部分信息预期对企业造成重大不利影响的，该未决诉讼、未决仲裁的性质以及没有披露这些信息的事实和原因。

（7）每项重要的资产负债表日后非调整事项的性质、内容及其对企业财务状况和经营成果的影响，无法作出估计的，应当说明原因。

（8）母公司和子公司的名称。母公司不是该企业最终控制方的，说明最终控制方名称。

（9）母公司和最终控制方均不对外提供财务报表的，说明母公司之上与其最相近的对外提供财务报表的母公司名称。

（10）母公司和子公司的业务性质、注册地、注册资本（或实收资本、股本）及其当期发生的变化。

（11）母公司对该企业或者该企业对子公司的持股比例和表决权比例。

（12）企业与关联方发生关联方交易的，该关联方关系的性质、交易类型及交易要素。交易要素至少应当包括：①交易的金额。②未结算项目的金额、条款和条件，以及有关提供或取得担保的信息。③未结算应收项目的坏账准备金额。④定价政策。⑤企业应当分别通过关联方以及交易类型披露关联方交易。

项目小结

财务报告是指企业对外提供的反映企业某一特定日期的财务状况和某一会计期间的经营成果、现金流量等会计信息的文件，一套完整的财务报告至少应当包括资产负债表、利润表、现金流量表、所有者权益变动表以及附注。

资产负债表是指反映企业在某一特定日期的财务状况的报表。我国企业的资产负债表采用账户式结构。

利润表是指反映企业在一定会计期间的经营成果的报表。我国企业的利润表采用多步式格式。

现金流量表是指反映企业在一定会计期间现金和现金等价物流入和流出的报表。我国企业的现金流量表包括正表和补充资料两部分。现金流量表正表中经营活动产生的现金流量应当采用直接法填列。在具体编制现金流量表时，企业可采用工作底稿法、T形账户法，或直接根据有关科目的记录分析填列。

所有者权益变动表是指反映构成企业所有者权益的各组成部分当期的增减变动情况的报表。当期损益直接计入所有者权益的利得和损失以及与所有者或股东的资本交易导致的所有者权益的变动，应当分别列示。

附注是对在报表中列示项目的文字描述或明细资料，以及对未能在这些报表中列示项目的说明等，它是财务会计报告的一个重要组成部分。

复习思考题

1. 编制财务报告应当遵循哪些基本要求？
2. 编制资产负债表时，资产、负债项目的流动性应当如何区分，如何理解营业周期？
3. 资产负债表中的资产、负债应当如何分别列示？
4. 资产负债表中的“存货”项目应如何填列？
5. 资产负债表中的“应收账款”“应付账款”项目应如何填列？
6. 企业营业利润由哪些部分组成？
7. 编制多步式利润表分为哪几个步骤？
8. 现金流量分为哪几类？企业编制经营活动现金流量的方法是什么？
9. 现金流量表的补充资料的作用是什么？
10. 会计报表附注有什么作用？会计报表附注主要披露哪些内容？

参考文献

[1] 财政部会计资格评价中心．中级财务会计［M］．北京：经济科学出版社，2023.

[2] 财政部会计资格评价中心．初级会计实务［M］．北京：中国财政经济出版社，2023.

[3] 中国注册会计师协会．会计［M］．北京：中国财政经济出版社，2022.

[4] 安东尼，霍金斯，麦钱特．会计学［M］．张永冀，李晓梅，译．北京：机械工业出版社，2004.

[5] 丁增稳．财务会计［M］．大连：大连出版社，2014.

[6] 娄尔行．中级财务会计［M］．上海：上海三联书店，1994.

[7] 王宗江，张洪波．财务会计［M］．6版．北京：高等教育出版社，2022.

[8] 朱光应，丁增稳，陈继林．初级会计实务［M］．重庆：重庆大学出版社，2017.

[9] 丁增稳．中级会计实务［M］．2版．北京：高等教育出版社，2023.

[10] 中华人民共和国财政部．新企业会计准则应用指南实施手册［M］．北京：中国财政经济出版社，2006.

微课索引

为了便于学生自主学习，我们针对本书重点难点制作了90个微课，以二维码的形式添加在本书中，用手机扫描二维码即可直接观看内容，括号内标注了二维码的具体页码。